二十一世纪普通高等院校实用规划教材 经济管理系列

消费者行为学
(第 2 版)

张香兰 主 编

清华大学出版社
北 京

内 容 简 介

本书从市场营销和管理的视角，以普通心理学、社会心理学、社会学、人类文化学等相关学科理论为基础，以消费者行为活动为研究对象，以影响消费者决策过程的两个方面为路径进行分析讨论。本书系统分析和研究消费者的需要与动机、感知过程、学习和记忆、态度形成与改变、个性心理特征、自我概念与生活方式等，以此揭示消费者行为的主要特征和一般规律。在此基础上，进一步分析社会环境、购物环境、产品因素、价格因素、广告因素等对消费者行为的影响。本书力求完整系统，注重务实求新，强调理论联系实际。本书特色是在每章中间都开设"小案例""小链接""小知识"窗口，帮助读者理解和学习。在章后附有大量自测题、本土案例和讨论题，以增加教材的实用性和时代性。

本书适合用作高等院校市场营销、经济管理等相关专业的教材，也可供企业管理和市场营销人员学习。

图书在版编目(CIP)数据

消费者行为学/张香兰主编. —2 版. —北京：清华大学出版社，2017（2023.1重印）

（二十一世纪普通高等院校实用规划教材 经济管理系列）

ISBN 978-7-302-47623-8

Ⅰ. ①消… Ⅱ. ①张… Ⅲ. ①消费者行为论—高等学校—教材 Ⅳ. ①F713.55

中国版本图书馆 CIP 数据核字(2017)第 153986 号

责任编辑：陈冬梅
封面设计：刘孝琼
责任校对：李玉茹
责任印制：刘海龙
出版发行：清华大学出版社
    网 址：http://www.tup.com.cn, http://www.wqbook.com
    地 址：北京清华大学学研大厦 A 座   邮 编：100084
    社 总 机：010-83470000   邮 购：010-62786544
    投稿与读者服务：010-62776969, c-service@tup.tsinghua.edu.cn
    质量反馈：010-62772015, zhiliang@tup.tsinghua.edu.cn
    课件下载：http://www.tup.com.cn, 010-62791865
印 装 者：天津鑫丰华印务有限公司
经 销：全国新华书店
开 本：185mm×230mm   印 张：24.25   字 数：529 千字
版 次：2012 年 8 月第 1 版 2017 年 8 月第 2 版 印 次：2023 年 1 月第 3 次印刷
定 价：68.00 元

产品编号：073695-02

前　言

改革开放 30 多年来，伴随着中国市场环境和消费环境的巨大变化，消费者的消费观念、消费方式、消费行为也出现了一些新的特征。这些变化及其特征对于政府部门、企业管理者和理论工作者都是很重要的研究课题。

本书主要从营销及运用角度研究和探讨消费者行为。企业营销活动的主体是消费者，消费者是企业生存和发展的生命线。在市场经济中，企业的一切活动都是围绕消费者来进行的。每一个企业必须树立以市场为导向的经营理念，认真研究目标消费者的心理和行为特点。只有在此基础上，认真思考企业现在拥有和可以拥有的各种资源，制订企业的总体战略和市场战略，才能在激烈的市场竞争中赢得优势。所以，研究消费者行为已成为企业开展营销活动的基础。

作为市场营销从业者而言，消费者行为学是一门能提高其营销能力的非常重要的科学，可以帮助他们在面对不断变化、难以预料的消费者所带来的不确定性时，运用消费者行为知识来制订相应的营销策略。正因为如此，无论在美国等西方发达国家，还是在快速发展的中国，消费者行为学一直是工商企业、财经类院校、商学院学生和其他相关专业学生的一门必修课程。甚至在我国各高校营销、管理等专业课程体系中，消费者行为学已成为必修课程或重点建设课程。

本书在总结作者多年教学与研究的基础上，借鉴国内外相关的研究成果，试图从研究体系、研究内容和研究方法等方面进行新的尝试和探索。在研究体系上，注重结构的整体设计，力求内容的系统性和严密性，尽可能全面地涵盖消费者行为学这一研究领域的各个方面，并体现自己的特色；在研究内容上，整合最新观点，博采众长，注重对消费者行为学研究领域的许多新现象或新问题予以研讨；在研究方法上，强调理论与实践的紧密结合，选编了与消费者行为相关的最新案例，贴近市场营销管理的实践活动，以利于读者加深对消费者行为基本概念和基础理论的理解，增强消费者行为学研究的指导意义和实践价值。

本书由张香兰主编并统稿，邰苧、郭晶副主编在第 1 版的基础上，结合现代经济发展和消费升级特点，对诸多章节内容进行了系统修正。其中，张香兰编写了第一章、第三至四章、第八至九章、第十一至十二章；郭晶编写了第二章、第五至六章；曹卫红编写了第七章；薄香芳编写了第十章。参与本书编写的作者都是山西财经大学教学一线的骨干教师，并在所写章节方面有专门研究。

本书写作过程中，在大纲设计、章节安排、具体写作等方面都得到了同行诸位老师的协助,在资料收集,原稿的排版、校对方面得到了山西财经大学赵伯阳、赵睿的帮助。本书的完成与各位教师及协助者的辛勤工作是分不开的,是大家通力合作的成果。在此,谨向参与本书编写的作者及协助者致谢!

由于编者水平所限,书中难免有不足与不当之处,敬请读者批评指正。

编 者

目　　录

第一章　营销视角的消费者行为

【学习目标】

通过学习本章，读者应理解消费、消费者和消费者行为几个概念及其内涵；深刻领悟消费者行为的发展趋势；掌握研究消费者行为的方法；认识消费者行为的主要模式；重点掌握消费者行为的几种常用调研方法，并学会应用。

【导读案例】

出租车司机给我上的 MBA 课

我要从徐家汇赶去机场，于是匆匆结束了一个会议，来到美罗大厦前搜寻出租车。一辆大众出租车司机发现了我，非常专业地停在我的面前。

"去哪里？……好的，机场。我在徐家汇就喜欢在美罗大厦前做生意。你知道吗？接到你之前，我在美罗大厦门口兜了两圈，终于让我看到你了！从写字楼里出来的，肯定去的地方不近。""哦？你很有方法嘛！"我附和了一下。"做出租车司机，也要用科学的方法。"他说。我顿时来了兴趣，"什么科学的方法？""要懂得统计。我做过精确的计算。我说给你听啊。我每天开 17 个小时的车，每小时成本 34.5 元……""怎么算出来的？"我追问。"你算啊，我每天要交 380 元，油费大概在 210 元。一天 17 小时，平均每小时固定成本 22 元，交给公司，平均每小时 12.5 元油费。这是不是就是 34.5 元？"我有些惊讶。我打了 10 年的车，第一次听到有出租车司机这么计算成本。以前的司机都和我说，每公里成本 0.3 元，另外每天交多少钱之类的。"成本是不能按公里计算的，只能按时间计算。你看，计价器有一个'检查'功能。你可以看到一天的详细记录。我做过数据分析，每次载客之间的空驶时间平均为 7 分钟。如果上来一个起步价，10 元，大概要开 10 分钟。也就是每一个 10 元的客人要花 17 分钟的成本，就是 9.8 元。不赚钱啊！如果说拉浦东、杭州、青浦的客人是吃饭，拉 10 元的客人连吃菜都算不上，只能算是撒了些味精。"

这位师傅听上去真不像出租车司机，倒像一位成本核算师。"那你怎么办呢？"我更感兴趣了，继续问。"千万不能被客户拉着满街跑。而是通过选择停车的地点、时间和客户，主动地决定你要去的地方。"我非常惊讶，这听上去很有意思。"有人说做出租车司机是靠运气吃饭的职业。我以为不是。你要站在客户的位置上，从客户的角度去思考。"这句话听上去很专业。"给你举个例子，如果在医院门口有两位顾客，一个是拿着药的，另一个是拿着脸盆的，你带哪一个？"我想了想，说不知道。"你要带那个拿脸盆的。一般人生小病的到医院看一看，拿点药，不一定会去很远的医院。拿着脸盆打车的，那是出院的。住院哪有不死人的？今天二楼的谁死了，明天三楼又死了一个。从医院出来的人通常会有一种重获新生的感觉，重新认识生命的意义，健康才最重要。那天这个人说：走，去青浦。眼睛都不眨一下。你说他会打车到人民广场，再去坐青浦线列车吗？绝对不会！"

"再给你举个例子。那天在人民广场，3个人在前面招手。一个年轻女子，拿着小包，刚买完东西；还有一对青年男女，一看就是逛街的；第三个是里面穿绒衬衫的、外面套羽绒服的男子，拿着笔记本包。我看一个人是做什么的只要3秒钟。我毫不犹豫地停在这个男子面前。这个男的上车后说：延安高架、南北高架——还没说后面就忍不住问，为什么你毫不犹豫地开到我面前？前面还有两个人，他们要是想上车，我也不好意思和他们抢。我回答说，中午的时候，还有十几分钟就1点钟了。那个女孩子是中午溜出来买东西的，估计公司很近；那对青年男女是游客，没拿什么东西，不会去很远；你是出去办事的，拿着笔记本包，一看就是公务。而且这个时候出去，估计应该不会近。那个男的就说，你说对了，去宝山。""那些在超市门口、地铁口或穿着睡衣的人打车，可能会去很远吗？可能去机场吗？机场也不会让她进啊！"

有道理！我越听越觉得有意思。

"在大众公司，一般每个司机一个月挣三四千元拿回家。做得好的5000元左右。顶级的司机大概每月能挣7000元。全大众2万个司机，大概只有2~3个司机，是万里挑一的，每月能拿到8000元以上。我就是这2~3个人中间的一个。而且很稳定，基本不会有大的波动。"

太强了！到此为止，我越来越佩服这个出租车司机。我迫不及待地在飞机上记录下他给我上的这堂生动的MBA课。

(资料来源：刘润. 出租车司机给我上的MBA课. http://blog.run2me.com，2006-03-15)

阅读案例，思考下列问题：

1. 案例中出租车司机的成功归功于什么？为什么？
2. 如何理解营销者和消费者之间的关系？

本章开头所呈现的例子，概括起来就是营销者运用消费者行为知识来制定更有效的营销策略的尝试。营销者制定每一个营销策略，不仅要搜集有关特定的消费者信息，更要关注消费者消费整体产品的感受和反应，这是决定营销成败的重要因素。营销实践中，营销者要学会和消费者谈恋爱，先要锁定消费者，了解消费者的需要、动机、选择、获取、使用等行为信息，然后根据自己的能力来确定追求目标，并通过提供差异化、个性化的"卖点"来吸引目标消费者的眼球，得到消费者的青睐。随着影响消费者行为的各种因素的快速变化与发展，营销者面临着日益严峻但又充满刺激的挑战。迄今为止，不仅营销领域的理论和实际工作者对研究消费者行为抱有极大的兴趣，而且从事其他领域研究和实践的工作者也开始研究这一领域，试图破解消费者行为的秘密。因此，对消费活动中的一般心理规律和行为表现的研究构成了消费者行为学研究的基本内涵。

第一节 对消费者行为的理解

消费是一种行为，是消费主体出于延续和发展自身的目的，有意识地消耗物质资料和非物质资料的能动行为。随着社会的进步和发展，人类心理行为活动日益复杂化，其行为的总体水平也在不断提高和发展。

一、消费者行为概述

(一)消费

消费是社会再生产过程中的一个重要环节，也是最终环节。消费是人类通过社会产品满足各种需要和欲望的一种经济行为。消费又分为生产消费和个人消费。前者指物质资料生产过程中的生产资料和活劳动的使用和消耗。后者是指人类将生产出来的物质资料和精神产品用于满足个人生活需要的行为和过程。消费是恢复人类劳动能力和劳动力再生产必不可少的条件。本书主要从个人消费角度谈论消费者行为。

人一生中要消费许多产品，包括物质的和非物质的。随着经济的发展，消费对象将会越来越广泛，包括基本的食品、衣服、住所、交通、教育、假期、必需品、奢侈品、服务甚至是观点。虽然消费的内容千姿百态，但消费的目的却不尽相同，有的是为了维持生存、延续后代而消费，有的则是为了寻求享受和发展自我而消费。前者是基于生理需要的本能性消费，后者是源于本能又高于本能的社会性消费。伴随着数字化革命，虚拟消费这种与实体消费完全不同的消费形式悄然出现，其消费对象包括网络新闻、电影电视、电子邮件、在线读书、聊天室聊天、虚拟股票交易等。如今，全世界联网人数日益增多，网络的影响力在持续增大。

进入21世纪，伴随着高新科学技术的发展和全球经济一体化，全球消费趋势日益明显。其中，数字消费(Digital Consumption)和网络消费(Internet Consumption)将是全球未来消费新的潮流。

(二)消费者

狭义的消费者，是指购买、使用各种消费品或服务的个人与用户(Household)。广义的消费者，是指购买、使用各种产品与服务的个人或组织。本书主要从狭义消费者的角度讨论消费者行为。

在现实生活中，同一消费品或服务的购买决策者、购买者、使用者可能是同一个人，也可能是不同的人。比如，大多数成人的个人用品，很可能是由使用者自己决策和购买的，而大多数儿童用品的使用者、购买者与决策者则很有可能是分离的。消费决策过程中，不同类型的购买参与者所扮演的角色也不同。如果把产品的购买决策、实际购买和使用视为一个统一的过程，那么，处于这一过程任一阶段的人，都可称为消费者。

消费者是上帝，是营销者的生命线，这已经是买方市场的共识。在市场经济中，尤其是全球经济一体化形势下，消费者拥有的权力不断增多，消费地位不断提高。作为一个消费者，他们所做出的每一次购买决定不仅会影响营销者对原材料的需求、运输的需求、生产的需求、资金的需求，而且会影响工人的就业、资源的配置和营销者的成败。所以，营销者要在快速发展的市场中取胜，就必须研究消费者及消费者行为。

(三)消费者行为

从狭义上讲，消费者行为仅仅指消费者的购买行为，即人为满足需要和欲望而寻找、选择、购买、使用、评价及处置产品、服务时介入的活动过程，包括消费者的主观心理活动和客观物质活动两个方面。从广义上讲，消费者行为是指消费者在寻求、购买、使用、评价和处置他们期望能够满足其需求的产品和服务过程中所表现出的行为。消费者行为关注的是消费者如何将自己的精力、金钱、时间消耗在他们想要消费的相关事务上，并且要做出相关的决策，这就包括购买什么、为什么购买、什么时候购买、在哪里购买、购买的频率、使用的频率、购买后评价以及评价如何影响以后的购买与怎么处置这些产品。

过去对消费者行为的研究重点一直放在产品、服务的获取上，忽视了产品消费与处置方面的研究。随着对消费者行为研究的深化，研究者越来越深刻地意识到，消费者行为是一个整体，是一个过程。因此，研究消费者行为，既应调查、了解消费者在获取产品、服务之前的评价与选择活动，也应重视在产品获取后对产品的使用、处置等活动。只有这样，对消费者行为的理解才会趋于完整。

影响消费者行为的个体心理因素是：需要与动机；知觉；学习与记忆；态度；个性、自我概念与生活方式。这些因素不仅影响并在某种程度上决定消费者的决策行为，而且它们对外部环境与营销刺激的影响起放大或抑制作用。影响消费者行为的环境因素主要有文化、社会阶层、社会群体及家庭等。

二、消费者行为的一般特征

消费者行为是个人在评估、获取、使用和处置产品和服务时所作出的决策过程以及由此而产生的有形活动。为了更好地加深对这一范畴的理解，应把它与"消费"作一比较分析。

(一)消费者行为是一个前后继起的复杂过程

消费者行为是一个持续过程，而不仅仅是消费者用现金支付或用信用卡支付买到商品或服务的那一刻所发生的事情。作为一个过程，消费者先要认知需要，之后他就要为满足需要去搜集相关信息，并在此基础上作出购买决策，即购买什么、何时购买、购买多少、到哪里购买、用什么方式购买等。决策过程付诸实施后，商品退出流通领域，进入消费使用过程。但问题并未终结，消费者在使用过程中，会对自己的购买决策和商品质量等进行评价，分析其中的得失，形成满意或不满意两种结果。为此可以总结出，一个完整的消费者行为要经历这样几个阶段：问题认知—信息收集与评估—购买决策—购买后的评价。

(二)消费者行为由许多外显行为和内隐行为构成

消费者行为既表现为看得见的活动，如消费者为满足某些需要而搜集相关信息、选择和购买消费品；还包括许多看不见的心理、思维活动，前者为消费者的外显行为，后者属于消费者的内隐行为。消费者行为是外显行为和内隐行为的复合体，而且更偏重于后者。

内隐行为主要包括消费者的决策过程及影响决策过程的两个方面。个人特征内部要素包括需要、动机、世界观、态度和个性。需要是人生理上或情感上的一种未得到满足的感受状态。动机是驱使人们行动的动力源，并为满足需要所做出的行动提供理由。个性是导致人与人差异的根本所在，它使人类满足需要的方式产生不同。态度是人们对产品和行为所持有的情感反应和行为意向，强烈地影响着人们的消费行为和方式。

(三)消费者行为表现出"复杂人"的行为

任何科学都是建立在一定的假设基础上的。经济学提出了"经济人"假设；管理学中提出了"社会人"假设。虽然它们都有其合理的一面，但是并不能适用于一切人，尤其是消费者。心理学提出了"复杂人"假设，能更好地解释消费者的行为。作为复杂人，消费者行为具有以下表现。

1. 消费者追求自身利益最大化

追求自身利益最大化是驱使消费者购买行为发生的主要原因。在消费活动中，消费者总是希望利用尽可能少的花费购买尽可能多的消费品，最大限度地满足自己的需要，以达到物超所值，实现消费利益最大化。

2. 消费者偏好和能力的多样性

随着年龄的增长、知识的增加、地位的改变、环境的变化以及人与人之间关系的改变，人也会产生多种多样的偏好，消费能力也是参差不齐的。无论是经济学家还是心理学家，他们对消费者偏好和能力的多样性都是基本肯定的。

3. 消费者行为较多感性和有限理性

社会系统学派的代表人物美国管理学家巴纳德认为，人是有自由意志、个性人格和决策能力的决策人。决策理论学派的代表人物美国管理学家和社会学家西蒙认为，人不是一种只会完成指定工作的工具。这可以理解为，人们在消费活动中总是力争做到有理性，但由于环境因素和自身能力的制约，他们不可能知道关于未来活动的全部备选方案，不可能将所有的价值考虑到统一的、单一的综合效用函数中，也无力计算出所有备选方案的实施后果。

4. 消费者的机会主义行为倾向

消费者的机会主义行为倾向，是指消费者对自我利益的考虑和追求，也就是消费者为自己谋取更大利益而采取随机应变、投机取巧的行为倾向。消费者的机会主义行为倾向具有二重性：一方面，机会主义行为倾向往往表现出敢冒风险、寻找机遇、勇于创新等动机或行为，反对保持现状；另一方面，机会主义有时会促使人借助不正当手段谋取自我利益的行为倾向，从而对他人造成一定的危害，如机会主义有时把自己的成本或费用转嫁给他人。

三、消费者行为的发展趋势

进入 21 世纪，世界经济形势变得扑朔迷离，消费者的行为也发生了显著的变化。掌握消费者行为的变化趋势，预测潜在的消费需求，提供符合消费者需求的产品和服务，是营销者在当代获得可持续发展的重要措施。当代消费者行为主要呈现以下变化趋势。

(一)消费者品牌忠诚度下降

根据全球管理咨询公司麦肯锡 2008 年发布的消费者调查结果发现，几年前，品牌在中国就显得非常重要，中国消费者行为毫无疑问会更多地受品牌影响。但是现在，由于生活水平的提高和新品牌的不断涌现，中国消费者购物范围在不断扩大，而对品牌的忠诚度正在下降。与西方消费者相比，中国的消费者在挑选产品时，对产品实用功能方面的重视程度远远高于感性方面的因素。中国消费者根据产品性价比而非品牌进行消费的购物倾向，正变得越来越明显。其中，"受促销影响"的消费者会表现出看重促销远胜于看重品牌的倾向，这一点在低收入消费群体中更为明显。随着可供选择的品牌数量的增大，消费者在考虑各种产品类别时，最终会不可避免地更多考虑品牌。

(二)消费者获得信息的渠道日益广泛

随着商业广告规模的扩大，各种媒体的增加，尤其是网络技术的普及，使消费者信息弱势地位得到巨大改观。消费者获取商品信息的途径不断增多。例如，有线电视频道的增多使商业信息节目提供的信息增多，同时广告栏目的扩展也提供了更多的信息。家庭电脑的普及以及交互技术的进步，使得人们在电脑网络空间里可以获得更多的产品信息，而且速度快、信息量大、可靠性强。多样化的信息渠道给消费者提供了更多的选择消费的机会，他们都会主动通过各种可能的途径获取与商品有关的信息并进行分析比较，以降低风险感和购物后产生的后悔感，增加对产品的信任和争取心理上的满足感。

(三)消费者行为更加成熟理性

改革开放几十年，日渐成熟的市场经济熏陶出无数视野开阔的消费者，他们已经走出了盲目消费阶段，开始进入较为成熟的理性消费阶段，他们面对买方市场下丰富多彩的消费品逐渐成熟起来。理性消费就是不盲目片面地追求某种倾向，如盲目追求价格便宜、盲目追求高档、盲目追求流行时尚、盲目参加一些促销活动等。消费者决策时开始综合考虑各类因素，首先考虑自己是否有必要或者有需要买这样东西，其是否适用，然后再去考虑价格，看看价格是否适合自己的承受能力，并在安全、环保方面有更高的要求，绿色消费已成为时尚。现代消费者对服务的要求是良好的销售环境与服务态度、便捷的服务方式等。面对商家不断翻新的促销方式，消费者往往采取恰当的应对措施，理智消费更多取代了冲动消费。进入 21 世纪，全球经济的衰退使得消费者对价格更加敏感，他们在看待价格时更多地从价值方面考虑，更加强调物有所值和追求物超所值。"不买最贵的，只买最好的"已成为消费者理性消费的理念。

(四)消费者行为"以自我为中心"，个性化趋势显现

在物质匮乏的时代，人们购买商品主要是为了物质本身的消费，满足生理需要。而在当代物质丰富的条件下，人们购买商品更主要是为了获得心理上或精神上的满足。面对丰富多彩的产品和服务，消费者能够以个人心理愿望为基础挑选和购买商品和服务，"我喜欢我选择"就是典型的消费倾向。不仅如此，消费者在购买商品时越来越重视商品的象征意义，更加注重通过消费来获取个性的满足，精神的愉悦、舒适及优越感，如表达友情、亲情，寄托希望、向往，追求自然、回归，展示情趣、格调。这种消费个性化趋势的出现，标志着感性消费时代的到来。购买的商品要与自己的品位、个性、价值观相吻合。因而，消费上的雷同现象渐趋消失，从众心理大为弱化，个性化消费趋势明显。

第二节 研究消费者行为的意义

消费者行为往往是与产品或服务的交换密切联系在一起的。在现代市场经济条件下，企业研究消费者行为是着眼于与消费者建立和发展长期的交换关系。为此，不仅需要了解消费者是如何获取产品与服务的，而且也需要了解消费者是如何消费产品，以及产品在用完之后是如何被处置的。因为消费者的消费体验，消费者处置旧产品的方式和感受均会影响消费者的下一轮购买，也就是说，消费者行为会对企业和消费者之间的长期交换关系产生直接的影响。

【小案例 1-1】

王子和公主的婚礼：一个望远镜的发财记

1981 年，英国王子查尔斯和黛安娜准备耗资数亿英镑，在伦敦举行轰动全世界的婚礼。消息传开后，伦敦和全国各地的许多厂商都绞尽脑汁，想趁此机会发一笔大财。

举行盛典时，从白金汉宫到圣保罗教堂，沿途挤满了近百万观众，他们从四面八方乃至世界各地赶来，准备一睹王子和王妃的风采。参加这次商业竞争的几家糖果厂，将王子和王妃的照片印在糖果盒上；工艺品厂为此设计了纪念章；食品厂在现场出售了大蛋糕、冰淇淋……他们都使出浑身解数要趁机赚钱。

最令人叫绝的是一家经营望远镜的商家。在这近百万观众中，固然需要购买一枚漂亮的纪念章，需要吃上一块蛋糕或一盒冰淇淋。可是整整九层近百万观众，站在后排的人们抱怨看不清楚，在这关键的一刹那，如果看不清王子和王妃的面容，岂不是最大的憾事。此时，突然从人们背后传来了一阵叫卖声："请用望远镜观看盛典。一英镑一个！" "有了望远镜，王子和王妃就像站在你的面前。一英镑一个！"

长长的街道两旁，在同一时刻，由卖望远镜老板雇佣的手里拿着简易望远镜的数十名儿童跑了过来，顿时，人们蜂拥而上，一大批望远镜很快被抢购一空。那位精明的老板就此发了一笔大财。

(资料来源：上海金融报，2007-05-021)

思考题：开发新产品需要机遇，有时在机遇同时降临给大家时，并非每个人都能巧用机遇，运用同一信息，有人欢乐有人愁，这种差别又在哪里呢？

一、消费者行为研究是营销策略的基础

要做好营销，最基础的是了解消费者的行为。不了解消费者，就无法预测其需要与欲望，也就无法对其需要做出恰当的反应。所以，对消费者行为进行充分、细致的研究已成为营销者制定营销战略和策略的基础。

(一)消费者未被满足的需要是分析和把握市场机会的前提

从营销角度看，市场机会就是未被满足的消费者需求。哪里有未满足的需求存在，哪里就有市场。要了解消费者哪些需求没有被满足或没有完全满足，通常涉及对市场条件和市场趋势的分析。营销者不仅要关注市场法律法规完善所带来的新产品开发机会，还要经常分析外部宏观环境会给消费者带来哪些新的需求。通过分析消费者的生活方式或消费者收入水平的变化，还可以揭示消费者有哪些新的需求和欲望未被满足。比如，随着数字技术在彩色电视系统中的应用和其他彩色电视技术的发展，消费者对高清晰度彩色电视机的

需求欲望越来越强烈。20 世纪 80 年代中期和 90 年代初期购买的彩色电视机即将淘汰或升级换代，业内人士预测，新一轮的彩色电视机销售高峰将要到来。这无疑为彩色电视机企业提供了开发新一代产品的机会。

(二)消费者需求差异是市场细分的基础

同一目标市场的消费者需求基本一致，但并不完全一致，其中任何两个消费者的需求都有差异，即使是微小的差异。随着时间的推移，微小的需求差异会演变成较大的需求差异。市场细分实质是将整体市场分为若干子市场，每一子市场的消费者具有相同或相似的需求或行为特点，不同子市场的消费者在需求和行为上存在较大的差异。企业细分市场的目的，是为了找到适合自己进入的目标市场，并根据目标市场的需求特点，制定有针对性的营销方案，使目标市场消费者的独特需要得到更充分的满足。市场可以按照人口、个性、生活方式进行细分，也可以按照行为特点(是小量使用者、中度使用者，还是大量使用者)进行细分。另外，也可以根据使用场合进行市场细分，比如，将手表按照在正式场合戴、运动时戴，还是平时一般场合戴细分成不同的市场。

(三)消费者的价值追求(买点)是产品与品牌定位的依据

在市场细分的基础上，营销者还要对产品或服务提供的对象进行选择，即选择目标市场(市场定位)。而针对同一个目标市场进行营销的企业会很多，提供的类似产品就难免产生激烈的市场竞争。为此，要在竞争中取胜，营销者就要对未来潜在顾客心智上下功夫，要从产品特征、包装、服务等多方面进行研究，并顾及竞争对手的情况，对自己提供的产品进行准确的定位。通过市场调查，掌握市场和消费者消费习惯的变化，在必要时对产品进行重新定位。"怕上火，喝王老吉"的广告语，直观地体现了产品定位。当然有准确的产品定位还不够，为了防止产品被竞争同行仿冒，营销者还必须进行品牌定位。就是要在市场定位和产品定位的基础上，对特定的品牌在文化取向及个性差异上进行决策，建立一个与目标市场有关的品牌形象。换言之，即为某个特定品牌确定一个适当的市场位置，使商品在消费者的心中占领一个特殊的位置，当某种需要突然产生时，如在炎热的夏天突然口渴时，人们会立刻想到"可口可乐"红白相间的清凉爽口。营销人员只有了解产品在目标消费者心目中的位置，了解其品牌是如何被消费者所认知的，才能制订有效的营销策略。

(四)消费者的心理承受能力是产品定价合理与否的标准

消费者对于商品价值和品质认识过程的快慢不同，知觉程度的深浅也不同，再加上经济条件和消费能力的差别，对商品价格就会产生不同的心理反应。经常会出现这种现象，理论上营销者产品价格制定是合理的，消费者心理上认为是不合理的；而消费者心理上认可和能接受的价格，在理论上却是很不合理的。所以，产品定价如果与消费者的承受能力或与消费者对产品价值的感知脱节，再好的产品也难以打开市场。"娇娃"尿布是宝洁公司设计的一次性尿布，试销过程中定价为 10 美分一片，预计销售 4 亿片。但试销的结果只是预计销量的一半。调查发现，孩子的妈妈们喜欢用"娇娃"，但不喜欢 10 美分一片尿布的价格，公司没有把价格这一环节与消费者连接起来。后来，公司在 6 个地方进行的试销进一步表明，定价为 6 美分一片，就能使这类新产品畅销，使其销售量达到零售商的要求。宝洁公司的几位制造工程师找到了解决办法，以进一步降低成本，并把生产能力提高到使公司能以 6 美分一片的价格在全国销售"娇娃"尿布的水平。实践表明，产品定价离不开对消费者的分析和了解。

(五)消费者购物地点偏好是分销渠道选择的依据

消费者喜欢到哪些地方购物，对渠道设计有很大影响。有的消费者喜欢到企业买商品，有的消费者喜欢到商店买商品。这样，生产企业就可以考虑选择建立直营店、专卖店、网上商店进行直接销售，也可以选择间接销售，以满足不同消费者的需求，增加产品的销售量。例如，在购买服装时，有的消费者喜欢到专卖店购买，有的喜欢到大型商场或大型百货商店购买，有的喜欢网上购物。还有的则喜欢通过邮寄方式购买。这些消费者各有什么特点以及有多大比例消费者主要通过上述哪些渠道购买服装，这是服装生产企业应十分关心的问题。这是因为，只有了解目标消费者在购物方式和购物地点上的偏好和为什么形成这种偏好，企业在分销渠道选择上的风险才有可能最大限度地降低。

(六)广告是产品与消费者之间的桥梁

广告的受众是普通、平凡、有着七情六欲的消费者。对消费者行为的透彻了解，是制订广告和促销策略的基础。曾在某地方电信运营商那里看到一则广告："×××(业务品牌)，一块钱顶五块钱用"，广告打得满街都是，宣传规模可谓宏大，但是在当地用户的选择中却毫无反应。这则广告在用户价值点上抓得很对。电信资费高低，的确是用户非常看重，也是可以直接感受得到的。但是，非常遗憾，广告宣传的作用大多处于感觉层面，真正改变用户认知最终还要看用户的体验。事实上，无线通信的消费特点决定了，无论是自己的用户、潜在用户，还是竞争对手的用户，都不可能相信自己在电信资费上占到了电信运营商的便宜。所以，只有在了解消费者行为的基础上，营销者在广告、促销方面的努力才有可能获得成功。广告作为产品与消费者之间的桥梁，要打动消费者、激起他们的购买欲望，必须讲究艺术，迎合消费者的心理特点，把握他们的心理变化规律，采用各种心理战术引起消费者的关注。只有这样，广告才能使消费者对商品有所向往，观念有所改变，最后导致购买行为的发生。

二、消费者行为反应是营销成败的关键

市场营销实际上就是运用市场营销战略与战术，来创造或改变消费者的行为，使行为对企业产生正面的影响。消费者对整体产品的反应，决定企业营销战略的成败。一般来说，营销策略主要是为提高消费者购买的可能性和频率。另外，企业的营销因素是环境因素的一部分，自然也能影响消费者的心理过程、个性和外显行为等。营销者制定和实施营销战略和战术自然期望消费者有两种反应：一是消费者愿意接受；二是消费者能够买得到甚至经常购买乃至忠诚。这是成功或即将成功企业的一个共性。与此相对应，失败或即将失败的企业也有两个共同点：一是消费者不认可产品的让渡价值，不愿意购买；二是对策失误，即企业如果以牺牲消费者利益为宗旨进行营销，就会使消费者拒绝购买，企业越是努力消费者就离得越远。

消费者满意度是决定和影响消费者是否愿意购买、重复购买和忠诚购买的前提。消费者是否满意主要看消费者对产品的预期价值和企业提供的产品给消费者带来的实际价值之间的差距，如果后者大于或等于前者，消费者就会满意或非常满意。消费者满意度是消费者对企业营销手段的正面反映，它不仅可以促使消费者重复购买，而且会通过人际沟通影响或带动他人购买，从而提高产品声誉，扩大市场份额，获得竞争优势。相反，如果消费者不满意，不仅自己不会购买，还会影响他人不去购买，从而使企业失去市场，一切营销努力都付之东流。

第三节　消费者行为的学科来源和解释模型

消费者行为学作为一门独立的科学体系产生于 20 世纪 60 年代。20 世纪 70 年代，关于消费者心理和行为的研究进入到全面发展阶段。20 世纪 80 年代以后，西方消费者研究领域逐渐拓宽，研究主题和研究方法日益多元化，研究日趋成熟。

一、消费者行为的学科来源

消费者行为研究涉及许多范畴，所以有"跨学科"之说。它可以是心理学、社会心理学的一个分支，也可以是社会学、人类学、经济学、营销学等学科的分支。

(一)消费经济学

消费行为既是一种社会活动又是一种经济活动，需要用许多经济学理论去解释和分析。因而人们通常把消费者行为学当作经济学、消费经济学的一个分支。消费是社会再生产总循环过程中的一个环节。虽然生产、分配、交换、消费这 4 个环节之间存在极为密切的内

部联系，但 4 个环节在社会再生产过程中都各自具有独立的地位和独特作用，都有必要对这些环节进行独立的学科性研究。消费经济学就是专门研究消费环节的一门经济学科。虽然消费经济学也涉及消费者心理和行为问题，但由于消费经济学研究消费环节的一般运动、一般矛盾和一般规律，并没有把消费者行为作为自己的专门研究对象，因而不可能对消费者行为进行系统、细致的分析。而单个消费者的消费行为问题，它在社会再生产过程中、在消费领域，也有其相对独立的地位、相对独立的运动和特殊的规律，这是决定消费者行为学成为一门独立学科的客观基础。

(二)普通心理学

消费者行为学大量运用了心理学的研究成果，说它是应用心理学的一个分支也是毫不为过的。普通心理学研究个体心理活动的过程和特点，包括动机、认知、需要、态度、人格、学习模式的研究等，而所有这些都可用来帮助我们理解消费者行为。一些研究人员运用该学科的技术，如通过测量脑电波的变动，就可以探测消费者对广告的反应。另外一些心理学家，则通过研究记忆机制来了解消费者是如何对信息予以加工和处理的。运用心理学的方法，有助于了解很多消费者行为与现象。例如，广告如何才能引起消费者的注意；广告如何便于记忆；哪些因素促使消费者购买某些产品和寻求某类体验活动；哪些因素导致不同消费者在购买决策上的差异等。总之，普通心理学是一个涉及面非常广泛的学科，它对理解个体消费者行为起着十分重要的作用。

(三)社会学

社会学是研究社会结构及其内在关系与社会发展规律的学科，侧重于对宏观社会及大群体活动趋势的剖析和研究。社会学研究社会结构、社会发展过程时，必然涉及人类与社会的需要、社会心态、社会意向等现象以及影响参与其中的个体的行为。所以，社会学的一些理论和原理，对于考察、分析消费者行为是极有价值的。对消费者行为分析具有特殊意义的社会学研究领域很多。例如，文化和亚文化是如何影响消费的；不同社会阶层的消费差异以及社会阶层是如何影响消费者购买偏好的；群体规范是怎样形成的，它通过什么机制影响消费者。另外，社会学家对于人在社会中扮演的不同角色经常开展调查，这类研究对于分析角色对消费者行为的影响是很有价值的。社会学的这种视角显然可使我们更为全面和正确地看待消费者的心理和行为，注意到参照群体、家庭结构和社会阶层对消费者行为的影响。

(四)社会心理学

普通心理学侧重于个体的研究，社会学侧重于群体活动的研究，而社会心理学则侧重于人与人之间相互作用的研究。所以，社会心理学是介于社会学和心理学之间的一门学科。社会心理学主要研究个体和群体在与社会交互作用中的社会心理现象及其从属的社会行为。社会心理学既研究个体在群体活动中产生的特有心理现象,也研究群体中的共同心理现象。社会心理学关注的是社会心理如何受人际关系及群体环境的制约,以及它对社会生活的反作用。例如,媒体传播对消费者的影响方式、群体成员之间的互动方式、某一个体如何影响另一个体的购买行为、信息是如何在群体内和群体间传播的、哪些因素影响消费者对产品和企业的认知、家庭怎样影响消费者行为、相关群体又是怎样影响消费者行为的,等等。

(五)人类学

人类学是用历史的眼光研究人类及其文化的科学,侧重于研究横跨整个地球和贯穿整个历史的所有人类,研究他们的躯体和文化的各个方面。其中,人类学关于神话、宗教、民间传说、民俗等方面的研究,对分析消费者行为具有直接的运用价值。例如,马达加斯加岛人不敢吃箭猪,担心吃箭猪会传染上胆小的毛病;又如,他们也不敢吃牛膝,担心吃了牛膝会像牛一样走路。人类学与文化学的交叉学科是人类文化学,它对消费者行为研究有很大的帮助。人类文化学致力于探索核心信仰、价值观念、风俗习惯的产生和传承。在地球日益"缩小"、消费国际化的时代,这类知识对于弄清不同文化群落的消费行为大有裨益。

此外,其他学科如符号学、人口学、历史学、营销学、管理学等,都在各自不同的研究领域涉及消费者和消费活动问题。随着经济、社会、心理、人类等科学理论的发展,各个学科和研究领域有一种细分化的趋势,从而有助于对一些局部的、个别的领域进行深入研究。因此,消费者行为学成为一门独立学科有其客观必然性。

二、消费者行为的解释模型

消费者行为是人类社会生活中最具普遍性的一种行为活动。由于购买动机、方式和习惯的差异,不同消费者表现出的消费行为各不相同。但是在千差万别的消费者行为中,也存在着某种规律性的东西。一些学者在深入研究的基础上,揭示了消费者行为中的共性或者规律性,并以模式的方式加以总结和描述,建立了消费者行为的一般模式。

消费者行为模式是分析研究消费者行为的系统及基本架构。许多西方学者根据不同的理论理解消费者行为,并提出了一些试图理解和解释消费者行为的模式,其中比较著名的消费者行为模式有:霍华德-谢思模式(Howard-Sheth Model)、恩格尔-科拉特-布莱克威尔模式(简称 EKB 模式,也叫恩格尔模式)、霍金斯模式(Hawkins Model)和阿塞尔模式(Assael Model)。

(一)霍华德-谢思模式

霍华德-谢思模式是由学者霍华德(Howard)于 1963 年提出的,后与谢思(Sheth)合作经过修正于 1969 年正式形成。他们认为，影响消费者决策程序的主要因素有：①刺激或投入因素(输入变量)；②外在因素；③内在因素(心理活动过程)；④反映或者产出因素。霍华德-谢思模式来自"刺激—反应"概念。模式中的输入变量(刺激因素)，包括刺激、象征性刺激和社会刺激。消费者会对这些刺激因素有选择地加以接受和反应。知觉过程和学习过程都是在"暗箱"内完成的，此部分主要是描述消费者得到刺激或信息后，如何处理在脑中所形成的印象，加上消费者本身的动机、信心等因素后如何产生意愿的过程。经过"暗箱"的心理活动向外部输出变量分别为注意、品牌认知、态度、意愿及购买行为，也就是说，消费者在经过前述的刺激、认知和学习等反应后，最后的结果便是产生购买行为，如图 1-1 所示。

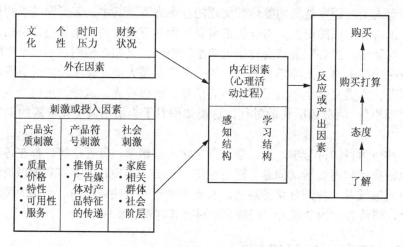

图 1-1　霍华德-谢思模式

霍华德-谢思模式认为投入因素和外界因素是购买的刺激物，它通过唤起和形成动机，提供各种选择方案信息，影响购买者的心理活动(内在因素)。消费者受刺激物和以往购买经验的影响，开始接受信息并产生各种动机，对可选择产品产生一系列反应，形成一系列购买决策的中介因素，如选择评价标准、意向等，在动机、购买方案和中介因素的相互作用下，便会产生某种倾向和态度。这种倾向或者态度又与其他因素，如购买行为的限制因素结合后，便会产生购买结果。购买结果形成的感受信息也会反馈给消费者，影响消费者的心理和下一次的购买行为。

(二)恩格尔-科拉特-布莱克威尔购买行为模式(EKB 模式)

EKB 模式又称恩格尔(Engel)模式，是目前消费者行为中较为完整、清晰的一个理论。EKB 模式最初是由恩格尔、科拉特(Kollat)和布莱克威尔(Blackwell)3 个人于 1968 年提出，并于 1984 年修正而成的理论框架，如图 1-2 所示。EKB 模式主要包括 4 个部分，即信息处理程序、中枢控制系统、决策过程、环境因素。EKB 模式认为，外界信息(如商品或服务信息)在有形和无形因素的作用下，会展现在消费者感觉神经能接受的范围，从而引起消费者注意、理解、记忆，并形成信息与经验储存起来，运用自身的评价标准、态度、个性等对信息进行过滤加工，构成信息处理程序，并在内心进行研究、评估、选择，对外部探索进行选择评估，从而产生决策方案。同时，决策过程也要受到环境因素，如收入、文化、家庭、社会阶层等的影响，最后才会产生购买行为。之后，通过对购买的商品或服务进行消费体验，得出满意与否的结论。这一结论通过反馈又进入了中枢控制系统，形成信息与经验，影响未来的购买行为和消费活动。

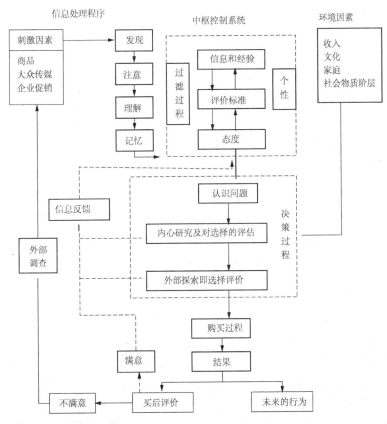

图 1-2　恩格尔-科拉特-布莱克威尔购买行为模式

EKB 模式的特色，是以决策过程为中心，结合相关的内、外因素交互作用所构成，并视消费者行为是一个连续过程，而非个别行动。在 EKB 模式中，其决策过程可分为需求确认、信息寻找、方案评估、购买行为、购后行为 5 个阶段。

(三)霍金斯的消费者行为总体模型

美国俄勒冈大学教授霍金斯(Del I.Hawkins)、贝斯特(Roger J.Best)和亚利桑那州立大学教授科尼(Kenfleth A.Coney)3位作者所著的《消费者行为学》自1980年问世以来，影响了许多研究者。其中被研究者广泛认同的是书中所主张的"消费者行为的总体模型"，如图1-3所示。

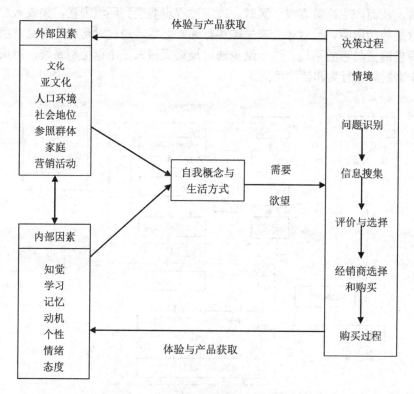

图1-3 霍金斯的消费者行为总体模型

这一模型反映了作者对消费者行为性质的信念和认识。霍金斯等认为，消费者行为是一个在一定情境下的决策过程："识别问题—信息搜集—评价与选择—经销商(店铺)选择与购买—购买过程"。在这个过程中，消费者在内、外因素的影响下，形成自我形象和生活方式。消费者形象和生活方式导致与其一致的需要与欲望的产生，这些需要与欲望大部分需要以消费方式来获得满足。一旦消费者面临相应的环境，消费决策过程将被启动。这一过程以及随之而来的产品获取与消费体验会对消费者的内部特性和外部环境产生影响，从而最终引起其自我形象与生活方式的调整或变化。

(四)阿塞尔的消费者行为反馈模型

1981年，美国纽约大学教授亨利·阿塞尔(Henry Assael)在《消费者行为和营销策略》一书中重点介绍了消费者做出购买决策的过程；影响消费者决策的认知因素；消费者的经验过程；影响消费者决策的消费者特征；影响消费者行为的环境因素等，如图1-4所示。

阿塞尔的消费者行为反馈模型，与霍金斯模型相比，在说明环境因素对消费者行为的影响时二者具有一致性，但在说明消费者购后的反馈时，阿塞尔强调了消费者购后的两条反馈路径，一是对营销策略的反馈，二是对消费者自身的反馈。

阿塞尔将消费者的购买决策分为两种：一种是高度参与的购买决策，另一种是低度参与的购买决策。其中，高度参与的购买是指那些对消费者非常重要的购买活动，其购买活动的特点是：购买行为非常重要；产品价格昂贵；购买该产品，购买者要承担重大的风险；该产品符合某一社会群体的价格标准。

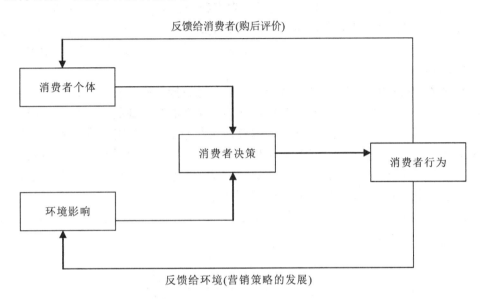

图 1-4 阿塞尔的消费者行为反馈模型

从以上 4 种模式可以看出，学者对消费者行为的研究都致力于消费者行为的综合性理论模型的研究，他们普遍认为消费者行为能用一个综合性的理论模式加以描述和解释，但是在哪种消费者行为模式对分析消费者行为更为有效的问题上，并没有取得一致意见，并且对消费者行为的研究主要是以购买决策过程及影响消费者行为的主要因素为主，建立消费者行为模式最终目的是控制和引导消费者行为。

基于这些理论模式，本书主要从消费者的购买决策过程入手，研究影响消费者决策过程的心理变量，如需要、动机、知觉、学习、记忆、个性、自我概念、生活方式和态度等，并分章节进行重点介绍。影响决策的外部因素，书中主要从营销角度进行介绍，包括产品因素与消费者行为、价格因素与消费者行为、广告因素与消费者行为和购物环境与消费者行为等。

第四节　消费者行为的研究方法

消费者行为研究是一门跨学科的研究体系，具有多元化特征。一般来说，消费者行为研究方法大致可分为两大类，即实证主义和阐释主义。实证主义侧重于定量研究，强调科学的客观性，并视消费者为理性决策者，认为消费者为了评估商品的特性和价值会搜集信息、利用信息，研究重点主要是描述和预测消费者行为。相反，阐释主义侧重于定性研究，强调消费者个人经验的主观意义，并认为任何行为都是受多重因素而不是单一因素支配的，因而每一个消费情形都是独特的、不可用语言描述的，但总可以找出有效用的价值、意图和行为的共同模式。

阐释主义研究使用的方法有深度访谈、焦点小组、投射法以及其他从研究文化行为与符号学中借用来的技术。一般来说，定性研究的结果不能推广到更大的人群。实证主义的研究方法来源于自然科学，它包括实验、调查、观察等方法，收集的数据是量化的实际数据，利用计算机对它们进行统计分析。这种研究方法多用于横向研究，常常围绕某种社会现象(事件)、社会问题，而不是针对某一个时期内去搜集资料，适用于对大范围的社会活动结果或大量的社会现象(问题)的发生作宏观研究分析。

过去，消费者行为研究往往以实证主义方法为主流，运用这种方法对消费者行为研究的路径，如图1-5所示。

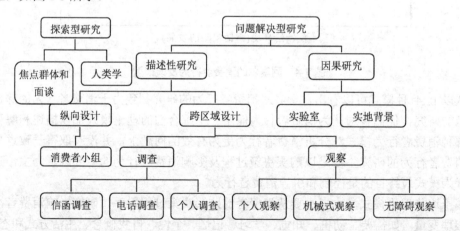

图1-5　消费者行为实证主义研究路径

探索型研究的基本目的是提供一些资料，以帮助调研者认识和理解所面对的问题，常常用于在一种更正式的调研之前帮助调研者将问题定义得更准确，帮助确定相关的行动路线或获取更多的相关资料。问题解决型研究(如描述性的调查研究)是结论性研究。这种研究的结果，就是要描述某些事物——通常是事物总体的特征或功能，具体地说就是描述市场的特征或功能。

事实上，现代营销者通常会综合运用定量与定性方法来研究消费者行为，并借以制订战略营销决策。下面对消费者行为主要的研究方法进行介绍。

一、调查法

调查法是直接向消费者了解有关心理状态、消费体验和行为特点的方法。它可以采取个人调查、电话调查、信函或邮件调查、在线调查等多种形式。

(一)调查法的主要形式

1. 个人调查

个人调查法是通过与被调查者直接交谈，来探索被调查者心理状态的研究方法。其优点是调查时，研究者与被调查对象面对面地交流，针对性强、灵活、真实、可靠，便于深入了解人或事件的多种因素，但这种方法花费人力较大、费时较长且调查范围较窄。

2. 电话调查

电话调查法是指研究人员通过电话向被调查者进行询问，了解所需情况的一种调查方法。由于彼此不直接接触，而是借助于电话这一中介工具进行，因而是一种间接的调查方法。这种方法的优点是花钱、花时不多，能调查较多的人；缺点是不像个人调查法那样可以采用多种方式详细询问和解释问题，使被调查者对问题不发生误解。这种方法对于已普及电话的地区较为适用，而对电话还不够普及的地方就不很适用。

3. 邮件调查

邮件调查是把问卷直接寄到被调查者家里或者通过给被调查者发送电子邮件的形式将调查问卷发给一些特定的网上用户，由用户填写后以电子邮件的形式再反馈给调查者的调查方法。邮件调查法的优点是邮件传送的时效性能大大提高。

4. 在线调查

在线调查是利用互联网和技术手段在线收集数据信息的方法。其显著特点是快速、高效、成本低且接触范围广泛。采用的方法主要有 E-mail(电子邮件)法、Web 站点法、Net-meeting(网络会议)法、视频会议法、焦点小组座谈法、Internet phone(网络电话)法、OICQ 网络寻呼机法或在聊天室选择网民进行调查，在 BBS 电子公告牌上发布调查信息，或采取 IRC 网络实时交谈等方式。被调查者直接通过主页到营销者的网站回答问题，因此样本带有自我选择性，其调查结果也能代表人群总体的观点。

【小案例1-2】

小李要不要市场调查？

小李现在是一家啤酒公司的市场总监，每天都要与竞争对手进行艰苦卓绝的价格战，他的专业知识告诉他啤酒都是一样的，闭着眼睛喝基本没有什么太大差别。他甚至正在怀疑广告要不要做？要做广告的话，又该如何去打动消费者呢？

首先一个基本的问题：人为什么要喝啤酒呢？因为它比水解渴？因为它比牛奶有营养？因为它比果汁更健康？好像都不是，从行为学的角度来说，这是一种需求在起作用。

如一位经常喝啤酒的朋友说："因为喝啤酒感到舒服，每次只要尝一口冰凉的青岛纯生，感觉自己就进入了一种轻松的环境。"——他的需求是改变态度，进入轻松环境

另外一位消费者说，"我和朋友在一起一定要喝啤酒，因为不喝酒显得关系较为陌生。"——他的需求是表示亲近的一种信号。

还有一位朋友消费者说，"在卡拉OK我会喝很多啤酒，因为在那种场合一定要样。"——他要的是融入环境!

由此，我们知道了如何把握啤酒广告的诉求重点甚至新产品开发的思路。

如有人说我会开发一种新的啤酒，名字叫作"青岛纯熟"，广告口号是"老朋友专用啤酒"。它是针对第二位消费者的。

可见，当我们从行为学的角度去看消费中的很多商品，许许多多无法解决、没有思路的事情，会变得有趣而富于新意。

思考题：市场调查和研究对营销活动的意义？如何运用市场调查方法？

(二)调查法搜集信息的主要工具——问卷调查法

搜集信息的工具主要能使搜集的信息数据系统化，并确保所有的被调查者按照相同的顺序回答相同的问题。搜集信息或数据的工具包括调查问卷、个人详细目录、态度量表等。目前，较常用、较为有效的方法是问卷调查法。这里就对这一方法做重点介绍。

1. 问卷调查的程序

问卷即书面提问的方式。问卷调查通过收集资料，然后作定量和定性的研究分析，归纳出调查结论。主要有以下5个步骤。

(1) 确定调查课题和调查对象。

(2) 设计调查问卷。

(3) 检验调查问卷的可行性。

(4) 分发问卷，定时收回。

(5) 统计分析，去伪存真。

采用问卷调查法时，最主要的当然是根据需要确定调查主题，然后围绕它设立各种明确的问题，作全面摸底了解。其中，调查问卷设计得好坏直接决定着调查结论的正确与否。

2. 问卷的设计

(1) 问卷的组成。一般地，一份正式的调查问卷包括前言、正文、附录3个部分。

具体来说，前言主要说明调查主题、调查目的、调查的意义，以及向被调查者致意等。这里要强调一下问卷调查与被调查者的利害关系，以取得消费者的信任和支持。正文是问卷的主体部分。依照调查主题，设计若干问题要求被调查者回答。这是问卷的核心部分，一般要在有经验的专家指导下完成设计。附录可以把有关被调查者的个人档案列入，也可以对某些问题附带说明，还可以再次向消费者致意。附录可随各调查主题不同而增加内容。但要注意，结构上要合理，正文应占整个问卷的2/3～4/5，前言和附录只占很少部分。

(2) 提问的方式。提问时可以采用不同的方式，主要可分为两类，一类是封闭式问题，另一类是开放式问题。

封闭式问题是指将问题所有可能的答案全部列出，由被调查者从中选择一个或多个答案的方式。这种提问便于统计和定量研究，但答案的伸缩性较小，显得有些呆板。举例如下。

① 你购买电器商品最注重牌子吗？是(　　)　不是(　　)

② 你购买康佳彩色电视机的最主要原因是(　　)。
　　A. 名牌产品　　　B. 广告吸引　　　C. 同事推荐
　　D. 有质量保险　　E. 商店送货　　　F. 价格适中

③ 您认为包装色彩比产品质量更重要吗？(　　)
　　A. 很赞成　　　　B. 同意　　　　　C. 差不多
　　D. 不同意　　　　E. 坚决反对

④ 本商场的售货服务是(　　)。
　　A. 极好　　　　　B. 很好　　　　　C. 好
　　D. 尚可　　　　　E. 差　　　　　　F. 极差

开放式问题是指对问题的回答不提供任何具体答案，允许被调查人用自己的话来自由回答的方式。这种问题在一份问卷中只能占一小部分，通常放在问卷的最后。开放式问题灵活性大、适应性强，但不容易统计，分析的难度也很大。例如：

① 您对我商店的商品陈列方式有何意见？

② 您对于轿车进入家庭有何看法？

③ 当我的亲友购买电器时，我推荐_____。

实际应用中，为了避免两者的缺点，通常会将封闭型回答与开放型回答相结合，设计半封闭、半开放的回答类型。这种方式综合了开放型回答和封闭型回答的优点，具有非常广泛的用途。

3. 问卷设计的基本要求

(1) 能得到被调查者的关心和合作。在拟订问卷时，要充分考虑被调查者的背景，不要提出与对方无关或对方不感兴趣的问题。

(2) 问题的提出应准确、简明。问卷用语要照顾到被调查者的文化水平和职业特点，原则上就低不就高，有利于双方对话。提出的问题要清楚明了，切忌模棱两可，不使用专业名词使人费解，也不要把两个问题合并为一个，以致得不到确切的答案。

(3) 问题的顺序要合理。对被调查者来说比较简单、熟悉、容易、感兴趣的问题要放在前面，比较复杂、生疏、困难、敏感的问题要放在后边；客观问题排第一，行为问题排第二，主观问题排第三，最后是解释性问题。

(4) 问卷不宜过长。一份问卷问题数量要适当，被调查者一般应在 20 分钟填完；否则会产生畏难情绪，影响答卷。

(5) 有利于数据处理。在大规模问卷调查中，调查资料的统计汇总工作十分繁重，借助编码技术能直接被计算机读入，则可大大简化这一工作，从而节约时间和提高统计准确性。

(6) 涉及个人问题放在问卷的最后。当设计问卷时，在涉及被调查者个人隐私或者敏感性问题时，应从问题的内容和形式上进行全面审查，反复敲定，做到万无一失。

(7) 提问不能含有任何暗示。问卷设计中所提出的问题应该避免隐含某种假设或期望的结果，避免问题中出现某种思维定式的导向或诱导。

二、观察法

观察法是消费者行为研究的一种基本方法。是观察者根据一定的观察目的、观察表，依靠自己的视听器官(眼睛、耳朵等)，有目的、有计划地观察消费者的言语、行动和表情等行为，并把观察结果按时间顺序系统地记录下来，从而获得资料的一种方法。由于人的感觉器官具有一定的局限性，观察者往往要借助各种现代化的仪器和手段，如照相机、录音机、录像机等来辅助观察。

(一)观察法的主要形式

1. 直接观察法

直接观察法是指调研人员直接到现场观察发生的情形以搜集信息。例如，在进行商店调查时，调研人员并不访问任何人，而只是观察基本情况，然后记录备案。一般调研的内容有某段时间的客流量、顾客在各柜台的停留时间、各组的销售状况、顾客的基本特征、售货员的服务态度等。

例如，作为观察者，你每天清晨可以随机抽取一趟公交车，通过搭乘公交车并且一直坐在某个角落，从公交车行程起点到终点，有意识地对公交车上老人是否有座位进行观察，了解年轻人为老年人让座的过程和比例，分析影响其让座的主要因素，为公交公司改进服务质量、满足老年乘客的需求进言献策。

2. 仪器观察法

在科学技术高度发展的今天，许多电子仪器和机械设备成为消费者心理调研的有力工具。例如，超市或商场采用录像机进行监控，一个非常重要的用途就是通过仪器观察在各个时段的客流量是多还是少、客流的方向是逆向还是正向、客户对商品购买的倾向和购物习惯等。再如，在观察者征得被调查者同意的情况下，在家庭的电视上安装一个监视装置，可以记录下这台电视机的开关时间、收看哪些频道、收看时间如何。再如，在测定广告效果时，可借助"眼相机"，摄下人们的眼部活动，观察瞳孔的变化，分析广告设计对人注意力的影响。

3. 实际痕迹测量法

该方法是指调研人员不是直接观察消费者的行为，而是通过一定的途径来了解他们的消费痕迹和行为。例如，某公司为了弄清哪种媒体可以把更多的商品信息传播出去，选择了几种媒体做同类广告并在广告中附有回条，顾客凭回条可到公司去购买优惠折扣的商品，根据回条的统计数，就可找出适合该公司的最佳的广告媒体。再如，某饮料生产商为了调查顾客消费饮料的实际情况，派人专门到废品回收站进行统计，看哪种空饮料瓶更多以及本公司饮料空瓶占整个垃圾站回收空饮料瓶的比例，由此分析消费者的口味变化和偏好。

(二)观察法的优、缺点

观察法与调查法的不同点是，调查法的被询问人能感觉到"我正在接受调查"，而观察法不一定使被调查人感觉出来，甚至在人为控制的实验室观察，被观察者也不知情，即使有些人知道，但也不了解内幕与详情。所以，观察法下被调查者的行为更为自然、更为客观。

1. 观察法的主要优点

(1) 观察所获资料比较真实。它能通过观察直接获得资料，不需其他中间环节。

(2) 观察得到信息比较具体、可靠。在自然状态下的观察，能获得生动的资料。

(3) 观察具有及时性的优点，它能捕捉到正在发生的现象。

(4) 观察能搜集到一些无法言表的材料。

2. 观察法的主要缺点

(1) 受时间的限制。某些事件的发生有其偶然性与必然性，过了这段时间就不会再发生。

(2) 受观察对象限制。如被观察者的隐私消费问题，他们一般不会让别人观察。

(3) 受观察者本身限制。一方面,人的感官都有一定的生理限制,超出这个限制就很难直接观察。另一方面,观察结果也会受到主观意识的影响。

(4) 观察者仅能了解大量的一般现象和表面现象。只能观察外表现象和某些物质结构,不能直接观察到事物的本质和人的思想意识。

(5) 观察法不适用于大面积调查。

(三)观察法的注意事项

为了尽可能地避免调查偏差,市场调查人员在采用观察法收集资料时应注意以下几点:首先,要求如实记录,不能主观臆断。要努力做到采用不偏不倚的态度,即不带有任何看法或偏见进行调查。其次,做到透过表面看实质。观察时应注意选择具有代表性的调查对象和最合适的调查时间和地点,应尽量避免只观察表面现象。再次,要求周密完整,全盘记录。在观察过程中,观察员应随时作记录,并尽量作较详细的记录。最后,除了在实验室等特定的环境下和在借助各种仪器进行观察时,调查人员应尽量使观察环境保持平常、自然的状态,同时要注意保护被调查者的隐私权问题。

三、实验法

实验法是在控制的条件下观察、测量和记录个体行为的一种研究方法,是科学研究中因果研究的最主要方法。实验法的主要观念来自自然科学实验室的实验方法。它与前两种方法的不同点在于设有实验用的市场,控制一些自变量以研究一些应变量的反应。实验的方法可采用调查法,也可采用观察法,或两种方法并用。

(一)实验法的主要形式

1. 实验室实验法

这是指在实验室内利用一定的设施,创设一定的条件,并借助专门的实验仪器进行研究的一种方法。这种方法一般多用于对心理过程及其生理机制的研究,如注意的范围、知觉的速度、思维过程的脑电变化、情感状态的心脑血管活动的变化等。

例如,为了测定某个广告文案的心理效果,可以随机邀请年龄不同、受教育程度不同的被测试者若干人,进入特定的装有相关仪器的实验室里,请他们观看电视上播放的广告节目,然后测量他们能记住多少,或者研究能被记住的广告特征。实验室实验法便于严格控制各种因素,并通过专门仪器进行测试和记录实验数据,一般分析相当精确,容易数量化,具有较高的可信度。但比较机械,只适合研究简单的心理现象。对于复杂的心理现象,一般多采用自然实验法。

2. 自然实验法

自然实验法是一种在现实生活环境中进行的实验研究，也叫现场试验，是一种准实验设计。自然实验法是指在商业活动中，调查者适当地控制和创设某些条件，给被试者的心理活动以一定的刺激和诱导，从而观察和记录其心理活动的各种具体表现的一种方法。

例如，IBM 公司为了比较黑色笔记本电脑与白色笔记本电脑的销售效果，选择了 A 和 B 两个计算机商店。这两个商店空间大小、周围环境、店面装饰都差不多，只是在 A 商店摆放白色机型，B 商店摆放黑色机型，如果在一个小时内黑色机型销售得多一些，说明消费者的选择不是因为商店等外部环境的影响，而主要取决于消费者心理需要。这种方法既有观察法的自然性、经济性，又有实验室实验法的主动性和精确性等优点。它所得材料贴近现实生活环境中的正常反应，因此得出的结论也具有较大的外部效度或外部解释力。在企业营销活动中，经常有目的地创造某些条件或变更某些条件，来探析消费者的心理和行为特点及规律。

(二)实验研究的条件

实验研究要具备以下 3 个条件：首先，设置可能引起行为改变的可变化的影响因素；其次，设立两个以上的样本组，它们除了可变化影响因素外，在其他所有方面都相似；最后，当影响因素发生改变时，记录行为改变的数据。

(三)实验法的主要优、缺点

实验法对于了解因果关系，能提供调查法、观察法所不能提供的资料，应用范围也较为广泛。它的主要缺点是时间长、费用高，选择的实验市场不一定具有典型性，可变因素难以掌握，实验结果也不易比较。

四、投射法

投射法是一种测定心理状况的方法，是一种无结构性的测验，通过对一组意义不清的刺激，引出被试者的反应，让他不知不觉地将自己的价值观、观点、看法、动机、情绪等投射出来，从他的这些解释中推断消费者的心理。目前最常用的投射法有罗夏墨渍测验、主题统觉测验和角色扮演法等。

(一)罗夏墨渍测验

该测验由瑞士精神病专家罗夏于 1921 年编制而成，罗夏检测的工具是把几滴墨水甩在一张纸上，再把纸对折起来，墨水就在纸的两面洇染开来，在几千张图形中选出了十张两侧大致对称然而模糊不清、模棱两可的墨渍图，其中有五张深浅不同的黑白图、两张配加红色的黑白图片、三张彩色图片。测试时要求受试人看过每一张图形后进行自由联想：这张图或这张图的某一部分，或把图片旋转后像什么、想到了什么，请被试者凭主观知觉加以描述。最后，根据被试者反应的部位、特征、内容等进行分析，把握所有的心理含义。在经典诠释中，对颜色的反应投射出被试者对环境的情绪反馈，对形状与位置的反应可视为总体生活取向的指标等。

由于该测验的记分与解释系统极为复杂，所以必须经过较长时间的专业训练才可掌握使用。需要注意的是，该测验本身主观性较强，其效度测评尚无可靠证据。

(二)主题统觉测验

主题统觉测验(Thematic Apperception Test，TAT)是投射测验中与罗夏墨渍测验齐名的另一类人格测验。这种技术是由默瑞(H.A.Murray)及其同事于20世纪30年代发展而来的。主题统觉测验的工具是30张内容隐晦不清的黑白图片和1张空白卡片，图片的内容以景物或人物为主。实验时把图片分为4组，每组取统一规定的19张图片和1张空白卡片进行测试，把这20张卡片和图片分成两组，分成两轮呈现给被试者，让被试者根据每张图片编一个故事，可以任意发挥。被试者所讲的故事中，常常会将自己内心的情感世界展现出来，调研人员就可根据记录加以分析总结。

主题统觉测验的基本假定是，个人面对图画情景所编造的故事与其生活经验，特别是心理深层的内容有密切的关系。故事内容，有一部分固然受当时知觉的影响，但其想象部分却包含个人有意识或无意识的反应。也就是说，被试者在编造故事时，常常是不自觉地把隐藏在内心的冲突和欲望等穿插在故事的情节中，借故事中人物的行为投射出来。

(三)角色扮演法

角色扮演法就是通过赋予被试者一个假定的角色，要求其按照角色的要求表现自己的行为，观察记录并评价角色扮演的行为，评价角色接近程度或胜任力。这种方法的特点是不让被试者直接说出自己的动机和态度，而是通过他对别人的描述间接地反映出自己真实的动机和态度。

在消费者行为研究中，美国加州大学海尔(M.Haire)所进行的关于速溶咖啡的购买动机的研究最具典型意义。20世纪40年代后期，速溶咖啡作为一种方便饮料进入美国市场。起初，速溶咖啡没有被消费者所接受，大家对这种省时、省事的产品并不感兴趣。美国心理学家曾用问卷法直接调查，结论是消费者不喜欢这种咖啡的味道，然而，运用实验法得出的结论是，速溶咖啡与新鲜咖啡的味道是一样的。

1950年，心理学家海尔编制了两种购物单(见表1-1)，只有其中一项是不同内容，一张上写的是速溶咖啡，另一张上写的是新鲜咖啡。把这两种购物单分发给两组妇女，请她们描写按照不同购物单购物的家庭主妇的特征。运用角色扮演法的投射技术，对消费者购买速溶咖啡的深层动机进行研究。结果表明，人们倾向于把购买速溶咖啡的家庭主妇看作懒惰的、挥霍浪费的和不会持家的妇女。这是影响速溶咖啡销售的真正原因。真实的消费动机找到后，公司改变了广告宣传策略，在口味上做文章，并且改进包装，开启时十分费劲，打消了顾客省力的心理压力，产品随即成为畅销货。

投射法除了上述几种方法之外，还有字眼联想法、语句完成法、故事完成法等方式。

探求消费者心理，通过调查法、观察法和实验法可以收集到大量的材料，但问题在于被调查者对这类问题的回答往往听起来是合理的，是合乎社会规范的，实际上并不一定是他内心真实的想法，这种自觉或不自觉的掩饰，造成了材料可靠性的降低，影响了分析的科学性。要了解消费者的真实动机和心态，就必须借助投射法解决。

表 1-1　海尔制定的两种购物单

甲购物单	乙购物单
一听朗福特发酵粉	一听朗福特发酵粉
一扎胡萝卜	一扎胡萝卜
一听内斯速溶咖啡	一磅新鲜豆咖啡(水磨)
一听德尔蒙特桃子罐头	一听德尔蒙特桃子罐头
一磅半汉堡牛排	一磅半汉堡牛排
二只油煎饼面包	二只油煎饼面包
五磅土豆	五磅土豆

总之，消费者行为的各种研究方法都有自身的长处，同时也有其不足。在实际运用中，各种研究方法不是互相分割、彼此孤立的，而是可以互相参照、彼此渗透的，正如在问卷法中提问方法就涉及了投射法的几种方式。目前，我国对消费者行为调研还处于初级阶段，对消费行为的调查手段运用不能千篇一律，应根据不同环境、不同条件、不同目的使用不同的研究方法，或者综合运用这些方法。

本 章 小 结

消费者行为学是一门基于多种学科的边缘交叉学科。从营销视角看，消费者行为研究是市场营销研究的延伸，它所涉及的领域涵盖了营销中 90% 的内容，使市场营销者能够调查预测消费者在市场上的行为，能够理解消费者做出购买决策的原因，并根据消费者的心理行为特点，有针对性地制定市场营销战略和决策。因此，消费者行为学就是帮助营销者将复杂的营销活动变得简单的一门基础理论。

消费者行为学作为一门独立的科学体系产生于 20 世纪 60 年代，20 世纪 80 年代以后，其研究领域逐渐拓宽，研究主题和研究方法日益多元化。本章主要介绍了几种消费者行为的模式，其中比较著名的消费者行为模式有霍华德-谢思模式、恩格尔-科拉特-布莱克威尔模式(简称 EKB 模式)、霍金斯模式和阿塞尔模式。虽然在何种消费者行为模式对分析消费者行为更有效的问题上，并没有取得一致意见，但是他们对消费者行为的研究主要以购买决策过程及影响消费者行为的主要因素为主，建立消费者行为模式最终目的是为了控制和引导消费者行为。

消费者行为研究方法大致可分为两大类：实证主义和阐释主义。实证主义侧重于定量研究，强调科学的客观性，研究重点主要是描述和预测消费者行为。阐释主义侧重于定性研究，强调消费者个人经验的主观意义，并认为任何行为都是受多重原因而不是单一原因支配的。本章重点介绍了实证主义研究的常用方法：观察法、调查法、实验法和投射法。阐释主义定性研究内容将在本书的后面各章涉及。现代营销者通常会综合运用定量与定性方法来研究消费者行为，借以帮助制定战略营销策略。

自 测 题

一、判断题(正确的打√，错误的打×)

1. 在何种消费者行为模式对分析消费者行为更有效的问题上，已经取得一致的意见。（　）

2. 在实际应用中，观察法主要用于研究消费者的预期行为，而对于现实消费心理的研究则基本上是不适用的。（　）

3. 投射法是用以测定消费者心理活动过程的一种方法。（　）

4. 消费者心理是其行为的基础，而行为是其心理的表现。（　）

5. 消费者的身高、体型等生理特征也会影响消费者的行为。（　）

6. 影响消费者行为的因素包括两大类，即自然环境因素和社会环境因素。（　）

7. 生理因素在影响消费者行为活动的诸因素中处于支配性的主导地位。（　）

8. 一般来说，一个地区习俗不会对消费者行为产生影响。（　）

二、单项选择题

1. 通过口头信息传递途径了解消费者心理的方法是（　）。
   A. 观察法　　　　B. 抽样法　　　　　C. 问卷法　　　　D. 访谈法
2. 采用实验法对消费者心理进行研究应具备（　）。
   A. 自然条件　　　B. 严格控制条件　　C. 人为条件　　　D. 消费者已知条件
3. 作为消费心理学研究的侧重点之一，同一消费群体内消费者心理现象的共同性、不同消费群体之间消费者心理现象的差异性属于（　）。
   A. 消费心理现象　　　　　　　　B. 消费行为中的心理现象

C. 消费心理活动的一般规律　　　　　D. 购买过程中的心理活动

4. 消费者行为学研究的主体是(　　)。

　　A. 需求者　　　　B. 使用者　　　　　C. 决策者

　　D. 购买者　　　　E. 倡导者

5. 市场活动中消费者行为的产生、发展及其变化规律是消费者行为学的(　　)。

　　A. 研究内容　　　　B. 研究方向　　　　C. 研究对象　　　D. 研究目的

6. 通过对消费者在购买活动中的语言、表情、动作等进行分析，从而了解支配其购买行为的心理，这种研究方法是(　　)。

　　A. 观察法　　　　B. 访谈法　　　　　C. 测量法　　　　D. 统计法

7. 消费者行为学是研究个体或群体为了满足需要与欲望而挑选、购买、(　　)、处置产品服务所涉及的过程。

　　A. 介入　　　　　B. 观看　　　　　C. 交换　　　　　D. 使用

8. 消费者行为包括(　　)和(　　)两部分。

　　A. 内隐行为　　　　B. 购买行为　　　　C. 外显行为　　　D. 购买活动

三、多项选择题

1. 消费者可以充当的角色是(　　)。

　　A. 需求者　　　　B. 使用者　　　　　C. 生产者

　　D. 购买者　　　　E. 供应者

2. 描述性的调查研究就是要描述某些事物总体的特征或功能，具体地说，就是描述市场的特征或功能。常采用的具体研究方法有(　　)。

　　A. 调查法　　　　B. 观察法　　　　　C. 实验法　　　　D. 焦点小组座谈法

3. 消费者消费的内容虽然千姿百态，但消费的目的不尽相同，主要表现为(　　)。

　　A. 维持生存　　　B. 延续后代而消费　　C. 寻求享受　　　D. 发展自我

4. 消费者行为具有(　　)的特点。

　　A. 多样性　　　　B. 专业性　　　　　C. 可引导性

　　D. 引申性　　　　E. 复杂性

5. 消费者行为学研究的学科依据有(　　)。

　　A. 心理学　　　　B. 社会学　　　　　C. 消费经济学

　　D. 市场营销学　　E. 物理学

6. 以下不能被称为消费者的是(　　)。

　　A. 商品的使用者　　　　　　　　　　B. 商品的购买者

　　C. 商品的决策者　　　　　　　　　　D. 商品的生产者

7. 投射法是一种测定心理状况的工具，目前最常用的投射法有(　　)。

　　A. 罗夏墨渍测验　　　　　　　　　　B. 主题统觉测验

C. 角色扮演法　　　　　　　　　　　D. 实际痕迹法

8. 调查法是直接向消费者了解有关心理状态、消费体验和行为特点的方法。它可以采取( )。

    A. 个人调查　　　　　　　　　　　　B. 电话调查

    C. 信函或邮件调查　　　　　　　　　D. 在线调查

四、思考题

1. 简述霍金斯消费者行为的研究模型。

2. 联系实际,请你谈谈研究消费者行为的意义。

3. 如何设计调查问卷?结合实际设计一份消费者行为调查问卷。

4. 一家果珍生产厂商想调查食品的颜色和商标的信息对消费者口味和知觉与产品偏好有什么影响。你建议他采用观察法、实验法还是调查法呢?解释你的选择理由。

5. 学生组织活动,利用角色扮演法进行模拟营销实践。

6. 试述消费者行为研究的主要方法。

7. 试述消费者行为未来发展趋势。

8. 观察法的主要形式和优缺点是什么?

案 例

新可口可乐跌入调研陷阱

有这样一个美国式的幽默,假若你在酒吧向侍者要杯可乐,不用猜,十次他会有九次给你端出可口可乐,还有一次呢?对不起,可口可乐卖完了。可口可乐的魅力由此可见一斑。在美国人眼里,可口可乐就是传统美国精神的象征。但就是这样一个大品牌,20世纪80年代中期却发生了一次几乎致命的失误。

20世纪70年代中期以前,可口可乐一直是美国饮料市场的霸主,市场占有率一度达到80%。然而,70年代中后期,它的老对手百事可乐迅速崛起,1975年,可口可乐的市场份额仅比百事可乐多7%;9年后,这个差距更缩小到3%,微乎其微。

百事可乐的营销策略:一是针对饮料市场的最大消费群体——年轻人,以"百事新一代"为主题推出一系列青春、时尚、激情的广告,让百事可乐成为"年轻人的可乐";二是进行口味对比。请毫不知情的消费者分别品尝没有贴任何标志的可口可乐与百事可乐,同时百事可乐公司将这一对比实况进行现场直播。结果是,有八成的消费者回答百事可乐的口感优于可口可乐,此举马上使百事可乐的销量激增。

对手的步步紧逼让可口可乐感到了极大的威胁,它试图尽快摆脱这种尴尬的境地。1982年,为找出可口可乐衰退的真正原因,可口可乐决定在全国10个主要城市进行一次深入的消费者调查。

可口可乐设计了"你认为可口可乐的口味如何？""你想试一试新饮料吗？""可口可乐的口味变得更柔和一些，您是否满意？"等问题，希望了解消费者对可口可乐口味的评价并征询对新可口可乐口味的意见。调查结果显示，大多数消费者愿意尝试新口味的可口可乐。

可口可乐的决策层以此为依据，决定结束可口可乐传统配方的历史使命，同时开发新口味的可口可乐。没过多久，比老可口可乐口感更柔和、口味更甜的新可口可乐样品便出现在世人面前。

为确保万无一失，在新可口可乐正式推向市场之前，可口可乐公司又花费数百万美元在 13 个城市中进行了口味测试，邀请了近 20 万人品尝无标签的新、老可口可乐。结果让决策者们更加放心，六成的消费者回答说新可口可乐味道比老可口可乐要好，认为新可口可乐味道胜过百事可乐的也超过半数。至此，推出新可口可乐似乎是顺理成章的事了。

可口可乐不惜血本协助瓶装商改造了生产线，而且，为配合新可口可乐上市，可口可乐公司还进行了大量的广告宣传。1985 年 4 月，可口可乐公司在纽约举办了一次盛大的新闻发布会，邀请 200 多家新闻媒体参加，依靠传媒的巨大影响力，新可口可乐一举成名。

看起来一切顺利，刚上市一段时间，有一半以上的美国人品尝了新可口可乐。但让可口可乐公司的决策者们始料未及的是，噩梦正向他逼近。很快，越来越多的老可口可乐的忠实消费者开始抵制新可口可乐。对于这些消费者来说，传统配方的可口可乐意味着一种传统的美国精神，放弃传统配方就等于背叛美国精神，"只有老可口可乐才是真正的可口可乐"。有的顾客甚至扬言将再也不买可口可乐。

迫于巨大的压力，决策者们不得不做出让步，在保留新可口可乐生产线的同时，再次启用有近 100 年历史的传统配方，生产让美国人视为骄傲的"老可口可乐"。

仅仅 3 个月的时间，可口可乐公司的新可口可乐计划就以失败告终。尽管公司前期花费了 2 年时间、数百万美元进行市场调研，但可口可乐公司忽略了最重要的一点——对于可口可乐的消费者而言，口味并不是最主要的购买动机。

(资料来源：新可口可乐跌入调研陷阱. 瑞一的天空博客，http://blog.sina.com.cn，2006-09-03)

案例讨论：

1. 新可口可乐跌入了调研陷阱，是否说明该公司不应该进行市场调研？你的意见呢？

2. 在可口可乐公司推出"新可口可乐"之前的一连串市场动作中，他们做了哪些调研和准备工作？你认为他们还应该做哪些工作？

3. 在案例的最后，文章指出可口可乐公司忽略了最重要的一点，为什么可口可乐公司会犯这样的错误呢？

第二章　消费者的购买决策

【学习目标】

通过学习本章，要求学生了解消费者购买决策及其家庭购买模式；理解影响消费者及其家庭购买决策的因素和购买决策类型；掌握消费者及其家庭购买决策过程的理论。在此基础上提升学生根据消费者及其家庭购买决策模式分析提出相关营销策略技巧的能力。

【导读案例】

阿雯选车的故事

阿雯是上海购车潮中一位普通的上班族，35岁，月收入万元。以下真实地记录了在2004年4～7月，她在购车决策过程中如何受到各种信息的影响。

阿雯周边的朋友与同事纷纷加入了购车者的队伍，看他们在私家车里享受如水的音乐而不必用力抗拒公交车的拥挤与嘈杂，阿雯开始动心。另外，她工作地点离家较远，加上交通拥挤，来回花在路上的时间要近3小时，她的购车动机越来越强烈。只是这时候的阿雯对车一无所知，除了坐车的体验和直觉上喜欢漂亮的白色、流畅的车型和几盏大而亮的灯。

初识爱车

阿雯是在上司的鼓动下上驾校学车的。在驾校学车时，未来将购买什么样的车不知不觉成为几位学车者的共同话题。"我拿到驾照，就去买一部1.4自排的波罗。"一位MBA同学对波罗情有独钟。虽然阿雯也蛮喜欢这一款小车的外形，但她怎么也接受不了自己会同样购一款波罗，因为阿雯有坐波罗1.4的体验，那一次是4位女生(在读MBA同学)上完课，一起坐辆小波罗出去吃中午饭，回校时车从徐家汇汇金广场的地下车库开出，上坡时不得不关闭了空调才爬上高高的坡，想起爬个坡便要关上空调实实在在地阻碍了阿雯对波罗的热情，尽管有不少人认为波罗是女性的首选车型。

问问驾校的师傅吧。师傅总归是驾车方面的专家，"宝来，是不错的车"，问周边人的用车体会，包括朋友的朋友，都反馈过来这样的信息：在差不多的价位上，开一段时间，还是德国车不错，宝来好。阿雯的上司恰恰是宝来车主，阿雯尚无体验驾驶宝来的乐趣，但后排的拥挤却已先入为主了。想到自己的先生人高马大，宝来的后座不觉成了胸口的痛。如果有别的合适的车，宝来仅会成为候选吧。

不久，一位与阿雯差不多年龄的女邻居，在小区门口新开的一家海南马自达专卖店里买了一辆福美来，便自然地向阿雯做了"详细介绍"。阿雯很快去了家门口的专卖店，她被展厅里的车所吸引，销售员热情有加，特别是有这么一句话深深地打动了她："福美来各个方面都很周全，反正在这个价位别的车有的配置福美来都会有，只会更多。"此时的阿雯还不会在意动力、排量、油箱容量等抽象的数据，直觉上清清爽爽的配置，配合销售人员正对阿雯热情的介绍，令阿雯在这一刻已锁定海南马自达了。乐颠颠地拿着一堆资料回去，福美来成了阿雯心中的首选。银色而端正的车体在阿雯的心中晃啊晃。

亲密接触

阿雯回家征求先生的意见。先生说，为什么放着那么多上海大众和通用公司的品牌不买，偏偏要买"海南货"？它在上海的维修和服务网点是否完善？两个问题马上动摇了阿雯当初的决心。

阿雯不死心，便想问问周边驾车的同事对福美来的看法。"福美来还可以，但是日本车的车壳太薄"，宝来车主因其自身多年的驾车经验，他的一番话对阿雯还是有说服力的。阿雯有无所适从的感觉。好在一介书生的直觉让阿雯关心起了精致的汽车杂志，随着阅读的试车报告越来越多，阿雯开始明确自己的目标了，8 万~15 万元的价位，众多品牌的车都开始进入阿雯的视野。此时的阿雯已开始对各个车的生产厂家，每个生产厂家生产哪几种品牌，同一品牌的不同发动机的排量与车的配置，基本的价格都已如数家珍。上海通用的别克凯越与别克赛欧，上海大众的超越者，一汽大众的宝来，北京现代的伊兰特，广州本田的飞度1.5，神龙汽车的爱丽舍，东风日产的尼桑阳光，海南马自达的福美来，天津丰田的威驰，各款车携着各自的风情，在马路上或飞驰或被拥堵，时时刻刻向阿雯展现着自己的神采，阿雯常用的文件夹开始附上了各款车的排量、最大功率、最大扭矩、极限速度、市场参考价等一行行数据，甚至4S店的配件价格。经过反复比较，阿雯开始锁定别克凯越和本田飞度。

特别是别克凯越，简直是一款无懈可击的靓车啊！同事A此阶段也正准备买车，别克凯越也是首选。阿雯开始频频地进入别克凯越的车友论坛，并与在上海通用汽车集团工作的同学B联系。从同学的口里阿雯增强了对别克凯越的信心，也知道了近期已另有两位同学拿到了牌照。但不幸的是，随着对别克凯越论坛的熟悉，阿雯很快发现，费油是别克凯越的最大缺陷，想着几乎是本田飞度两倍的油耗，在将来拥有车的时时刻刻要为这油耗花钱，阿雯的心思便又活了。还有飞度呢，精巧、独特、省油，新推出1.5 VTEC发动机的强劲动力，活灵活现的试车报告，令人忍不住想说就是它了。何况在论坛里发现本田飞度除了因是日本车系而受到抨击外没有明显的缺陷。正巧这一阶段广州本田推出了广州本田飞度的广告，阿雯精心地收集着有关广州本田飞度的每一个文字，甚至于致电广州本田飞度的上海4S店，追问其配件价格。维修人员极耐心的回答令阿雯对飞度的印象分又有所增加。

到此时，阿雯对电视里各种煽情的汽车广告却没有多少印象。由于工作、读书和家务的关系，她实在没有多少时间坐在电视机前。而地铁里的各式广告，按道理是天天看得到，但受上下班拥挤人群的影响，阿雯实在是没有心情去欣赏。只是纸上得来终觉浅，周边各款车的直接用车体验对阿雯有着一言九鼎的说服力，阿雯开始致电各款车的车主了。

朋友C已购了别克凯越，问及行车感受，说很好，凯越是款好车，值得购买。同学D

已购了别克赛欧，是阿雯曾经心仪的 SRV，质朴而舒适的感觉，阿雯常常觉得宛如一件居家舒适的棉质恤衫，同学说空调很好呀，但空调开后感觉汽车动力不足。朋友 E 已购了飞度(1.3)，她说飞度轻巧、省油，但好像车身太薄，不小心用钥匙一划便是一道印痕，有一次去装点东西感觉像"小人搬大东西"。 周边桑塔纳的车主、波罗的车主等，都成为阿雯的"采访"对象。

花落谁家？

阿雯的梦中有一辆车，漂亮的白色，流畅的车型，大而亮的灯，安静地立在阿雯的面前，等着阿雯坐进去。但究竟花落谁家呢？阿雯自己的心里知道，她已有了一个缩小了的备选品牌范围。但究竟要买哪一款车，这个"谜底"不再遥远……

（资料来源：http://wenku.baidu.com/view/cdca93c34028915f804dc2f4.html）

阅读案例，思考下列问题：

1. 根据消费者介入度与购买决策分类理论，阿雯选车属于哪一类购买决策？为什么？
2. 试运用消费者决策过程的 5 阶段模型分析阿雯选车所经历的相关阶段。
3. 阿雯的购买信息来源主要有哪些？在日常的购买中还有哪些信息来源？
4. 作为汽车的生产商和销售商，你认为你可以在哪些方面或环节影响消费者行为？

第一节　消费者购买决策概述

消费者购买行为是指人们为了满足个人、家庭的生活需要，或者企业为了满足生产的需要，购买喜爱的产品或服务时所表现出来的各种行为。其购买行为复杂多变，受到内外多种因素的影响，由一系列环节组成。不同的购买行为模式源自其不同的购买决策风格，而个人及其家庭购买决策模式的融合与冲突也给企业营销人员提出了更多、更高的要求，掌握消费者及家庭购买决策类型、角色及其过程至关重要。

消费者的购买决策随商品的复杂性和购买情况的不同虽然有所不同，但其遵循基本的购买决策规律认知却是一致的。

一、消费者购买决策的模式

广义的消费者购买决策是指消费者为了满足某种需求，在一定的购买动机的支配下，在可供选择的购买方案中，经过分析、评价、选择并且实施最佳的购买方案，以及购后评价的活动过程。它是一个系统的决策活动过程，包括需求的确定、购买动机的形成、购买方案的抉择和实施、购后评价等环节。

关于消费者购买决策模式的研究，诸多学者提出了大量的研究成果。这里简要介绍其中的两种，即消费者购买决策的一般模式和尼科西亚模式。

(一)消费者购买决策的一般模式

消费者购买决策的一般模式表现为人类行为的一般模式，即 S-O-R 模式，即"刺激—个体生理、心理—反应"。该模式表明消费者的购买行为是由刺激所引起的，这种刺激既可能来自消费者身体内部的生理与心理因素，也可能源自外部环境的影响。消费者在各种内、外因素的刺激作用下，产生初始动机，在动机不断加强的驱使下，做出购买商品的决策，实施购买行为，购买后还会对购买的商品及其相关渠道和厂家做出评价，这样就完成了一次完整的购买决策过程。消费者购买决策的一般模式，如图 2-1 所示。

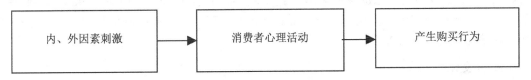

图 2-1　消费者购买决策的一般模式

营销大师菲利普·科特勒提出的强调社会两方面的消费行为的简单模式，其实质也反映的是刺激反应模式的本质。该模式说明消费者购买行为的反应不仅要受到营销的影响，还要受到外部因素的影响。而不同特征的消费者会产生不同的心理活动过程，通过消费者的决策过程，导致了一定的购买决定，最终形成消费者对产品、品牌、经销商、购买时机、购买数量的选择。

基于消费者购买决策的一般模式及菲利普·科特勒提出的模式认知，企业必须依据对消费者心理活动过程的深入、细致的研究分析，有针对性地进行购买者、购买结果、购买动机、购买时间、购买地点、购买方式等设计决策，以便设置能有效产生刺激效果的影响因素。

(二)尼科西亚模式

尼科西亚于 1966 年在《消费者决策程序》一书中提出这一决策模式。该模式由四大部分组成：第一部分，从信息源到消费者态度，包括企业和消费者两方面的态度；第二部分，消费者对商品进行调查和评价，并且形成购买动机的输出；第三部分，消费者采取有效的决策行为；第四部分，消费者购买行动的结果被大脑记忆、储存起来，供消费者以后的购买参考或反馈给企业。

二、消费者购买决策的影响因素

消费者的购买决策受到多方面因素的影响和制约，这些因素之间存在复杂的交互作用，它们会对消费者的决策内容、方式及结果产生不同的影响。

(一)文化因素

文化因素对消费者行为具有最广泛而深远的影响。

1. 文化

文化是指人类从生活实践中建立起来的价值观念、道德、理想和其他有意义象征的综合体。任何人都在一定的社会文化环境中生活，不同社会文化环境中的人在道德伦理、行为准则和价值观念上都会表现出较大的差异。文化对消费者的购买决策会产生重要的渗透式影响，它通过既定的文化价值观念作用于人的消费活动。如我国"80后""90后""00后"的新新人类所独有的个性特点，不仅明显表现出与之前年龄族群的购买行为差异，并且势必形成独特的消费购买决策习惯。

2. 亚文化

文化因其具有群体差异性而又包含若干亚文化。亚文化可分为 4 种类型：①民族亚文化群，如中国有汉族、回族、蒙古族等，不同的民族亚文化群，具有独特的民族爱好和文化传统；②宗教亚文化群，如天主教、佛教、基督教、伊斯兰教等，不同的宗教有不同的宗教偏好和戒律，形成一定的宗教文化；③种族亚文化群，如白种人、黄种人、黑种人等，他们各自都有不同的文化特点和生活习惯；④地理亚文化群，如中国有不同的地区和省(市)，各地的生活方式和地方特色不同。

3. 社会阶层

社会阶层是影响消费者购买行为的重要因素，它主要根据职业、收入、受教育程度等来划分。在同一社会不同社会阶层的人，由于其职业、财富占有、教育水平及价值观等因素不同，决定其消费范围、消费爱好和消费方式比较多样，不同社会阶层的人，在衣服、家庭装饰、耐用品等消费方面也表现出对不同产品形式、品牌和价格的偏好。

上述文化、亚文化及社会阶层方面的因素都可以对消费者购买决策发生直接或间接的影响。营销者研究这些因素便于了解不同文化群和消费者的购买决策行为，确定更适宜的目标市场和制定更有效的营销策略。

(二)社会因素

消费者的购买决策除了受文化这一深层次因素影响外，还要受到相关群体、家庭、角色与地位等社会因素的影响。

1. 相关群体

相关群体是指对个人的态度、意见和观点有直接或间接影响的群体。相关群体可以分为 3 种类型：第一种是主要群体，指对消费者个体购买决策直接且影响重大的群体，包括家庭成员、亲朋好友、同事、邻居等，消费者购买决策往往仿效或听从主要群体成员的做法和意见；第二种是次要群体，包括与顾客有关的各种群众团体和组织，他们对顾客行为发生间接影响，这些成员之间保持着一种正式的、有限的个人交往联系；第三种是渴望群体，主要是消费者渴望加入或作为参照的个人或组织，如电影明星、流行歌手等社会名人及交际圈，他们在社会上有许多崇拜者和追随者，仿效其一举一动，这些名人即为某些消费者的理想性或渴望性群体。

相关群体为消费者提供了新的消费模式和生活模式的范例，影响到消费者对事物或商品的看法，导致消费者审美观和价值观不断发生变化，促使人们的购买决策行为趋于"一致化"，从而影响顾客对商品、品牌及使用方式的选择。相关群体对一个消费者的购买行为所产生的影响主要有 3 个方面：一是相关群体会使自己的成员产生新的购买行为和生活方式；二是相关群体还影响着成员的态度和自我观念，因为每一个成员都希望获得群体认可；三是相关群体还能对成员产生一种压力，迫使他们在购买行为的选择上与群体保持一致。

市场营销人员必须十分重视相关群体对购买行为的影响，在制定营销策略时，要选择同目标市场关系最密切、传递信息最迅速的相关群体，了解其爱好，从而有针对性地做好广告宣传工作，以便扩大销售量。

2. 家庭

家庭是指以婚姻、血缘或收养关系为纽带而组成的一种社会生活组织或群体。家庭是社会的细胞，是传播文化、价值观及行为方式的主要组织。家庭作为消费单位是分析营销策略各个方面的切入点，对营销经理来说关注消费者及其家庭都是非常重要的。消费者购买决策的形成和过程在很大程度上是受家庭影响的，因此，研究家庭对分析消费者购买决策的影响有着重要意义。

3. 角色和地位

角色是根据每一个人的地位，在一定环境中应该表现出来的行为方式。每一个人一生中都会参与许多群体，如家庭、工作单位、各种社会组织等。一个人在不同群体中的处境，即角色与地位是不同的，表现出的行为方式也不同。因而会有不同的需求，购买不同的商品。例如，某人在母亲眼里其身份是儿女；结婚成家后，是妻子和丈夫；在工作环境里，其身份可能是经理。一个人在各种群体中的各种角色和地位都会影响其购买行为，他也常常会以选择商品的方式来表明他的角色和地位。

(三)个人因素

在社会文化等诸因素都相同的情况下，消费者的购买行为仍然千差万别，这主要是由消费者的年龄、职业、收入、个性和生活方式等个人因素不同造成的，这些因素无不给消费者的购买行为涂上鲜明的个性色彩。

1. 年龄和生命周期

对消费者购买决策产生影响的因素有两种生命周期,即个人生命周期和家庭生命周期。个人生命周期与年龄相对应,购买者的年龄是影响消费者需求和购买行为的一个重要因素。不同年龄的消费者对于商品有不同的爱好和需求,如老年用品市场和青年用品市场就有很大差别。家庭生命周期与年龄也有某些关系,它通常可以用个人所经历的若干阶段来描述。家庭生命周期对研究消费者购买决策具有重要意义。在生命周期的不同阶段,顾客对商品的兴趣和需求会有显著的差异。如单身期,青年人喜欢时装,注重文化娱乐消费;新婚期,需要购置家具、耐用消费品等;"满巢"Ⅰ期,需要婴儿食品、保健和日托服务等;"满巢"Ⅱ期,需要青少年用的图书杂志、体育用品等;"空巢"期和鳏寡期的老人对保健用品及食品有较迫切的需求。因此,营销者只有明确自己的目标市场处于家庭生命周期的什么阶段,据此发展适当的产品和制订适当的营销计划,才能取得成功。

2. 职业

消费者购买决策也受其职业的影响。消费者的职业同其受教育程度和经济收入有密切联系。如教师和医生、服务人员和建筑工人,由于受教育程度、工作性质、经济条件及生活方式不同,对其购买决策的方式会产生较大的影响。营销者应根据不同职业可能带来的差异性购买决策行为,开发合适的产品和制订相应的营销计划。

3. 经济情况

消费者的经济情况从根本上决定着他要购买和消费商品的范围、次数和档次,从而影响其购买决策和购买行为。

4. 生活方式

生活方式反映了一个人全部的行为方式及其与外界的相互关系、相互作用的基本轮廓。因此,了解消费者的生活方式对营销者至关重要。营销者应尽量了解其产品和各种生活方式群体之间的相互关系,以便积极引导消费者向有利于购买和消费本企业产品方面转变。

5. 个性

个性是指一个人经常表现出来的,比较稳定的、本质的心理特征。它是个体在一定的遗传因素的基础上,在不断变化的外界环境作用下形成的,并具体表现在一个人的气质、能力和性格等方面的个性特点上。消费者的个性特点也常在其购买及决策活动中得到体现,使消费者的购买行为表现出较大的差异性。

(四)心理因素

消费者心理是影响消费者行为最直接的内在因素,它主要包括动机、感觉、学习、信念与态度。

1. 动机

动机是推动人行动的动力，或者说是促使人为满足自己的需要去从事某种活动的内在原因和直接动力。它在需要的基础上产生，并且引起行为。当需要满足，动机消失后，人的心理恢复平衡，然后又产生新的需要。消费者的动机可能影响消费者购买决策，因此探究消费者的动机，对营销者有着重要意义；而动机又是由需要形成的，为此西方心理学家提出了一些不同的动机形成理论，其中美国著名心理学家马斯洛的需要层次论影响较大。马斯洛把人类需要划分为 5 个层次，即生理的需要、安全的需要、社交的需要、尊重的需要和自我实现的需要。实践证明，马斯洛的需要层次论对于研究和认识消费者的动机和行为是有用的，消费者购买行为的变化和差异就是由于需要层次及其满足程度不同而造成的。

2. 感觉

潜在消费者产生了购买动机以后，他的行动还要取决于对刺激物的感觉。具有同样动机和处于同样情境的人，由于他们对情境的感觉不同，可能会导致不同的行为。

3. 学习

人类大多数行为是从后天经验得来的，即通过学习、实践得来的。学习是指由于经验而导致的个人行为的改变。

一个人学习的产生是驱动力、刺激、诱因、反应和强化等相互作用的结果。对于市场营销人员来说，"学习"的重要意义在于，不仅要了解自己的产品(刺激物)与潜在消费者的驱动力之间的关系，而且要善于向消费者提供诱发需求的诱因——适当的广告宣传手段，同时努力提高产品质量，通过提供正向的强化力量，加深消费者的印象，建立市场对商品的需求。

4. 信念和态度

通过行动和学习，人们获得了信念和态度；反之，这些信念和态度又影响其购买行为。

信念是指人对事物所持有的一种描述性的想法。消费者对企业所持有的信念对企业市场营销非常重要，因为这些信念会形成对企业的印象。所以，努力使消费者对企业建立一个良好的信念是十分重要的。

态度是指一个人对某事物所持有的认识、情感和行为倾向，它和信念是相互联系的，不同的信念可导致人产生不同的态度。人几乎对所有的事物都持有自己的态度，如对宗教、政治、音乐、服饰、食物等。因所抱态度不同形成对事物的喜欢或厌恶、疏远或亲近的倾向。企业可以通过消费者的行为，了解其对企业和产品的态度，因为消费者往往依据自己对某一商品或某一企业所持有的态度来决定自己的购买决策。态度一旦形成，改变起来就较为困难，所以企业最好一开始就给消费者留下一个好印象，使消费者对自己的企业、产品、服务产生良好的印象。

除了上述主要的影响消费者购买决策的因素外，科学技术方面的因素影响也日益突出。如互联网的普及与应用使网络购物已经成为许多消费者及家庭购买决策中的一项重要内容。中国互联网络信息中心(CNNIC)将网络购物定义为发生在互联网中企业之间(Business to Business，B2B)、企业和消费者之间(Business to Consumer，B2C)、个人之间(Consumer to Consumer，C2C)、政府和企业之间(Government to Business，G2B)通过网络通信手段缔结的商品和服务交易。网络购物是网上卖主向消费者转移商品的过程。因此，消费者、商品和购物网站是该过程中的 3 个主体。从消费者个体角度出发，影响消费者决策的因素包括行为态度、主观规范、行为控制感、感知风险、感知到的有用性和易用性、先前经验、自信、自我效能感、创新性、文化背景、人口统计学特征等。从商品角度出发，影响因素包括商品的类别、价格、商品使用者的规模等。从购物网站的角度出发，影响因素包括网站的规模和信誉、信息的适用性、系统使用等。根据艾瑞咨询集团的调查报告，网络购物对日常生活的渗透正不断加深，越来越多的生活消费品都可以在网上购买到。特别是在实体经济物价持续上涨的环境下，网络购物的生活成本明显要低很多，因此也吸引了更多普通消费者的眼球。

三、消费者购买决策的类型

消费者在消费购买各类产品或服务的过程中，由于对不同产品和品牌的理解和风险掌控的难易程度差异较大，因而消费者在不同类产品的消费中其购买决策过程的复杂程度不同，究其原因是受诸多因素的影响，其中最主要的是消费者卷入购买决策程度和品牌差异大小等。比如，白砂糖、方便面与手机、轿车之间的购买决策复杂程度显然是不同的。同类产品不同品牌之间的差异越大，产品价格越昂贵，消费者越是缺乏产品知识和购买经验，感受到的风险越大，购买过程就越复杂。美国营销学者阿萨尔(Assael)根据购买者卷入购买决策程度和产品品牌差异程度区分出 4 种购买类型。

(一)复杂的购买决策

当消费者在购买过程中需要高度参与，并且现有各品牌具有显著差异，则会产生复杂的购买决策行为。复杂的购买决策指消费者需要经历大量的信息收集、全面的产品评估、慎重的购买决策和认真的购后评价等各个阶段。比如，家用轿车价格昂贵，不同品牌之间差异较大，对于不同品牌之间的性能、质量、价格等无法做出正确判断，购买需要承担较大的风险。因此他要广泛收集资料，弄清很多问题，逐步建立对此产品的信念，然后转变成态度，最后才会做出谨慎的购买决定。

对于消费者需要复杂购买决策的行为，营销者应在产品质量保证、产品知识掌握方面多做文章，通过降低消费者购买风险以影响其最终购买决策。

(二)品牌忠诚型购买决策

当消费者在购买过程中需要高度参与，但现有各品牌没有明显差异，则会产生品牌忠诚型决策。一般如果价格合理、购买方便、机会合适，消费者就会决定购买。购买以后，消费者也许会感到有些不协调或不够满意，也许商品的某个地方不够称心，或者听到别人称赞其他种类的商品。在使用期间，消费者会了解更多信息，并寻求种种理由来减轻、化解这种不协调，以证明自己的购买决策是正确的，因而通常借助忠诚的品牌进行购买决策以降低决策风险。

对于这类购买行为，营销者要提供完善的售后服务，通过长期顾客关系管理保持较高的品牌忠诚度，使顾客相信自己的购买决定是正确的。

(三)有限型购买决策

有限型购买决策是介于复杂的购买决策和习惯型及品牌忠诚型购买决策之间的一种决策类型。有些商品品牌之间有明显差异，但消费者并不会多花时间去比较品牌或其他方面的特点，而是不断变化他们所购商品的品牌。如在购买食品、饮料之类商品时，消费者往往不花时间来选择和估价，而是多次尝试更换一种新花样。这样做往往不是因为对产品不满意，而是为了寻求多样化。有限型购买决策有时会因情感性需要或环境性需要而产生。如对品种的更换并非对上次购买的饼干不满意，而是想换换口味。

对于消费者有限型购买决策，市场领导者和挑战者的营销策略是不同的。市场领导者应将重点放在加强品牌领导地位的巩固，以促使其形成品牌忠诚型购买决策或者通过占有货架、避免脱销和提醒购买的广告来鼓励消费者形成习惯性购买行为。而挑战者则应以较低的价格、折扣、赠券、免费赠送样品和强调试用新品牌的广告来鼓励消费者改变原来的购买行为。

(四)习惯型购买决策

对于价格低廉、经常性购买的商品，消费者的购买行为是最简单的。在这类商品中，各品牌的差别极小，消费者对此也十分熟悉，不需要花时间进行选择，一般随买随取就可以，因此，大多采用的是习惯型购买决策方式。例如，买醋、酱油、盐之类的商品就是习惯型购买。这种简单的购买行为不必经过搜集信息、评价产品特点、最后作出重大决定这种复杂的过程。

对习惯型购买决策行为的主要营销策略是：提高消费者购买的便利性，积极利用价格与销售促进吸引消费者试用，如通过合理价格与优惠、展销、示范、赠送、有奖销售等促销手段吸引顾客试用，目的是让消费者了解和熟悉产品或品牌，就可能经常购买以至形成购买习惯。

表 2-1 所示是 4 种购买决策类型的比较。

表2-1 4种购买决策类型比较

购买过程	认知 (需求认知)	考虑 (信息收集)	偏好 (评估各种选择)	购买 (购买决策)	忠诚 (购买评估)
习惯型购买	通常起因于没有存货	只采用别人提供或容易得到的偏好信息,在无意间发现新产品	通常遵循长期购买习惯但可接受更好的选择	经由提醒,经过计划或未经计划惯性驱使	仅作少许评估,除非改用别的产品
品牌忠诚型购买	通常因为受到满足购物乐趣的驱使	作出即时的比较,寻求购买方便、性价比高	通常自然地发生,必须符合最低要求,愿意尝试	在冲动时购买,会依据品牌偏好进行购买	进行许多评估,在惊讶或失望时会询问
有限型购买	因生活事件或存在影响认知需求(如加薪)	信任零售商提供的评估,依赖销售助理	寻求朋友的建议,利用直觉、品牌作评估	等待好时机(如限量降价),通常为必要性购买	进行持续的购买后评估,买者容易后悔
复杂型购买	经常受生活目标与长期兴趣驱使	进行大量的搜索与需求评估考虑多项因素	寻求专家的建议与影响力	仔细衡量时间与地点	极少进行即时的重新评估

四、消费者购买决策的原则

消费者购买决策的原则贯穿于决策过程的始终,起着指导或引导消费者决策的作用。一般有下列4项原则。

(一)最大满意原则

一般而言,消费者总是力求通过决策方案的选择、实施,取得最大效用,使某方面需求获得最大限度的满足。按照这一指导思想进行决策,即为最大满意原则。但是贯彻最大满意原则,要求消费者详尽、完整地占有信息,并要对各种备选方案进行准确、无误的评价比较和精确地预测种种方案的实现后果等。而消费者受主、客观环境的限制,几乎不可能全部具备上述条件。此外,是否达到最大满足完全依赖于消费者个人的主观感觉和评价。因此,所谓最大满意原则毋宁说是一种理想化原则。

(二)相对满意原则

该原则认为,在进行购买决策时,消费者只需做出相对合理的选择,达到相对满意即可,最终能以较少的代价取得较大的效果。这是因为现代社会商品世界纷繁庞杂,市场信息瞬息万变、应接不暇，消费者不可能也无必要花费许多时间、精力获得所需的全部信息，况且人的欲望永无止境，永远不可能达到绝对的最大限度的满足。

(三)遗憾最小原则

由于任何决策方案的后果都不可能使人完全满意，因而存在不同程度的遗憾。因此，有人主张以可能产生的遗憾最小作为决策的基本原则。例如，当消费者因各类夹克衫的价格高低不一而举棋不定时，有人便宁可选择购买价格最低的一种，以便使遗憾降到最低。遗憾最小原则的作用在于减少风险损失，缓解消费者因不满意而产生的心理失衡。

(四)预期—满意原则

预期—满意原则是与个人的心理预期进行比较，从中选择与预期标准吻合度最高的方案作为最终决策方案。这一方案，能够达到消费者满意程度最大化。这是消费者在进行购买决策前，已经预先形成了对商品价格、质量、花色等方面的心理预期。运用这一原则，可以大大缩小消费者的抉择范围，加快决策进程。

第二节　消费者购买决策的过程

消费者购买商品的决策活动是一个发生、发展和完成的过程。这个过程由一系列相关联的活动构成，通常把它分成若干步骤，目的在于使营销者针对购买过程的不同步骤，采取有效的促销措施。

通常，消费者在购买一般的产品时，其购买决策过程可分为 5 个步骤，如图 2-2 所示。

图 2-2　消费者购买决策过程模式

从图 2-2 所示的模式可以看出，消费者购买活动实际上在购买行为发生以前就已经开始，并且在购买商品以后并没有完结。所以，营销者必须研究消费者的整个购买过程，而不仅仅是注意购买决策。

一、确认需要

日常生活中常常要面对各种消费问题。如日常必需的柴、米、油、盐没有了很容易认知，也容易解决；某些使用频繁的大件商品(如冰箱)出了故障则是容易认知，却不易解决。对其他问题的认知，如对需要购买房屋的需求，则要多花费点时间，因为此类问题通常较复杂，且决策缓慢。而消费者的购买决策过程则是以确认需要或问题认知为出发点。消费者发现和意识到自己有某种需要时，表明购买过程已经开始。消费者的确认可分为主动型与被动型。主动型确认是指消费者在正常情况下就会意识到或将要意识到的问题。被动型确认则是消费者尚未意识到的问题。即确认需要，可以由内部刺激引起，如饥饿使人产生进食的需要；也可由外部刺激引起，如看到别人买了某种商品，想到自己也需要购买等；或者是由内、外两方面的因素共同作用的结果。

营销管理者通常应关注 4 个与认知相关的问题。首先，他们需要弄清楚消费者面临的问题是什么；其次，他们要知道如何运用营销组合解决这些问题；再次，他们有时需要激发消费者的问题认知；最后，有些情况下他们需要压制消费者的问题认知。比如，对于主动型与被动型确认就需要运用不同的营销策略。主动型问题仅仅要求营销者令人信服地向消费者说明其产品的优越性，因为消费者对问题已经有了认识。对于被动型问题，营销者不仅要使消费者意识到问题的存在，而且还要使其相信企业所提供的产品或服务是解决该问题的有效方法。显然，做到这一点难度是很大的。

二、收集信息

消费者最终的购买行为一般需要相关信息的支持。认识到需要的消费者，如果目标清晰、动机强烈，购买对象符合要求，购买条件允许且又能买到，他们一般会立即采取购买行动。在许多场合，认识到的需求不能马上满足，只能留存在记忆当中。随后，消费者对这种需求或者不再收集信息，或者进一步积极主动地收集信息。

消费者收集信息的积极性程度会有所不同，对于需求十分迫切的消费者，会主动寻找信息。而对于需求强度较低的消费者，不一定积极、主动地收集信息，但对有关的信息保持高度警觉，反应比较灵敏——处于"放大注意"的状态。比如，一个想在不久以后购买电脑的消费者，他会对有关的广告、商店里的电脑品牌、熟人或不相识者关于电脑的议论，比平时更加留心。当需要强度持续增加到一定程度，就会像需求一开始就很强烈的消费者一样，进入积极主动收集信息的状态。

同时，消费者收集信息的程度同样差异性较大。消费者收集信息的范围和数量取决于两个因素：购买类型和风险感。

(1) 购买类型。初次购买所需的信息较多，范围较广；重复购买所需信息较少，内容也不一样。

(2) 风险感。消费者对风险的认识，一方面受产品、价格影响：价格越高，使用时间越长，风险感越大，就会努力收集更多的信息；另一方面受个人因素影响：同样的购买，谨小慎微的人风险感就大，办事马虎的人风险感则小。

消费者容易感受到的购买风险主要有：①效用风险——所购产品是否适用；②经济风险——花钱是否值得；③名誉风险——被评头论足，人们会怎么看待。总之，消费者会依据自身的风险感决定收集信息的程度。

为了满足需要，消费者经常需要主动收集信息。信息来源主要有 4 个方面：个人来源，如家庭、亲友、邻居、同事等；商业来源，如广告、推销员、分销商等；公共来源，如大众传播媒体、消费者组织等；经验来源，如操作、实验和使用产品的经验等。一般来讲，消费者得到的有关商品信息，主要出自商业来源。各种来源的信息对购买决策都有相当大的影响。商业来源通常起着告知、传达的作用，个人来源主要起评估作用。这些信息来源的相对影响力因产品和消费者的不同而变化。总的来说，信息主要来自商业来源，而最有影响力的是个人来源，公共来源的信息可信度较高。营销者要善于利用一切信息传播媒介扩大产品和企业的知名度，以促进购买行为的产生。

三、评估选择

消费者在大量收集信息以后，就要将已收集的有关信息进行分析比较，权衡各自的长短优劣，以便作出最佳选择。研究消费者的评估选择，就是掌握消费者是如何处理他们所收集到的信息，进而作出购买决策的。消费者的评估选择过程，有以下几点值得营销者注意。

(一)产品属性

产品属性是消费者所考虑的首要问题。消费者就是依据他所感兴趣的属性对某一产品进行评估选择的。每个人对同一产品属性的认识和兴趣不同，他们自然会得出不同的评估结果。同时会考虑产品属性的重要性和显著性。重要性是指消费者对产品属性认识的重要程度。消费者对某些属性赋予的重要程度越高，则购买的可能性也就越大。显著性是指消费者在考虑产品属性时首先出现在头脑中的属性。但是，这些属性并不等于最重要的属性。因为，有些属性之所以显著，是因为消费者刚从企业的广告中得知，或者是他们遇到过的问题。有些非显著属性，虽然消费者把它们遗忘了，但是一旦被提及，他们会重新认识到其重要性。所以，市场营销人员要多注意属性的重要性而不是属性的显著性。

(二)产品品牌信念

品牌信念是消费者对各个企业提供的产品品牌所持有的特定看法，对某一特定品牌所持有的信念组合称为品牌形象。产品品牌信念会成为消费者对产品信息评估选择的重要依据。不同的消费者对品牌感兴趣或对品牌的忠诚度表现出较大差异，有的消费者无品牌忠诚，有的消费者是单一品牌忠诚，而有的消费者则表现出阶段游移的特点。而不同的品牌信念会对消费者评估选择产生重要的影响，需要营销者高度关注。

(三)产品效用函数

效用函数是指消费者希望产品的满意感随其属性的不同而变化的程度。它与品牌信念的联系是，品牌信念指消费者对某种品牌的某一属性已达到何种水平的评价，而效用函数则表明消费者要求该属性达到何种水平他才会接受。每一消费者因对不同产品属性的满足程度不同，而形成不同的效用函数。比如，某一消费者欲购买一部手机的需求满足，会随着通话质量、功能的齐全、图像的清晰、操作的方便等而得以实现，但也会因价格的上升、耗电量增大而使满足感减少。把效用的各最高点连接起来，便成为消费者最理想的手机效用函数。

四、做出购买决策

经过评估选择以后，消费者对某些产品会形成一定的偏爱，产生购买意图。然而购买意图与购买决策之间可能会介入两种因素，从而对消费者实施购买决策产生影响，如图2-3所示。

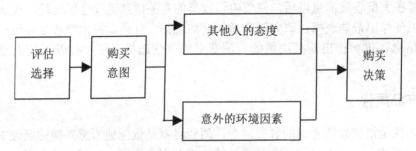

图2-3 影响购买决策的两种因素

第一个因素是他人的态度。在购买者经过评估选择，形成自己的购买意图准备实施购买决策之前，他人的态度会强化或抑制、动摇他的购买行为。他人的否定态度越强烈，或持否定态度者与购买者的关系越密切，则修改购买意图的可能性就越大。

第二个因素是意外的环境因素。购买者根据他预期的家庭收入、预期的价格以及从商品或服务中预期得到的效用而形成自己的购买意图，如果发生意外情况，如失业、意外急需、涨价或得知该产品令人失望的信息，则很可能改变购买意图。

另外，消费者的风险感觉也是一个不可忽视的因素。从购买意图向购买决策过渡时，消费者在很大程度上还会受其感觉风险大小的影响，从而对购买决策进行修改、延期实施和摒弃。对风险感觉程度的大小，受购买金额的大小、产品性能的确定程度和购买者的自信心大小等因素的影响。为此，营销者应设法减少消费者承担的风险，促使消费者做出最后的购买决策并付诸行动。

五、买后感受

消费者购买之后的感受主要表现在：一是购后的满意程度；二是购后行为。

(一)消费者购后的满意程度

通常在消费者购买行为之后预测、衡量购后感受，有两种理论。

1. "预期满意"理论

该理论认为，消费者购买产品以后的满意程度取决于购买前期望得到实现的程度。如果感受到的产品效用达到或超过购前期望，就会感到满意，超出越多，满意感就越大；如果感受到的产品效用未达到购前期望，就会感到不满意，差距越大，不满意感就越大。

2. "认识差距"理论

这种理论认为，消费者在购买和使用产品之后对商品的主观评价和商品的客观实际之间总会存在一定的差距，可分为正差距和负差距。正差距指消费者对产品的评价高于产品实际和生产者原先的预期，产生超常的满意感。负差距指消费者对产品的评价低于产品实际和生产者原先的预期，产生不满意感。

根据这一观点，企业在做广告宣传时，要实事求是，符合产品的实际性能，这样才能真正赢得消费者的好感。

(二)购后行为

消费者的买后感受，最终将会通过行为反映出来。如果消费者满意，那么他重新购买的可能性就非常大，并且会影响到其他消费者。西方企业界有一句谚语："最好的广告是满意的顾客"。反之，产生不满意感的消费者不但不会再买这种产品(或再来这家商店)，而且会作反面宣传。因此，营销者赢得了一位消费者，就意味着赢得了许多消费者；而失去一个消费者，无异于失去很多消费者。

由上述决策阶段可以看出，消费者决策是一个完整的过程。这一过程始于购买之前，终于购买之后，只有从过程的角度加以分析，才能对消费者决策作出完整、准确的理解。需要指出的是，以上分析了消费者购买决策过程中的 5 个步骤，但并不是所有的决策过程都要经过上述 5 个步骤。有的时候，消费者的决策过程很简单，意识到需要，立刻就购买，并不需要经过寻找信息、评估选择。有的时候，消费者决策过程则会长一些。分析消费者购买过程的 5 个步骤，主要是因为它概括了消费者一般的购买决策过程的主要特征及其规律。营销者可根据不同阶段的不同问题，采取有针对性的措施，制定最佳的营销方案。

消费者决策的内容包括要购买哪种产品品牌、要购买的数量、要在何处购买以及何时购买等相关的购买决策。尽管所要决策的总体过程和具体内容极为相似，但在不同的消费决策风格类型下，其实际所进行的方式可能有很大的差异。如不同的消费者决策风格可能会选择跳过、缩短、延长或反复进行某一个决策过程。

第三节 家庭购买决策

家庭是社会的基本单位。在正常情况下，人的一生大都是在家庭中度过的。家庭对个体性格和价值观的形成，对个体的消费与决策模式都会产生非常重要的影响。家庭决策是指由两个或两个以上家庭成员直接或间接做出购买决策的过程。由群体(如家庭)做出决策的过程，在很多方面不同于由个人做出决策的过程，也不同于组织购买决策的过程，家庭决策最重要的方面是它天生具有感情色彩，并由此影响家庭成员之间的关系。

一、家庭生命周期与家庭购买决策参与角色

(一)家庭生命周期

1. 单身阶段

这一阶段由于没有其他方面的负担，所以他们通常拥有较多的可自由支配的收入。收入的大部分用于支付房租，购买个人护理用品、基本的家用器具和用于交通、度假等方面。这一群体比较关心时尚，崇尚娱乐和休闲。

2. 新婚阶段

这一阶段始于新婚夫妇正式组建家庭，止于他们的第一个孩子出生。为了形成共同的生活方式，双方均需要作很多调整。一方面，共同的决策和分担家庭责任，对新婚夫妇是一种全新的体验；另一方面，还会遇到很多以前未曾遇到和从未考虑过的问题，如购买家庭所需固定产品、进行家庭储蓄等。他们是剧院门票、昂贵服装、高档家具、餐馆饮食、奢侈度假等产品和服务的重要市场，因此对营销者颇有吸引力。

3. 满巢阶段

满巢又可以分为3个阶段。

满巢Ⅰ，这一阶段通常是指由年幼小孩(6岁以下小孩)和年轻夫妇组成的家庭。第一个孩子的出生常常会给家庭生活方式和消费方式带来很多变化。一方面，由于照看孩子，家庭收入会减少；另一方面，孩子的出生确实带来很多新的需要，从而使家庭负担有所增加。家庭购买多集中在婴儿食品、婴儿服装、玩具等很多与小孩有关的产品。

满巢Ⅱ，此阶段，最小的孩子已超过6岁，多在小学或中学念书。因为孩子不用大人在家里照看，夫妻都可以将重心重新转移到工作上，家庭经济状况得到改善。

满巢Ⅲ，通常是指年纪较大的夫妇和他们仍未完全独立的孩子所组成的家庭。此阶段，孩子已经工作，家庭财务压力相对减轻，家庭经济状况明显改善。通常，处于此阶段的家庭会更新一些大件商品，购买一些更新潮的家具，还会花很多钱用于接受牙医服务、在外

用餐等方面。

4. 空巢阶段

空巢阶段始于孩子不再依赖父母，也不与父母同住，这一阶段延续的时间也比较长。很多父母可以做他们以前想做但由于孩子的牵累而无法做的一些事情，如继续接受教育、培养新的嗜好、夫妻单独出外旅游等。人生的这一阶段，也许是经济上和时间上最宽裕的时期。夫妻不仅可以频繁地外出度假，而且还会买一些高档的物品。

在空巢的后期，户主到了退休年龄，经济收入随之减少。由于大多数人是在身体很好的状态下退休，而且退休后可用的时间又特别多，所以不少人开始追求新的爱好和兴趣，如出外旅游、参加老年人俱乐部等。

5. 解体阶段

当夫妻中的一方过世，家庭进入解体阶段。如果在世的一方身体尚好，有工作或有足够的储蓄，并有朋友和亲戚的支持和关照，家庭生活的调整一般比较容易。由于收入来源减少，此时在世的一方需要选择一种更加节俭的生活方式，而且这样的家庭会有一些特殊的需求，如更多的社会关爱和照看。

有学者对中国家庭生命周期进行了相关的实证研究，如图 2-4 所示。

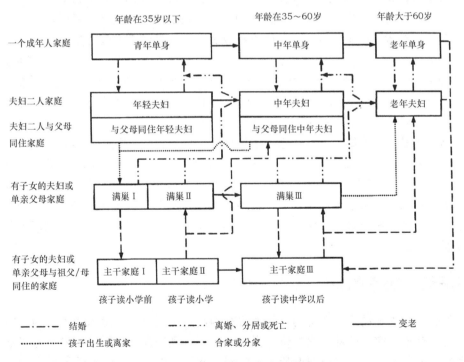

图 2-4 中国家庭生命周期模型

(资料来源：于洪彦、刘艳彬. 中国家庭生命周期模型的构建及实证研究. 管理科学，2007(12))

处于发展周期不同阶段的家庭,其消费结构会有很大的不同。在实践中,了解家庭生命周期在不同地区及不同市场的结构与性质,对于市场总体性质的研究具有十分重要的意义。早在 2005 年 7 月,由中国移动通信公司广东移动分公司率先推出全球通家庭计划资费套餐方案,即为比较成功的方案。该方案由家庭网内套餐和家庭网外套餐组成,规定每位全球通客户作为主卡最多可将 6 个家庭成员的电话号码申请为亲情号码(即副卡)组成家庭网,其中家庭内部之间相互通话给予较大幅度优惠。这一方案揭开了运营商为家庭市场提供信息化解决方案的序幕。

(二)家庭购买决策参与角色

在参与家庭购买决策与消费活动中,家庭成员一般有丈夫、妻子和孩子。这些家庭成员在家庭购买决策过程中扮演着不同的角色,而且随着购买产品的不同,角色经常发生转换。一般而言,家庭购买决策过程中有 5 种常见的角色,每个人在不同的决策过程中可能会担当不同的角色。

(1) 信息收集者,指对某项购买具有专长和兴趣的人。不同的信息收集者收集信息的时间和角度各有不同。

(2) 影响者,指对评价选择、制定购买标准和做出最终选择有影响力的人。

(3) 决策制定者,做出最后决定的人,当然也可能出现联合决策的情况。

(4) 实际购买者,指实际购买产品的家庭成员,一般是成年人或青少年。

(5) 具体使用者,指产品的使用者,许多产品都有多个使用者。在许多家庭购买决策中,产品的主要使用者,既不是决策者又不是购买者。例如,高中学生使用的手机、婴幼儿享用的补钙产品等基本是由父母决策与购买的。因此,营销者必须确定,在家庭购买决策中谁担任什么角色,进而才能影响家庭购买决策的过程。

需要指出的是,家庭购买决策的参与者对购买决策能产生不同的影响,使用者、购买者与决策制定者常常是分离的,比如,儿童喝的饮料,决定者可能是母亲,具体购买者可能是父亲。同样,有的购买活动由一个人承担,而有的购买活动可能由多人分别承担不同的角色。了解不同家庭成员在购买决策中的参与角色,有利于营销者准确把握对企业产品有兴趣者、产生重大影响者、最终使用者及最终决定者的角色定位,增加营销活动的针对性和有效性。

二、家庭购买决策的方式

家庭购买决策既不同于消费者的个体消费行为决策,更不同于组织决策行为。组织购买决策一般具有较为客观的标准来评价,如成本控制、利润最大化等,而家庭购买则没有鲜明的营利动机,更多地表现出浓厚的感情色彩。比如,新婚夫妻购买价值昂贵的钻戒,更多表达的是对爱情的忠贞,而不是简单的购买行为。而家庭购买决策同消费者个体决策在情感性、非营利性方面表现出较高的一致性，但不同于消费者个体决策的一个最重要之处表现在家庭决策主体的多元性、决策过程内容的复杂性。

在日常生活中，家庭每天要做出大量的购买决策，但对于不同产品的购买，家庭购买决策是以什么方式作出的，谁在决策中发挥较大的影响和决策力，成为企业比较关心的一个重要问题。目前关于这个问题的研究认为，家庭购买决策大体可以分为 3 种类型：一人独自做主；全家参与意见，一人做主；全家共同决定。

戴维斯(H.Davis)等人在比利时作的一个研究识别了家庭购买决策的 4 种方式。

(1)　妻子主导型。在决定购买什么的问题上，妻子起主导作用。普遍存在于家具、食品和日常用品的购买中。

(2)　丈夫主导型。在决定购买什么的问题上，丈夫起主导作用。一般出现于汽车、酒类产品等的购买中。

(3)　自主决策型。对于不太重要的购买，可由丈夫或妻子独立作出决定。

(4)　共同决策型。丈夫和妻子共同作出购买决策。最常出现于购买房屋、卧室家具和旅游度假类产品或服务消费。

该研究还发现，越是进入购买决策的后期，家庭成员越倾向于联合作出决定。换言之，家庭成员在具体产品购买上确有分工，某个家庭成员可能负责收集信息和进行评价、比较，而最终的选择则尽可能由大家一起作出。

而事实上，随着目前家庭结构的不断演变，孩子尤其是青少年，对购买决策过程也常常会产生重大的影响。因此，需要意识到，孩子主导型决策，以及丈夫、妻子和孩子的联合决策，在家庭购买决策中将是十分普遍的。

【小案例 2-1】

家庭购买决策中的夫妻角色

纵观一些研究可以发现，大多数关于家庭购买决策夫妻角色的研究都集中于分析"典型"的美国家庭或其他西方家庭，或者是不同文化背景的家庭之间的比较分析，而很少有人专门研究中国家庭购买决策中的夫妻角色。中国学者对此问题的研究也比较少，有的也仅限于描述性研究。一方面，中国自古以来的家本位文化与西方个人主义文化有着很大的差异性，夫妻的平等观念不是建立在经济资源的对等交换上，而是建立在夫妻对家庭的贡献上；另一方面，中国的家庭规模结构同样在经历着一个小型化、核心化的过程，处于改革开放转型期的中国家庭与中国社会一起正经历着来自方方面面的冲击和震荡，核心家庭已经成为最普遍的城市家庭生活组成方式，家庭关系是夫妻关系和亲子关系，且夫妻关系开始成为家庭关系的核心。在这种情况下，传统的性别分工发生巨大变化，夫妻之间出现性别角色错位或传统角色的模糊化，因此家庭规模结构的变化给考察家庭购买决策中的夫妻角色带来新的视角。同时，父权、夫权的传统观念日益淡漠，男女平等的思想观念开始深入人心，女性社会地位快速提升，女性开始走出家庭接受高等教育，参加工作，使得女性拥有的资源相对增加，这些因素都对家庭购买决策的夫妻角色产生了影响。

(资料来源：张建平，王军. 家庭购买决策中的夫妻角色研究文献述评. 妇女研究论丛, 2010(3))

思考题：你认为中国家庭购买决策中的夫妻角色有哪些特点？

三、家庭购买决策的过程

家庭购买决策的过程与消费者个体购买决策的过程的基本情况和流程很相似，但前者包含更多的动态性，因多人参与决策可能发生矛盾冲突。有消费者行为学研究者将家庭购买决策的过程概括为如图 2-5 所示的步骤。

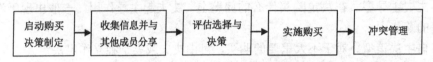

图 2-5　家庭购买决策的过程

(一)启动购买决策制定

家庭购买决策过程从启动购买决策制定开始，通常表现为家庭中的成员提出需要购买某一产品，即家庭购买决策的需要确定或问题认知阶段。有可能是家庭成员中的父母或孩子提出，由此需要征询家庭其他成员的意见启动家庭购买决策过程。比如，家庭基于交通便利性或时间节约性的需要，提出要购买一辆汽车，便启动了家庭购买决策制定过程。

(二)收集信息并与其他成员分享

同消费者购买决策过程一致的是，需要根据所购买产品的复杂性不同来收集相关的产品、品牌或其他信息。家庭购买过程启动后，其成员会以不同方式收集信息，并在大量收集的信息中分析、对比、互相交流信息意见。

(三)评估选择与决策

在收集相关信息之后，家庭成员会根据信息及个体特征作出评估分析，其中，在关于产品属性、品牌信念及效用分析方面，不同的家庭成员可能会表现出一致或不一致的观点或看法，有些可以协调，有些难以协调，这其中有可能会出现大量的矛盾和冲突需要协调解决，最终形成购买决策。如家庭在启动了购买汽车的决策程序之后，经过信息收集并与其他成员分享，进入选择与决策阶段时，父亲关心的是品牌、配置、油耗等问题，母亲关心的是安全性、售后服务质量、价格等，孩子则更关心造型、颜色、驾驶的刺激性等，而要在这些问题上取得绝对的意见统一难度是比较大的，需要在家庭成员之间进行有效协调，才能针对购买取得决策上的一致。

(四)实施购买

家庭决策意见统一形成决策后，会由家庭中某成员去实际购买这种产品。当然，在家庭购买决策实施购买的过程中也会受到诸如他人的态度及意外因素的影响。

在家庭实施购买过程中，他人的态度会强化或抑制、动摇家庭已经作出的购买决策。他人的否定态度越强烈，或持否定态度者与购买者的家庭关系越密切，则修改购买意图的可能性越大。同样，如果发生了意外情况，如失业、意外急需、涨价或收到该产品令人失望的信息，则很可能调整或改变家庭购买意图。

(五)冲突管理

前面4个步骤与消费者购买决策有相似的流程，而最后一步则体现集体决策的重要性，每一次家庭的决策无法确保每一个家庭成员都十分满意，需要在内部解决不同成员的不同偏好，并解决出现的冲突。

在家庭购买决策过程中，不同成员会在不同程度上对决策产生影响，营销人员需要高度关注夫妻及孩子在决策中的影响作用。

四、影响家庭购买决策的因素

一直以来，世界各国研究人员试图找出影响家庭购买决策方式的因素。奎尔斯(W.Qualls)的研究识别了 3 种因素：家庭成员对家庭的财务贡献；决策对特定家庭成员的重要性；夫妻性别角色取向。一般而言，某个家庭成员对家庭的财务贡献越大，其在家庭购买决策中的主导权也越大；某一购买决策对特定家庭成员的重要性程度越高，他或她对该决策的影响就越大；某一家庭在多大程度上会按照传统的关于男、女性别角色行动。此外，通常影响家庭购买决策的主要因素表现在以下几个方面。

(一)文化和亚文化

文化或亚文化中关于性别角色的态度，在很大程度上决定着家庭决策是由男性主导还是由女性主导。文化力量支撑着不同的家庭沟通与决策形式，如美国的家庭更注重开放的沟通、对个体决策的尊重、崇尚多元化等内容，我国文化则强调尊敬长者、崇尚和谐、倡导忠诚和对家庭的贡献。而在我国也存在由于文化变迁带来家庭购买决策方式的演进。我国传统的家庭以父子为轴心。随着大工业的发展、社会的现代化、妇女就业人数增长与地位的变化，促使家庭由父子轴心向夫妻轴心转移。家庭成员对家庭贡献的大小，决定着个人在家庭购买决策中的主导地位。由单职工变为双职工家庭，家庭经济收入来自夫妻双方，家庭经济支配权力由夫妻共同决定。如上海、北京等城市的人受传统家庭观念的影响相对较小，家庭成员的地位较为平等，因此家庭决策过程中就更可能出现自主型、联合型甚至妻子主导型决策方式。而在我国不发达的农村地区，由于家庭中的封建思想和重男轻女意识比较严重，家庭多以男性为核心。男性比女性有更多的受教育机会、更高的收入水平，在家庭中的地位更高，对家庭购买决策的影响自然更大。

(二)角色专门化

随着时间的推移，夫妻双方在决策中已逐渐形成专门化角色分工，这种角色也逐渐成为家庭生活方式及家庭责任的一部分。过去通常由丈夫负责购买机械和技术方面的产品，例如，他们要负责评价和购买家电、汽车、手机等产品；妻子通常负责购买食品、服装、与家庭清洁有关的产品。随着社会的发展，婚姻中的性别角色不再像传统家庭中那样鲜明，丈夫或妻子越来越多地从事以前被认为应由另一方承担的活动。虽然如此，家庭决策中的角色专门化仍然是不可避免的。从经济和效率角度来看，家庭成员在每件产品上都进行联合决策的成本太高，而专门由一个人负责对某些产品进行决策，效率会提高很多。

(三)家庭决策的阶段性和家庭消费类型

在家庭购买决策中，同样存在着不同的阶段。家庭成员在购买中的相对影响力，随购买决策阶段的不同而异。在家庭决策过程中，不同的家庭成员会参与到不同阶段中去。问题认知阶段会有更多的家庭成员参与确定，而在信息收集阶段倾向于个体进行，当到达最后决策阶段又会由多个成员共同参与决策。通常情形下，家庭决策越是进入后面的阶段，角色专门化通常变得越模糊。

由于家庭消费观念不同，不同家庭消费决策的内容倾向大为不同。从家庭消费决策内容角度划分四种家庭消费类型：①重智力倾向家庭。表现为重智力投资，购买大量书籍、报刊；购置各种贵重乐器和音像出版物；购买电脑，以提高家庭成员的个人素质。②重用品倾向家庭。表现为注重购买各种家用电器和设备，且不断更新，以在满足自身享受的同时，显示自己的地位。③重健康倾向家庭。表现为注重家庭成员的健康，注意改善饮食，增加营养；爱好体育锻炼，体育消费支出较多；爱好旅游。④重爱好倾向家庭。表现为家庭成员有某种爱好，家庭消费支出比较集中于所爱好的某一方面。

(四)个人特征

家庭成员的个人特征对家庭购买决策方式亦有重要影响。一般而言，家庭成员的经济实力、受教育程度、年龄、能力、知识结构、个性等，也都会直接或间接地影响其在购买决策中的作用。

通常情形下，拥有更多收入的一方，在家庭购买决策中更容易占据主导地位；妻子所受教育程度越高，其所参与的重要决策也就越多；家庭中各成员个性鲜明不盲从的情形越多，家庭决策中的矛盾和冲突就会越多。有研究表明，在美国受过大学教育的已婚妇女中，有 70%认为她们在选择汽车时，有着与丈夫同等的权利；而在只受过高中教育的妇女中，这一比例是 56%，在学历不足高中的妇女中，这一比例就更低，仅为 35%。

(五)介入程度及产品特点

家庭成员对特定产品的关心程度或介入程度是不同的，即不同家庭成员关心的特性往往是不一样的。比如，在评价手机时，孩子可能会看功能和式样，而家长注重的则是价格、质量等方面。比如，孩子们可能特别关心对智能手机、游戏卡、玩具等产品的购买，因此在购买这些产品时他们可能会发挥较大的作用；而对于父亲买什么牌子的剃须刀，母亲买什么样的化妆品，孩子可能不会特别关心，所以在这些产品的购买上他们的影响力就比较小。

家庭购买决策方式因产品的不同而异。当某个产品对整个家庭都很重要，且购买风险很高时，家庭成员倾向于进行联合型决策；当产品为个人使用，或其购买风险不大时，自主型决策居多。此外，一些情境因素也会影响购买决策的方式，如当购买产品的时间充裕时，联合型决策出现的可能性增大，而当时间压力较大时，丈夫或妻子主导型及自主型决策则较为普遍。

宋思根、张建平在关于家庭购买决策的夫妻角色研究(见图 2-6)中，显示出夫妻双方的影响力随着不同的产品而变化，横轴表示的共同决策率是 11.25%(洗化用品)～51%(外出旅游)，纵轴中相对影响力范围是 1.48(汽车)～2.73(洗化用品)。可以从 4 个区域来区分夫妻在每个决策中的角色结构，如有关汽车决策为丈夫主导，外出旅游则倾向于共同决策，而妻子在洗化用品、妻子衣服、厨房用具和食品饮料等决策中占有主导作用，绝大部分决策则为共同决策或自主决策，如丈夫衣服的共同决策率仅为 22.93%，更倾向于自主决策。有数据显示，多数产品的夫妻共同决策率集中在 40%～55%，明显低于西方国家的共同决策率，说明我国家庭购买决策夫妻角色更倾向于专业化。

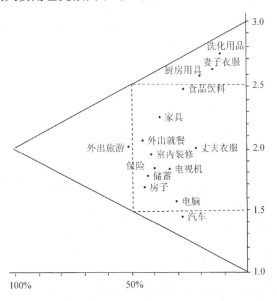

图 2-6　夫妻在不同产品决策中的影响力

(资料来源：宋思根，张建平. 社会转型期城市家庭购买决策的夫妻角色研究. 财经理论与实践，2011(5))

五、家庭购买决策中的冲突解决及营销对策

家庭购买决策难免会出现各种各样的冲突,只要家庭成员在购买决策中充当不同的角色,就会存在各自关心的利益点,如果无法满足各角色的目标,冲突就会产生。

(一)家庭购买决策中的冲突类型

依据家庭成员在目标与价值、感知与评估方面意见一致或分歧的程度,可以将家庭购买决策中的冲突分为以下类型[①]。

如果目标、价值一致,但家庭成员对选择购买对象的感知和评估不同,就会出现解决方案的冲突,如在购买了房屋之后在家庭装修风格上出现重大分歧;如果目标、价值不一致,但解决方案的感知和评估一致,就存在目标冲突,如丈夫想为孩子购买一款性能稳定、功能强大的电子词典,而妻子则希望价格适中、色彩漂亮的电子词典即可,这时就出现了目标冲突。如果目标与感知评估都不一致,冲突就是复合性的;如果在这两方面都相互一致,就不存在冲突。

(二)家庭购买决策中的冲突解决

家庭活动中每天都需要作出大量的决策,因此,意见不一致存在冲突是在所难免的。如何解决这些不一致,不仅对于营销者,而且对于家庭本身的和谐来说,都是十分重要的。日常生活中,大多数家庭会灵活多样地采取各种方法来解决家庭购买决策中的冲突。

(1) 协商妥协。家庭决策中主要参与者经常通过讨价还价,努力达成意向妥协。如在购买高中生需要的电子词典时,父亲坚持一次买到位,选择质量高、品牌口碑好的,价格可以不考虑;母亲坚持买物美价廉的,需要时可以继续调整;孩子则坚持购买颜色鲜艳、外形漂亮的。最终3人均作出让步,购买一台价格适中、色彩鲜亮的国产电子词典。

(2) 运用权威。宣称自己是内行或者具有专长,更适合作出购买决策。如许多人会声称自己对某一领域比较了解或具备专长,适合作出决策。

(3) 运用推理说服其他家庭成员。许多人善于进行逻辑辩论,并在逻辑辩论中取得优势地位以决定决策。

(4) 感情用事。不同的家庭有不同的风格,某些家庭在出现决策冲突时,常常表现为感情用事,如生气、沉默或者从讨论中退出表示抗议等。

(5) 增加信息。收集更多的相关决策信息或数据,或者请第三方提出意见。

(三)家庭购买决策与营销策略

对于大多数消费品来说,要制定有效的营销策略,就需要详尽地了解目标市场中相关

---

① 杰格迪什 N. 谢斯等. 消费者行为学——管理视角. 北京:机械工业出版社,2004.

产品的家庭决策程序。

　　家庭决策程序常常是不同的，这是由于细分市场所处的社会阶层不同，或者处于家庭生命周期的不同阶段。因此，必须在确定的目标市场范围内，对家庭决策过程进行分析。具体来说，在每个市场内，需要确定在决策的每一阶段，各有哪些家庭成员参与；确定他们的动机和兴趣所在；制定能够满足每位参与者需要的营销策略。

　　综上所述，可以肯定的是不同的家庭成员经常参与到决策过程中的不同阶段中去；不同的家庭成员经常以不同的标准衡量一个产品或品牌；家庭成员在家庭购买决策中会不同程度参与决策过程，只是整个决策活动的一部分；家庭购买决策中出现冲突是难以避免的，冲突如何协调解决大多受制于产品、家庭成员的特性及整个家庭的特性。营销人员需要有针对性地研究其规律，并制定有针对性的营销策略以提高经营收益。

本 章 小 结

　　消费者的购买决策随商品的复杂性和购买情况的不同而有所不同，消费者购买决策的一般模式表现为人类行为的一般模式，即 S-O-R 模式，即"刺激—个体生理、心理—反应"。消费者购买决策影响因素包括文化因素、社会因素、个人因素及心理因素等。消费者购买决策类型有复杂的购买决策、品牌忠诚型购买决策、有限型购买决策和习惯型购买决策。企业必须依据不同情况选择策略。

　　消费者购买商品的决策活动有一个发生、发展和完成的过程。这个过程有确认需要、收集信息、评估选择、作出购买决策、买后感受 5 个阶段，同样需要企业精心研究其决策过程，有针对性地设计营销策略。

　　家庭是一种基本的社会群体，与消费者个体决策有很大不同。家庭生命周期的阶段变化会导致购买决策的中心和重心发生转移和改变，家庭购买决策是由众多参与角色共同构成的；家庭购买决策的方式也表现出多种不同结构形式；家庭购买决策的过程从表面看与消费者决策过程类似，但其涉及更多复杂因素；在家庭购买决策中冲突是经常发生的，对冲突的解决每个家庭也表现出各自的特色，因而企业营销也需要有针对性地设计营销策略。

自 测 题

一、判断题(正确的打√，错误的打×)

　　1. 在不同决策类型下消费者选择同一品牌的概率不同，其中扩展型购买决策重复的概率最大。　　　　　　　　　　　　　　　　　　　　　　　　　　　　　　　（　　）

　　2. 相关群体影响到消费者对事物或商品的看法，但营销人员不必重视其对购买行为的影响。   （ ）

3. 满巢阶段是指从第一个孩子出生到所有的孩子长大成人离开父母之前。（ ）

4. 消费者行为是一个整体过程，既包括获取与购买行为，也包括消费者对产品的处置过程。   （ ）

5. 忠诚型购买决策是名义型购买决策的一个类型。   （ ）

6. 在家庭购买决策中，家庭成员在购买中的相对影响力，随购买决策阶段的不同而异。   （ ）

7. 家庭生命周期的阶段变化不会导致购买决策的中心和重心发生转移和改变。
                                                                （ ）

8. 家庭成员的个人特征对家庭购买决策方式亦有重要影响。   （ ）

二、单项选择题

1. 以下产品比较而言，消费者介入程度最高的是(   )。

    A. 房屋   B. 书本

    C. 香皂   D. 为朋友购买的礼物

2. 评价标准是消费者在选择备选品时所考虑的产品(   )。

    A. 属性   B. 价格

    C. 包装   D. 标准

3. 消费者认定某一品牌较竞争品牌能更好地满足需要，对该品牌形成了情感上的依赖，长期反复选择该品牌属于(   )。

    A. 有限型决策   B. 习惯型决策

    C. 忠诚型决策   D. 名义型决策

4. 朋友、同事、家人来源的信息属于(   )。

    A. 记忆来源   B. 学习来源

    C. 个人来源   D. 商业来源

5. 消费者购买行为角色类型有(   )。

    A. 倡议者   B. 影响者

    C. 追随者   D. 使用者

6. 消费者购后行为理论认为：消费者在购买和使用产品之后对商品的主观评价和商品的客观实际之间总会存在一定的差距，这种理论是(   )。

    A. 预期满意理论   B. 认识差距理论

    C. 效用最大化理论   D. 遗憾最小理论

7. 在决定购买什么的问题上，丈夫起主导作用，一般出现于汽车、酒类等产品的购买中。这种购买决策模式被称为(   )。

    A. 妻子主导型   B. 丈夫主导型

C. 共同决策型   D. 各自为主型

8. 有些商品品牌之间有明显差别,但消费者并不会多花时间去比较品牌或其他方面的特点,而是不断变化他们所购商品的牌子。这种购买决策属于( )。

     A. 有限型决策   B. 习惯型决策

     C. 忠诚型决策   D. 名义型决策

三、多项选择题

1. 影响消费者购买决策的社会因素包括( )。

     A. 亚文化   B. 家庭   C. 社会阶层

     D. 相关群体   E. 角色与地位

2. 影响消费者购买决策的文化因素包括( )。

     A. 亚文化   B. 家庭   C. 社会阶层

     D. 相关群体   E. 文化

3. 消费者的信息来源渠道有( )。

     A. 个人来源   B. 经验来源

     C. 商业来源   D. 公共来源

4. 家庭购买决策方式主要有( )。

     A. 妻子主导型   B. 丈夫主导型

     C. 共同决策型   D. 各自决策型

5. 消费者购买决策方式主要有( )。

     A. 复杂的购买决策   B. 品牌忠诚型决策

     C. 习惯型购买决策   D. 有限型决策

6. 影响消费者购买评估选择时主要考虑的因素包括( )。

     A. 产品属性   B. 品牌信念

     C. 产品效用   D. 相关群体

7. 影响家庭购买决策时主要考虑的因素是( )。

     A. 介入程度及产品特点   B. 家庭特点

     C. 个人特征   D. 文化与亚文化

8. 家庭决策购买过程的步骤是( )。

     A. 评估选择与决策   B. 收集信息并与其他成员分享

     C. 实施购买   D. 启动购买决策制定过程公共来源

     E. 冲突管理

四、思考题

1. 复杂的购买决策、品牌忠诚型购买决策、有限型购买决策和习惯型购买决策彼此有何区别?

2. 结合一次购物经历分析消费者购买决策过程。

3. 消费者购买行为模式包括哪些因素?

4. 消费者收集信息的数量和范围受哪些因素的影响?举例说明。

5. 消费者信息来源渠道有哪些?

6. 消费者如何评估产品?

7. 家庭购买决策的主要方式有哪些?

8. 家庭购买决策中的冲突表现有哪些?通常的解决方式有哪些?

案　例

国内逾六成女性决策家庭财务

"中国内地女性在家庭财务决策中更具主动性,逾六成内地女性担当家庭财务的决策者,高出男性受访者 5 个百分点,而在其他国家和地区,男性在家庭财务决策中则居主导地位。"日前,汇丰人寿保险一项针对未来退休生活的全球调查报告《家庭财务规划关乎未来退休生活》最新"出炉",该项调查是针对人们对待未来退休生活的态度及采取的财务行动而进行的专项研究,调查涵盖全球 17 个国家和地区。

1. 家庭决策权多由女性执掌

记者了解到,在此次调查中,被问及在家庭财务决策中所扮演的角色,63%中国内地女性受访者表示,她们是家庭财务的决策者,高出男性受访者(58%)5 个百分点,而与之相对应的全球其他国家和地区的调研结果显示,男性在家庭财务决策中居主导地位,65%的男性表示他们是家庭财务的决策者,明显高出女性受访者的 53%。

而在家庭日常管理方面,全球近四成女性受访者表示家庭日常支出管理由她们主要负责,略高于男性受访者的 34%,而在中国内地,女性持此观点的比例达 38%,也高于男性的 35%,此外,超过半数的中国内地受访者表示夫妇双方共同承担上述家庭责任。

汇丰人寿首席执行官老建荣表示,从全球整体的调研结果来看,男性主要扮演了家庭财务决策的角色,而女性则更多地负责家庭日常财务的管理。但是,在中国内地调研结果却与全球普遍情况不同,即内地女性除了管理家庭日常的财务支出外,她们更在家庭财务规划中扮演了重要角色。随着中国城市化的加速发展,中国内地女性的教育和职业化程度让她们在家庭财务决策中的地位不断提高。

对此,理财专家建议,由于家庭财务需求在人生的各阶段会有所不同,无论是家庭保障、子女教育储备,抑或是退休养老,任何财务决定都关乎家庭成员的未来生活,因此建议家庭的财务决策应由夫妇双方共同商讨决定,以确保家庭各个成员的财务需求都能得到充分的满足。

2. 财务专业知识较低

同时，此次调查还涉及了受访者掌握财务规划专业知识的程度，在中国内地，76%的中国内地受访者表示拥有财务规划，但仅有4%的受访者认为他们精通财务规划之道，而女性受访者的该比例仅为1%，为全球受访国家和地区中最低。

市场人士分析，在实际生活中，中国内地居民在财务规划专业知识方面的程度普遍不高，尽管许多人都有一定的财务规划，但财务缺口依然存在。30～49岁的人群通常承担更多的家庭责任，包括应对家庭潜在的财务风险、子女教育储备和父母赡养等；然而，他们中近四成没有人寿保险保障；并有超过1/3接近退休年龄的受访者没有退休养老规划。

因此，保险专家建议，保险保障是家庭财务规划的后防线，人们可根据家庭的财富管理需求，合理规划未来退休所需，做到殷实储备，确保未来养老生活的品质，而专业金融机构可以协助家庭更轻松地进行财富规划和管理。

3. 投资喜好偏向保守

记者在采访中发现，在被问及投资风险的偏好中，调查显示近六成中国内地受访者和半数亚洲受访者偏好中度或进取的投资策略，明显高于全球平均值的43%，而全球近六成(57%)受访者的投资态度趋于谨慎，中国内地这一比例仅为41%，亚洲受访者的该比例为52%，也低于全球平均值。

此外，全球近七成女性受访者普遍更为偏向保守的投资策略，明显高出男性受访者的50%，而在中国内地，约半数女性受访者持保守投资策略，而男性持此观点的比例不足四成。

汇丰人寿首席执行官老建荣认为，在投资风险的偏好方面，亚洲和西方国家的家庭存在差异。多数西方家庭持谨慎投资态度，他们更注重保障家庭财产的安全；而亚洲家庭，尤其是中国内地家庭更渴望参与市场成长，实现家庭财富的增值。中国内地作为全球的高储蓄国家，人们在追求投资收益的同时，更需要关注家庭的需求和资产配置。因此，建议内地居民构建更为平衡、健康及多元化的财富管理体系，注意结合家庭自身的需求和风险承受能力，进而保证家庭财富长期、稳健地增长。

(资料来源：吴凡. 深圳特区报，2011-12-05)

案例讨论：

1. 你认为家庭购买决策方式出现了哪些变化趋势？
2. 中国家庭购买决策有哪些特点？
3. 你认为针对不同的家庭购买决策方式，企业应如何有效应对？

第三章 消费者的需要和动机

【学习目标】

通过本章学习，读者能够理解和掌握消费者需要与动机的基本理论；结合市场经济的实践，分析消费者行为的根本原因和直接动力；掌握常见购买动机的类型与表现，了解并掌握动机的挖掘方法；掌握动机冲突下的营销对策，为有效地进行市场营销活动提供理论依据。

【导读案例】

从"60实用"到"80跨界"首辆轿车购买动机演变史

随着越来越多的"80后"人群步入婚姻的殿堂，组织家庭，社会才恍然大悟——印象中的一群"80后"独生子女，如今已长大成人，成为我国消费市场的中坚力量，对社会消费结构的影响越来越大。一直以来，"80后"被看作一个特殊的、富有争议的群体，受到社会的广泛关注。"80后"经历了市场经济、全球化、互联网等社会进程的"洗礼"，消费观念、消费行为呈现出与其父辈迥然不同的特征，这体现在两厢车消费市场尤为明显。他们正在打破首款车购买的传统习惯，带来革命性的颠覆，促进两厢车市场的成熟蜕变。

20世纪60年代的人遵循"实用是中庸之道"。60年代出生的一代人，有着明显的历史烙印。这一代人，可以说是中国从动乱年代到打倒"四人帮"拨乱反正，至改革开放经济腾飞的见证人。他们虽然没有辉煌的革命历史，却是在上山下乡中长大，在拨乱反正中建立世界观，是改革大潮中勇于拼搏的、有着同中国命运息息相关的生活历程的一代人。在他们身上，有着革命者的信念、中国式的朴素却又奋进不息的人格特点、对待工作生活求实负责的态度。时代造就了这一代人忍辱负重、责任义务、义气坚强的性格特点。"从众、中庸、和谐与安全"充分概括了他们在汽车消费上的价值取向。在2005年之前，两厢车的选择很少，60年代人作为中国第一批购买私家车的用户，受到计划经济和公家车的影响，首辆轿车大多会选择三厢，"有头有尾的三厢车才是车"的说法也是这代人提出的。

70年代人从矛盾中继往开来。70年代出生的人可以说是见证了中国改革发展的一代。他们大都既品尝了童年的清苦，也感受到了时代赋予他们创业的良机。记忆中的粮票和钱包里的信用卡，折射出童年和现在的反差。接受有叛逆色彩崔健的同时听着"五讲四美"的报告；触摸王朔思想的同时也被张海迪所感动；琼瑶三毛的爱情和西方性开放的碰撞——很多70年代人是在精神和现实矛盾旋涡中成长起来的。时代赋予了70年代人"节俭、执着、坚强、理想、义气"的性格特点。"内敛、品质、耐用、偶尔兼顾时尚"点出了他们在汽车消费上的价值取向。于是，在2005年两厢车市场之所以能突然兴起与风靡，正是由于 70 年代人的消费观念正在改变，两厢车简约、时尚的设计和相对的燃油经济性被越来越多的消费者所认可。飞度、POLO、雨燕、骐达等这类节油与时尚兼备的小车受到青睐。

"80 后"开始遵循"我的底盘我做主"。不难发现，由于较早的两厢车购买群体的购买理由及心态仅仅是因为其经济性，所以之前的两厢车市场最多只能说是经济型轿车市场。直到"80 后"消费群体的崛起，个性化两厢车市场才真正来临。20 世纪 80 年代的人出生在改革开放后经济迅速发展的年代，成长在与国际完全接轨的全球化环境下。独生子女的思想教育影响着他们不愿意被"同质化"，他们勇于表达自己、展现自己，是一个追求时尚与张扬个性的感性消费族群。

条件相对优越的"80 后"，从小就有机会接触到汽车，他们对汽车的认识与了解要比前辈更深入、更独特。他们对车的外观尤为挑剔。然而并不是"时尚动感"一词可以概括他们对外观的选择标准。他们对外观有着自己的定义，"风格"更甚于"靓丽的外表"。这就是为什么街道上能看到那么多改装的两厢车。他们喜欢鲜艳、明朗、轻快的色彩。他们更喜欢追求车辆动力带来的速度快感和操控带来的驾驶征服感，更善于挖掘开车的乐趣。因此，"80 后"成为赛车运动的活跃分子。

此外，"80 后"还有一个很显著的特点，没有兄弟姐妹的他们很注重朋友情谊，喜欢与朋友一起出去游玩、探险。远离城市，探求意想不到的极限与刺激。可见，"80 后"对于首款车购买的价值取向将无疑更个性、更综合。套用时下流行的词语，就是一种"跨界"的价值观：既能满足平日游走在繁华都市的驾驶乐趣，又能应对周末郊游的复杂环境。

(资料来源：从"60 实用"到"80 跨界"首辆轿车购买动机演变史.汽车中国网，http://carschina.com，2008-06-19)

阅读案例，思考下列问题：
1. "60 后""70 后"和"80 后"在汽车消费需要上有何不同？为什么？
2. "80 后"首辆汽车的购买动机是什么？并分析其显性动机和隐性动机。
3. 针对"60 后"对汽车的需要和动机，请结合动机相关理论，谈谈企业营销对策。

人的需要与动机是人的行为的推动力。不断产生的需要迫使消费者经常面临必须解决的问题，而动机则为消费行为提供内在的动力，驱使消费者为解决问题而进行各种活动。因此，正确地把握需要与动机的形成及其发展规律，对了解消费者的心理具有十分重要的意义。

第一节　消费者的需要

一、需要概述

(一)需要的含义

需要是个体在生理上或心理上感到某种缺乏而力求获得满足的一种不平衡状态，是个体对延续和发展生命所必需的客观条件的需求在人脑中的反映，是个体对自身和外部生活条件的需要在头脑中的反映。简而言之，就是人对某种目标的渴求与欲望。

需要是和人的社会活动紧密联系在一起的。需要是人类心理活动的前提和动力，它能够推动人进行各种活动。人们购买产品，接受服务，都是为了满足一定的需要。例如，当人感到饥饿、寒冷时，就会产生对食物和衣服的需要，从而想方设法充饥和御寒；感到孤独寂寞时，就会产生对朋友、家人、温暖等的需要，因而会从事交友、回家、听音乐、旅游等活动；感到被人轻视时，会产生对有助于提高身份地位的高档产品或服务的需要，因而会购买象征性的商品，如奔驰悍马、翡翠钻石、住豪宅、打高尔夫球等。一种需要满足后，又会产生新的需要，人的需要绝不会有被完全满足和终结的时候。正是需要的无限发展性，决定了人类活动的长久性和永恒性。

需要虽然是人类活动的原动力，但它并不总是处于唤醒状态。只有当消费者的匮乏感达到了某种迫切程度，需要才会被激发，并促使消费者有所行动。人对某种需要越强烈，人的行为动力越强大。比如，我国绝大多数消费者可能都有住上更宽敞住宅的需要，但由于受经济条件和其他客观因素制约，这种需要大都只是潜伏在消费者心底，没有被唤醒或没有被充分意识到。此时，这种潜在的需要或非主导的需要对消费者行为的影响力自然就比较微弱。

(二)需要的基本类型

消费需要是消费行为的基础，需要推动着消费者去进行必要的活动，没有需要就不会产生相应的消费行为。作为个体的消费者，其需要是多方面的，十分复杂，可以从不同角度对消费需要进行分类。

1. 自然需要和社会需要

按照需要的起源划分，需要有自然需要和社会需要两种。

(1) 自然需要，又称为生理需要，是人类为了维持生命和延续后代而产生的需要，如进食、饮水、睡眠、运动等。自然需要是人类共同具有的最原始、最基本的需要，具有维持、延续生命，保持人体的生理平衡的重要作用。

(2) 社会需要，又称为心理需要或发展需要，是人在社会生活中形成的，为维护社会的存在和发展而产生的需要，如求知、求美、友谊、荣誉、社交等需要。社会需要是人类所特有的高级需要，是在长期的社会实践中逐渐形成和发展起来的，并受到社会发展水平以及政治、经济、文化、地域、民族、宗教等社会因素的制约。

人的自然需要和社会需要是不可分割、相互联系的。人的自然需要是社会需要的基础和前提，并从属于社会需要；人的社会需要是自然需要的进化和质变，是人类社会发展的必然趋势。

2. 物质需要和精神需要

按照需要的对象划分，需要包括物质需要和精神需要。

(1) 物质需要。它是指人在社会生活中对各种物质资料的需要，如人对衣、食、住、行、文化、交往等的需要，必然要落实到物质资料上来，这具体反映在服装、食物、住房、书本、礼品等物质商品上。这里既包括自然需要，也包括社会需要。

(2) 精神需要。它是人所特有的心理需要，是指人对智力、道德、审美、理想等发展方面的需求。这多属于社会需要，这是人对观念对象的需求。通常也需要通过某种物质资料得以满足。当然有些精神需要则完全是金钱所买不到的。精神需要和物质需要是密切联系的，在社会生活中，在消费生活中常常需要同时得到满足。

上述划分只是角度不同，是相对而言的。事实上，人的自然需要和社会需要、物质需要和精神需要很难截然分开，往往是交叉产生而又相互联系。在社会发展的任何阶段，人的社会需要和精神需要都不能脱离物质需要而存在，物质需要是人类发展的基础。在日益发达的社会，自然需要和物质需要相对容易满足，对人的消费行为的支配作用相对趋弱，而精神需要或是心理需要越来越成为支配人行动的主要因素。

(三)需要的层次结构

一个人从出生到成年，其需要都有一个发展过程，进而有层次之分。人的需要是由低级向高级不断发展的。马斯洛提出的需要层次理论，在一定程度上反映了人类行为和心理活动的共同规律。

马斯洛的需要层次理论认为：人的需要可以划分为若干层次，它们由低到高依次排列。人的基本需要有 5 种，即生理需要、安全需要、归属与爱的需要、尊重需要和自我实现的需要。他认为，人类最基本的需要是生理需要。生理需要获得相当程度的满足之后，随之而来的是安全需要，以求免于威胁，免于孤独，免于别人的侵犯。在此基础上，才会出现归属与爱的需要。以上 3 个层次的需要获得满足，个人的尊重需要才会充分地发展起来。最后，才发展到最高层次——自我实现的需要，如图 3-1 所示。

1. 生理需要

生理需要即维持个体生存和人类繁衍而产生的需要，如对食物、氧气、水、睡眠等的需要。在人的一切需要之中，生理需要是最优先考虑的。如果一个人极度干渴，那么，除了水之外，他对其他任何东西都毫无兴趣，他的一切感官将会只为水而生存：他梦见的是水，看到的是水，感觉到的是水，只对水发生感情，只为水而活。但是，当一个人有了充足的面包，而且长期以来都填饱了肚子，又会有什么愿望产生呢？这时，就会出现另外的更高级的需要。也就是说，当生理需要得到一定程度满足后，人才会产生更高层次的需要。

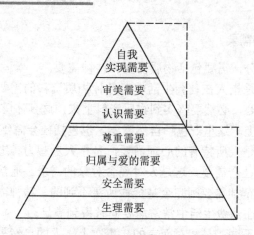

图 3-1　马斯洛提出的需要层次金字塔模型

2. 安全需要

安全需要即在生理及心理方面免受伤害，获得保护、照顾和安全感的需要，如要求人身的健康，安全、有序的环境，稳定的职业和有保障的生活等。当生理需要得到一定程度的满足后，人最需要的是一个和平、安全、良好的社会环境，只有这样才能使人感到很安全，不会有野兽、极冷极热的温度、犯罪、袭击、谋杀、专制等的威胁。当这种需要一旦相对满足后，就会出现更高一级的需要。

3. 归属与爱的需要

归属与爱的需要即希望给予或接受他人的友谊、关怀和爱护，得到某些群体的承认、接纳和重视，如乐于结识朋友、交流情感、表达和接受爱情、融入某些社会团体并参加他们的活动等。这一层次的需要包括两个方面的内容：一是归属的需要，即人都有一种归属于一个群体的愿望，希望成为群体中的一员，并相互关心和照顾；二是爱的需要，即人都需要伙伴之间、同事之间的关系融洽，并保持友谊和忠诚。同时，人都希望得到爱情，渴望别人爱自己，也希望爱别人。归属与爱的需要也叫社交需要，它比人的生理需要表现得细腻而微妙，与一个人的生理特征、个性、精力、教育等密切相关。

4. 尊重需要

尊重需要即希望获得荣誉，受到尊重和尊敬，博得好评，得到一定社会地位的需要。这种需要可以分成两类。一类是自己对自我的尊重，简称自尊。自尊需要的满足是指由于实力、成就、优势、用途等自身内在因素而形成的个人面对世界时的自信、独立。另一类是受到别人的尊重，要求有名誉或威望、受到赏识、得到关心、重视或高度评价等。马斯洛认为，尊重需要得到满足，能使人对自己充满信心，对社会满腔热情，体验到自己活着的用处和价值。

5. 自我实现的需要

自我实现的需要即充分发挥自己的潜能，实现自己的理想和抱负的需要。自我实现是人类最高级的需要，它涉及求知、审美、创造、成就等内容。一个人在其他基本需要都得到满足以后，自我实现的需要便开始突出。这时候他会很乐意去工作，对他而言，这时候的工作不是生活所迫，不是为了金钱，也不是为了获取荣誉，而是一种兴趣。这时他确确实实是以工作为乐，而不是以工作为负担。马斯洛认为，为满足自我实现的需要所采取的途径是因人而异的。音乐家必须演奏音乐，画家必须绘画，诗人必须写诗，这样才能使他们感到最大的快乐。

马斯洛认为，需要的产生由低级向高级的发展是波浪式推进的，在低一级需要没有完全满足时，高一级需要就产生了，而当低一级需要的高峰过去了但没有完全消失时，高一级需要就已出现，并逐步增强，直到占据绝对优势，如图 3-2 所示。

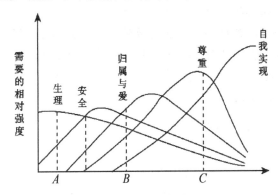

图 3-2　马斯洛所描绘的 5 种主要需要渐进变化

(四)需要的基本形态

现实生活中，人的多种需要会同时产生，但由于需要的强度、需要产生的时间和性质不同，就会表现为不同的需要形态。需要形态的差异对激发消费者购买动机的强度以及促成购买行为的方式有着直接影响。从需要和购买行为之间的关系分析，消费需要表现为多种不同形态。

1. 按消费需要的实现程度分类

(1) 已实现的需要。这是指消费者已经在需要的驱使下完成了对某种商品的购买，达到了最初的目标，满足了需要。

(2) 现实需要。即待实现的消费需要，这是指具有支付能力并已做出购买决策而尚未发生购买行为的市场需求。只要消费欲望、支付能力、商品供给三要素都具备，这一需要会随时转化为行动。

(3) 潜在需要。即待开发引导的消费需要，这是指具有支付能力但尚未有具体商品作为购买目标，或支付能力暂时不足但可以通过某种方式予以弥补解决的市场需求，或既有支付能力又有能够满足需要的商品，只因信息不对称、消费意识不明确、需要强度比较弱的潜在市场需求。

2. 按消费需要的强烈程度分类

(1) 充分需要。即饱和需要，这是指消费者对某种商品的需求总量及时间与市场商品供应量及时间基本一致，供求之间大体平衡。这是一种理想状态。但供需平衡只是暂时的，而不平衡却是经常的。新产品的问世、消费时尚的变化都会引起消费需要的变化，进而打破平衡。

(2) 过度需要。即超饱和需要，这是指消费者的需要超过了市场商品供应量，呈现供不应求的状况。通常这种需要是由外界刺激和社会心理因素引起的，如对商品的抢购行为和对未来经济形势缺乏信心等。

(3) 低迷需要。这是指消费者对某种商品的需要远远不及市场上商品的供应量，呈现供过于求的状况。无须要是低迷需要的一种极端形式，是消费者对产品毫无兴趣或漠不关心的一种需要状态。通常，低迷需要是由于商品本身对消费者没有效用和价值，或消费者对商品价值缺乏认识而产生的。

3. 按消费需要的变化规律分类

(1) 周期需要。它指一些消费需要获得满足后，在一定时期内不再产生，但随着时间的推移还会重新出现，并显示出明显的周期性。

(2) 不规则需要。它指消费者对某种商品的需要，在一年中的不同季节，或一周的不同日子，甚至一天内的不同时间上下波动很大的一种需要状态。如旅游产品、季节性产品、节日礼品等的需要就是不规则需要。

(3) 渐进需要。即累进需要，一般是由于某种商品引起了消费者的注意和兴趣，使消费者对该种商品的需要不断增加。

(4) 退却需要。它指消费者对某种商品的需要逐步减少，并趋向进一步衰退。导致需要下降的原因通常是时尚的变化，或消费者兴趣的转移，或产品的推陈出新，或价格的变动等。

4. 按消费需要的指向内容分类

(1) 正常需要。这是人与生俱来的基本需要，如对吃、穿、住、用、行的需要，这是一种正常的消费需要。通过相应的购买行为，不仅能使消费者得到某些方面的满足，并且对社会和他人没有伤害。

(2) 无益需要。无益需要也叫有还需要，这是消费者对某些危害社会利益或有损自身利益的商品和服务的需要。这类需要大致可分为两类：一类是产生不良效果的正常需要，如过度饮酒、上网成瘾等的需要；另一类是产生不良后果的违法需要，如毒品、色情服务等的需要。

二、需要的特征及发展趋势

尽管人类生活在不同的自然地理环境和社会环境下，生活方式多种多样，人的需要复杂多变，但基于人的本质，人类的需要仍然具有某些共同的特征。

(一)需要的特征

1. 需要具有多样性

消费者由于在民族、地域、宗教信仰、生活方式、经济条件、收入水平、支出结构、文化水平及个性特征等方面的差异，其消费需要呈现多姿多彩的特征。即使同一个人，除了满足多种多样、丰富多彩的物质需要以外，还会产生诸如社交、尊重、成就和追求美、祈求情感享受等多种多样的精神需要。现代社会，人类格外注重生活的质量，这使需要更加细化，从追求个人的生活质量到追求环境质量，既要求生活的方便、快捷、安全，又追求新奇、刺激、个性化的生活方式；现代人不仅注重物质生活，更注重精神生活。消费需要的复杂多样性，创造了许多市场机会，引导着社会生产，成为推动社会文明进步的强大动力。

2. 需要具有发展性

人的需要是从低层次需要向高层次需要不断发展的，只有较低层次的需要得到一定满足之后，较高层次的需要才会发展起来。从我国情况看，20世纪50年代初期，消费者的一般需要主要是解决温饱问题。90年代之后，只限于温饱已远远不能满足消费者需要。这一时期，消费者普遍重视对高档商品和精神产品的需要，"吃的讲营养，穿的讲漂亮，住的讲宽敞，用的讲舒适。"这已成为典型的90年代消费者需要的特征。与50年代相比，需要随着历史的演进而发展。呈现出由低向高，由简到繁，由物质到精神的发展趋势，这已被实践所证实。

3. 需要具有周期性

消费需要不断出现、满足，再出现、再满足，呈现出周而复始的循环特征。尤其以衣、食、住、行等的生理性需要，其周期性表现更为明显。例如，人随季节不同，而购买相应的时令商品，对于家庭必备的日常生活用品，如食盐、煤等则是经常性，甚至是大量的重复购买。正是因为需要的不断出现，促使人不断进行活动，不断创造物质资料和精神资料，推动了人类社会的不断文明和进步。

4. 需要具有伸缩性

消费的需要在种类、层次、程度等方面具有一定的弹性，在一定条件下可以发生变化。例如，消费者的需要与价格成反比，价格高了消费者需要就会减少；反之，需要就会增加。需要和收入成正比，收入增加需要随之增加。这个特征是由内因和外因引起的。内因主要是指消费者自身的经济承受能力和需要的强烈程度；外因则主要是指商品的价格、种类、外观、宣传、销售、服务等市场环境及政治和经济环境因素。

5. 需要具有可诱导性

消费需要不仅由消费者自身的因素所引起，而且受外界环境的刺激。每个人的消费需要都受到外界直接或间接的影响。消费需要可以随着外界的刺激而变化，传媒的倡导、广告的宣传、营销人员的演示、相关群体的示范无疑都会影响消费者的需要。消费者"不逛街不知道需要什么，一逛街才知道什么都需要"，恰恰说明消费需要是可以引导的。

(二)我国消费需要发展变化的趋势

1. 高级化趋势

随着人均收入和消费水平的提高，消费者的需要(或需求)结构将逐步趋于高档化。这一趋势在处于高速增长阶段的发展中国家表现尤为明显。与我国经济高速度增长相适应，我国的消费基金在总量上也将持续地较快增长。在整体消费水平持续增长的基础上，我国广大城乡居民的消费需要(或需求)结构发生了重大变化，消费不断升级，消费内容更加丰富，生活质量明显提高。具体表现在以下几个方面：食物的消费比例在整个消费支出中总体呈下降趋势；城镇居民消费中，住宅消费支出比例迅速增长；居民家中电气化的程度将进一步提高。

2. 感性化趋势

根据西方营销理论的研究，消费者的需求发展大致可以分为 3 个阶段：第一个阶段是量的消费时代；第二个阶段是质的消费时代；第三个阶段是感性消费时代。在感性消费阶段，消费者所看重的已不是产品的数量和质量，而是与自己关系的密切程度。他们购买商品是为了满足一种情感上的渴求，或是追求某种特定商品与理想的自我概念的吻合。在感性消费需要的驱动下，消费者购买的商品并不是非买不可的生活必需品，而是一种能与其心理需求引起共鸣的感性商品。这种购买决策往往采用的是心理上的感性标准，即"我喜欢的就是最好的"；其购买行为通常建立在感性逻辑之上，以"喜欢就买"作为行动导向。简单地说，就是商品不但要有"功能"上的效益，还要有"体验"或"情感"上的效益，消费者愿意付出更多的金钱来换取额外的"体验"满足。因此，所谓感性消费，实质上是高技术社会中人类情感需要的体现，是现代消费者更加注重精神的愉悦、个性的实现和感情的满足等高层次需要的突出反映。

3．绿色化趋势

绿色消费者运动在发展中国家也产生了越来越大的影响。许多发展中国家的消费者意识到，节约资源和维护生态环境是现代社会条件下提高消费水平及生活质量的重要组成部分。他们不应重蹈许多发达国家在推进工业化进程中，无节制地消耗资源和严重污染环境的覆辙。为了保护自身健康并获得一个安全、洁净的生存环境，他们从现在起就把"绿色消费"作为消费需求的重要内容，要求购买无公害、无污染、不含添加剂、使用易处理包装的绿色商品，并自动发起和支持抵制吸烟、禁止放射性污染等保护消费者运动。由此，保护环境已成为现代消费者的基本共识和全球性的消费发展趋势。

4．共创型趋势

21世纪，现代高消费社会中将呈现出全新的消费倾向，即与企业经营者一起共同创造新的生活价值观和生活方式的生活共感、共创、共生型趋势。生活在21世纪的消费者，具有高收入、高学历、高信息、高生活能力和高国际感觉的特性。与此相对应，他们的消费需求也将呈现5大新特点：①美学性，即美的意识和艺术性；②知识性，即教养性和科学性；③身体性，即体感性或五感性；④脑感性，即六感性或官能性；⑤心因性，即精神性和宗教性。具有上述新需求的消费者，其生活价值观将发生根本性变化，消费生活方式也将大大改变。消费和生活意识的中心将由物质转移到精神，健康、教育、娱乐、文化及信息将成为新的消费增长领域。

【小案例3-1】

践行绿色低碳消费　从自身做起

眼下，绿色消费已经得到广泛认同，并已成为人们普遍追随的消费方式。绿色消费的内容非常宽泛，既包括狭义上的绿色产品，还包括物资的回收和利用，能源的有效使用，对生存环境、对物种的保护等。可以这么说，绿色消费涵盖了生产行为、消费行为的方方面面。绿色消费，已经成了放在口边也必须放在手边的词！

在生活中，做到绿色消费并不很难，很多时候只要自己动手就可以做到。比如说一般家庭都有很多废弃的盒子，其实稍加裁剪，就可以轻松将它们废物利用；还可以利用方便面盒、罐头瓶、酸奶瓶制作一盏漂亮的台灯；喝过的茶叶渣，晒干做一个茶叶枕头，既舒适还能改善睡眠……绿色消费无处不在，可是真正能够实践的又有几分？

一个不可否认的事实，绿色消费是一种完全可以从自身做起的一个消费行为模式。只要在购买物品和消费时，在购买对自身健康有益的购物行为时还要想到这件物品它有利于环境保护，有利于生态平衡。当做到这些了，就可以说自己是一位践行绿色消费的使者了，接下来要做的就是倡导更多的人同自己为伍，践行绿色消费文化，体验新生活。

除此之外，也可以采取网上购物，践行绿色消费。这样可以减少出行时交通工具所排放的二氧化碳，做到绿色消费的低碳消费；购物时自己携带环保购物袋也是绿色消费的一个不错的选择……众所周知，在当今社会的消费行业中，绿色消费的标语在这个物欲横流的社会被张贴得到处都是，甚至在某些场合被形象化地比拟为"大师"，人性化的标识让它再次与人的距离拉近，更显绿色消费的人性化。

伟大诗人乔治·铂金·斯莫里斯曾经说过："樵夫，别砍那棵树。"指引着几代人参与环保，美化环境。今天，为了自己生存的空间，我们必须有所行动，来共同维护这赖以生存的消费环境和空间。

(资料来源：节能产业网，http://www.zgjncy.com，2011-11-09)

思考题：绿色消费需要的基本内容是什么？企业营销如何适应绿色消费的需要？

第二节　消费者的购买动机

一、动机概述

正如上节所述，虽然需要一经唤醒，可以促使消费者为消除匮乏感和不平衡状态采取行动，但它并不具有对具体行为的定向作用。在需要和行为之间还存在着动机、驱动力、诱因等中间变量。比如，当饿的时候，消费者会为寻找食物而活动，但面对面包、馒头、饼干、面条等众多选择物，到底以何种食品充饥，则并不完全由需要本身所决定。换句话说，需要是促使人产生行为的基础和源泉，而动机则是推动人们行动的直接原因。

(一)动机的概念

动机是引起和维持个体活动并使之朝向一定目标和方向前进的内在心理动力，是引起行为发生和结果产生的原因。购买动机不仅反映了消费者的需要，而且形成了为获得满足而实施购买行为的决心和意志。

动机产生于需要，甚至可以说动机的本质就是需要，但是动机又不同于需要。每种生物都会有许多需要，但是需要并不一定能够产生具体的行为。只有当需要达到一定的强度，而且客观环境存在有可能满足需要的目标和条件时，需要才开始转化为行为的动机。例如，在消费行为中，尽管商场里五颜六色的商品堆积如山；尽管消费者都是带着钱去逛商场的，但并不是每次都能够将钱花出去。琳琅满目的商品和笑容可掬的营销人员都会刺激需要的产生，引起购买的冲动，但是只有当找到称心如意的商品时，才有可能产生购买行为。

(二)动机的产生

人从事任何活动都由一定动机所引起。引起动机有内、外两类条件，内在条件是需要，外在条件是诱因。

1. 需要是动机产生的基础

需要是人生理上或心理上的某种缺乏感，当人感到生理或心理上存在着某种缺失或不足时，就会产生需要。一旦有了需要，人们就会设法满足这个需要。只要外界环境中存在着能满足个体需要的对象，个体活动的动机就可能出现。例如，血液中水分的缺乏会使人产生对水的需要，从而引起唤醒或紧张的驱力状态，促使有机体从事喝水这一行为满足。由此可见，需要可以直接引起动机，从而导致人朝特定目标行动的可能。

但是，并非任何需要都可以转化为动机。只有需要达到一定的强度后，才会转化为相应的动机。当需要的强度较弱时，人只能模糊地意识到它的存在，这种需要叫意向。由于意向不能为人清晰地意识到，因而难以推动人的活动而形成活动的动机。当需要的强度达到一定的程度时，就能为人清晰地意识到，这种需要叫愿望。只有当人具有一定的愿望时，才能形成动机。当然，个体的愿望要转化为动机，还要有诱因的作用；否则，只能停留在大脑里。例如，一个人无论多么想读书，如果没有读书的必要条件，他读书的愿望就不能付诸行动，也就不能形成读书的动机。

2. 诱因是动机形成的外部条件

诱因是指能满足个体需要的外部刺激物。想买衣服的人，看到商场陈列的服装，就可能产生购买的动机。商场里的服装就是购买活动的诱因。诱因使个体的需要指向具体的目标，从而引发个体的活动。因此，诱因是引起相应动机的外部条件，包括橱窗展示、广告、群体压力、社会舆论和竞争等。

诱因分为正诱因和负诱因。正诱因是指能使个体因趋近它而满足需要的刺激物。例如，儿童被同伴群体接纳，可以满足其归属与爱的需要。在这里，同伴群体的作用就是一种正诱因。负诱因是指能使个体因回避它而满足需要的刺激物。例如，考试对一个成绩不好的学生往往意味着自尊心受到伤害，因此，他往往采取种种方式逃避考试，维护自己的自尊心。在这里，考试就成了负诱因。

(三)动机的功能

动机可以强化人的需要，从而使人产生满足需要的愿望、信念。需要越强烈，行为的动力越强劲。

1. 激活功能

人的行为是由一定的动机引起的，动机能够唤起或引起人的某种行为。当一个人饥肠辘辘时，生理上的不平衡促使其放弃当前的行为，转而去寻找食物，从而引起新的行为产生。在这一时刻寻找食物的行为，是由于急于充饥的动机所引起的，这个最强烈的动机就是主导动机。主导动机可以唤起人的行为。同是一个饥肠辘辘的人，当工作已经接近尾声，就要产生期望的结果时，如果他强烈地期盼工作的成果，就会克服饥饿的困扰而继续工作下去。这时候期待工作成果而继续工作成为他的主导动机。

2. 指向或选择功能

动机是有目标的，所以动机具有维持行为为趋向一定目标的指向功能。动机促使人朝着一定的目标去行动，使行为沿着一定的方向发展。每个人同时有多种动机，如上所讲的饥肠辘辘的人放下手中的工作转而寻找食物也是有多种动机的，他可以随意吃些食物填饱肚子以解决胃的痛楚；也可以精选食物，享受人间美味；还可以借吃饭之机稍事休息；同时也可以利用吃饭的机会会友叙情。在这些动机中，有的目标一致，有的可能相互冲突。如果不能同时满足，它们之间将会发生竞争。竞争的结果是某种最强烈的动机促使其行为限定在一定范围内，朝着特定方向选择性地决定目标。

3. 维持功能

任何动机的实现和需要的满足都需要一定的时间过程。在这个过程中，动机会贯穿于某一具体行为的始终，激励人限定自己的行为方向，避免不符合预定目标的行动。直到满足需要，实现动机。许多科学家可以排除一切干扰，克服一切困难，探索未知世界，将一生献给科学事业。

4. 调整和反馈功能

动机能够帮助人保持和巩固行为。动机作用于行为的产生、进行直至终止的全过程之中。行为目标对动机产生有很大影响。良好的结果会强化行为动机；反之，不良的行为结果能促使动机减弱，从而降低行为的内在驱动力。动机能够激励人调整行为，克服自身的弱点，解决在行动过程中出现的问题，保证人到达理想的彼岸。在人类历史上许多科学家为了探索未知世界，不惜以生命为代价，做出了超出常人的努力，才取得了举世瞩目的成就。大凡在某个领域取得了突出成绩的人，都是动机极其强烈的人。动机越强烈，越能够激励人朝着既定的目标，克服一切困难去努力奋斗。

(四)动机和行为的关系

动机是个体活动的内部动力，由一定动机引起的活动应指向能满足个体动机的对象。从这种意义上来说，动机和行为具有一致性。正因为如此，可以通过观察个体的行为来推测其动机的性质和水平，根据个体行为的对象可以推测其动机的内容，根据其活动的显著性推测其动机的强度。

1. 动机和行为不是一一对应的关系

事实上，动机和行为并不是一一对应的关系，如图 3-3 所示。同样的动机可能产生不同的行为；同样的行为也可以由不同的动机所引起。首先，具有相同动机的人可能有不同的行为活动。例如，同样是为了赚钱，但不同的人就可能选择从事不同的活动，有人炒股，有人开公司，有人炒房地产等。其次，具有相同行为活动的人则可能有不同的动机。例如，同在北京买房子，有的人是为了改善生活质量；有的人是为了得到北京户口；有的人则是为了增值等。

图 3-3 动机和行为的关系

2. 动机和行为结果的关系十分复杂

动机和活动的关系也十分复杂。一般来说，动机和行为活动的效果是一致的，良好的动机一般能产生良好的效果，不良的动机则会产生不良的效果。例如，个体有了学习动机，才会看书、思考；而学习动机越强，他看书、思考就越刻苦。但在现实生活中，动机和活动的效果往往不一致。例如，有的儿童想为父母做一点儿事，帮着洗碗，结果不小心把碗打碎了。

二、消费者购买动机的类型

消费者的每一次选择和购买行为，都是受着动机系统支配的。例如，为什么有的消费者对某一品牌情有独钟，而对其他的同类产品却置之不理？为什么有人购买大容量洗衣机而有人却偏爱小容量洗衣机？这些问题实际上就是消费者的购买动机问题。

(一)消费者购买动机的基本类型

购买动机是使消费者做出购买某种商品决策的内在驱动力，是引起购买行为的前提，也就是引起行为的缘由。有什么样的动机就有什么样的行为。动机可分为 3 类：一类是生理性购买动机；一类是心理性购买动机；一类是社会性购买动机，如图 3-4 所示。

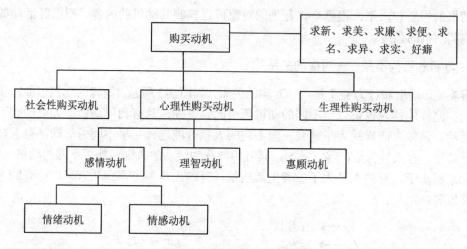

图 3-4 消费者购买动机类型

1. 生理性购买动机

生理性购买动机是消费者为了维持和延续生存的需要而产生的购买动机，又叫作本能动机，这是人人都具有的动机。消费者为了寻求温饱与安全、逃避痛苦与危害、组织家庭与延续后代及增强体质与智能等方面的需要所引发的购买动机都属于此类。在这类动机驱使下的消费行为，在不同个体之间差异较小，具有明显、简单、重复的特点，也比较容易实现。

一般而言，生理性需要的满足对象多数是日常生活不可缺少的必需品，需求弹性比较小。在生理性购买动机支配下，消费者往往事先早已计划妥当或很自然地要求购买，购买时较少犹豫，且不太注重商标。生理性购买动机是消费者本能的、最能促使购买行为发生的内在驱动力，在所有购买动机中最具普遍性和主导性。

2. 心理性购买动机

心理性购买动机是由人的认识、情感、意志等心理过程引起的行为动机，这类购买动机比生理性购买动机更为复杂，更强调精神层面需要的满足。随着社会经济的发展和社会生活的多元化，心理性购买动机对于购买行为的影响越来越突出。在其他因素相同的情况下，受不同的心理因素支配，消费者的行为方式会表现出明显差异。消费者的心理性购买动机又可细分为以下几种。

(1) 感情动机。这种动机包括情绪动机和情感动机。情绪动机是由人的喜、怒、哀、乐、欲、爱、恶、惧等情绪引起的购买动机。人在过节的时候张灯结彩，购买年货，换上新装，购买平时并不舍得购买的商品，这是在喜庆的情绪推动下的购买行为，显然情绪动机具有冲动性、即时性、即景性的特点。因此，节日历来是商家进行营销的最好时机。情感动机则是由道德感、群体感、美感等人类高级情感引起的动机。在这类动机推动下的购买行为，一般具有稳定性和深刻性的特点。

(2) 理智动机。是在购买商品前，消费者一般都要经过深思熟虑，对所要购买的商品有足够认识，对其特点、性能和使用方法等早已心中有数，因而在品评比较时，不受周围环境气氛和言论影响的一种行为动机。理智动机推动下的购买行为具有客观性、周密性和控制性的特点。理智动机能够促使消费者从自身经济承受的能力出发，从商品的实用功能出发，从尽可能多地满足自己的需要出发，对商品进行冷静分析和反复比较后而作出购买决策。通常所说的"货比三家"就是这种动机的具体表现。

(3) 惠顾动机。也叫信任动机，兼有理智动机和感情动机的特征。惠顾动机是建立在以往消费经验的基础上，对特定商店或品牌产生信任和偏爱，使消费者重复地、习惯地前往购买的一种行为动机，它具有明确的经常性、习惯性特点。在这种动机支配下，顾客重复地、习惯地购买某个产品、某个品牌或到某一商店购买。顾客之所以产生这样的动机，是基于营业员礼貌周到、信誉良好、提供信用及劳务、品种繁多、品质优良、价格适当、商店地点时间便利、店面布置美观等因素。认牌购货现在已经成为许多人的购买习惯，这是基于对某个品牌过去使用的经验产生的某种好感和信赖，形成对该品牌的忠诚，从而产生重复性购买行为。

3. 社会性购买动机

社会性购买动机是消费者由于受所处社会自然条件、生活条件和各种社会因素的影响而产生的为满足社会性需要而购买商品的动机。社会性购买动机主要受到社会文化、社会风俗、社会阶层和社会群体的影响和制约。

社会性购买动机与心理性购买动机常常密不可分。由于成就、威望、自我价值、社交等动机引起的购买行为，不仅能够给人以心理上的满足，而且不可避免地反映着社会的政治、经济、历史、文化、自然等环境因素对人的购买动机产生及变化的影响和制约。

人类文明在不断进步，消费者的行为无不受到社会经济文化发展的影响和制约，单纯的生理性购买动机推动购买行为的情况已经越来越少，而心理性购买动机和社会性购买动机则越来越多地发挥着主导作用，这 3 种动机系统的有机结合、共同作用，能推动消费者的购买行为完美实现。

(二)消费者的具体购买动机

由于消费者具有不同的兴趣、爱好、性格和经济条件，需要就会多种多样，以此为基础产生的购买动机同样也复杂多样。据统计，消费者的具体购买动机多达 600 种以上，而且针对每一种商品都包含有多种动机，消费者每一项购买行为都是在一种或多种动机的推动下完成的。从近年来的消费特点看，较为常见的购买动机主要有以下几种。

1. 求实动机

求实动机是一种以追求商品或服务的实用价值为主要目的的购买动机。这种动机比较注重商品的质量、功效，要求一分钱一分货。相对而言，对商品的象征意义，所显示的"个性"以及商品的新颖性和时尚性等并不特别强调。

【小案例3-2】

购买动机变化——汽车消费者判断力逐步增强

日前，市场研究公司TNS推出了《中国汽车研究品牌健康和需求细分研究》。TNS中国汽车研究通过在中国主要汽车市场进行相关调查显示，消费者购买汽车不再仅仅是为了找到一个代步工具，或者为了彰显身份，而是衍生到更为"外向性"的消费需求。

研究发现，"彰显成功""社交融入""基本出行"等购买动机明显下降(分别下降9%、3%、3%)，而"增加受欢迎度""带来更多自由"及"吸引关注"成为增长最多的购车动机(分别增长5%、4%、3%)。此外，一些家庭因素，如"照顾家庭"(增长了5%)、"让家人开心"(增长了3%)也成为购车的重要因素。调查结果同样发现，消费者的品牌忠诚度稍有提升(从38%上升至40%)。安全性、耐用性及良好的操控性，已成为消费者对各类车型的基本要求。中国汽车消费者对汽车性能的优化提出了更高要求，也更加重视汽车的内部设计及舒适性。这对不同类型汽车的生产厂家提出了更多要求：更多的小型车购买者希望享有最新科技(增长了3%)及更好的导航装置(增长了4%)；而豪华车主则更关注汽车油耗的经济性(增长了3%)。

过去，较低的油耗一向是中、低端汽车的主要卖点，但现在高端汽车购买者也同样关注这个问题，这将为环保技术在中国汽车市场上的发展提供大量机遇。

(资料来源：蓝朝晖. 购买动机变化——汽车消费者判断力逐步增强. 北京商报，2009-11-17)

思考题：剖析中国消费者对汽车的消费需求和购买动机。

2. 求新、求异动机

求新、求异购买动机是消费者以追求时尚、新颖、奇特、个性为主导倾向的购买动机。这种动机比较注重商品的款式、色泽、流行性、独特性与新颖性。相对而言，产品的耐用性、价格等成为次要的考虑因素。一般而言，在收入水平比较高的人群及青年群体中，求新、求异的购买动机比较常见。他们容易受广告宣传和外界刺激的影响，往往是新商品和流行趋势的接受者和追随者。他们追求个性，行为大胆，较少受传统观念的束缚，容易为潮流所动。消费者需要的个性化发展，促使求新、求奇的动机更加普遍。

3. 求美动机

求美购买动机是以追求商品的美感和艺术价值为主要倾向的购买动机。这种动机比较注重商品的造型、色彩、款式、艺术价值，讲究商品的造型美、装潢美和艺术美。求美动机的核心是讲求赏心悦目，注重商品的美化作用和美化效果，它在受教育程度较高的群体以及从事文化、教育等工作的人群中是比较常见的。

4. 求名动机

求名购买动机是通过购买名牌和高档商品，借以显示和提高自己的身份、地位、品位而形成的购买动机。人们在购买象征类商品时多追求商品和商号的名气，注重商品的档次和社会声誉，通过消费来显示生活水平、社会地位和个性特征，显示自己的成功，显示个人价值。当前，在一些高收入层、大中学生中，求名购买动机比较明显。

5. 模仿、从众动机

模仿、从众动机是以在购买某些商品方面要求与别人保持同一步调为主要特征的购买动机。模仿从众是人普遍具有的一种行为方式，其形成的原因多种多样。有出于仰慕、钦羡和获得认同而产生的模仿；有由于惧怕风险、保守而产生的模仿；有缺乏主见、随大流或随波逐流而产生的模仿。一般而言，在经济落后、传统保守的社会及普通消费者中，模仿从众动机较为多见。

6. 好癖动机

好癖动机是为满足个人特殊兴趣、特殊爱好而形成的购买动机。具有这种动机的消费者，大多出于生活习惯或个人癖好而购买某些类型的商品，如收藏、集邮、摄影、钓鱼、养花等。好癖动机具有浓厚的感情色彩，以获得喜爱、稀有之物为最大的满足和享受。为了满足这种需要，可以约束正常消费甚至可以压缩生活必需消费品，节衣缩食。

7. 求便动机

现代人生活丰富多彩而且节奏加快，追求快捷、方便的生活方式。所以，快餐店、24小时便利店、自选市场、电视购物、网上购物应运而生。人希望在最短的时间、以最方便的方式买到可以信赖的商品，同时希望提供安全、周到的服务以减轻家务劳动，这种趋势越来越明显，这就要求商家必须以提高生活质量为目标，在商品的功能设计、销售服务、家政服务、社区服务等多方面进行开拓，以满足这种日趋普遍的需要。

8. 求廉动机

它是指消费者以追求商品、服务的价格低廉为主导倾向的购买动机。在求廉动机的驱使下，消费者选择商品以价格为第一考虑因素。他们宁肯多花体力和精力，多方面了解、比较产品价格差异，选择价格便宜的产品。相对而言，持求廉动机的消费者对商品质量、花色、款式、包装、品牌等不是十分挑剔，而对降价、折让等促销活动怀有较大兴趣。

9. 好胜动机

这是一种以争强好胜或为了与他人攀比并胜过他人为目的的购买动机。消费者购买商品主要不是为了实用而是为了表现比别人强。在购买时主要受广告宣传、他人的购买行为所影响，对于高档、新潮的商品特别感兴趣。

10. 炫耀动机

这是一种以显示地位、身份和财富实力为主要目的的购买动机。消费者在购买商品或从事消费活动时，不太重视消费支出的实际效用而格外重视由此表现出来的社会象征意义，通过购买或消费行为体现出有身份、权威或名流形象。具有炫耀动机的人与具有好胜动机的人相比，通常所处的社会阶层高，而又经常与下一阶层的人在一起，为了与众不同，常常购买具有社会象征意义的商品。

以上对消费者在购买过程中呈现出的一些主要购买动机作了分析。需要指出的是，上述购买动机绝不是彼此孤立的，而是相互交错、相互制约的。在有些情况下，一种动机居支配地位，其他动机起辅助作用；在另外一些情况下，可能是另外的动机起主导作用，或者是几种动机共同起作用。因此，在调查、了解和研究过程中，对消费者购买动机切忌做静态和简单的分析。

第三节　购买动机的挖掘、冲突和诱导

一、购买动机的挖掘

(一)发现消费者的隐性动机

消费活动中，消费者的购买行为总是在一个或多个动机推动下完成的。其中，消费者能够意识到并愿意承认的动机，被称为显性动机；消费者意识不到或者不愿意承认的动机被称为隐性动机。一般而言，与一个社会主流价值观相一致的动机容易被消费者承认，相反，与之冲突的动机则不愿被承认。隐性动机更多时候才是消费者购买的真正原因。

如果你问一位消费者为什么要买悍马车，他可能会告诉你"悍马宽敞舒适""是一部很酷的车"或者说"朋友们都开，所以我想买"，但一定还有他不愿意承认或没有意识到的原因，如"它能显示我有钱""它使我很有面子""有了它我就更有自信"等。显性动机一般可以直接询问消费者便可了解，要想认识消费者购买行为背后真正原因是什么，需要用特定的技术和方法进行研究。

通常，营销者利用动机研究技术或投射技术可以获得消费者的隐性动机。这些研究技术主要包括联想技术、完形填空和构造技术。近年来，一种较新的技术"方法—目的链"

或者利益链的方法出现并受到重视和运用。作为简单易用、效果不错的方法，下面将重点进行介绍。

(二) "方法—目的链" 模型

该模型假定，具体的产品属性可以逐渐抽象并最终跟终极价值联系起来。每个人都有自己看重的终极状态，而且会在备选手段中做出选择以达到这些目的，因而产品被视为达到某种目的的手段。

"方法—目的链" 是消费者通过整合产品的属性知识、利益知识和价值知识而形成简单的联想网络，是说明消费者产品知识整合的理论，如图 3-5 所示。消费者将产品的属性看作达到某种目的的手段，目的可以是一种结果(目的或风险)，也可以是更抽象的价值。

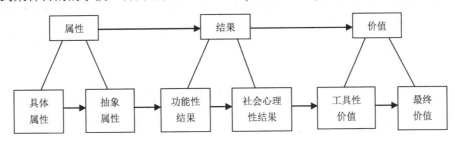

图 3-5　"方法—目的链" 模型

产品属性是可以感受的，并且具备有形或无形的特色，包括包装、色彩、价格、质量、品牌，甚至销售者的服务和声誉。可以说，产品属性是消费者对产品所感受的任何事。消费者关于产品的知识来自对产品属性的认知，使用产品后的结果可以帮助消费者得到最后的价值。

有时消费者倾向于以结果的观点来考虑产品，而非产品的属性，结果对于消费者在购买、使用或消费产品时，确实是一种较为明确的表现。产品结果区分为功能性结果与社会心理性结果。功能性结果是对消费者较为具体或直接的经验，如糕点止饥、饮料止渴、刷牙时使用牙膏有保护牙齿的功能等。社会心理性结果比较模糊，大体而言是指消费者心理上的认知，如名牌服饰穿戴起来可以更吸引人。

此外，产品可以满足消费者的价值感受。以认知的观点而言，价值是消费者试着达成重要生活目标的心理表现。价值可以分为工具性价值与最终价值。工具性价值是一种偏好或行为的认知，如生活不断有变化、独立与自信等。最终价值则是希望成为的最后状态，如安心、放心与健康等。

(三) "方法—目的链" 的应用

1. 动机挖掘

消费者可能会有关于产品属性、产品使用结果和个人价值的知识，多数的营销研究针对的是前述 3 种层次个别的探讨，如何将这 3 个层次组织成一种简单的思考逻辑，进而发挥其功效，这便是"方法—目的链"的主要目的。

该方法让一个消费者列举出某种产品或品牌所能提供的利益，再列出这些利益所能提供的好处，继续下去直到消费者列不出好处为止。例如，你问两个消费者为什么要买维生素，他们可能把"减少感冒"作为主要好处之一。当问到"少感冒的好处"时，一个消费者也许会说"工作效率高"或者"精力更好"等，另一位消费者回答是"让自己气色更好"或"更有魅力"。两位消费者都购买维生素，但购买和附庸的目的则不相同。由于产品的属性、结果和价值都有两类，"方法—目的链"还可以表述得更加详细，如表 3-1 所示。

表 3-1　"方法—目的"链模型的具体运用

	抽象水平	解释
最终价值	自尊	喜欢的终极状态，产品使用的非常抽象的结果
工具性价值	注意的焦点	喜欢的行为的模式：产品使用的抽象结果
社会心理性结果	其他人把我看得与众不同	产品使用的心理(我怎样感觉)和社会(别人怎样看我)结果
功能性结果	解渴、防晒等	产品使用的直接、可见的结果，这种产品的用途是什么，它执行什么功能
抽象属性	高质量	代表若干种更具体属性的抽象意念，主观的、不可直接测度的、不能通过感官直接觉察
具体属性	大小、色彩、价格	产品物理特性的认知表达，可被直接觉察，可见的

2. 营销启示

(1)　"方法—目的链"指出了消费者购买或使用某一产品和品牌时所追求的基本目标，反映了消费者怎样将产品属性与自我概念的重要方面相联系。营销人员应当了解消费者的"方法—目的链"，制定更有效的营销策略。

(2)　消费者可能并未有意识地将方法与目的相链接，或者并未认识到某种产品或品牌作为一种方法能够实现何种目的。营销人员就应当寻找和发现这种链接，设计成"方法—目的链"加以传播，以影响消费者，促使消费者形成有利于企业的"方法—目的链"。

(3) 影响消费者购买行为的因素有很多，不同的消费者对相同的产品或品牌有不同的"方法—目的链"。市场营销人员对消费者的"方法—目的链"的分析与消费者实际采用的"方法—目的链"可能不同，必须重视市场调查研究，使二者趋于一致。

二、购买动机的冲突

在消费活动中，由单一动机引起消费者购买行为的情况并不多。消费者的购买行为往往是在多个动机共同驱使下进行的，是种种有意识和无意识动机总和的结果。如果几个动机共同作用于促进购买行为方向，购买的动机得到强化，消费者因此会产生更为强大的推动购买的力量，很容易产生购买行为；相反，如果有的动机促进购买行为，有的动机阻碍购买行为，即存在方向相反、相互抵触的动机(动机冲突)，这时占上风的动机力量往往决定购买行为。

由于存在多种动机，而这些动机在很多情况下可以被激起，因此它们之间的冲突难以避免，动机冲突的解决会影响消费方式。消费者的动机冲突有 3 种。

(一)双趋冲突

双趋冲突是消费者具有两种以上选择目标而又只能从中选择其一时所产生的动机冲突。

这一购买动机冲突类型，发生在购买者面对两种都具吸引力的商品，而必须选择其中一种的情形之下。购买者在购买过程中，由于对这两种商品的各个方面，诸如质量、价格、款式、效用等，通过综合评价后，可能感到这两种商品的几个主要方面难分优劣或各有所长，一个可能质量高、款式新，另一个可能价格较低、比较实惠，也可能质量、价格、款式、效用都比较接近，所以，就难以决断到底购买哪一种最好。两种商品各自的吸引力越接近，购买者的这一动机冲突就越激烈。因此，择优选购的心理使消费者在对两种具有同等吸引力的商品中必须选择其一，而又难舍另一个。例如，一个人想花费奖金购车为一种欲望，想去墨西哥旅行是另一种欲望，两种欲望均认为需要，这种冲突的情况，须选择予以决定，那个人无论决定任何一种均无痛苦可言，在两种情况中，引诱力更大者可能获得胜利。

因此，作为销售人员，应该主动地帮助顾客挑选，为顾客解答疑难问题，充当顾客的参谋。这不仅能达到销售商品的目的，而且能够在消费者中建立良好的商誉。

(二)双避冲突

双避冲突是消费者有两个以上希望避免的目标但又必须选择其中之一所面临的冲突。这是一种消费者在面临两个不称心的对象，而又必须选择其一的情况下所产生的动机冲突。

消费者在购买日常生活用品时，特别注重便利性，也就是说，消费者对于日常生活用品的品牌、价格的注意力远不及耐用消费品，只要购买方便，即使质量稍差，价格稍高，也不会影响其购买。并且，这种便利性还会使消费者乐于重复地在附近商店购买。但是，如果该商店的服务质量差，营业员态度恶劣，将会破坏购买环境，消费者这时也将面临这种选择，要么多跑点路到其他商店购买，要么受点气就近购买。再如，某人想买一辆旧车，继续从事运输业务，以所得补贴家用，而其他家庭分子则需要购买新车作为日常代步工具，这种冲突有时称为进退维谷。

因此，作为市场营销人员，要消除这种类型的购买动机冲突，就应该既为消费者创造好的购买环境，也要为消费者提供适宜的购买条件，以便更好地满足消费者的需求，并在不断满足消费者需求的过程中，使企业获得更多的经济利益。

(三)趋避冲突

这是一种当购买者遇到某种既能为其带来某种利益，又会为其带来某种问题的商品时所具有的动机冲突类型。如消费者需购买一部新车，必须从他目前或未来的收入之中节省开支，才能达到目的。若不愿节省开支，便永远难达目的。

造成这种购买动机冲突的主要原因是：首先，商品价格超出了购买者的预期，超过其应有的支付能力；其次，购买者在两种利益的权衡中，既希望采取购买行为，得到购买、使用商品所带来的利益，又担心购买、使用该商品损害了自身的利益。基于这种冲突，消费者往往会犹豫观望，始终难以做出购买决策。

在这种情况下，生产者、售货员或推销员应该为消费者的切身利益着想，使企业所生产或推销的商品，既能为消费者带来他们所期望得到的利益，又能消除消费者购买、使用此商品所造成的利益损失。这样，必能迎合消费者的喜好，扩大商品的销路，树立企业形象。因此，消除这种购买动机冲突，就表现在消除消费者购买、使用某种商品所带来的利益损失，维护或提高消费者的预期利益。

三、购买动机的诱导

(一)诱导的必要性

1. 产生背景

购买动机产生之后，不仅要挖掘消费者购买行为背后的隐性动机，而且还要分析和了解有几种动机影响消费者购买，进而设法激发购买动机，促使购买行为的发生。正如上述提到的，消费者购物时，常常会在多种动机推动下进行，如果多个动机都促使消费者购买，那么，消费者的购买行为极易发生。一方面，如果消费者购物时很难意识到自己为什么买或为什么不买时，或者只有"潜在欲望"时，营销者的动机诱导就会显得非常重要。另一方面，如果当消费者同时出现的几种动机在最终目标上相互矛盾或相互对立时，这些动机就会产生冲突。如果几种相互对立的动机在强度上差异较小，这时的动机冲突就显得十分激烈。动机冲突会导致消费者购物时犹豫不决，动机冲突越严重，消费者购买行为越难以发生或完成。所以，当作用于消费者头脑中的动机冲突时，外力的加入——诱导就显得极其重要。

2. 动机诱导的含义

动机诱导就是营销人员针对消费者购买主导动机指向，运用各种手段和方法，向消费者提供商品信息资料，对商品进行说明，使消费者购买动机得到强化，对该商品产生喜欢倾向，进而采取购买行为的过程。诱导是消费者在购买时处于犹豫不决的状态时采用的有效的沟通方式，如果诱导运用得当就会起到"四两拨千斤"的作用。面对冲突，营销者的任务是通过诱导激起消费者的购买动机，并促使主导动机的力量增强，以引导其购买行为。

3. 动机诱导的作用

消费者都是带有一定动机和欲望走进商店的，但进店消费者并不一定全部实现购买。据日本三越百货商店的调查，进店的顾客只有 20%发生购买行为。而且常常会发现，进入商店的消费者有两种人：一种是"意识的欲望"，即有明确购买动机和目标的消费者；另一种是"潜在的欲望"，即虽然需要某种商品，但没有明显意识到因而没有作出购买决定的消费者；或者是犹豫不决的消费者。对于第一种消费者而言，他们也许出于一种或多种积极动机，而且多种购买动机的方向是一致的，进而促使他进入商店购物。对于第二种消费者而言，常常会由于外界的刺激，潜在欲望被激发，使他由一个看客变为买主。据美国一家百货公司调查发现，在顾客的购买行为中，有 28%来自"意识的欲望"，72%来自"潜在的欲望"。消费者在商店里完成由潜在欲望到意识欲望的飞跃，是扩大销售、提高效益的关键。实现这一飞跃，除了店堂环境、灯光装饰、商品陈列、商品适销度等因素外，很重要的是营销人员的仪表、神态、语言、示范，就是营销人员的诱导，使消费者的心理朝着倾向购买的方向发展。在商店里，营销人员对消费者的影响，比来自家人、朋友、广告、使用经验的影响更为直接、更为广泛、更为有力。因此，零售企业要想实现更多的销售，就不能按"卖不卖在我，买不买由你"的观念行事，更应该在诚心诚意为顾客服务，在诱导顾客购买动机上下功夫。

(二)动机诱导的方式

如何对消费者的购买动机进行诱导进而影响其购买行为呢？一般而言，要围绕着影响消费者购买的环境因素进行诱导，也要根据影响购买行为的主要动机类型进行诱导。

1. 品牌诱导

消费者对于购买某种物品已经作出了决定，但是对购买哪个品牌心里没底，在购买现场会表现为这个品牌的情况问一问，那个品牌的说明书也拿来看一看，可还是下不了决心。此时运用品牌强化诱导方式，售货员可以突出介绍一个品牌，详细说明它的好处，以及其他消费者对这个品牌的认识、感受，就可以促进消费者的购买。而如果这个品牌介绍一下，那个品牌也介绍一下，最后消费者还是不知选择哪一个好。

2. 特点诱导

当消费者对选择某一品牌已有了信念，但是对其产品的优、缺点还不能一时作出判断时，可以采用特点补充诱导方式，在消费者重视的属性之外，再补充说明其他一些性能特点，通过品牌之间的比较进行分析，以帮助消费者进行决策。如消费者在购买冰箱时，一般比较重视外观的好看与否、容量的大小、噪声的高低，但在对这些因素进行了比较之后还不能决定时，可以提示消费者××牌的冰箱环保性能优越，还可以左右开门，方便在不同地点使用等来补充产品的优点，刺激其购买欲望。

3. 利益诱导

消费者对产品带给他的利益是感性的、有限的，这就使消费者对商品的评价难免带有局限性，此时应利用利益追加诱导方式，增加消费者对某一品牌、某一品种商品的认识，提高其感知价值。还以冰箱为例，某消费者已对华凌三门 BCD-268W 大冰箱表示出浓厚兴趣，对于品牌、容量都比较满意，但是对于中间那个门的作用认识不足，这时厂家推销员过来介绍：中间那个门里面有个温度控制开关可以把温度调高，扩充冷藏室的容积(空间)，也可以把温度调低，扩充冷冻室的容积(空间)，可以随您的需要进行调整。还有一个更重要的作用，一般而言冷冻室温度过低，把生肉等食物放进去以后会迅速冷冻，使得味道变差一些，但可以保持较长时间，中间那个门里放进熟食、熟肉，两三天内食用绝对不会改变味道，又不用拿出来化冻，可以作为熟食的专用柜。这个消费者一听，马上就下定了购买的决心。

4. 观念诱导

消费者对某一品牌的印象较低，往往是由于这个品牌的商品在消费者认为比较重要的属性方面还不突出，不具优势。此时可以采用观念(信念)转换诱导方式，改变消费者对商品的信念组合，这也是心理再定位的方法。改变消费者对商品属性重要性的看法，如购买冰箱时，消费者把质量放在第一位，价格放在第二位，容量放在第三位，而××牌的价格不占优势，使得顾客在购买时难以下决心。如果此时告诉消费者，价格不是主要的，容量比价格更重要，容量选择过小以后要改变就很难了，而价格不是重要的，即使一次购买时价格略高一点，钱还可以以后再挣，但要换冰箱就不太容易了。这样就会改变消费者对本企业冰箱价格高、容量大的不好的看法，认为容量大比较适合需要，进而对价格也就不那么敏感了。

5. 证据诱导

有时消费者对于选择什么样的商品，选择什么品牌的商品都已确定下来，但是还没有把握，怕承担风险而犹豫不决。此时运用证据提供诱导方式，告诉消费者什么人买了，有多少人买了这种商品，促使从众购买动机的强化，消除消费者的顾虑，也可以促成购买行为的产生。

有效的诱导，除了方式、方法之外，还要掌握好时机。一个人说话的内容不论如何精彩，如果时机掌握不好，也无法达到应有的效果。因为听者的内心往往随着时间的变化而变化。要对方听你的话或接受你的观点、建议，都要把握住适当的时机。要想使诱导取得成功，还要注意克服一些不利因素的影响。比如，消费者对推销员、售货员的不信任，会造成对产品的不信任，进而造成对介绍内容的不信任；销售现场的环境也会影响诱导的效果。

本 章 小 结

需要是消费者行为的基本前提。需要是动机产生的基础和前提，动机是促使人行动的原因和内驱力。关于需要的认识，主要介绍和讨论了消费者需要的概念、类型、基本形态和层次结构、特点和我国消费者需要发展的趋势。本章重点介绍了马斯洛需要层次理论。马斯洛需要层次理论把人的需要分为 5 个层次：生理需要、安全需要、归属与爱的需要、尊重需要和自我实现需要。

动机是促使消费者行为发生并为其提供目的和方向的动力。动机产生的条件有两个：需要和诱因。需要是基础，诱因是外部条件。并不是所有的需要都会产生动机，只有最为迫切的需要才会产生动机。外部条件虽是诱因，但诱因越强烈，动机产生的可能性越大。动机有 4 大功能，消费者一般购买动机分为 3 类，但具体的购买动机有 600 多种，消费活动中表现最突出的有求实、求新、求奇、求美、求名、炫耀、求胜、求廉等动机。

推动消费者购买动机实现会有多种方法，有些是消费者愿意说明的显性动机，有些则是消费者没有意识到或不愿表明的隐性动机。隐性动机往往是驱使消费者购买的真正原因，它比较隐蔽，营销者应该运用动机研究技术，尤其是运用"方法—目的链"挖掘动机。动机和行为的关系不是一一对应的。同一种动机推动下会产生不同的行为，多种动机推动下却可能产生同样的行为。促使消费者购买的动机往往有多种，它们可能方向一致，迅速推动购买发生，也可能方向相反产生冲突。冲突会使消费者变得犹豫不决，难以下定决心进行购买发生，所以动机诱导就变得非常重要。动机诱导的方法有品牌诱导、特点诱导、利益诱导、观念诱导和证据诱导。

自 测 题

一、判断题(正确的打√，错误的打×)

1. 市场消费需求就是指潜在需求。   (　　)
2. 需求强度的大小和需求层次的高低成反比。   (　　)
3. 通常，消费者对消费的渴求与确认，是内在刺激与外在刺激共同引起的。   (　　)
4. 以商品的实际使用价值为主要特征的购买动机，是消费者的求廉动机。   (　　)
5. 隐性动机是消费者未意识到或不愿意承认的动机。   (　　)
6. 缺乏有关的商品信息是形成潜在消费需求的原因之一。   (　　)
7. 生理需要的内容和形式并非一成不变。   (　　)
8. 需要是构成动机的必要而非充分条件。   (　　)

二、单项选择题

1. 爱好种花养鱼、收藏古董字画、集邮、摄影等，这属于消费者的(　　)。
   A. 好癖动机　　　　　B. 模仿动机　　　　　C. 求美动机　　　D. 求名动机
2. 以下有关马斯洛的"需求层次论"描述，不正确的是(　　)。
   A. 每个人同时都有许多需求
   B. 这些需求的重要性不同，可按阶梯排列
   C. 人总是先满足最重要的需求
   D. 人的需求从低级到高级具有不同的层次，只有当高一级的需求得到基本满足时，才会去满足低一级的需求
3. 消费者产生购买行为的主要推动力是(　　)。
   A. 知觉　　　　　　　B. 动机　　　　　　　C. 学习　　　　　D. 信念和态度
4. 消费者形成品牌转换和"冲动消费"的一个主要原因是(　　)。
   A. 求新动机　　　　　B. 求安全动机　　　　C. 求廉动机　　　D. 模仿动机
5. 需求层次理论是1943年由美国心理学家(　　)提出的。
   A. 波登　　　　　　　B. 赫杰特齐　　　　　C. 马斯洛　　　　D. 温得尔·斯密
6. 根据美国人本主义心理学家马斯洛将人类需要按低级到高级的顺序分，属于人类最高级需要的是(　　)。
   A. 自尊的需要　　　　　　　　　　　B. 他人实现的需要
   C. 自我表达的需要　　　　　　　　　D. 自我实现的需要
7. 消费者购买过程是消费者购买动机转化为(　　)的过程。
   A. 购买心理　　　　　B. 购买意志　　　　　C. 购买行动　　　D. 购买意向

8.　下列属于生理动机的是(　　)。
　　A. 为求温饱与安全而产生的购买动机
　　B. 对某商品特别喜欢而产生的购买动机
　　C. 购买某种物品或行为以炫耀和显示自己
　　D. 为逃避痛苦与危害而产生的购买动机

三、多项选择题

1. 消费者购买动机的基本类型包括(　　)。
　　A. 生理性购买动机　　　　　　B. 心理性购买动机
　　C. 社会性购买动机　　　　　　D. 偶然性购买动机　　　E. 以上都对
2. 人们追求安全的需要在消费需要中表现为(　　)。
　　A. 购买安全　　　　　　　B. 保健功能　　　　　　C. 卫生安全
　　D. 使用安全　　　　　　　E. 以上都对
3. 消费者需要的内容虽然千姿百态，但消费的目的不尽相同，主要表现为(　　)。
　　A. 维持生存　　　　　　　B. 延续后代而消费
　　C. 寻求享受　　　　　　　D. 发展自我
4. 动机研究技术包括(　　)。
　　A. 完形填空　　　　　　　B. 选词填空　　　　　　C. 联想技术
　　D. 构造技术　　　　　　　E. 方法—目的链
5. 消费者在购买某些高档商品时，可能一方面会出现对所选的商品爱不释手，但另一方面又嫌商品的价格过高，这体现了消费者在购买过程中的(　　)冲突。
　　A. 趋避　　　　　　　　　B. 双趋
　　C. 双避　　　　　　　　　D. 单趋
6. 动机与行为的关系表现为(　　)。
　　A. 动机能够发动和终止行为
　　B. 动机能够指引和选择行为方向
　　C. 动机能够维持和强化行为
　　D. 动机或多或少地组合并指向一种或多种消费行为
7. 现实生活中，人的多种需要会同时产生，但由于需要的强度不同，就会表现为不同的需要形态，主要包括(　　)。
　　A. 过度需要　　　　　　　B. 充分需要　　　　　　C. 否定需要
　　D. 潜在需要　　　　　　　E. 退却需要
8. 一般，可以通过(　　)对消费者的购买动机进行诱导进而影响其购买行为。
　　A. 品牌诱导　　　　　　　B. 特点诱导　　　　　　C. 利益诱导
　　D. 观念诱导　　　　　　　E. 证据诱导

四、思考题

1. 简述马斯洛需求层次的理论要点。

2. 需要、动机和行为之间的关系是什么?

3. 中国消费者购房的主要动机有哪些?

4. "方法—目的链"的具体应用,举例说明。

5. 消费者需要的特点有哪些?

6. 如何理解消费者需要的基本形态?

7. 常见的消费者具体购买动机有哪些?

8. 消费者购买时动机冲突一般表现为哪几种? 营销者有什么对策?

案 例

用户为音乐付费的动机

对于有非常轻易地免费音乐获取途径来说,相信很多人心中会以为用户不可能为音乐付费。可是乐迷们却愿意花高价购买周杰伦的演唱会门票、The Beatles 纪念品、黑胶唱片等与音乐相关的产品。仅仅是由于这些音乐产品不轻易获得才构成了用户购买的动机吗?近日,Magnatune 官方公布了其历史销售数据(见图 3-6),却让人们看到了另一些现象。

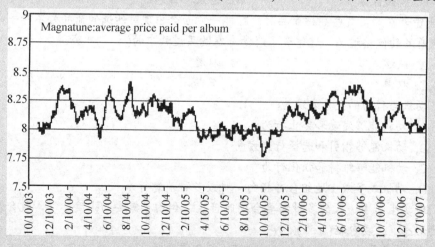

图 3-6　Magnatune.com 每张专辑的销售价格

Magnatune.com 是一个在线音乐交易平台,音乐人可以通过这个平台直接出售他们的音乐给听众,等同于一家基于互联网的新型唱片公司。他们的创始人以为,乐迷不愿意花钱买正版音乐,是由于乐迷以为他们付出的钱大部分落进了唱片公司的腰包,并没能真正达到支持他们喜爱的乐队的目的，而 Magnatune 的模式正是让乐迷们清楚地知道他们购买音乐的钱绝大部分能让他们支持的歌手获得。

基于这种销售模式，Magnatune 还加进了用户议价的功能。用户可以为他们购买的音乐(包括数字音乐和 CD)自行确定价格，价格在 5～18 美元中选择，默认售价是 8 美元。图 3-6 所示正是 Magnatune 自 2003 年下半年运营以来均匀每张专辑的销售价格。从中可以看到一个有趣的现象，大多数用户最后并没选择最低价 5 美元，反而超过了默认售价 8 美元。从这一点说明了用户存在有为支持音乐人的付费动机。

而 Magnatune 公布的均匀每张 CD 介质音乐专辑的销售价格图表显示，均匀要比数字音乐专辑销售单价高出 2 美元。固然同样是议价，可用户更愿意为物理介质的音乐付出更多。这可以说明用户存在对音乐高品质和一定存储介质上的付费动机。

用户可以为了更快捷方便地获得音乐、支持他们喜爱的音乐人、获得更高的音乐品质、获得更具收藏价值的介质等而激发他们的付费动机。几天前我曾经提及下载百度音乐 MP3 的人是否还会再买 CD，回答这个问题的部分朋友还是会提到相应的购买动机。换句话说，用户并不是不可能为音乐产品付费，而是需要服务提供商们挖掘用户潜伏的付费动机，以创造更符合这些动机的音乐产品、服务和衍生品。

(资料来源: 用户为音乐付费的动机. 中华广告网，http://www.a.com.cn，2007-03-13)

案例讨论：

1. 明明可以用 5 美元买到的音乐产品，为什么很多人愿意付得更多？

2. 有什么理论能解释案例中描述的现象吗？

第四章 消费者的感知过程

【学习目标】

通过本章学习，学生应该了解感觉、知觉和注意的基本概念；熟悉感觉的类型和特征、知觉的种类和特征；注意的概念和功能。掌握感觉、知觉在消费者购物和营销实践中的作用。了解消费者的知觉过程；熟悉展露、注意和理解的影响因素；掌握提高展露水平的方法。充分理解消费者在购物过程中的知觉风险，并了解如何规避消费者的知觉风险。

【导读案例】

抓准消费者的感觉

任何一个产品，在中国市场上或在中国不同的区域市场上，对消费者到底意味着什么、消费者购买它到底是为什么、消费者购买这种产品的感觉为什么变得极为重要。这好似名中医的号脉，大家知道中医最重要的诊法就是号脉。如果脉没有号准，相当于洞察消费者走偏了，那么无论做多少市场调查，做多少数据堆砌和理性分析，都有可能失败。

这里所说的"感觉"，并非表面化的浅层认知，而是指对消费者为何购买的深层求解，是对消费行为的真正洞察。找准一个产品在消费者心中的感觉，是做市场的最重要事情，也是最难做到的事情。以国产手机为例，从零市场到占据半壁江山，靠的主要是找准了感觉。手机在国际市场上的功用是通信，开始时产品都是黑的方块形。而现在，手机是时尚产品，是炫耀型的，宝石手机都有销路。

对手机的追求，中国人是"中看"，欧洲人、加拿大人和美国人是"中用"。在欧洲和美国看到消费者手上拿着大大的手机，我们会觉得有点反差，中国消费者穷，却用那么小的手机，你们富却还用那么大的过时手机。这是因为消费者的追求不一样，西方人下班以后不用手机，不在别人面前使用手机，在中国恰恰相反，你朋友买了一款新的手机，一定向你炫耀，中国的手机变成社交型的、炫耀型的产品，变成追求款式的东西。在中国消费者心目中，手机"中看"是非常重要的。

抓准中国消费者的感觉，把手机看成时尚产品，中国的厂商才有竞争的希望，这也是中国消费者真正的感觉。把手机看成时尚产品，每月收入只有3000元左右的女孩，也会在一年内换3～4次手机。把手机看成时尚产品，TCL的宝石手机才有可能成功。中国的厂商利用外来的技术，利用组装的工艺只是改变时尚的面孔迎合消费者，以巧补弱取得成功。2003年洋牌手机反过来跟着中国的时尚风标走。西门子鸭蛋形的一款手机SL55，在北京销售非常好，西门子是德国的品牌，德国人一下子把呆板、严谨、质量一丝不苟的德国制造改得这么时尚，改得这么快，因为他们知道，非改不可。西门子公司中国总裁说："我在中国市场上做手机，花了10年时间的代价学到一句话：'在中国卖手机就是卖时尚'。"

(资料来源：李小霞，刘剑. 消费心理学[M]. 北京：清华大学出版社，2006)

阅读案例，思考下列问题：

1. 案例中所说的消费者的感觉指什么？

2. 为什么说在中国的手机变成社交型的、炫耀型的产品？你购买手机时主要侧重于哪些方面？

3. 手机"短信文化"在我国兴起的原因是什么？

第一节 消费者的感觉和知觉

一、消费者的感觉

(一)感觉的含义和分类

1. 感觉的含义

感觉是人脑对直接作用于感觉器官的客观事物个别属性的反映。人脑通过接受和加工事物的个别属性进而认识其整体。人对客观世界的认识通常是从认识事物的一些个别的、简单的属性开始的。例如，粉笔，我们用眼睛看，知道它是白色的，形状是圆柱体；用手摸一摸，知道它表面是光滑的；用手掂一掂，知道它有一定的重量。白色、圆柱体、重量就是粉笔这一事物的一些个别属性。眼睛与手表面的皮肤是人的感官，我们将感官接受到的信息传递到大脑，人的大脑对之进行加工，于是就形成了颜色、重量、光滑度等感觉。每个感觉器官对物体一种属性的反映就是一种感觉。

感觉虽然简单却很重要，它在人的心理发展及工作生活中意义重大。

首先，感觉为人提供了体内外环境的信息。通过感觉人能够了解宇宙万物，通过感觉人能够感受到自己机体的各种状态，如冷热、饥渴。

其次，感觉保证了有机体与环境的信息平衡。人从周围环境获得必要的信息，是机体保证正常生活所必需的。反之，信息超载或不足，都会破坏信息的平衡，对机体带来严重不良的影响。如大城市信息超载，造成信息污染，会使人产生"冷漠"态度；相反，如果"感觉剥夺(Sensory deprivation)"造成信息不足，也会使人痛苦不堪。Bexton,Heron & Scott于1954年首次报告了感觉剥夺的实验结果。被试者尽管每天可以得到20美元的报酬，但他们难以在这种实验室里待2～3天。

再次，感觉是一切高级、复杂心理现象的基础。离开感觉，一切高级、复杂的心理现象就无从产生。

2. 感觉的分类

研究者常常根据感觉器官的不同而相应地对感觉进行分类。感觉器官按其所在身体部位的不同可分成两大类，相应地，感觉就可分为外部感觉和内部感觉。

(1) 外部感觉。它指那些位于身体表面的感受器官对各种外部事物的属性和情况做出的反应。按引起感觉的刺激物与感受器官有无直接接触，分为距离感受作用和接触感受作用。距离感受作用指感受器官与刺激物不发生直接接触所产生的感觉，如视觉、听觉、嗅觉。接触感受作用指感受器官与刺激物必须发生直接接触才能产生的感觉。例如，味觉必须是舌头与刺激物发生接触才能产生，痛觉必须是刺激物接触皮肤才能产生。据测定，外部感觉中，视觉是人们获取信息的主要通道，约有85%的信息通过视觉取得，10%左右的信息通过听觉取得，其余信息通过其他通道取得。

视觉，人类可以看到0.77～0.39μm的波长之间的电磁波。

听觉，人类能听到物体振动所发出的20～20000Hz的声波。可以分辨出声音的音调(高低)、音强(大小)和音色(波形的特点)，通过音色人可以分辨出哪是火车的声音，哪是汽车的声音，能够分辨出熟人的说话声，甚至走路声。还可以确定声源的位置、距离和移动。

嗅觉是挥发性物质的分子作用于嗅觉器官的结果。通过嗅觉人也可以分辨物体。

味觉是溶于水的物质作用于味觉器官(舌)产生的。味觉有甜、酸、咸、苦几种不同的性质。

肤觉也称触觉，是具有机械的和温度的特性物体作用于肤觉器官引起的感觉。其分为痛、温、冷、触(压)四种基本感觉。

有人提出五种感觉以外的"第六感觉"，或称超感觉(extrasensary perception)，是通过不同于正常人类感官而获得有关外部世界或未来信息的可能性。研究超感觉的科学称为"异常心理学(Parapsychology)"。这种对所谓的特异功能的研究近100年来在学术界引起了不少争议，至今仍未取得一致的结论，承认第六感觉仍需要进一步的科学证据去证明。

(2) 内部感觉。它指那些位于身体内脏器官中的感受器官、肌腱部位的感受器官引起的感觉。其主要包括平衡觉、运动觉和内脏觉，如关节、肌肉产生动觉、痛觉，消化系统产生饥、饱、渴的感觉，循环系统产生气闷、恶心的感觉等。

(二)感觉的一般规律

1. 感受性和感觉阈限

感觉是由刺激物直接作用于某种感觉器官引起的，但是，人的感官只能对一定范围内的刺激作出反应。只有这个范围内的刺激才能引起人的感觉。能引起人的感觉的这个刺激范围被称为感觉阈限。人们对这个范围内的刺激的感觉能力感称之为感受性。

1) 绝对感受性和绝对感觉阈限

感觉是由刺激物直接作用于某种感觉器官引起的，但是，只有当刺激物达到一定强度才能引起人的感觉。例如，室内播放音乐时往地上扔一根针人听不到声音，因刺激信号太弱；当灰尘落在我们的皮肤表面时，我们并没有感觉到；平常我们也听不到戴在手上的手表的嘀嗒声。只有当刺激物达到一定强度时，我们才能感觉到它的存在。心理学规定，刚刚能够引起人感觉的刺激的最小量，叫绝对感觉阈限。人的感官觉察这种微小刺激的能力叫绝对感受性。

绝对感受性可用绝对感觉阈限来衡量，即用人能感受到的刺激量的大小来衡量感觉能力。绝对感觉阈限越大，即能够引起感觉所需的刺激量越大，感受性就越小。相反，绝对感觉阈限越小，即能够引起感觉所需的刺激量越小，感受性就越大。因此，绝对感受性与绝对感觉阈限在数量上成反比关系。

研究发现，绝对感觉阈限值并不是一个固定值，不是绝对不变的，只是一个模糊值，接近阈限值的声音有时能听到，有时听不到。在不同条件下，同一感觉的绝对感觉阈限值可能不同。人的活动的性质，刺激的强度和持续时间，个体的注意、态度和年龄等，都会影响阈限的大小。人类各种感觉的绝对感受性是很高的。如在黑暗而空气清新的夜晚，人们可以看见 48 公里外的一支烛光；在安静的环境中可听到 6.1 米外手表的嘀嗒声。

2)　差别感受性和差别感觉阈限

在现实生活中，当两样物体差别很小的时候，你感觉不到它们之间的差别，只有当它们之间的差别达到一定量的时候，你才能感觉到它们之间有差别。人们能够觉察刺激之间微小差别的能力叫差别感受性，那种刚刚能引起差别感觉的两个刺激之间的最小差异量叫差别感觉阈限。差别感受性越高的人，引起差别感觉所需的刺激差别量越小，即差别感觉阈限越低。相反，差别感受性越低的人，引起差别感觉所需的刺激差别量越大，即差别感觉阈限越高。

研究发现，为了辨别两种刺激是否有差异，所需差异大小与刺激本身大小有关。19 世纪德国生理学家韦伯(Weber)发现，在一个刺激能量上，发现一个最小可觉察的感觉差异，所需的刺激变化量与原刺激量的大小之比是常数。从刺激方面讲，需要出现的最小差异量叫差别阈限。从感觉方面讲，产生的最小感觉差异叫最小可觉差。

2. 感觉适应

刺激物持续不断地作用于人的感觉器官，因而产生顺应的变化，使感觉阈限升高或降低，这就是感觉的适应。例如，从亮的环境到暗的环境，开始看不到东西，后来逐渐能看到东西，这叫对暗适应；从暗的环境到亮的环境，开始觉得光线刺得眼睛睁不开，很快就习惯了，叫对光适应；"与善人居，如入芝兰之室，久而不闻其香；与恶人居，如入鲍鱼之肆，久而不闻其臭"，这是嗅觉的适应；手放在温水里，开始觉得热，慢慢就不觉得热了，这是温度觉的适应。刚住进临街的房子，晚上被交通噪声吵得迟迟不能入睡，住一两个月后就能按时入眠了，这是对声音的适应。各种感觉大都能发生适应的现象，唯有痛觉难以适应，因为痛觉具有保护性的作用。适应是人应付环境时一种心理自动调节的方法。消费者在购买某种商品之前，一般会有强烈的好奇心，好奇心将会因为对商品购买行为的完成逐渐消失。消费的适应现象可使人不断地把注意力转移到新产品上去，产生新的消费需求，通过新的购买行为来满足自己对商品的新鲜感，进而促使产品从成熟期走向衰退期，也促使企业不断地推陈出新。

3. 感觉的对比

两种不同的刺激物作用于同一感受器官而使感受性发生变化的现象，是感觉的对比，包括同时对比和继时对比。

同时对比：是指两种不同的刺激物同时作用于同一感受器官产生的对比现象。例如，同样的灰色方块在白色的背景上显得暗，在深黑色的背景上显得亮。再如明暗相邻的边界上，看起来亮处更亮，暗处更暗(即马赫带现象)，这是明度的对比；又如，绿叶陪衬下的红花看起来更红，这是彩色对比现象，彩色对比的效果是产生它的补色。

继时对比：是指两种不同的刺激物先后作用于同一感受器官所产生的对比现象。例如，先吃黄连后吃糖，会觉得糖特别甜；从冷水里出来再到稍热一点的水里会觉得热水更热。

4. 联觉

心理学研究发现，对人的某一器官的刺激加强，另外器官的感受性就会相应地减弱；反过来，对某一器官的刺激减弱，另外器官的感受性就会加强。这就是感觉的相互作用，也叫联觉。在微弱的声响环境中，能提高人辨别颜色的感受性；反之，如果声响过大，对颜色的分辨感受性会降低。人的听觉在黑暗中会得到加强，在光亮中会减弱。人们常见一些盲人耳朵灵，有的盲人还成为著名音乐家，这是由于盲人总处于"黑暗世界"，听觉的确比正常人加强。从感觉的相互作用可以引入另一概念：联觉即是一种感觉兼有另一种感觉的心理现象。颜色的感觉最容易引起联觉。这些说明，如红色、橙色使人产生类似火焰、太阳的温暖感觉；蓝色、青色使人产生类似江河湖海冷水的感觉。因此，习惯上把红色和橙色称为暖色，蓝色和青色称为冷色。色彩的联觉作用对销售场所的装潢具有重要意义。

(三)感觉在消费者购物中的作用

1. 通过感觉消费者可以获得对商品的第一印象

第一印象就是消费者在接触商品的短短十几秒时间内，商品的款式、色彩、包装等外在特征给消费者留下的美好印象。在市场销售中，消费者对商品的第一印象是十分重要的。对商品的认识和评价，消费者首先相信的是自己对商品的感觉。感觉使他们对商品产生初步印象，第一印象的良好与较差、深刻与浅薄，往往决定着消费者是否购买某种商品。有一项调查表明，60%的消费者到商店并没有十分明确的购买目标，其购买行为只是由商店的装潢、商品的陈列和背景音乐等作用于潜意识并产生心理冲动时才即兴购买的。特别是妇女逛商场，她们之所以做出购买决定，是商品和服务或商场的环境使她们产生了良好的第一印象，即良好的感觉。正因为如此，有经验的厂家、商店在宣传自己的产品时，总是千方百计突出自己商品与众不同的特点。另外，商店的布置、陈设、卫生；营业员的仪表态度和语言给顾客留下的第一印象，有时会使消费者产生"先入为主""一见钟情"的心理。

2. 感觉是引起消费者某种情绪的通道

客观环境给予消费者感觉上的差别，会引起他们不同的情绪感受。例如，女人对颜色的和谐程度比较挑剔，所以女运动鞋的颜色不应太复杂；木纹家具的表面纹路、玻璃器皿晶莹剔透的质感能更好地满足顾客的审美需要；红色使人趋向活跃，激发情绪；蓝色令人冷静，保持安定。这一切说明一个非常重要的事实，顾客的感觉是一个"外生变量"，企业销售环境布置优劣、商品陈列造型和颜色是否搭配、灯光与自然光的采用、营业员的仪容仪表等，都能给消费者以不同的感觉，从而引起不同的心境，对购物产生影响。

二、消费者的知觉

(一)知觉的含义和分类

1. 知觉的含义

知觉是一系列组织并解释外界刺激物产生的感觉信息的加工过程。对客观事物的个别属性的认识是感觉，对同一事物的各种感觉的结合，就形成了对这一物体的整体认识，也就形成了对这一物体的知觉。知觉是客观事物直接作用于感官时，人脑所产生的对客观事物整体的反映。

感觉和知觉都是当前事物在人脑中的反映，两者都是感性认识过程中的环节。两者的区别是，感觉只反映事物的个别属性，知觉却认识了事物的整体；感觉是单一感觉器官活动的结果，知觉却是各种感觉协同活动的结果；感觉不依赖于个人的知识和经验，知觉却受个人知识和经验的影响。同一事物，不同的人对它的感觉是相同的，但对它的知觉就会有差别，知识经验越丰富对事物的知觉越完善。

感觉与知觉又密切相连。感觉是知觉的前提条件，并且感觉与知觉同步进行。二者反映的都是事物的外部特征，都属于对事物的感性认识。同时，知觉是比只能认识事物个别属性的感觉更高级的认识形式。正是依靠过去的经验和已经形成的概念，才能把感觉到的个别属性结合为整体形象，从而把当前的对象物知觉为某个确定的事物。但是不能把知觉理解为感觉的简单相加。比如，不同的消费者对同一种酒所得到的感觉是相同的，但品酒专家和普通饮酒者对同一种酒产生的知觉则不同。所以知觉在很大程度上依赖于主体的态度、知识和经验，其中人的态度和需要也使知觉具有一定的倾向性。

2. 知觉的分类

根据知觉反映的事物特性，可分为空间知觉、时间知觉和运动知觉。这三类知觉比较复杂，空间知觉反映物体的空间特性，时间知觉反映事物的延续性和顺序性，运动知觉则反映物体在空间的移动。

(1) 空间知觉。空间知觉是人脑对客观事物空间属性的反映，包括形状知觉、大小知觉、深度知觉、方位知觉。客观世界中的事物，一般都具有一定的形状、大小、方位、深度，这些空间特征都由轮廓及其所包围的空间组成。人借助于视觉、触觉和动觉的协同活动，可以形成相应的空间知觉。当一个物体出现在面前时，该物体及其背景一起投射到视网膜上，此时还不能形成清晰的知觉。当眼睛的视轴沿着物体的边缘轮廓扫描时，视网膜、眼肌及头部就会把学习传到大脑，产生空间知觉。视觉在空间知觉的产生过程中占有重要地位。

(2) 时间知觉。时间知觉也称时间感。时间知觉是指在不使用任何计时工具的情况下，个人对时间的长短、快慢等变化的感受与判断。在缺乏计时工具作为参考标准的情况下，获得时间知觉的线索可能来自两个方面：①外在线索，如太阳的升落、月亮的圆缺、昼夜的更替、四季的变化等，或生活、工作中的工作程序，都为人们判断时间提供了参数；②内在线索，如人体自身的呼吸、脉搏、消化及生物节律等，也可成为判断时间的依据。参与时间知觉的感觉有听觉、触觉、视觉、机体觉等，在判断时间间隔方面，各种感觉的精确性是不同的。听觉的辨别时距最高可达 0.01 秒，触觉是 0.025 秒，视觉是 $0.05\sim0.1$ 秒。

(3) 运动知觉。运动知觉是人对物体在空间位移和移动速度的知觉。人的运动知觉与参照系有关。参照系可以是某些相对静止的物体，也可以是观察者自身。没有参照系，人便不能产生运动知觉或者产生错误的运动知觉。同时，人的运动知觉有赖于物体运动的绝对速度和与观察者的距离。离得太远甚至觉察不出事物在运动。人有专门感知光波的眼睛，专门感知声波的耳朵，却没有专门感知物体运动的器官。因此对物体运动的知觉是通过多种感官的协同活动实现的。

3. 错觉

错觉又叫错误知觉，是人对外界事物不正确的感觉或知觉。人观察物体时，由于物体受到形、光、色的干扰，加上人的生理、心理原因而误认物像，会产生与实际不符的判断性的知觉经验，叫错觉。

错觉是比较普遍的现象。错觉可以发生在视觉方面，也可以发生在听觉、味觉、嗅觉等方面。在日常生活中，随时会感受到错觉现象。如当你掂量一公斤棉花和一公斤铁块时，你会感到铁块重，这是形重错觉。当你坐在正在奔驰的火车上，看车窗外的树木时，会以为树木在移动，这是运动错觉。错觉主要包括大小错觉、横竖错觉、图形错觉、时间错觉、运动错觉、空间错觉、方位错觉、形重错觉和触觉错觉等。

如图 4-1 所示，就能让人产生错觉，认为它在动。

Doesn't move! 它没有动！

图 4-1　产生错觉的图例

(二)知觉的基本特征

1. 整体性

知觉对象都是由许多不同属性的部分组成的，但人不会把对象感知为支离破碎的孤立部分，总是将它们知觉为一个完整的整体，即知觉的完整性。例如，看到一个四边形，人不会把它知觉为 4 条孤立的线段，而会看成一个平行四边形、长方形、正方形、菱形、梯形或不规则四边形，即把它看成一个整体，如图 4-2 所示。

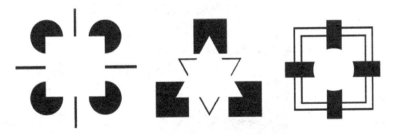

图 4-2　知觉的整体性

知觉并非感觉信息的机械相加，而是源于感觉又高于感觉的一种认识活动。当人感知一个熟悉的对象时，只要感觉到它的个别属性或主要特征，就可以根据经验而知道它的其他属性或特征，从而整体地知觉它。例如，以前吃过某种美味食品，以后只要看到这种食品，并没有吃它，仍然会感知到这种食品的美味，是香的、甜的等。如果感觉的对象是不熟悉的，知觉会更多地依赖于感觉，并以感知对象的特点为转移，而把它知觉为具有一定结构的整体。

　　知觉的整体性对于指导消费者行为有重要意义。人在新环境中遇到认识的对象的时候，能够根据对象各种标记间的联系来辨认它。如一个名牌产品可能在包装上略有改变，但是人能根据其品牌把它辨认出来，从而再现它的属性和特征。因此，企业如果能使自己的产品在消费者心目中形成良好的整体知觉，对于树立企业形象、促进产品销售具有重要价值。

2. 理解性

　　人在感知客观对象和现象时，能够根据以前已获得的知识和经验去解释它们，即知觉的理解性。人的知识经验不同、需要不同、期望不同，对同一知觉对象的理解也有不同。例如，对于同一件服装，服装设计师和普通消费者观察到的特点是不一样的，服装设计师会根据服装的设计风格，从专业的角度做出判断和评价，普通消费者会根据自己的喜好做出评价。通常，当在充满希望的心境中开始新的一天的时候，总是看到事物好的一面，而情绪不好，总是使人看到事物不好的一面。所以，在销售实践中，销售人员应耐心解释消费者的疑问，千方百计提高服务质量，使消费者正确理解产品特征，对企业和产品产生良好的第一印象，心情愉悦地做出购买决定。这对企业树立良好形象，争取老顾客是有重要意义的。

　　如图4-3所示，当第一次看隐匿图形时，人并不是消极地观看图片上的黑白斑点，而是力求理解这些斑点的关系，提出种种假设，对它作出合理的解释。例如，"这是一片雪地吗？雪地里有什么？中间好像有个动物！它是什么？是熊吗？不像！是狼吗？也不像！哦，对，我看出来了，它是一条狗！"可见，人在知觉的过程中，不是被动地把知觉对象的特点登记下来，而是以过去的知识经验为依据，力求对知觉对象作出某种解释，使它具有一定的意义。

图4-3　知觉的理解性

3. 选择性

　　客观事物是多种多样的，在特定时间内，人只能感受少量或少数刺激，而对其他事物只作模糊的反应。被选为知觉内容的事物称为对象，其他衬托对象的事物称为背景。某事物一旦被选为知觉对象，就好像立即从背景中凸显出来，被认识得更鲜明、更清晰。这说明知觉的客体是有主有次的。"主"是指知觉对象，"次"是指不够突出或根本没被注意的背景，如图 4-4 所示。

图 4-4　知觉的选择性

知觉的选择性常常受到主观因素和客观因素的影响。主观因素是人的动机、目的、兴趣、需要，凡是与人的主观因素有关的事物会被优先选为知觉对象，如一个饿着肚子的人，会把食物优先选为知觉对象。客观因素是指对象与背景的差别，如刺激的变化、对比、位置、运动、大小程度、强度、反复等，对象与背景的差别越大，对象越容易从背景中被区分出来。如一张报纸上有一则套红的广告，就容易使人把它从背景中区分出来作为对象。因此，在产品陈列、广告设计和包装设计中可利用这一原理突出重点。

4. 恒常性

人在不同的角度、不同的距离、不同明暗度的情境之下，观察某一熟知事物时，对这一事物的知觉映像仍然保持相对不变，知觉的这种特性，被称为知觉的恒常性，如图 4-5 所示。例如，一台挂在墙上的圆形石英钟，人们在 0.5～10 米的距离内，从正面、侧面、下面观察，视角改变，人们视网膜上的成像亦改变(圆形、椭圆形、长方形)，但人总是将石英钟感知为圆形。又如，一张红纸，一半有阳光照射，一半没有阳光照射，颜色的明度、饱和度大不相同，但仍能知觉为一张红纸。正由于知觉具有恒常性，才使人能客观地、稳定地认识事物，从而更好地适应环境。在消费活动中，如果消费者曾经买到伪劣产品或经历劣质服务，就会在很长一段时间内对同类产品或服务望而却步，并难以消除不悦情绪。这是精神印象的恒常性。

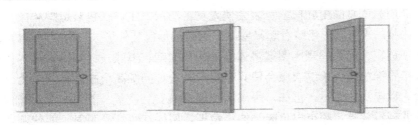

图 4-5　知觉的恒常性

(三)知觉在消费者购物和营销实践中的作用

1. 知觉的选择性能帮助消费者确定购买目标

有购买预定目标的消费者走进商店后，能很快找到出售欲购商品的柜台，同时能积极主动地在琳琅满目的商品中选择出所要购买的商品，这是由于购买目标成为符合他们知觉目的的对象，感知十分清楚。货架、柜台中的其他商品，相对地成为知觉对象的背景，或者视而不见，或者感知得模模糊糊。在经营活动中，营销者要善于针对不同消费者采取不同的促销策略，通过广告、展示、展销等形式，把消费者感兴趣的促销内容和商品特性变成消费者选择的知觉对象。

2. 知觉的整体性与理解性在产品促销中的应用

知觉的整体性特征说明，具有整体形象的事物比局部的、支离破碎的事物更具吸引力，更耐人寻味。企业应使消费者对本企业及其商品产生良好的整体知觉映像，这对促进销售相当有利。另外，还要避免模棱两可和前后不一致的广告宣传，使消费者对企业及其商品有一个正确的理解和认识，以引导和影响消费者对商品的购买。在图画广告中，把着眼点放在与商品有关的整体上，比单纯把注意力集中在商品上效果更为突出。例如，一幅宣传MP4 的路牌图画广告，画面是一位秀发披肩的年轻姑娘，身着运动衫和牛仔裤，戴耳机，腰间挂着 MP4，在春风和煦、绿树摇曳的背景中，微笑着徐徐前行。MP4 在整个画面中所占比例很小，但却凸显了 MP4 与人日常生活的关系，可以减轻疲劳，提高情趣，陶冶情操，收到了高雅不俗的效果。这幅广告运用了知觉的整体性和理解性原理，比画上几个 MP4、配上死板的文字说明效果要好得多。

3. 错觉在市场营销实践中的特殊作用

人在知觉某些客观事物时，可能受背景干扰或某些心理因素的影响，往往会产生失真的现象，这种对客观事物不正确的知觉，被称为错觉。错觉现象在生活中十分普遍。例如，一位姑娘头发剪短，人就会产生她的脸变胖的错觉；一间房子里面装上几面大镜子，房间就显得宽敞了许多等。错觉在市场营销中具有重要的作用，企业营销者可以利用错觉去满足消费者的心理要求。例如，在商品包装颜色的设计上，礼品用色彩鲜艳的包装会使人感到兴奋，洗涤用品或食品用乳白色包装会使人觉得清洁卫生。在包装造型和图案设计上，同等容量的化妆品采用扁形包装看起来要比采用圆柱形包装外形大，两罐同等分量的饼干，包装图案和字体粗大的看起来比图案字体纤细的要大些、多些。又如，为顾客作参谋时，向矮胖顾客推荐深色或竖条纹衣服会使其显得苗条些，向细高个顾客推荐浅色或横条纹衣服会使其给人以丰满的感觉。再如，水果店货架背部安上镜子，能使顾客对陈列的水果产生非常饱满的视觉效果；超市出售肉类的冷藏柜，用橘红色灯光照射，能使顾客产生新鲜感；百货店楼梯墙壁装上镜子，能起到开阔顾客视野的作用。

【小案例4-1】

利盟国际公司品牌的演变

1991 年，IBM 公司将它的桌面印刷机、打印机以及相应设施的生产线出售给利盟国际公司(LEX-MARK)。销售合同规定，该公司可以在 5 年的时间内使用 IBM 的品牌，1996 年以后必须停止使用这一品牌。利盟国际公司当时是一家新成立的投资公司，缺乏市场知名度。它既想在 5 年的时间内充分利用 IBM 这一著名品牌促进销售，又希望树立自己的品牌，在 5 年后能使顾客认出和购买标有利盟品牌的商品。为此，他们制订了一个四阶段的计划，在 5 年的时间内利用公众熟悉的 IBM 形象来逐步引入 LEX-MARK 这个新品牌的名称，并发起了一场确立公司形象的广告运动来协助完成名称的演变。如图 4-6 所示，就是这个演变过程。

图 4-6　利盟国际公司品牌的演变

思考题：

1. 利盟国际公司在 5 年的时间内分四阶段完成品牌的演变，想达到什么目的？这种做法的感知觉依据是什么？

2. 如果利盟国际公司在 5 年内始终采用 IBM 品牌，在 5 年后才推出自己的新品牌，会产生什么后果？为什么？

(四)社会知觉及偏见

1. 社会知觉及分类

社会知觉，是指个体对他人、群体以及自己的知觉。它包括感知、判断、推测和评价等社会心理活动。社会知觉的种类有以下几种。

(1) 对他人的知觉。对他人的知觉是指与他人交往时通过对他人外部特征的观察，来判断其需要、动机、兴趣、情感和个性等心理活动的过程。

(2) 人际知觉。人际知觉是指人与人之间相互关系的知觉。是知觉者和被知觉者情感交流的过程。它是社会知觉最核心的部分。

(3) 角色知觉。角色知觉是指个体对于自己所处特定社会与组织中的地位的知觉。角色是在涉及他人的社会活动中社会对某一特定对象所期望的一种行为模式。它反映一个人在社会系统中的地位以及相应的权利、义务和职责。

(4) 自我知觉。自我知觉是指对自己的心理和行为状态的知觉。就是自己对自己的看法和评价，是个体的自我观念，主要包括物质自我、社会自我和精神自我。

2. 社会知觉偏见

社会知觉的成见，还反映为"知觉防卫"，即人对阻碍自己发展的信息或与自己的个性形成定型的知觉不一致的信息，有时会故意视而不见或将输入的信息加以歪曲。由于认知主体与认知客体及环境因素的作用，社会认知往往会发生这样或那样的偏差。

(1) 首因效应。首因指一个人在同他人初次接触时所形成的最初印象。首因效应指的是在社会认知过程中，最先的印象对人的认知具有极其重要的影响。第一印象往往是通过对他人外部特征的知觉，进而获得对他们的动机、感情、意图等方面的认识，最终形成关于这个人的印象。这些外部特征包括人的面部表情、身体姿态、眼神、仪表等。如某人在初次会面时给人留下了良好的印象，这种印象就会在很长一段时间内左右人对他以后的一系列心理与行为特征进行解释。消费者对商品的认识也会产生第一印象，前面已有分析和阐述。

(2) 近因效应。近因即最近的印象，近因效应指最近的印象对人的认知具有重要的影响。印象形成中的近因效应，最早是由卢钦斯1957年在《降低第一印象影响的实验尝试》一文中提出的。在该文中，他以另一种方式重复了前面提到的关于首因效应的经典实验。具体的做法是，在让被试者阅读有关詹姆性格的两段描写文字中间，有一时间间隔。即先阅读一段后，让被试者做数学题或听历史故事，再读第二段。实验结果与前述实验正好相反，这时对被试者进行的詹姆性格的评价起决定作用的已不是先阅读的那段材料，而恰恰是后阅读的那段材料。消费者购物时，会产生与首因效应相对应的近因效应，往往购买并非第一眼看上的商品，认为离开前看到的商品也许比最初看上的商品更好一些或者只是差不多。

(3) 晕轮效应。当认知者对一个人的某种特征形成好或坏的印象后，他还倾向于据此推论该人其他方面的特征，这就是晕轮效应。晕轮效应是一种"以偏概全"的评价倾向，即在社会认知时，人常从对方所具有的某个特征而泛化到其他一系列的有关特征，也就是从所认知到的特征泛化推及未被认知的特征，据局部信息而形成一个完整的印象。根据一个人的个别品质作出对其全面的评价。"名牌效应"就是这个原理的产物。

(4) 刻板印象。刻板印象是指社会上对于某一类事或人产生的一种比较固定、概括和笼统的看法。人把在头脑中形成的对某类知觉对象的形象固定下来，并对以后有关该类对象的知觉产生强烈影响。比如，中国人勤劳勇敢，美国人敢于冒险；山东人豪放，上海人精明；已婚员工比未婚员工更稳定；无商不奸；学习、工作就要认真努力，休息、娱乐就要轻松愉快等，这都是刻板印象的例子。"原产国印象"就是在这个原理下产生的。

(5) 投射效应。古代一位喜欢吃芹菜的人，总以为别人也像他一样喜欢吃芹菜。于是一到公共场合就向别人热情推荐芹菜，成为一个众所周知的笑话。但是生活中每个人都免不了犯类似的错误，这种"以己度人"的现象心理学上称之为投射效应，即在人际认知过程中，人常常假设他人与自己具有相同的属性、爱好或倾向等，常常认为别人理所当然地知道自己心中的想法。

第二节 消费者的知觉过程

信息处理是刺激物被感知、被转化成信息并被存储的一系列活动。常见的信息处理模型由 4 个阶段构成，即展露、注意、解释(理解)、记忆。其中，前 3 个阶段构成了感知过程。在信息处理过程中，如果一则信息不能依次在这几个阶段生存下来，它就很难储存到消费者的记忆中，从而也无法有效地对消费者行为产生影响。

一、刺激物的展露

(一)展露的含义

展露(Exposure)或刺激物的展露是指将刺激物展现在消费者的感觉神经范围内，使其感官有机会被激活。展露只需把刺激物置放在与个人相关环境之内，并不一定要求个体接收到刺激物信息。比如，你在房间里，电视里正在播放一则广告，而你正在和家人或朋友聊天而没有注意到，但广告展露在你面前却是事实。

现代社会是一个信息爆炸的时代，成百上千的电视频道、广播电台，不计其数的杂志和网络，商家陈列的数以万计的商品和令人眼花缭乱的广告，都在随时随地地进行刺激物的展露。通常情况下，消费者个体所面对的只是刺激物展露的很少一部分。在一段时间内，人只能观看某一个电视台的节目，只能阅读某一种杂志、某一份报纸或某一本书。

(二)提高刺激物展露水平的措施

对于消费者来说，展露并不完全是一种被动的行为，很多情况下都是主动选择的结果。可以自主选择观看某些刺激物而回避其他刺激物。消费者选择性地避开广告信息，被称为广告躲避,其主要有 3 种方式:当看到一个预先录制好的广告时,会快速跳过、转换频道、广告静音。消费者广告躲避的主要原因有工作繁忙、广告太多、广告乏味低劣、广告商品与消费者无关等。

消费者回避某些刺激物的展露,无疑会减少营销者的销售机会。大部分营销者不仅很注重媒体展露,并试图通过以下途径提高刺激物的展露水平。

1. 植入式广告

植入式广告(Product Placement),是指把产品及其服务具有代表性的视听品牌符号融入影视或舞台产品中的一种广告方式,力图给观众留下深刻的印象,以达到营销目的。植入式广告具有独特的传播优势,能够形成强大的品牌渗透力。

植入式广告是随着电影、电视、游戏等的发展而兴起的一种广告形式,它是指在影视剧情、游戏中刻意插入商家的产品展示,以达到潜移默化的宣传效果。由于受众对广告有天生的抵触心理,把商品融入这些娱乐方式的做法往往比硬性推销的效果好。

(1) 植入式广告的受众数量庞大。以《手机》这样的叫座影片为例,其受众包括影院观众、VCD 观众、电影频道观众,再加上相关新闻报道的受众,品牌与受众的接触率极为可观,其植入成本可以控制在一个合理的水平,甚至会低于某些大众传媒。

(2) 植入式广告有很高的接触质量。隐性的广告由于其出现的不规律性及与情节的高度相关性,很少会遭到受众的抵触与拒绝。正如业内人士指出的那样,"电视频道掌握在观众手中,而当他坐进黑漆漆的电影院时,就不能不接受你的广告",这反映出植入式广告本质上是一种强制性广告。

(3) 植入式广告对受众消费行为能产生一种光晕式影响。在电视、电影这样声像俱全的介质中,强烈的现场感可以对消费者形成一种行为示范。如成龙片中的三菱汽车与"勇气与冒险"联系在一起,在深化品牌影响力的基础上,获得丰富的品牌联想,最终赢得广泛的认同与品牌价值的提升。

2. 增强广告吸引力

大部分消费者对广告的态度其实是漠然的:既不关心也不反感,需要时就注意,不需要时就置之不理。广告创意要千方百计地吸引消费者的注意力,使其关注广告内容,只有这样才能在消费者心中留下印象,才能发挥广告的作用。

(1) 增强广告的强度。消费者对展露的刺激物或信息感知的程度如何,取决于个体的感觉阈限,刺激要达到一定的强度才能引起有机体的反应。在一定的强度范围之内,强度增加,反应也能随之增加。广告的强度可以表现在多方面:大标题、明亮色彩的印刷广告、响亮的广播声、大屏幕显示、大尺寸广告等。

【小案例 4-2】

植入式广告的得与失

植入式广告营销在海外已经有 80 多年的历史，在中国真正开始启动，还是这两年的事情。冯小刚通过一系列卖座电影，如《大腕》《手机》《天下无贼》《非诚勿扰》等，让影视界和企业界看到了植入式营销的机会。

不过，真正让植入式广告"名声大噪"的是虎年春节联欢晚会。"广告多可笑，本山最无聊，穷人惊送国窖，特写未了，搜狐接着干扰，产品逐个介绍"，一首名为《笑广告》的歌曲在春节后广为传播，充分表达了观众对中央电视台春节联欢晚会中植入大量广告的意见，甚至有网民调侃，"看的不是春晚，看的是广告"。

4 月中旬，电影《杜拉拉升职记》上线，在这部票房大获成功的电影中，被植入的广告多达 20 多个。不过，由于广告主与制片方在前期进行了精心设计，植入式广告告别了以往此类广告的生搬硬套模式，基本上达到了"润物细无声"的效果。《杜拉拉升职记》给因为春节联欢晚会而引来大量骂名的植入式营销，打了一场翻身仗。

有数据显示，1974 年美国植入式广告的收入为 1740 万美元，而 2009 年，这一数字达到近 70 亿美元。从全球来看，植入式广告收入 2009 年突破 120 亿美元。在世界上电影业最发达的美国，有 2/3 的电影业收入来自增值部分，植入式广告就是其中所占比例较大的一个盈利项目，现在美国主要电视网的电视剧有 75% 的资金来源于植入式广告，在美国有 90% 产品在电视上出现是出于产品植入。

(资料来源：教育联展网，http://www.thea.cn，2010-07-07)

思考题：植入式广告的优势和弱点分别是什么？植入式广告有无道德问题？

(2) 增大广告各元素的对比性。凡形成显著对比的东西都比较能引起人的注意。颜色、大小及事物的动、静状态，一旦形成视觉感官的对立冲突，就能收到非常好的吸引注意力的效果。

(3) 营造广告的感染力。在广告设计中，有意识地增大广告各组成部分的感染力，激发消费者对广告传播的各种信息的兴趣，是维持注意力的有力支柱。在广告中，新奇的构思、艺术性的加工、诱人的题材，都能增强广告的感染力。

(4) 广告应力求新颖独特。新颖独特的刺激物能满足人的猎奇心理，并能获得幽默效果，还能够有效吸引广告受众的注意力。其可以通过广告标题、画面构图、创意情节、广告形式等方面表现出来。例如，某广告标题为《大西洋一夜之间缩短了 1/3》，这样一个新奇、诱人的标题，无疑能引起人的好奇心和吸引其注意力。实际上它是在宣传某个航空公司新型班机速度加快了。

(5) 利用变化规律与活动来做广告。大量生活经验表明，动态的、变化着的物体更容易引起人的注意。可以通过视觉上的变化，包括版面的设计变换、霓虹灯的旋转闪动和字幕的转换等及听觉上的规律动态，来吸引人的注意力。广告传达的内容和方式可以持续，广告文案本身却需要变化，利用类似但不重复的标题、插图来提高消费者的兴趣，以增强广告的效果。

(6) 提出悬念。这种方式与传统的广告形式不同，用一定的线索设置悬念，使人不自觉地从被动状态转为主动状态，并积极展开想象，去解开悬念。这个过程能使观众乐在其中，并能加深印象。

(7) 增加广告的趣味性。富有喜剧效果的广告，同样可引起观者的强烈共鸣。例如，日本某家小吃店的广告上有句话："如果你不进来"，这个时候你肯定会疑惑，我不进去又能怎样呢？接下来的广告语是："你我都要饿死"。法国一印刷公司的广告语："除了钞票，承印一切"。

二、对刺激物的注意

消费活动中，纷繁复杂的刺激物展露(或者商业信息)源源不断地冲击着消费者的感受器官。只有当刺激物激活人的感觉神经，才能感知到信息，也就是激活人的感觉。

(一)注意的含义

注意是指个体对展露于其感觉神经系统面前的刺激物做出进一步加工和处理，由此产生的感知、记忆和思维等心理活动指向并集中于某个特定对象的现象。也可以这样理解，个体把精神努力和认知资源投入到展露在感知系统的某个刺激物的过程。

注意是心理活动对客观事物的指向和集中，它贯穿于认识活动的全过程。没有注意，人的一切认识活动都无法进行。指向和集中是注意的两个特点，指向是指心理活动有选择地反映一定事物，而离开其他对象。集中是指心理活动停留在被选择对象上的强度或紧张度，以达到一定的清晰和完善程度。例如，消费者在选购商品时，其心理活动会指向一定商品并全神贯注于这一商品，对这种商品产生了注意，希望获得对该商品清晰而准确的认识。可见，注意是消费者寻找、发现、观察、了解商品必不可少的心理活动。

(二)注意的分类

根据其产生和保持有无预定的目的以及所需意志努力程度的不同，可把注意分为无意注意和有意注意两种。

1. 无意注意

无意注意也叫随意注意，有时也叫消极注意，是指没有预定的目的，也不需要任何意志努力的注意，表现为在某些刺激物的直接影响下，人不由自主地立刻把感官朝向这些刺激物并试图认识它。消费者的很多购买行为都是无意注意引起的。例如，消费者漫无目的地游览观光、散步逛街时，经常会不由自主地对某种刺激物产生注意，偶尔会冲动地进行购买。引起无意注意的原因概括起来有两大类。

（1）刺激物的特点。其主要包括刺激物的强度、刺激物之间的对比度、刺激物的活动变化及刺激物的新异性等。一般来说，强烈的刺激、对比鲜明的事物、运动变化的刺激和奇异新颖的事物，容易引起个体的无意注意。在实践活动中，营销者常用这些方法来吸引消费者的注意力，如巨幅广告牌、巨大的商品模型、强烈奇妙的音响；别出心裁的广告、新颖独特的商品陈列；商店里会转动的货架等。

（2）人的主观状态。其主要包括对事物的兴趣、需要和态度，人当时的情绪状态及精神状态等。一般来讲，能够引起兴趣和满足需要的事物往往能引起个体的无意注意。生活中，常常有这种现象：如果心情愉快，无论走到哪里，都会关注平时注意不到的事物。实验证明，人在精神饱满时能够注意到的事物在过度疲劳时则注意不到。

2. 有意注意

有意注意也叫意志注意或是积极注意，是指自觉并有预定目的，在必要时还需要做一定意志努力的注意。有意注意不因知觉对象是否强烈、是否新异和是否有趣而改变。有意注意通常发生在需求欲望强烈、购买目标明确的情况下。事实上，在消费活动中，消费者的大量支出和购买行为都是有目的、有计划进行的。当决定购买某种商品后，消费者就会有意识、有目的地收看电视、报刊中的广告，向亲朋好友询问有关情况，并在各种刺激物展露中把心理活动集中于自己期望购买的商品上。购买期间可能会遇到许多困难，如商品缺货断码、价格过高、商品质量问题等，但消费者仍能采取积极的态度和更大的意志努力，实现购买目的。有意注意和无意注意不是截然分开的，它们互相联系并可以相互转化，共同促进心理和行为活动的开展。

(三)影响注意的因素

据统计，平均每个消费者每天要接触300则广告，其中绝大部分没有引起消费者注意。注意具有选择性的事实，要求企业必须认真分析影响注意的各种因素，在此基础上设计出更能引起消费者注意的广告、包装、品牌等营销刺激物。一般而言，影响注意的因素主要有3类，即刺激物因素、个体因素和情境因素，下面分别对它们予以介绍。

1. 刺激物因素

刺激物因素是指刺激物本身的特征，如大小、颜色、位置、运动等。由于刺激物因素是企业可以控制的，因此，在营销实践中它们常被用来吸引消费者的注意力。

（1）大小和强度。通常，刺激物的大小影响人们关注此物的概率。大的刺激物比小的刺激物更容易引起注意。同样，刺激强度越大，如音量越大、色彩越明亮，越容易引起人的注意。

（2）色彩和运动。鲜艳的包装比色彩暗淡的包装更容易吸引人的视线；彩色画面通常较黑白画面更易引起注意。具有动感的刺激物较静止的刺激物更容易捕捉人的视线，如街上的霓虹灯广告就是运用这一原理来吸引受众的注意力。

（3）位置。物体处于个体视线范围内的不同位置，人对其注意的程度会不同。通常，处于货架正中的物体较处于边缘的物体更容易被人注意；报纸左上角的信息较右下角的信息更易被关注；电视广告插播时段里，广告播出顺序由最先至最后，其收视率显著呈下降趋势。

（4）对比。与背景反差较大的刺激物容易引起人们的关注，鲜明的对比度是那些成功广告的构成要素之一。例如，黑白广告紧随众多彩色广告之后会更引人注目。同理，声音的骤然增强会提高听众或受众的注意力。

（5）格式。格式是指信息展示的方式。通常，简单、直接的播放方式较复杂的方式会受到更多的注意。信息中加入需要人费力理解的因素会降低对其关注的程度，所以晦涩的文字、难懂的口音、不当的背景杂音等均会降低人的注意力。

（6）信息量。信息量作为一个刺激物因素，同样会影响消费者的注意程度。消费者处理信息的能力是有限的。当他们面临太多信息而不能无一遗漏地关注所有信息时，就会出现信息超载。出现信息超载时，他们会精神沮丧，要么推延，要么放弃决定，或随意作出决定。

2. 个体因素

个体因素是指个人的特征，它们通常是企业不能直接控制的，这些因素主要有兴趣、需要与动机、态度、适用性水平。

（1）兴趣、需要与动机。兴趣、需要与动机是影响注意程度的主要个体因素。不同的个体对信息的注意程度不同。外出度假的消费者更可能注意与度假有关的广告；饥肠辘辘的人会对食品和有关食品的信息给予更多的注意；喜欢户外运动的消费者，对有关运动器材的广告可能格外注意。

（2）态度。一般来说，态度的各个成分之间是协调一致的，但在它们不协调时，情感成分往往占据主导地位，决定态度的基本取向与行为倾向。当消费者对某种产品有好感时，与此相关的信息更容易被注意；反之，则会出现相反的结果。比如，喜欢吸烟者对香烟广告或对宣传吸烟有助于增加个人魅力的信息可能处于一种注意状态，而不吸烟的人或对吸烟反感的人，可能对这类信息没有兴趣或视而不见。

（3）适应性水平。感觉适应就是刺激物持续作用于感受器官而使其感受性发生变化的现象。人们对非常习惯的事物可能习以为常，不再注意。只有在内容和形式上不时做些变动，才能使消费者在较长时期保持对该广告的注意。

3. 情境因素

情境因素是指环境中除主体刺激物（如广告或包装）以外的刺激以及因环境导致的暂时

个人特征，如赶时间或置于一个拥挤的商店内等。一个十分忙碌的人较一个空闲的人可能更少注意到呈现在其面前的刺激物。处于不安或不快情境中的消费者，会注意不到很多展露在他面前的信息，因为他可能想尽快地从目前的情境中解脱。

另外，消费者对电视节目或文章的介入程度也会影响其对夹杂其中的广告的注意力。对电视节目的介入程度高有助于增加记住广告的人数比例，增加广告的可信度，增加肯定的购买意愿。节目介入程度不仅可能增加对广告的注意，而且有可能影响受众对广告及广告所宣传产品的态度。

三、对刺激物的理解

对刺激物的理解是个体赋予刺激物以某种含义或意义的过程。理解是由刺激物、个体、环境特点共同决定的。

(一)影响理解的个体因素

营销刺激物只有被个体理解或解释后才具有意义。一系列的个体特征会影响消费者对刺激物的理解。例如，性别差异和所处社会阶层的不同会影响个体对不同产品的理解。同样，语言会影响人对书面信息的理解和记忆。其中，影响力最大的两个因素是知识和期望。

1. 知识

储存在头脑中的知识是决定个体如何理解刺激物的一个主要因素。一些看起来自然而然的事情，如时间、地点、色彩，由于知识积淀不同，对它们的理解就会有所不同。不仅如此，知识还有助于提高信息理解能力。知识丰富的消费者会更多地思考和理解刺激物中包含的事实及本质，而知识欠缺的消费者则更多着眼于外在形式等非实质性内容。

2. 期望

个人对刺激物的理解倾向于与他们的期望相一致。例如，若想买一盒牙膏，在商店里看到一个长方形纸盒，就会期望那是牙膏而不是鞋油。消费者常常认为，知名品牌或价格昂贵的产品较不太知名的品牌或价格低的产品质量更好；消费者也常常将广告中的新产品或无名产品当作名牌商品；零售店中带有促销标志的产品也常被认为降价了，即使促销广告中并未说明降价或价格实际上并未降低。

(二)影响理解的刺激物因素

刺激物的实体特征如大小、颜色、包装、品牌、产地等，对消费者如何理解刺激物有着十分重要的影响，它设定了个体反应和理解的基本框架。由于意识到刺激物及其含义的重要性,营销者开始运用符号学,符号包括词语、图片、音乐、色彩、表格、气味、手势、商品、价格等。符号是刺激物的一部分,在看、听的过程中,个体会赋予符号以不同的含义。

1. 刺激物的颜色

在消费者的理解过程中,刺激物的颜色也是重要的认识线索。红色在尼日利亚、乍得、德国意味着不祥和倒霉;但在中国、丹麦、罗马尼亚、阿根廷却意味着吉利与喜事;在英国和法国,红色却是一种男性的颜色。在美国,橙色被认为很廉价。一家快餐连锁店为突出其食物物美价廉,在店内、店外装修中更多地加进橙色,结果销售量增加了7%。

2. 品牌、包装和产地

不同文化背景下的消费者都将品牌、包装、产品外观、零售商信誉作为产品质量的标志。另外,一些与产品间接相关的因素如原产地,对赋予产品以何种意义将产生重要影响。例如,你愿意购买瑞士手表还是比利时手表?很多消费者都会回答瑞士手表。这种原产地效应,对于要与来自原产地声望极高的那些国家的产品竞争的企业,是一个极大的挑战。

3. 语言与符号

语言和符号作为刺激物的一部分,对信息的最终理解亦产生重要影响。同样的语言或符号在不同情境和不同文化背景下其含义可能截然不同。如"龙"字,英语通常把"龙"翻译为"dragon",是一种很可怕的动物,这与中国人心目中的那个神圣不可侵犯的图腾"龙"是完全不一样的。还有,著名的百事可乐公司的广告也有过严重的误读:英语"Come Alive With Pepsi"(喝了百事可乐,使您充满活力),直译为法语竟变成"喝了百事可乐等于从坟墓里爬出来"。可见,区分字、词的字面含义与心理含义十分重要。目前,一些学者发展出一门叫心理语言学的学科,专门研究涉及字、词理解的心理因素。其中的一些成果对于如何增进消费者对语言和符号的理解颇有帮助。

(三)影响理解的情境因素

很多情境特征会影响个人对刺激物的理解。首先,一些暂时性的个人感受,如饥饿、孤独、匆忙均会影响个体对特定刺激物的理解。其次,个人可支配的时间也会影响对营销信息的理解。最后,环境的外在特征如气温、在场的人数及这些人的不同特点、信息传播媒体的性质、外界的干扰,都会影响到个体如何理解信息。

可口可乐公司通常不在新闻节目之后播放其食品广告,他们认为新闻中的"坏消息"可能影响受众对其广告与食品的反应。可口可乐公司负责广告的副总经理指出:"不在新闻节目中做广告是可口可乐公司的一贯政策,因为新闻中有时会有不好的消息,而可口可乐是一种助兴和娱乐饮料。"这段话实际上表达了企业对背景效果或"背景引发效果"的关切。

"背景引发效果"指的是广告的物质环境对广告内容理解的影响。广告出现的直接背景通常是穿插广告的电视节目、广播节目或广告所依附的杂志或报纸。初步的研究表明，当广告在正面性节目中播放时，广告产品会获得更多的正面评价。

第三节 消费者的知觉风险

一、知觉风险的含义和分类

(一)知觉风险的含义

消费者在产品购买前可能无法预知购买是否正确，因此，消费者的购买决策中隐含着某种不确定性，消费者能够知觉到的这种不确定性或者不利且有害的结果就是知觉风险。

在日常生活中，消费者经常遇到自己不熟悉或经验甚少的产品，可是又不得不对其做出购买的抉择。自然，这种购买的抉择包含着风险，它由不确定性和后果两部分构成，不确定性是指消费者对不知购买后结果(是否满意)的主观知觉，后果意味着购买和使用后可能的得失。

(二)知觉风险的分类

1. 经济风险

经济风险(Financial Risk)也称财务风险，是指购物引起货币损失的可能性。经济风险可能与价格有关，如果自己购买的商品价格比其他同类商店里的昂贵，或者购买后商家降价，就会有经济损失。经济风险可能与产品有关，比如，买到手的商品与产品说明书或广告上显示的商品不符，或者没有自己期望的那样好，可能高价买了低档货。另外，如果购买的商品有问题，在与零售商沟通、交涉以及修理、退还、调换有问题商品时可能产生费用，导致经济损失。经济风险也可能与送货环节有关，比如，现在商家大多采用先付款后送货的交易方式。如果在配送环节出现了问题，可能导致付款后商品送不到而损失钱财。经济风险还可能与交易环节有关，比如，在使用信用卡时，如果交易突然失败，或者黑客拦截信用卡信息，或者恶意的互联网零售商滥用、误用信用卡信息，可能会导致信用卡信息被盗而损失钱财。

2. 绩效风险

绩效风险(Performance Risk)也称功能风险，是指所购买商品的性能表现与消费者预期不符的可能性。购物的绩效风险主要与产品相关。如果各级质检部门和工商部门对在各大百货商店、超市、卖场销售的商品监管上存在漏洞，可能会导致购买到残品、次品或假冒商品，从而导致绩效风险产生。同时，限于消费者个人的知识结构、购物经验和社会阅历，商家对产品的文字表述很难让人形成准确的感性认识，因此存在无法确切了解商品的内在质量、功能等情况。这样就可能使买到手的商品在内在品质上与消费者预期商品应该具备的品质不符。

3. 身体风险

身体风险(Physical Risk)也称安全风险或健康风险，是指购物对个人身体造成伤害的可能性。比如，如果买到残次品或假冒商品，就可能会给消费者身体上或精神上造成潜在的危害。再如，旅游者在整个活动中常常对所购买的产品或服务会不会危害自己的健康和安全非常在意。

4. 社会风险

社会风险(Social Risk)是消费者的购买行为不被其他社会成员接受或认同的可能性，比如，如果消费者购买的产品不被亲戚、朋友、同事认可，可能使自己感到难堪或自己的威信、地位、形象受到不利影响。

5. 心理风险

心理风险(Psychological Risk)是个人因为自己的购买行为而遭受精神压力的可能性。通常，如果购物行为导致消费者在经济、绩效、身体、时间、隐私、社会、服务等方面出现损失，可能使消费者出现不满、自责、郁闷、失落、焦虑、不平衡等心理状态。

现在，无论是在中国还是全球，互联网已经发展成为影响最广、增长最快、市场潜力最大的产业之一。互联网使消费者足不出户就随时随地能够浏览商品、查找信息、下载信息、比较价格、下订单或变更订单、购买商品、得到反馈。网上购物作为一种新型的、更为便捷的购买形式已经广为消费者所接受，消费者在商店购买时会感知到更多的风险。

除了上述探讨的5种风险，还会出现隐私风险、服务风险、时间风险等。

【小案例 4-3】

消费者食品安全风险认知

2008年9月22日披露，以三鹿奶粉为发端，在国内几乎所有主要奶业品牌奶制品中被检测出人为掺入化学品三聚氰胺，这种以提高牛奶蛋白质检测含量，造成大量消费者特别是食用相关奶粉的儿童出现肾结石等疾病的严重事件。通过政府的直接干预与救助，到2009年4月累计接收检查诊治的29.4万幼儿，其中5.2万人住院诊治，确认死亡6人，疑似5人。事件的发生，使消费者对食品安全问题空前关心，对国产奶粉以及其他奶制品几乎信心尽失。国产奶粉一时完全停止销售，很多奶制品销量暴跌。

近年层出不穷的食品安全事件大大提高了消费者的食品安全风险意识，三聚氰胺事件更使我国消费者对奶制品的信任几乎崩溃。随着时间的流逝，事件的影响有了什么变化?

笔者通过消费者风险认知的调查，发现消费者对于奶制品的食品安全风险的担忧程度仍然很高，购买意愿尚未得到有效恢复。

考虑到在整个三聚氰胺事件过程中体现出的致病程度和媒体曝光程度上的差异，依据官方划分标准将奶制品划分为奶粉和液态奶两大类。从被调查者回答来看，对奶粉和液态奶的安全程度表示"完全不担心"的分别占1.6%和2.0%，"不怎么担心"的分别占10.6%和15.7%，"不知道"的分别占3.1%和6.7%，"有一点担心"的分别占46.3%和47.8%，而表示"十分担心"的分别占38.4%和27.8%。对比分析，反映消费者对奶粉食品安全性的担心程度明显高于对液态奶的担心程度。将奶粉(60%)和液态奶(40%)的风险认知度进行加权平均，得出总的风险认知变量。持"有一点担心"和"十分担心"态度的占到70%以上，说明在三聚氰胺过去半年多时间之后，消费者对奶制品的风险认知度仍然较高。

(资料来源：周应恒，卓佳. 消费者食品安全风险认知研究[J]. 农业技术经济，2010(2))

思考题： 消费者对奶制品感知风险的大小与哪些因素有关？

二、影响知觉风险的因素

在购买过程中，感知活动的主体就是消费者，客体不仅仅是商品，也可以是商家及网络技术等，因此，购买环境中存在很多影响消费者感知风险的因素。

(一)商家的声誉和规模

商家声誉是消费者感觉到的商家优劣的程度。消费者会将声誉考虑为一个可靠的变量，通过它来确定实施购买决策需要冒多大的风险。而且，声誉在消费者之间是可以传递的，如果大家都认为某商家能够诚实、可靠和公平地对待客户，那么其他刚接触到该商家的消费者也会认可和信任该零售商。消费者感知商家声誉越高，购买中的感知风险越低。

信任是感知风险的前因，并且信任与感知风险之间存在着负相关关系。消费者往往认为大规模的商家有足够的能力提供给他们想要的服务和商品，因此商家规模可能也会影响消费者的感知风险。消费者感知商家规模越大，购买中的感知风险越低。

(二)产品的品牌和价格

品牌往往是品质和担保的象征，优秀的品牌往往能提供优质的产品和令人满意的服务。优秀的品牌在消费者选择的时候能提供更多的安全感，因为优秀的品牌发生欺诈的成本相对一些小品牌的成本要高。因此，产品品牌的知名度越高，消费者购买的风险就会越小。

价格是影响消费者风险感知的一个重要因素。如果消费者普遍购买200元以下的产品，他们就会认为买价格相对低的产品，即使出现问题损失也不会太大；如果消费者购买高价格的商品，一旦出现问题可能带来的损失会更大，即购买行为带来的不利后果的严重程度更高，导致消费者的感知风险会更高。而且消费者往往会由"便宜—便宜货—质量不好""便宜没好货，好货不便宜"等一系列联想而引起心理不安。因此，产品价格越高，消费者感知的风险也就越高。

(三)消费者的个人因素

人口统计变量(年龄、性别、职业、受教育程度等)与知觉风险有显著的关系。不同的人购买同一产品，同一人购买不同的产品，感知风险是不同的。有研究表明，感知风险与学历和收入有关，学历越高，感知风险越小；收入越多，感知风险越小。收入少、学历低的人为了减少风险会更多地购买有保证的产品。年龄是影响消费者感知风险和减少风险的因素之一，年长的人经验丰富，所以比年轻人较少搜寻信息。

(四)消费者的购物经验

消费者的购物经验越丰富，对于商家和商品的认识就越多，当积累了较丰富的知识时，消费者就能较有信心与效率地在消费决策上做出正确的判断。由于经验丰富，他们知道不同商家的规模和声誉，并且知道哪些是购买中需要特别注意的地方，能很快地剔除不可信任的商家，因而提高决策品质，降低决策失误的可能性，亦即减少感知风险中的不确定性因素，其感知风险会因此比较低；而经验较少的消费者对处理交易的能力较差，决策失误的可能性较高，亦即感知风险中的不确定性因素增高，其感知风险会因此比较高。

(五)消费者的风险态度

风险态度是指人对于金钱的处理方式及对风险的喜恶程度。依据风险态度的不同，通常可把消费者分为 3 类。风险规避者：不喜欢冒险，对于风险有规避的个性，在购物过程中通常选择风险较低的方案。风险爱好者：喜欢追求刺激，在购物过程中喜欢选择风险较高的方案。风险中立者：对于风险大小不同的方案具有相同的偏好。风险规避者可能会夸大购物时感知到的风险，而风险爱好者则可能忽略或弱化购物时感知到的风险，而风险中立者对风险没有偏向。

(六)消费者的卷入程度

卷入程度一般分为认知卷入和情感卷入两个维度。在这两个维度上感知风险的体验是不一样的。认知卷入的程度越高，消费者感知到的经济风险、社会心理风险、时间风险和健康风险越高；情感卷入的程度越高，消费者感知到的经济风险、社会心理风险就越高。进一步对之进行解释，即为消费者如果认为商品对自己非常重要或切身相关，那么他所知觉到的金钱损失、社会心理损失、时间(或机会)损失及健康方面的损失的可能性就越大。如果消费者对商品越感兴趣、越着迷，那么他对较为重要的损失(如金钱损失)和社会心理方面的损失就会比较关注，而对于其他方面如时间、健康方面的风险缺乏预期。

三、知觉风险的差异和未来趋势

(一)不同购买阶段知觉风险的差异

米切尔(Mitchell)的研究表明，在购买过程的各个阶段，知觉风险的水平是不同的。在认知需要阶段，知觉风险不断增加；开始收集信息后，风险开始减少；知觉风险在方案评价阶段继续降低；在购买决策前，由于决策的不确定性，风险轻微上升；假设购买后消费者达到满意状态，则风险继续降低。下面对消费者在不同购买阶段的知觉风险进行具体分析。

1. 认知需要阶段风险不断加大

这个阶段，消费者的知觉风险，一方面来自思考该产品是不是自己真正需要的，购买该商品在健康及社会形象方面对自身是否有重要影响，以确定是否会高介入地购买该商品；另一方面消费者还可能会对该产品的价格在未来一段时间的变化产生预期，如果预期该商品短期内可能会降价，则知觉风险也会增加，消费者可能会延缓购买行为；反之则知觉风险会降低。

2. 收集信息阶段风险开始减少

这个阶段，消费者开始通过各种途径了解各种品牌的价格、功能属性等相应指标，消费者知觉到的风险和信息搜集数量有密切关系。一方面，在收集信息前消费者对知觉风险的预知越大，则收集信息的数量会越多；另一方面，随着信息收集数量的增加，消费者可能会增加评价的属性数量，关注到原来没有意识到的一些属性，从而降低原来知觉到的风险。为了使自己获取信息的风险降到最低，消费者往往会选择其最信任的信息渠道获取信息。

3. 评价比较阶段风险继续降低

这个阶段，消费者会通过某种评价标准对前一阶段收集的信息进行评价和分析，对不同风险的感知也将会影响到消费者选择何种评价标准。当消费者感知到价格风险最大时，商品的性价比就会成为最重要的评价标准；当消费者对该商品的社会风险心存疑虑时，该商品的包装、形象代言人、代表的品位和身份、地位就会成为最重要的评价标准。同时，在评价方法的选择上，如果消费者知觉到的风险集中在一个或几个主要评价标准上，则消费者会选择诸如连接式规则、重点选择规则、按序排除规则等评价标准，如果消费者知觉到的风险比较均衡，则消费者可能会选择补偿性规则。

(二)知觉风险的未来趋势

近年来,消费者在商品的购买中,知觉风险有日益增大的趋势。

(1) 随着消费者生活节奏的加快,时间成为一种日益稀缺的资源,消费者没有足够的时间收集足够多的信息,往往购前信心不足,因此知觉到的风险加大。

(2) 技术的不断发展使得新产品层出不穷,消费者的购买行为经常面临着新生事物,而对于以往没有购买经验的产品,消费者多半会因缺乏自信而使知觉到的风险加大。

(3) 在信息爆炸的时代,通过外部信息渠道,消费者可以得到越来越多的信息。其中不乏一些负面的信息,如假冒伪劣产品在媒体的曝光,让消费者对越来越多的产品购买产生知觉风险。

(4) 随着生活质量的提高,消费者对自身在健康、社会形象方面的关注度比以往有大幅度提高,因此较之以往对健康风险、社会风险的知觉提高。

(5) 某些产品信息的不对称性使得消费者无法得到关于产品的确切信息,从而也加剧了消费者的知觉风险。

四、降低知觉风险的途径

虽然由于知觉风险的存在,消费者有可能会产生某种紧张感,但消费者自身有缓解紧张的机能,会通过某些行为消除紧张感。因此,消费者有可能会增加信息收集行为,从而延迟、更改购买决策;或者干脆因为担心知觉风险而放弃购买行为,这些无疑对企业来讲都是十分不利的。企业必须在分析消费者知觉风险的基础上,降低消费者知觉风险,促成消费者的购买行为。

(一)降低消费者知觉风险的途径

消费者在作购买决策时,由于经历、收入状况、生活方式的不同,面对同一产品,不同消费者的知觉风险会存在明显差异。消费者是能动的,一旦知觉到某种风险的存在,必然会想办法来减少风险。日常生活中,消费者应付知觉风险的办法多种多样,且不同的个体在应付同一风险时所采用的办法也不尽相同。

1. 广泛收集信息

信息收集越多,消费者对各品牌的功能、属性了解也就越多,相应地消费者知觉到的风险也会适当降低。购买前消费者会更多地了解销售商对于产品的保修包换承诺;会更多地了解顾客对于销售商的评价;会更多地了解销售商的售后服务或其他增值服务;会更多地听取更多销售商对产品的建议和指导;会更多地了解产品款式、规格、颜色等方面的信息;会更多地了解产品价格方面的信息;会更多地了解产品性能和质量方面的信息等。为增强购买决策的可靠性,消费者会从多种渠道搜寻所需信息以降低知觉风险。消费者的信息搜寻大致分为直接观察和访问商店、听取周围人的意见、搜寻广告媒体信息等几个方面。

2. 从众购买

模仿和跟随其他大多数消费者的购买行为是一种消费者常使用的降低知觉风险的方法，尤其在中国文化的影响下，跟风购买就会让消费者产生一种不会出错的自得心理。大多数消费者有从众心理，因为知识和信息的缺乏会降低消费者决策的自信心，从而提高其从众倾向，根据大多数人的选择来做出购买决定和行动。在消费者看来，很多人做出类似的购买决定一定有其道理。即使这种决策不是最好的，也不至于是最糟糕的。根据多数人的选择做出自己的购买决定，是减少知觉风险的常用办法。

3. 忠诚购买

基于第一种缓解知觉风险的方法要求消费者花费大量时间用于收集信息，从外部收集信息无疑有助于降低风险，但信息的收集是需要成本的。这些成本既包括时间成本，也包括金钱和精力的投入。而第二种方法又无法体现自身的品位和个性。所以，有越来越多的消费者对某些品牌形成忠诚购买以节省购买时间、降低知觉风险。在存在购买风险的情况下，如果消费者对现有品牌尚感满意，那么，他可以通过重复选择该品牌，即形成品牌忠诚来避免由于选择新品牌而可能带来的不确定感。

4. 其他途径

除了上述 3 种缓解方法外，消费者还可以依据品牌与商店形象购买以降低风险。因为著名品牌或有影响力的商店不仅购买者人数多，而且它们本身构成指示线索，有助于降低消费者的风险感。可以购买高价产品以降低风险。价格常被消费者作为产品质量的指示器，不少消费者基于"便宜无好货""优价优质"的认识标准而对产品质量做出推断。虽然这种推断不一定总是正确的，但很多消费者仍有意无意地在价格与质量之间建立这种关系。还可以通过寻求商家保证降低风险。如果企业或卖方通过包修、包换、包退、包赔等方式对产品或服务提供保证，那么消费者的风险就部分或完全地转移了。

(二)降低知觉风险的营销者途径

消费者一旦采取购买行为，就孕育着购买的知觉风险，企业如果洞悉消费者的知觉风险心理，就可以在营销实践中减少或消除消费者的风险感受，促成购买行为。

1. 采取有效的信息沟通渠道和方式

(1) 可以通过权威或强势媒体的信息渠道降低消费者的购前知觉风险。中国消费者对权威媒体或强势媒体相对比较信服，认为这种媒体的广告信息应该相对真实、客观，因此企业在权威媒体如中央电视台发布的广告信息能在一定程度上降低消费者的知觉风险。

(2) 通过权威或形象代言来降低消费者的知觉风险。知觉风险来自对使用的不确定性的质疑，而根据传播渠道的选择原则，购买风险较大的商品比较适合采取人员信息传播渠道，因此，合适的形象代言人的代言能消除消费者的疑虑，引发模仿消费。

2. 降低不同产品知觉风险的措施

对性能复杂、技术进步的产品消费者可能存在价格风险，企业应该通过广告等沟通形式将产品功能属性上的独特优势告知消费者，让消费者认可该产品的性价比，并重点发布信息类的广告，强调产品的性能优势；对于可能存在健康风险的诸如药品、保健品等商品，企业应该通过权威机构的认证和相应担保降低消费者的这类担忧；对于存在社会风险的商品，如服饰、礼品等，企业应该注意培养销售人员的品位，让其向消费者推荐商品时符合其身份地位和个性特点，极力增加消费者的自信，以降低购买后的知觉风险，同时通过合适的广告代言人的选择，增强消费者对该产品的信心。

3. 提高品牌声誉和顾客忠诚度

在品牌层出不穷，竞争日益激烈的今天，消费者常常在货架前不知所措，这时名牌商品就成了"放心商品"的代表。特别是在中国市场，大多数消费群体缺乏足够的购买知识，常常借助品牌衡量产品质量，因此，在初次购买中，品牌知名度是消费者借以降低知觉风险的常用工具。同时在日后的购买中，因为时间的稀缺，保持习惯或忠诚购买是消费者用来回避购买风险的常用做法。因此，企业必须注意提高品牌的知名度和美誉度。

4. 打造企业诚信

加强营销道德建设，自上而下地提高企业全体员工的道德素养，制定诚信营销准则，树立诚实守信的企业形象。

本 章 小 结

人们认识客观事物总是从感觉开始的。感觉只是对客观事物个别属性(如颜色、气味、形状)的反映，知觉则是在感觉的基础上，对于作用于大脑的客观事物的整体形象的反映。营销活动中的刺激物，如果不能被消费者知觉到或者不能被完全知觉到，就不能在消费者中引起预期的反应。

知觉是一个过程，包括刺激物展露、对刺激物的注意和理解。刺激物展露只是将刺激物展现在消费者的感觉神经范围内，使其感官有机会被激活。展露只需把刺激物置放在与个人相关的环境之内，并不一定要求个体接收到刺激物信息。消费者接受什么样的刺激信息完全是自主选择的。营销人员可以运用植入式广告、提高广告吸引力来提高刺激物的展露水平，以增加更多的消费者接触刺激物的机会。消费者的注意只有达到一定程度才能进行刺激的处理，而注意和理解不仅要受刺激物特征的影响，而且要受个体和情境因素的制约。

购买活动中会存在各种风险，消费者只有感知到它的存在才会对其行为产生影响。知觉风险不仅因人、因产品、因情境不同而有所不同，还会因购买阶段的不同而有所不同，而且知觉风险有日益增大的趋势。由于知觉风险的存在，消费者有可能会增加信息收集行为，从而延迟、更改购买决策；或者干脆因为担心知觉风险而放弃购买行为，这些无疑对企业来讲都是十分不利的。所以，当产生某种紧张感，消费者自身有缓解紧张的机能，会通过某些行为消除紧张感。同时，企业必须在分析消费者知觉风险的基础上，降低消费者知觉风险，促成消费者购买行为。

自 测 题

一、判断题(正确的打√，错误的打×)

1. 对刺激强度及其变化的感觉能力叫感受性。 （　　）
2. 有意注意是自觉地有目的的，在必要时还需要做一定意志努力的注意。 （　　）
3. 知觉并不是各种感觉的简单相加。 （　　）
4. 感觉是人脑对直接作用于感觉器官的客观事物的各种属性的整体反映。 （　　）
5. 知觉是人脑对直接作用于感觉器官的客观事物的个别属性的反映。 （　　）
6. 消费者的差别阈限是绝对的，往往与环境有关。 （　　）
7. 在观看电视的同时，你与家人正在闲聊，没有注意到正在播出的广告，那么刺激物的展露阶段仍然实施。 （　　）
8. 从众购买可以降低知觉风险。 （　　）

二、单项选择题

1. "风声鹤唳，草木皆兵"属于（　　）。
    A. 幻觉　　　　　B. 错觉　　　　　C. 情绪　　　　　D. 意志
2. "入芝兰之室，久而不闻其香；入鲍鱼之肆，久而不闻其臭。"属于感觉的（　　）。
    A. 对比性　　　　B. 联觉性　　　　C. 适应性　　　　D. 感觉性
3. 能够引起感觉的最小刺激强度，叫作（　　）。
    A. 感受性　　　　B. 绝对感觉阈限　　C. 差别阈限　　　D. 刺激限度
4. 在营销活动中，刺激物的强度、新异性、对比度、活动性等客观因素易于引起消费者的（　　）。
    A. 无意注意　　　B. 有意注意　　　C. 外部注意　　　D. 内部注意
5. 金龙鱼将"1：1：1"作为广告诉求点，是为了减弱消费者对产品的（　　）。
    A. 资金风险　　　B. 功能风险　　　C. 安全风险　　　D. 心理风险
6. 人在知觉过程中，不是（　　）地把知觉对象的特点登记下来，而是以过去的知识经验为依据，力求对知觉对象做出某种解释，使它具有一定的意义。

    A. 被动   B. 主观   C. 积极   D. 简单

7. 引起消费者无意注意的因素包括( )。

    A. 刺激物的活动性   B. 与背景反差明显的商品陈列

    C. 消费者的心境   D. 广告   E. 商品包装

8. 食品的营养与卫生标准是否达到了法律所规定的要求、转基因食品是否会对人体健康产生无法预料的影响，消费者的此类担心均属于( )风险的范畴。

    A. 功能风险   B. 物质风险

    C. 社会风险   D. 心理风险

三、多项选择题

1. 知觉是影响消费者行为的重要因素，它的主要特性是( )。

    A. 知觉的理解性   B. 知觉的整体性   C. 知觉的风险性

    D. 知觉的选择性   E. 知觉的恒常性

2. 消费者知觉风险包括( )。

    A. 资金风险   B. 安全风险   C. 心理风险

    D. 功能风险   E. 情感风险

3. 根据知觉反映的事物特性，可把知觉分为( )。

    A. 空间知觉   B. 时间知觉

    C. 运动知觉   D. 功能知觉

4. 属于低社会风险的产品有( )。

    A. 钢笔   B. 袜子

    C. 发型   D. 流行饰品

5. 消费者在品牌选择上，有可能遇到以下知觉风险：( )。

    A. 时间损失   B. 危害性的风险

    C. 自我损失   D. 经济风险

6. 在心理学中，知觉的基本特征一般包括( )。

    A. 整体性   B. 恒常性

    C. 理解性   D. 选择性

7. 针对营销过程可利用的错觉，主要有( )。

    A. 空间错觉   B. 时间错觉   C. 运动错觉

    D. 形重错觉   E. 触觉错觉

8. 影响注意的刺激物因素有( )。

    A. 刺激物大小   B. 刺激物强度   C. 刺激物的运动状态

    D. 信息量   E. 刺激物的颜色   F. 以上都不对

四、思考题

1. 感觉在消费者购物中有何作用？企业营销中如何应用感觉理论？
2. 知觉的特征在市场营销中有哪些应用价值？
3. 感觉和知觉有何联系和区别？
4. 收集并分析一则广告是如何成功应用感知理论的？
5. 举例说明成功的广告是怎样引起消费者注意的？
6. 影响注意的因素有哪些？企业如何加以利用？
7. 什么是刺激物展露？企业如何运用展露方面的知识来开展营销活动？
8. 消费者知觉风险有哪些？产生知觉风险的原因是什么？
9. 消费者一般如何应对知觉风险？
10. 影响消费者理解的因素有哪些？

案　　例

"消费感觉"时代来啦

"先生需要什么？可以为您做一下介绍。""我自己随便看看。"商场中似乎常听到导购员和顾客这样的谈话。消费者越来越注重购物的感觉，而商家也在不断变换营销策略，不光要赚足消费者"眼球"，也在不失时机地以最准确的方式抓住顾客的"消费感觉"。

随着人们生活水平的不断提高，很少有人再去细细计算花销的账目。购物凭感觉，是当今消费者购物时的普遍现象。消费者李舒冉告诉记者，"我的吊带衫都不下十几件了，但在街上看到漂亮的吊带衫时，还是按捺不住买下它的冲动"。记者在长春的商场中随机调查发现，消费者随机购买商品的概率占95%以上。

"一般新品服装上市分为3类：概念款、新款、基本款。概念款有点T台上的感觉，消费者大多是欣赏，购买相对较少。新款与基本款是消费者购买的主力产品，一般会摆放在很显眼的地方来吸引消费者注意，进而抓住顾客的消费感觉。"亚泰富苑相关负责人说。

一旦商家注意到顾客的消费心理，他们便会采取不同手段来迎合这种心理，随机调整、不断更新的宣传加促销方式是商场热衷的活动。记者在很多商场发现，每当消费者走进商场，很多促销员便会不失时机地走过来，介绍他们的新款产品及近期的优惠，以此来激发消费者的购买感觉。"限时抢购"是商家的又一策略，划定具体活动时间，有一定范围限制，"总做同样模式的促销活动，会造成消费者购物疲劳，短期的抢购活动则会带来较好的效果，也得到消费者的广大认可，但宣传时的'感觉吸引'很重要"。新天地购物公园相关负责人说。目前，会员活动也是各大商场首抓的销售方式，欧亚商都、国贸中心、巴黎春天百货等都在开展不同方式的会员活动。

据业内人士分析，每个人都有"感觉"心理，尤其是在彼此陌生的情况下，人更愿意用感觉来对一个人进行评价。那么购物也是这个道理，感觉固然重要，这是一个人初步判断及风格选择的衡量过程，但是感觉总有点儿表象，很多时候会产生偏差，因此，理性的倡导对消费者尤其重要。

(资料来源：王晶."消费感觉"时代来啦.文化报·新文化网，2007-08-03)

案例讨论：

1. 感觉对消费者购物会产生什么影响？

2. 消费者仅凭感觉购物有什么不足？为什么？试用感知理论分析消费者的购物活动。

3. 商家如何吸引消费者的无意注意？

第五章　消费者的学习和记忆

【学习目标】

通过本章学习，读者应该理解消费者是如何学习与产品和服务有关的各种知识；理解学习、记忆的相关理论，主要掌握经典条件反射和操作性条件反射理论以及这些理论在消费者行为分析中的应用；认识学习的一般特征，掌握刺激泛化和刺激辨别在营销中的应用；影响记忆和遗忘的因素，并掌握营销者如何帮助消费者记忆。

【导读案例】

一场记忆引发的商机

2010年，当小虎队借着虎年的东风，带着沧桑现身春节联欢晚会(简称春晚)，演唱起曾风靡大街小巷的经典老歌的时候，有人忘我地回溯过往，留恋到不愿回归现实；有人忧伤感叹青春已逝，年华渐老；亦有人从这股喧嚣和狂热中警醒——"怀旧"所引发的化学反应即将生成，它将引爆一种生活方式，并强烈刺激一条明晰且充满趣味的经济链条。

最早，怀旧是文化意象，我们可以从汉朝班固的《西都赋》中找到其本源："愿宾摅怀旧之蓄念，发思古之幽情。"到了现代社会，怀旧原本更多的是一种小众行为。在文艺的倡导者那里，怀旧被理解成另类的生活方式；在时尚达人眼中，怀旧是一袭复古潮流。不过，多数时候，怀旧在大众群体中仅表现为一种迅即生成又迅即销匿的情绪。

这些都已是明日黄花了。无论是春晚的舞台，还是淘宝的网店，都在将先前关于怀旧的林林总总彻底推翻。如今的怀旧，成为集体行动。

"60后"开始对文物市场边的地摊上摆放的红袖章、小人书、大字报兴趣浓烈，书碟店里"知青文学"的小说和有关那段"激情燃烧的岁月"的盗版碟畅销不衰。"70后"开始通过网络结社，寻找同龄人再度玩起"跳皮筋""扔沙包""老鹰捉小鸡"。"80后"则疯狂想念黑猫警长、圣斗士、小浣熊贴画儿乃至初中英语书中的李雷与韩梅梅。

这股怀旧风不仅出现在中国。以《变形金刚》为例，这个诞生在1984年的经典传奇，凭借动画片儿和衍生玩具及图书，让全球的"70后"和"80后"们疯狂过整个童年。2008年，《变形金刚》真人版电影上映，创下了7亿美元的天价票房，美国本土就冲破了3个亿；一年后的《变形金刚2》的票房更是高达9亿美元，中国内地票房直逼4亿元人民币。这两部情节乏善可陈、动作场面被指"有欺骗观众之嫌"的好莱坞大制作，之所以能在整个星球都票房高收，与小虎队引发的热潮毫无二致，都是"怀旧经济"使然。

当年把玩变形金刚玩具的少年长大之后，成了心甘情愿掏钱消费电影的主流观众。20年前，他们借助父辈的购买力消费并取悦自己的青春；20年后，商家借生活历史的回归重现，让他们消费自己那再也无法挽回的时光。至于代价——能让你重回过去的商品，自然不再是一般等价物了。

春晚结束后，小虎队的海报、卡带与 CD 遭到疯狂追捧。淘宝网上的小虎队台湾原版 CD，价格高达 300 元以上，部分韩版唱片售价一度超过千元。一家专门网店将"小虎队"的全部 12 张 CD 打包出售，价格被热炒至 28000 元。各大城市的音像店里，小虎队的专辑也都从库房里被——翻出。这些布满灰尘、薄膜包装纸早已纹理纠结的"残羹冷炙"，又被放在了唱片店最为醒目的位置，相隔十几年后，重登畅销金榜。购买者大多是曾经的购买者，只不过，他们的额头已如小虎队以及那些卡带的塑料薄膜一般，皱纹无法遮掩。

(资料来源：陈彦炜等. 一场记忆引发的商机. 南方人物周刊(广州)，2010(15))

阅读案例，思考下列问题：

1. 企业如何利用消费者的记忆进行营销？请举例说明。
2. 广告增强消费者记忆的途径和方法有哪些？
3. 新产品推广中，企业如何唤醒消费者的记忆？

学习是消费过程中不可缺少的环节。事实上，消费者的需要和行为绝大部分是后天习得的。通过学习，消费者可获得丰富的知识和经验，形成不同的消费态度、价值观和品位，并极大地影响自己所追求的生活方式和所消费的产品。消费者的学习与记忆是紧密联系在一起的，记忆是过去学习经验的总结和积累，没有记忆，学习是无法进行的，记忆是学习的关键。

第一节　消费者学习概述

人出生以后从牙牙学语、蹒跚学步，一直到掌握各种复杂的运动技能，始终贯穿着学习这一主题。同样，消费者行为也是一种习得性行为。随着市场经济的发展，消费者要不断面对新的刺激，通过学习，不断地修正并形成自己的消费观和生活方式，并与某些产品和品牌有着不可分割的关系。

一、消费者学习的含义

学习是指人在生活过程中，因经验而产生的行为或行为潜能的比较持久的变化。从营销观点看，消费者学习是指个体获取购买及消费知识和经验以用于改变其未来相关行为的一个过程。学习有以下几个方面的含义。

(一)消费者学习是一个过程

学习是伴随有意识或无意识的信息处理导致记忆和行为改变的一个过程，可以描述为刺激被感知、被转化为信息并被存储在头脑中的一系列活动，包括展露、注意、理解和记忆 4 个环节。这部分内容已在第四章讲过。不同信息的处理系统可分别处理学习的不同方面的问题。知觉系统处理信息的摄取，包括展露和注意阶段；短时记忆系统负责在信息被解释和转化为长期信息的过程中暂时保留信息；长期记忆系统负责在决策中用到的信息的存储和提取。

(二)消费者学习是因经验而产生的

消费者既有生活习惯、消费活动等直接的经验，又有从他人那里得到的知识、技能、观念等间接的经验。因此，因经验而产生的学习大致可以分为两类：一类是经过有计划的练习或训练而产生的学习，如通过接受培训而掌握开车技能，通过参加企业提供的技术指导班而学会操作、保养、维修某种机器等；另一类是由亲身的生活经历而产生的学习，如看到电视里介绍的某种化妆方法而予以仿效，看到某人闯红灯造成车毁人亡的场面而意识到遵守交通规则的重要性等。

(三)消费者学习会引起行为或行为潜能的改变

如果看到个体行为发生改变，即可推知学习的存在。例如，看到某人会开车、游泳和打高尔夫球等外显行为，即可推知学习已经发生了。有时，个体通过学习获得的是一些一般性知识，如关于中国的历史或文化、中国的宗教与艺术，这类学习往往不会立即通过行为的变化外显出来，但可能影响个体的价值观念和将来对待某些事物的态度，即改变人的行为潜能，也即内显行为。由于内显行为不一定马上转化为外显行为，并且不能被直接观察到，所以在很多情况下，学习对行为的影响往往在潜移默化之中进行却又十分深远。

(四)消费者学习所引起的行为变化是相对持久的

无论是外显行为还是内显行为，只有发生较为持久的改变，才算是学习。然而，学习所获得的行为也并非是永久性的，学习所引起的行为或行为潜能的改变到底能持久到什么地步，要视学习的材料与练习的程度而定。一般而言，以身体活动为基础的技能学习，维持的时间比较长。比如，当学会骑车、游泳、滑冰等技能后，几乎可以终生不忘。对于知识观念的学习，学习内容有时会被遗忘或被新的内容所取代，但相对于那些暂性变化，它们保持的时间还是比较长久的。

二、消费者学习的一般特征

消费者学习是存在于人类消费领域里的一个特殊学习现象。在消费活动中，消费者通过正式或非正式的方法获得有关商品知识和操作技能，形成消费观念，并且能够保存过去获得的经验，以此来改变和调整自己的消费行为。消费者学习不同于其他领域的学习，具有以下几个特征。

(一)消费者学习是认知性学习

消费者往往是在消费需求的指引下对商品、服务进行认知学习的。在消费过程中，消费者不仅要了解商品的性能、使用方法、安全性能、辨别优劣等知识，掌握缺陷商品的退换办法、了解投诉方法和渠道以及其他一些必要的维权知识，而且要掌握鉴别商品质量优劣的技能，学会在交易中与对方砍价的方法等，这些都是学习的结果。

(二)消费者学习是实践性学习

消费者的学习行为在很大程度上是一种实践活动，主要通过消费活动来获得直接的消费经验、消费知识和消费技能。消费者的每一次消费活动过程本身也是一次实践学习过程，如购物过程，消费者通过逛街、观察、对比、选择买到需要的商品和服务，这就是学习过程。良好的结果能够强化已有的知识经验，增加同一消费行为的重复机会，否则将减少或舍弃原有的消费行为。

(三)消费者学习是潜伏式学习

早在 20 世纪 30 年代，美国心理学家托尔曼(E.C.Tolman)与霍齐克(C.Honzik)就提出了潜伏学习的概念(关于潜伏学习，将在以后的章节讲到)。他们认为：个体在未获得强化之前就已开始学习，只不过是未表现出来而已，这种现象可称为"潜伏学习"。比如，在接触各种广告的过程中，消费者可能并没有有意识地对广告内容进行学习，在其行为上也未表现出受某则广告影响的迹象，但并不能由此推断消费者没有接受关于这一广告的某些知识与信息。也许，当某一天消费者要达到某种目标时，会突然从记忆中提炼出源自该广告的信息息，此时，潜伏学习就会通过外显行为表现出来。

(四)消费者学习效果取决于学习强度

消费者对一种产品能否了解、需要多久才能了解以及能否辨认同类产品的区别，能否牢记并实施购买或者持续购买呢？这些学习效果是企业非常关心的。美国的德尔·I.霍金斯(Del I.Hawkins)等学者提出了消费者学习强度的概念，他们认为：消费者的学习效果受消费者学习强度的影响。学习强度是指习得行为或反应不被遗忘、能够持续的程度。学习强度受 4 个因素的影响，包括重要性、强化、重复和意象。一般来讲，识记材料越重要，学习过程中接受的奖励(正强化)越多，刺激物重复(或联系)的次数越多，识记材料中包含的意象成分越多，学习就越快，而且记忆也越久。

三、消费者学习的途径和方法

(一)学习途径

学习途径主要有两种：一种是直接进行实践活动，直接了解消费方式、消费对象的各种情况；另一种是间接学习，从他人的知识、经验、广告宣传中学习，间接了解各种消费问题。

(二)学习方法

1. 模仿法

模仿就是个体按他人的行为模式做出类似行为、动作的过程，是消费者学习的一种重要方法。首先，模仿可以是有意的和主动的，也可以是无意的和被动的。当消费行为具有榜样作用并加以倡导时，这时的模仿就是自觉进行的。例如，某种低碳生活方式为一些权威要人实践并被媒体大加渲染后，社会上就会有很多人自觉地予以模仿。其次，模仿可以是机械的，也可以是创造性的。机械模仿是指消费者完全按照他人的消费方式行事，创造性模仿是指仅模仿他人消费方式的局部特征，同时加入了自己的独有行为。

2. 暗示法

心理暗示，是指人接受外界或他人的愿望、观念、情绪、判断、态度影响的心理特点，是人日常生活中最常见的心理现象。它是人或环境以非常自然的方式向个体发出信息，个体无意中接受这种信息，从而做出相应反应的一种心理现象。心理学家巴甫洛夫认为：暗示是人类最简单、最典型的条件反射。从心理机制上讲，它是一种被主观意愿肯定的假设，不一定有根据，但由于主观上已肯定了它的存在，心理上便竭力趋向于这项内容。暗示可分为他人暗示和自我暗示两种。人在生活中无时无刻不在接收着外界的暗示。比如，电视广告对购物心理的暗示作用，在无意识中，广告信息会进入人的潜意识，左右人的购买倾向。

【小案例 5-1】

面对"心理暗示"营销法买车时你能理性消费吗？

事实上，很多消费者在做出了购车计划之后，并不确定自己要买什么样的车，或者并不知道自己需要什么样的车。消费者所获得的渠道，无非是广告、媒体和朋友的推荐等，这些数据和资料通常是复杂的、混乱的、庞大的，从而让消费者变得无所适从。但是，消费者并没有时间或并不想去经过理性的计算、分析，然后得出正确的结论，事实上每个人在面对复杂的情景与问题时，都会走捷径或应用部分信息进行处理，这时，如果有强烈的暗示出现，消费者就很容易受到暗示的影响，从而做出购车决策。

凯美瑞在上市之初，广州丰田就打出"没有竞争对手"的口号，如今第八代雅阁重磅出击，广州本田称其为"史上最强"。不得不说，在好产品的基础上，两大车企充分利用"心理暗示"这一营销绝招，确实给这一对"黄金搭档"的销量带来了刺激性的提升。

所以，不论你是否看好这款车，起码这个"没有对手""史上最强"的概念抛出来了，不论媒体是褒是贬，这个信息都将深深地印入消费者的头脑中。而在厂家不断重复的广告和宣传中，这个信息会进入人们的潜意识，并且在潜意识里积累下来，形成一种心理暗示。

(资料来源：陈鑫欣.面对"心理暗示"营销法 买车时你能理性消费吗？. 广州日报，2008-01-14)

思考题：企业如何利用"心理暗示"进行营销呢？

3. 试误法

俗语说"吃一堑长一智"。试误法，就是个体通过亲身实践来完善其消费行为的方法。人总是在不断地进行着消费实践，在之前可能先学过一些消费知识，并不能完全按照别人成功的方法进行实践，确保自己不犯错误。事物总是在不断发展，新的消费问题最终总是要通过实践来证明其正确性。而且，每个人都有自己的价值判断和行为方式，何种消费方式最适合自己往往只有自己最清楚，而自己的消费行为是否最正确，也必须通过试误法来证实。

第二节　学习理论的营销应用

在消费者行为学研究视野中，学习按心理学的研究成果被分成行为学习和认知学习两类。其中，行为学习一般又被分为经典性条件反射和操作性条件反射；认知学习一般被分为映像式机械学习(完形学习)、替代式或模仿学习(社会学习)、信息加工(推理学习)等。

一、经典性条件反射理论

(一)基本原理

经典性条件反射理论是俄国生理学家伊万·巴甫洛夫(Ivan Pavlov)在实验室中研究狗的消化过程时发现的，如图 5-1 所示。在研究中他发现，狗不仅是在食物出现时流唾液，而且在与食物出现有关的任何其他刺激物单独出现时也流唾液。为了证实这一点，巴甫洛夫在给狗食物的同时又给狗一个声音，食物和声音同时出现几次之后，当狗只听到声音而未给食物时，也会流出唾液。也就是说，通过无条件刺激物(食物)与条件刺激物(声音)的结合，可以训练狗对条件刺激物(声音)做出类似于对无条件刺激物(食物)的反应，这就形成了条件反射。

　　建立在狗与铃声的实验基础上的经典性条件反射理论认为，借助于某种刺激与某一反应之间的已有联系，经由练习可以建立起另一种条件刺激与同样反应之间的联系。几乎任何的先天性反应如眨眼、兴奋、愉悦等都可与任何刺激如声音、颜色、口令等建立起一种条件反射。但若条件刺激多次出现，而没有无条件刺激的强化，这个条件反射也可以被消退。

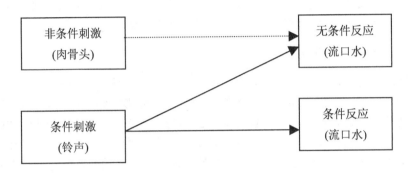

图 5-1　巴甫洛夫经典条件反射过程

　　经典性条件反射原理存在以下几个基本现象：一是条件反射的形成和建立，这是条件刺激取代无条件刺激，形成特定的刺激反应关系的过程；二是刺激泛化，即当消费者在某一刺激环境中学到了某一反应后，会在其他类似的刺激下作出同样或类似的反应；三是刺激辨别，即消费者对特定的刺激作出特定反应的区别认识；四是消退，指条件反射建立之后，不再需要无条件刺激(如食物)，仅由条件刺激物(如声音)就可引起条件反射(狗流唾液)，但继续给予条件刺激物而缺乏无条件刺激时，条件反射的强度就会逐渐减弱，直至条件反射消退。

(二)应用条件

　　一般来说，在低介入情境下，经典性条件反射比较常见，因为此时消费者对产品或产品广告可能并未十分注意，也不大关心产品或广告所传达的具体信息。然而，在一系列对刺激物的被动接触之后，各种各样的联想或联系可能会由此建立起来。应该特别指出的是，在低介入情境下，消费者所学到的并不是关于刺激物的信息，而是关于刺激物的情感反应。正是这种情感反应，可能导致消费者对产品的学习和试用。

　　没有可以遮蔽非条件刺激的其他刺激。非条件刺激与其他品牌/产品门类无先前的联想，非条件刺激不为消费者过度熟悉且应单独展示条件刺激为新时，经典性条件反射方法将更有效。

(三)营销应用

1. 重复的营销应用

如果试图将某种联结变成消费者的条件刺激，就必须确保目标消费者能够受到足够多次的刺激，从而使这种刺激"黏住"消费者。所以，在广告中重复播放音乐，就可使人把音乐和产品联系起来，会产生两个结果：第一，如果消费者喜欢音乐，就会延伸到喜欢这个产品；第二，消费者一听到音乐就会想起这个产品。假设所使用的歌曲真正成为轰动一时的作品，只要歌曲在电台等媒体播放，产品就会获得免费宣传。

2. 条件性产品联结的营销应用

为了创造出理想的联结方式，广告会把某个产品与一个正面的刺激相配合。市场信息的各个方面如青山绿水、俊男美女、美妙的音乐等都能够影响到条件反射。如在令人兴奋的体育节目之间持续地播放广告，可能会让产品本身有"令人兴奋"的效果。再比如，在一则沙发广告中，一只可爱的波斯猫坐在柔软的沙发上，悠闲自得地欣赏着美妙的音乐，似乎在诉说着沙发的舒适和生活的美好。很显然，该广告是试图通过营造一种美好的氛围，以激发受众的遐想，并使之与画面中的产品相联结，从而增加受众对该沙发的兴趣与好感。

3. 刺激泛化的营销应用

刺激泛化原理与企业的市场营销活动有着密切关联，特别对于那些因没有名牌产品而市场占有率较低的追随厂商，更有直接的意义。因此，企业在营销活动中应注意把握以下几个方面。

(1) 采用产品相似策略。如果企业决定向市场推出一种新牌号的产品，而市场上已存在某一名牌的时候，就必须考虑消费者的学习问题。假如新牌号无特别突出之处，为了使消费者认为新牌号与竞争对手的名牌至少差不多，就可以把新牌号产品的包装、牌号、产品造型做得同名牌产品相似，以帮助消费者产生刺激的泛化，认为新牌号带来的结果与名牌可能一样。

(2) 采用家族品牌策略。家族品牌策略是把企业生产的所有产品都采用同一牌名，从而使消费者从该企业已经成名的商品中产生联想，认为它的另一些商品也同样是高质量的。这种营销策略一般来说能使企业收到很大的益处，但失败的品牌也同样可以通过泛化产生影响。倘若家族牌号中某一种产品失败，将会连带影响其他一系列产品。

(3) 采用品牌延伸策略。企业利用现有的成功品牌，在一个成熟的产品里生产新的或经过改进的产品，以成功品牌的影响推出新产品，并快速启动市场的行为，使新产品在投放市场之初即可获得原有品牌优势的支持。"娃哈哈"除了生产 AD 钙奶以外，还推出了自己的矿泉水，有媒体称"娃哈哈"还要进军中国的白酒市场。同时，品牌延伸也是一把双刃剑，会对已有品牌资产造成严重的影响。以"五粮液"品牌为例，该公司在推出"五粮醇""五粮春""五粮王"等廉价酒后，虽然其子品牌十分"火爆"，但对"五粮液"高档品牌形象却造成了严重伤害，最后不得不舍弃这些低档品牌。

4. 刺激辨别的营销应用

如果某些营销者利用刺激泛化进行营销，就可能对一些名牌产品带来消极影响。因此，对于在竞争中处于领先地位的主导厂商的营销者来说，根据刺激辨别的原理，可以采用产品差异化策略，具体做法如下。

(1) 为帮助消费者增加对本企业产品差别化的认识，可以在广告上特别指出自然的或人为的牌号差异。

(2) 为了突出本企业的产品，厂家可以在造型、颜色或包装上做出非同一般的独特设计，以增强本产品与其他产品的差异。

(3) 在一般情况下，如果一种新产品在某些方面超出现有产品很多，那么让消费者辨别其差异进而购买它的机会就更多，产品成功的可能性也更大。

(4) 即使有的新产品实际上并没有什么更加优良之处，只要它们在某些方面与现有的牌号有明显不同，那么产品也有获得成功的一定可能性。

二、操作性条件反射理论

(一)基本原理

操作性条件反射理论是由美国著名心理学家斯金纳(Skinner)提出来的。斯金纳在研究中使用了斯金纳箱子，它由一只空笼子或箱子组成，里边只有一个用来放食物的碟子或托盘。研究者可以用此控制动物应在何时得到食物的强化。早期的斯金纳箱中还包括一根控制杆，按下控制杆，食物就会自动出现。一只老鼠被放在这样的箱子里，它通过尝试错误将最终学会为获得食物而去按控制杆。如果需要的话，实验者能通过控制食物的发放而强化某种特定的行为。

该理论的基本观点是：学习是一种反应概率上的变化，而强化是增强反应概率的手段。如果一个操作或自发反应出现之后，有强化物或强化刺激相尾随，则该反应出现的概率就会增加；经由条件作用强化后的反应，如果出现后不再有强化刺激尾随，该反应出现的概率就会减弱，直至不再出现。

例如，如果你是雀巢公司的营销经理，公司将推出一种新产品——果珍，你深信自己的产品口味独特，消费者一定会喜欢。那么，你应怎样影响他们，使他们"学习"并购买你的产品呢？根据操作性条件反射理论，企业应先采用诸如样品发放、有奖销售、折扣、返券等方式促使消费者试用，在试用的基础上，经由产品的独特口味使消费者对产品形成好感。这一过程可用图 5-2 来描述。

斯金纳在他的理论中特别强调强化物对于学习的重要性。他认为：在任一特定的情况下，人的行为很可能伴随着某种结果，如得到赞扬、报酬或解决问题后的满足感，那么今后在类似的情况下，人很可能重复这一行为，这些结果被称为"正强化"。如果人的行为伴随着另一种结果，比如疼痛或尴尬，那么今后在相似的情况下，人将很少会再重复这一行为，这些结果被称为"负强化"。在斯金纳提出的"操作性条件反射"中，"强化"和"负强化"是两个最基本的心理过程。

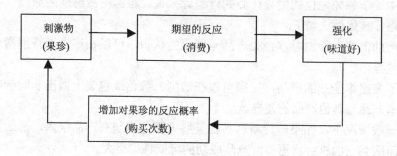

图5-2　斯金纳操作性条件反射过程

(二)应用前提

一般来说，操作性条件反射作用更适合于高度介入的购买情境。因为在高度介入情境下，消费者对购买回报将会有意识地予以评价。以购买西服为例，消费者将西服购买回家后很可能会从象征性和功能性两个方面对购买行为作出评价，在此情形下，强化无疑会在消费者心理上产生重要影响。比如，如果有别人对消费者所买的西服予以赞许，或者在某些场合目睹他人穿同样品牌西服时的风采，均会对消费者起到正面的强化作用。在低度介入的购买情境下，除非产品功效远远低于预期，否则消费者不会对购买作太多的评价。故此，低介入情境下的满意购买虽然对行为也具有强化作用，但相对而言不如高介入情境下作用那么大。

(三)营销应用

操作性条件反射理论核心观点就是：强化会加强刺激与反应之间的联结。联结学习(或刺激与反应之间的学习)，在很大程度上取决于对强化物的安排。对营销的启示主要有以下几点。

1. 间断性开展销售推广策略

对于光顾某一商店或某一品牌的购买者给予诸如折扣、小玩具、优惠券、试用品之类的"额外"强化。这一措施，在短期内就可以增加产品的销售，但当这些手段消失后，销售量可能会马上下降。因此，企业要与消费者保持长期的交换关系，还需采取一些间断性的强化手段。也只有这样，才能在消费者对品牌的间断性体验的基础上建立良好的品牌形象和信誉。

2. 开展关系营销

开展关系营销也就是在产品销售后，要通过直接邮购、上门服务、电话咨询等手段同消费者建立一种紧密的私人联系。当消费者知道在他即将到来的购物活动中能得到商家提供的好建议，甚至有某些商家已经为他提前预留商品的时候，消费者对于这家商店的满意度就会得到加强，从而增加以后购买的次数。

3. 提供愉快的购物场所

购物环境是指购物场所的整体环境，如颜色、灯光、音乐、气息、店铺布置、货品陈列。轻松愉快的气氛是吸引消费者购物的重要因素。因为，在一个令人愉快的购物环境中，消费者情愿停留更长的时间，购置更多的商品，也更能获得满意的购物体验，并乐于再次来此处购物。混乱的购物环境会降低消费者的满意度，他们对产品质量、购物价值的评价也将随之降低，购物意向也会随之削弱。

三、认知学习理论

前面介绍的经典性条件反射理论和操作性条件反射理论都属于行为学习理论，该理论认为复杂行为是建立在条件联系上的复合反应，将学习等同于刺激与反应之间关系的获得。由于行为主义学习理论在研究中不考虑人的意识问题，只是强调行为，把人的所有思维都看作由"刺激—反应"间的联结形成的。这就引起了越来越多心理学家的不满，开始放弃行为主义的研究立场，转向研究人的内部心理过程，从而导致了认知学习理论的发展。

(一)基本原理

1. 柯勒(W.K.hler)的顿悟说

一般认为，认知学习理论发端于早期认知理论的代表学派——格式塔心理学的顿悟说，其中，德国心理学家柯勒最为著名。柯勒通过观察黑猩猩在目的受阻的情境中的行为反应，发现黑猩猩在学习解决问题时，并不需要经过尝试与错误的过程，而是通过观察发现情境中各种条件之间的关系，然后才采取行动。柯勒称黑猩猩此种类型的学习为顿悟(Insight)。在柯勒看来，顿悟是个体对目标和达到目标的手段之间关系的理解，顿悟学习不必靠练习和经验，只要个体完全理解整个情境中各成分之间的相互关系，顿悟就会自然发生。

顿悟说认为，学习的实质是构造与组织一种完形，而不是形成刺激与反应的联结；学习是顿悟而不是通过尝试错误来实现的。

2. 托尔曼(E.C.Tolman)的认知目的论

出于对行为学派理论的不满，美国心理学家托尔曼等人又以方位学习试验反驳了刺激与反应的联结理论，并在此基础上发展了学习的认知理论。托尔曼从事的一项最为有名的研究是三路迷津实验。该实验以白鼠为对象,从事认识方位学习的实验。实验分预备练习与正式实验两个阶段。在预备练习阶段,先让白鼠熟悉整个环境,并确定它对自出发点到食物箱 3 条通道的偏好程度。结果发现,白鼠选择第一条通道的偏好程度最高。在正式实验阶段,先在 A 处设阻,结果白鼠迅速从 A 处退回,改走第二通路;随后,再在 B 处将第二通路设阻,此时,白鼠才改走路程最远且练习最少的第三通路。实验时,以随机方式在 A 处或 B 处设阻,以观察白鼠的反应。结果发现,白鼠能根据受阻情境,随机应变,选择最佳的取食路径。

在托尔曼看来,个体的行为并不是由行为结果的奖赏或强化所决定,而是由个体对目标的期待所引导。托尔曼的学习理论有两大特点:一切学习都是有目的的活动;为达到学习目的,必须对学习条件进行认知。

托尔曼与霍齐克(C.Honzik)于 1930 年所做的关于潜伏学习的实验对行为主义的强化学习原理做了进一步反驳。该项实验(三路迷津实验)发现动物在未受奖励的学习期间,认知结构已经发生了变化。为什么没有食物奖励,动物也可以学习呢?托尔曼认为,动物的行为是有目的的行动,也就是它在走迷宫时,根据对情境的感知,在头脑里有一种预期(或者假设),动物的行动受它的指导。预期证实则是一种强化,这是内在的强化,即由学习活动本身带来的强化。由此得出结论,个体在既无正强化也无负强化的条件下,学习仍可以采用潜伏的方式发生。关于这一点,现实生活中的很多现象都可以对此提供支持。比如,在接触各种广告的过程中,消费者可能并没有有意识地对广告内容予以学习,在其行为上也未表现出受某则广告影响的迹象,但并不能由此推断消费者没有接受关于此一广告的某些知识与信息。也许当某一天消费者要达成某种目标时,会突然从记忆中提取出源自于该广告的信息,此时,潜伏学习会通过外显行为表现出来。

3. 现代认知学习理论

近 20 年来,心理学家们普遍意识到,以往的学习理论大都从动物的实验中概括而来。即使是在动物学习中带有普遍性的东西,也不能原封不动地搬到人的学习中来。因此,他们开始运用新的科学技术和研究方法探讨学生的学习,特别是课堂学习,从而使认知学习理论获得了新的发展。

1) 布鲁纳(J.S.Bruner)的认知发现说

布鲁纳是美国著名的教育心理学家、哈佛大学教授。布鲁纳的学习理论强调个体在学习中的积极性、主动性;强调个体的认知结构和独立思考的重要性;强调个体不但要学习特定的东西,还要学会如何学习等。这些观点较之联结说和顿悟说的学习理论,更能说明人的学习特点和规律,这不仅对反对机械主义的学习理论有积极作用,而且对研究学习理论也有重要的参考价值。

2) 奥苏贝尔(D.P.Ausubel)的认知同化说

奥苏贝尔是美国纽约州大学研究院的教育心理学教授。奥苏贝尔的学习理论把学习看作学习者积极主动的活动过程，强调新旧知识的联系和学习材料的理解，反对机械学习和死记硬背，主张扩大学习者的知识领域，不断充实和完善自己的认知结构，这些对于我们都有一定的借鉴意义。但是他把个体的学习仅仅局限于知识的学习，而把技能，特别是智力技能和品德的学习排斥在外，这是非常片面的。

3)　加涅(R.M.Gagne)的认知指导说

加涅是美国加利福尼亚大学教授、美国教育心理学家和学习实验心理学家。加涅的学习理论运用现代信息说的观点和方法，经过大量的研究，逐渐发展起来。他认为，学习过程是信息的接收和使用过程，学习是主体与环境相互作用的结果，学习者内部状态和外部条件是相互依存、不可分割的统一体。学习就是形成一个相互联系的越来越复杂的认知结构。

(二)营销应用

1. 顿悟学习理论的营销应用

根据顿悟说，消费者可以在没有条件作用的情况下，在两个或多个概念之间建立联想进行学习。很多产品的功能性广告就属于这个范畴。例如，×××牌感冒药治感冒有奇效，其目的是将×××牌与效果好的感冒药这两种概念联系起来，在这个过程中既没有条件刺激也没有对行为的直接强化，而且由于其是处于消费者的低介入状态下，需通过高强度的重复来使消费者产生记忆而形成概念，而在消费者产生需要时，这种概念会引导消费者的购买行为。

2. 认知指导说的营销应用

根据加涅的认知指导说(也称信息加工理论)，消费者通过对已有的信息和新信息之间进行构造和组合，可以进行新的推理思考，从而进行决策。推理是认知学习的最高级和复杂形式。现实生活中，消费者一般通过对前人经验的总结与学习，辅之以复杂的推理过程所学到的分析与解决问题的能力，用自己的学识和辨别能力，对付不断面临的购买决策问题。例如，消费者如何在两款家用小轿车中进行决策和选择呢？一定是先收集产品信息、评价信息、使用信息之后，采用补偿法或非补偿法进行推理评价，最终做出购买选择的。

四、社会学习理论

(一)基本原理

社会学习理论，又称观察学习理论，主要是由美国心理学家阿尔伯特·班杜拉(A.Bandura)提出的。他着眼于观察学习和自我调节在引发人的行为中的作用，重视人的行为和环境的相互作用。班杜拉学习理论一个最显著的特点是强调学习过程中社会条件的作用。

班杜拉认为，人的许多行为都是通过观察学习而获得的。所谓观察学习或称替代学习，是"经由对他人的行为及其强化性结果的观察，一个人获得某些新的反应，或使现有的行为反应得到矫正，同时在此过程中观察者并没有外显性的操作示范反应。"观察学习具有以下特点：首先，观察学习并不必然具有外显的行为反应。其次，观察学习并不依赖于直接强化，在没有强化作用的情况下，观察学习同样可以发生。最后，观察学习不同于模仿。模仿是指学习者对榜样行为的简单复制，而观察学习则是从他人的行为及其后果中获得信息，它可能包含模仿，也可能不包含模仿。例如，两辆汽车行驶在公路上，前一辆车不小心撞上了路桩，后一辆车急忙转弯，以避免与前面的一辆车碰撞。在这个例子中，后面司机的行为是观察学习的结果，但并不涉及任何模仿因素。

班杜拉指出，观察学习较之于其他类型的学习具有很多优点。首先，通过对榜样行为的观察，可以避免试误学习情况下各种代价昂贵的错误。其次，观察有时是学习很多新行为的最好甚至唯一手段。比如，通过观察别人如何使用现金取款机，观察者很快就能够自行用现金卡取款。再次，可以缩短行为学习的时间。想象一下，如果人只有通过亲身经历才能学习，那将要花多么漫长的时间才能学会使用各式各样的产品！最后，有些试误行为相当危险，如果通过试误来学习，必将对学习者造成伤害。

在观察学习过程中，观察学习的对象被称为榜样或示范者(Model)，观察学习的主体称为观察者。需要特别指出的是，榜样或示范者既可以是活生生的人，也可以是以符号形式存在的人和物。只要能成为观察者观察学习的对象，就可以称为榜样。比如，在学习如何使用计算机时，有关计算机的使用手册或用户指南就是观察学习中所指的榜样。

(二)营销应用

消费者通过观察他人的消费行为，间接地获得某种行为的强化，或者模仿榜样(明星大腕、政界要员、潮流导向者等)行为，或者明确对自己未来消费行为的矫正方向，这时，营销者只需告诉消费者那些使用他们产品的理想榜样身上发生了什么就够了。例如，某香水广告会描述一位妇女使用该香水而被一群仰慕者围住的情景。无须多言，比起真的让每一位购买这种香水的妇女都受到类似的关注来说，这个学习过程更为有效。

观察学习无论在低介入还是高介入状态下都会发生。在高介入状态下，例如，刚工作不久的小王想买一件新衣服，他可能会特意观察其他同事上班时的穿着，或观察其他环境下包括广告中"榜样角色"的穿着。小王受到榜样的示范影响，不仅增强了自己对想要购买产品的学习，而且影响了他对实际试用产品之后的评价。在低介入状态下，模仿他人的行为也有可能大量发生。例如，某漂亮女明星在广告中推介×××护肤品使她皮肤更好、更漂亮，由于人们对她漂亮的认同，在希望自己也漂亮的想法驱使下就很容易产生模仿行为，从而产生购买行为。在实际生活中，很多人可能都在观察别人如何使用某种产品并在某种具体情境下发生何种行为。多数情况下，对这些行为也许并不太在意，然而，随着时间的推移，会了解在特定情境下哪些消费行为是合适的，哪些是不合适的。

第三节 消费者的记忆和遗忘

消费者学习是一个过程，包括一系列复杂的心理活动，如展露、注意、理解和记忆。其中，记忆是参与学习过程一个很重要的因素，因为，没有记忆，知识、经验就无法保持，消费者行为很难改变。消费者能否记住有关产品和服务的信息，不仅对消费者行为产生重要影响，而且对于营销者来说更为重要。

一、消费者的记忆系统

(一)记忆的含义

记忆是过去经验在人脑中的反映。凡是人感知过的事物、体验过的情感以及练习过的动作，都可以以映像的形式保留在人的头脑中，在必要的时候又可使之再现，这个过程就是记忆。记忆既不同于感觉，又不同于知觉。感觉和知觉反映的是当前作用于感官的事物，离开当前的客观事物，感觉和知觉均不复存在。记忆却是指向过去，它出现在感觉和知觉之后，是人脑对过去经历过事物的反映。

记忆是一个复杂的心理过程，它包括识记、保持、再认或回忆 3 个基本环节。识记是记忆的开端，它是主体识别和记住事物从而积累知识和经验的过程。保持是巩固已获得的知识和经验的过程。再认或回忆是主体从头脑中提取知识和经验的过程：凡经历过的事物再度出现时，能把它认出来称为再认；凡经历过的事物不在面前，能把它重新回想起来，则称回忆或再现。从信息加工的观点看，记忆就是对输入信息的编码、储存和提取过程。其中，对信息的编码相当于识记过程，信息的存储相当于保持过程，信息的提取则相当于再认或回忆过程。记忆过程中的 3 个环节是相互联系和相互制约的，没有识记就谈不上对经验的保持，没有识记和保持，就不可能有对经验过的事物的再认或回忆。

虽然从理论上讲，消费者的记忆容量很大，对信息保持的时间也可以很长，但在现代市场条件下，消费者接触的信息实在太多，能够进入其记忆并被长期保持的实际上只有很小的一部分。正因为如此，企业才需要对消费者的记忆予以特别的重视。一方面，要了解消费者的记忆机制，即信息如何进入消费者的长时记忆、有哪些因素影响消费者的记忆、进入消费者记忆中的信息如何储存和提取；另一方面，要了解已经进入消费者长时记忆的信息为什么和在什么条件下可能被遗忘，企业在防止或阻止消费者遗忘方面能否有所作为。

(二)记忆系统与机制

1. 记忆系统

根据信息加工的观点，人的记忆系统包括 3 个记忆系统，即感觉记忆、短时记忆和长时记忆。外部信息首先进入感觉记忆系统，信息在感觉记忆系统保持的时间极其短暂，其中，一部分信息受到特别注意进入短时记忆系统，若信息给人的刺激极为强烈、深刻，也可能直接进入长时记忆系统；那些没有受到注意的信息则很快变弱直至消失。3 种记忆系统的关系，如图 5-3 所示。

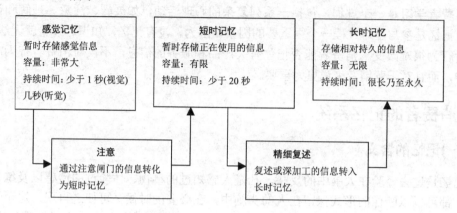

图 5-3 3 种记忆系统的关系

(1) 感觉记忆。感觉记忆又称瞬时记忆，它是指个体凭视、听、味、嗅等感觉器官，感应到刺激时所引起的短暂记忆，其持续时间往往按几分之一秒计算。感觉记忆只留存在感官层面，如不加注意，转瞬便会消失。乘车经过某条街道，对街道旁的店铺、标牌、广告和其他景物，除非有意注意，否则，大多是即看即忘，此类现象就属于感觉记忆。感觉记忆按感觉信息原有形式储存，它反映的内容是外界刺激的简单复制，尚未经加工和处理，因此，感觉记忆的内容最接近于原来的刺激，包括声像记忆和形象记忆。

(2) 短时记忆。短时记忆是指记忆信息保持的时间在 20 秒以内的记忆。例如，从电话簿上查一个电话号码，然后立刻就能根据记忆去拨号，但事过之后，再问这个号码是什么，就记不起来了。此类记忆，就是短时记忆。

感觉记忆中的信息如果被注意和处理，就会进入短时记忆，而且这些信息可以保持在一种随时被进一步处理的状态。也就是说，短时记忆中的信息可以自动而迅速地被提取，一旦需要对新输入的信息予以解释，长时记忆中的信息也可带入到短时记忆中来。实际上，短时记忆是这样一种即时的信息处理状态：从感觉记忆和长时记忆中获取的信息被带到一起同时处理。短时记忆中的信息经适当处理，一部分会转移到长时记忆系统，另一部分则会被遗忘。

(3) 长时记忆。长时记忆是指记忆信息保持在 1 分钟以上，直到数年乃至终生的记忆。人日常生活中随时表现出的动作、技能、语言、文字、态度、观念，以至有组织、有系统的知识等，均属长时记忆。

长时记忆系统被认为是语意和视听信息的永久储存所，包括自传记忆和语义记忆。各种事件、物体、处理规则、事物的属性、感觉方式、背景资料等，均可储存在长时记忆中。

与短时记忆相比，长时记忆的容量相当大，甚至被认为是无限的。不仅如此，长时记忆中的信息是以类似于网络结构的方式有组织地储存的。科林斯(A.M.Collins)和奎利恩(M.R.Quillian)于 1969 年提出了一个语意记忆(也称语义记忆)的层次网络模型。其基本思想是将各种概念按一定层次组成一个网络，以此表明各种概念的属性及不同概念之间的相互联系。除了层次网络模型以外，还有集合论模型、特征比较模型、人的联想记忆模型等，这些模型实际上都可视为网络模型的变种。在网络模型中，经由新概念与储存在记忆中的旧概念的联结，或通过增加与已存概念的联结通道，新信息被融入网络中。同时，经由一个概念，可以激活并联系上下左右各相关概念，并在此基础上得出推论。这样的推论允许对新的信息做出反应，并验证新获信息是否与所知道的信息相一致。

【小案例 5-2】

提供广告记忆点

广告首先要让人记住，但如何让人记住，得提供一个让人记住的东西，观众不可能记住广告的全部，只会记住最突出的一点，这就是广告中的记忆点。

"恒-源-祥-绒线羊毛衫，羊、羊、羊"，简单的一句话挽救了一个企业，成就了一个品牌。连续 3 遍的重复也开创了广告的一种新方式，被称为"恒源祥模式"。可爱的童音"羊、羊、羊"成了恒源祥广告的记忆点。

有一个笑话：大学老师讲完微积分后问大家：学习微积分，我们的目标是——"没有蛀牙！"学生回答道。虽然是一个笑话，却反映出了高露洁的深入人心。"没有蛀牙"，显然成了高露洁广告的最大记忆点。

步步高的这则广告因为幽默而被大家记住。在电视上千篇一律的叫卖式广告时，突然的幽默一下子赢得观众的好感。该片在成就步步高的同时也成就了一位广告明星。"喂，小丽呀？"是幽默广告的点睛之笔，成了该广告的记忆点。

那么，记忆点从哪里来？得到的启发是：从哪里都可以找到记忆点。不要过分地为创意而创意。一个画面、一句话、一个声音、一个情节甚至情节中的一个动作等，都可以成为出色的记忆点，不过需要根据不同行业、不同品牌及不同定位，找到最适合自己的记忆点。

(资料来源：营销 10 年 10 大广告记忆点. 食品商务网(http://www.21food.cn)2007-12-04)

思考题：增强消费者记忆的方法有哪些？

2. 记忆过程的信息加工模式

记忆包括信息获取和储存，以便在需要的时候能够提取出来。现在对记忆的研究主要使用信息加工理论和方法，他们假设大脑在某种程度上像一台电脑一样，需要数据输入和加工，并且以修正的方式输出，进而把记忆过程中的信息流归纳为 4 个环节：复述、编码、存储和提取。

(1) 复述。个体对进入短时记忆的信息或刺激所进行的重复陈述(内心默诵或者进一步加工努力),称为复述。复述具有两大功能:一是保持短时记忆的信息,如把电话号码重复足够长时间后,就会记住这一号码;二是将短时记忆中的信息转移到长时记忆中,提高了日后这一记忆痕迹被提取的可能性。

(2) 编码。虽然复述直接影响短时记忆中的信息是否进入长时记忆,对记忆具有重要作用,同样不容忽视的是信息的编码,因为后者在很大程度上决定着转换的时间以及信息在记忆中的存放位置。一般而言,如果新获取的信息与记忆中已有的信息有联系的话,这种信息更容易被保存下来。而通过复述,消费者可以简单地对刺激物重复默记,以此使刺激物与长时记忆中已经存在的信息建立联系。

(3) 储存。储存是指将业已编码的信息留存在记忆中,以备必要时供检索之用。信息经编码加工之后,在头脑中储存,这种储存虽然是有秩序、分层次的,但不能理解为像存放在保险柜里的文件一样一成不变。随着时间的推移和经验的影响,储存在头脑中的信息在质和量上均会发生变化。从质的方面看,储存在记忆中的内容会比原来识记的内容更简略、更概括,一些不太重要的细节趋于消失,而主要内容及显著特征则被保留;同时,原识记内容中的某些特点会更加生动、突出甚至扭曲。

(4) 提取。提取是将信息从长时记忆中抽取出来的过程,包括外显记忆和内隐记忆。有时会在无意识间就能记忆起来的内容,叫内隐记忆。比如,当问及现在市面上有哪些汽车属于合资品牌时,消费者可能会脱口而出,说出诸如"上海大众""广州本田""上海通用"等多种牌号。而在某种情况下,要有意识地回忆过去发生过的事情,叫外显记忆。如去年的圣诞节你在干什么,恐怕很难立刻回忆出来,往往需要经过复杂的搜寻过程,甚至借助于各种外部线索和辅助工具,才能完成回忆任务。

根据记忆系统的差别,人的记忆保持的时间是不同的。这是因为,3 个记忆系统的信息加工水平是不同的,感觉记忆的信息加工水平最低,长时记忆的信息加工水平最高;而且这 3 个记忆系统在信息储存时间、信息编码方式、记忆容量等方面都有各自不同的特点。下面通过一般的记忆过程,进一步了解记忆系统对信息的加工处理过程,如图 5-4 所示。

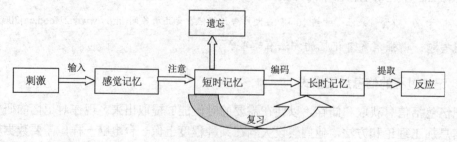

图 5-4 记忆过程的信息加工模式

二、遗忘及其影响因素

营销者希望消费者不会忘记他们的产品，然而在一项对 13000 多个成年人的民意测试中发现，有超过半数的人不能记起 30 天前所看到的、听到的或者阅读过的任何一则广告。消费者的遗忘问题是营销者十分关心的问题。

(一)艾宾浩斯遗忘曲线

遗忘是对识记过的内容不能再认和回忆，或者表现为错误的再认和回忆。从信息加工的角度看，遗忘就是信息提取不出来，或提取出现错误。 德国心理学家艾宾浩斯 (H.Ebbinghaus) 最早对长时记忆和遗忘进行了研究，并以自己为被试对象，以无意义音节作为记忆材料，用时间节省法计算识记效果，绘制了不同时间间隔的记忆节省图，称为艾宾浩斯遗忘曲线(见图 5-5)。

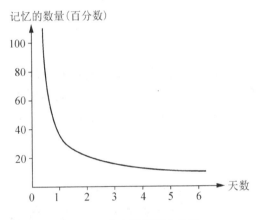

图 5-5 艾宾浩斯遗忘曲线

艾宾浩斯遗忘曲线表明了遗忘变量与时间变量之间的关系：遗忘的过程是不均衡的，在识记的最初一段时间遗忘很快，以后逐渐缓慢，过了一段时间后几乎不再遗忘。可以说，遗忘的过程是先快后慢，呈负加速型。

(二)影响遗忘的因素

记忆随着时间的流逝而消失，艾宾浩斯曲线足以说明这一点。然而，除了时间以外，识记材料的意义、识记材料的性质、识记材料的数量、学习材料的位置、识记者的学习程度，识记者的个人因素等均会对遗忘的进程产生影响。

1. 识记材料的意义

凡不能引起消费者兴趣，不符合消费者需要，对消费者购买活动没有太多价值的材料或信息，往往很快遗忘；相反，则不容易遗忘。同是看有关私家小轿车的宣传材料，对于准备购置小轿车的消费者与从未想到要购置的消费者，两者对所记信息的保持时间将存在明显差别。

2. 识记材料的性质

遗忘与识记材料的性质关系很大。一般来说，熟练的动作很难遗忘。贝尔(Bell)发现，一项技能在一年后只遗忘了 29%，而且稍加练习即能恢复。同时，有意义的材料较无意义的材料，形象生动的材料较平淡、缺乏形象性的材料较容易被长久记忆。莱斯托夫效应(Restoff Effect)，实际上从一个侧面反映了学习材料的独特性对记忆和遗忘的影响。莱斯托夫效应，就是指在一系列类似或具有同质性的学习项目中，最具独特性的项目最易获得保持和被记忆。对于广告主来说，要使广告内容被消费者记住，并长期保持，广告主题、情境、图像等应当具有独特性或显著性；否则，广告内容可能很快被遗忘。广告中经常运用对比、新异性、新奇性、色彩变化、特殊规模等表现手法，目的就是为了突出宣传材料的显著性。

3. 识记材料的数量

识记材料数量越大，识记后遗忘就越多；识记材料数量越小，则遗忘就越少。如看报纸，如果想看过两遍就能把整个 4 版的内容说出来，总有些困难，而只记一条新闻便既轻松又有把握了。有试验表明，识记 5 个材料的保持率为 100%，10 个材料的保持率为 70%，100 个材料的保持率仅为 25%。

4. 识记材料的位置

因为前摄抑制与后摄抑制的作用(这一概念后期介绍)，系列性材料开始部分最容易记忆，其次是末尾部分，中间偏后的内容则容易遗忘。之所以如此，是因为前、后学习材料相互在干扰，前面学习的材料受后面学习材料的干扰，后面学习的材料受前面材料的干扰，中间材料受前、后两部分学习材料的干扰，所以更难记，也更容易遗忘。

5. 识记者的学习程度

一般来说，学习的强度可分为低度、适度、过度 3 种，学习强度越高，遗忘越少。克鲁格曾做过划手指迷宫的实验：第一组练到恰能正确地划出手指迷宫为止；第二组多 50% 的练习；第三组多 100% 的练习。结果证明，学习程度达到 150%，记忆效果显著增长，而超过 150% 时，记忆效果并不随之再有明显提高。显而易见，低度学习后容易遗忘，过度学习后则比恰能背诵遗忘要慢。

6. 识记者的个人因素

造成遗忘的个人因素很多，诸如能力、兴趣、需要和情绪等。有研究表明，识记材料经过识记者努力加工或创造比未经其加工或创造遗忘缓慢；识记材料能吸引识记者的兴趣比不能吸引其兴趣遗忘缓慢。实际生活中也是如此，如自己动脑筋绘制的图表比现成的图表不易遗忘；进了展销会，人人都欣赏自己感兴趣的商品，其余走马观花所看到的东西就容易遗忘等。相反，那些平淡无奇的商品，那些线条呆板的广告，那些毫无意义的数字，总是很快便被人遗忘。

人的情绪往往对遗忘有很大影响。心情愉快时识记的材料，保持时间更长，而焦虑、沮丧、紧张时所学习的内容更易于遗忘。戈德伯格(M.Goldberg)和戈恩(G.Gorn)做了一项试验：一些被试者看喜剧类电视片，另一些被试者看悲剧类电视片，两则电视片中均插播同一内容的广告。结果发现，看喜剧片的被试者较看悲剧片的被试者能更多地回忆起广告的内容。情绪对记忆的影响强度取决于情绪类型、强度和要记忆的信息内容。一般来说，积极情绪比消极情绪更有利于记忆，强烈的情绪体验能导致异常生动、详细、栩栩如生的持久性记忆。此外，当要记的材料与长时记忆中保持的信息没有多少联系时，情绪对记忆的作用最大。这是因为情绪是唯一可以利用的提取线索。

(三)遗忘理论

储存在记忆中的信息为什么会被遗忘？这是营销者最为关心的问题之一。事实上，遗忘会使消费者失去许多有用的技能和有价值的消费知识。理论上对于遗忘的原因有种种解释，但影响较大的有 3 种学说，即消退遗忘理论、干扰遗忘理论、压抑遗忘理论。

1. 消退遗忘理论

20 世纪 20 年代，完形心理学派的学者们最初提出记忆痕迹的概念。这种学说认为，遗忘是由于记忆痕迹得不到强化而逐渐减弱，以致最后消退而造成的。他们认为，学习时的神经活动会在大脑中留下各种痕迹，即记忆痕迹。如果学习后一直保持练习，已有的记忆痕迹将会得到强化；反之，如果学习后长期不再练习，已有的记忆痕迹将会随时间的流逝而衰退。也就是说，不常回想起的或不常使用的信息，往往容易从记忆中消失。这一过程就像拍照后洗出来的相片一样，随着时间的延长，相片会逐渐变黄而模糊不清。

痕迹衰退说强调的是生理机制对记忆痕迹的影响，这一解释虽然合乎一般常识，而且能说明很多遗忘现象，但未必符合所有事实和进行普遍推广。因为人的有些经历，即使是在几十年以后，仍然历历在目，并不随时间流逝而淡忘。这种理论在 20 世纪 30 年代初就开始遭到一些心理学家的怀疑。

2. 干扰遗忘理论

消退理论把遗忘归结于生理机制和信息储存的失败，而干扰理论则认为遗忘是由于信息提取失败所致。该理论认为，随着越来越多的新信息被输入、归类，由于记忆材料之间的干扰，产生相互抑制作用，使所需要的材料不能提取而遗忘。干扰主要有两类：前摄干扰与倒摄干扰。所谓前摄干扰是指先学习的材料对后学习的材料所产生的干扰与抑制作用。所谓倒摄干扰是指新学习的材料对原来学习的材料的提取所产生的干扰与抑制作用。不论在哪一种情况下，前、后学习的内容越相似，干扰的程度就越大。

根据这一理论，一个人在保持信息期间(即在学习之后、测验之前这一段时间内)参与各种活动，会对记忆有一定影响。然而有实验表明，即便在没有前摄干扰或倒摄干扰的情况下，遗忘也还是会发生。

3. 压抑遗忘理论

无论是消退理论还是干扰理论，都没有涉及个体的需要和动机等因素。换句话说，它们都没有考虑到人们记忆某种信息时在一定程度上是受动机驱使的，那些会引起消极情绪的信息很可能被遗忘。

压抑理论认为，遗忘是由某种动机所引起的，因此又称动机性遗忘。这一理论，出自弗洛伊德的精神分析说。弗洛伊德认为，回忆痛苦经历将使人回到不愉快的过去，为避免痛苦感受在记忆中复现，人们常常对这些感受和经历加以压制，使之不出现在意识之中，由此引起遗忘。所以，在现实生活中，有些信息可能对我们很重要，所以被记住了；而有些信息可能会引起痛苦或不快，因而不大可能被记住。

本 章 小 结

为了很好地满足需要，消费者必须学习与消费商品和服务有关的所有知识。记忆是学习的结果，遗忘与最初学习的强度直接相关，同时受持续重复的影响。记忆是消费者行为和消费决策中的一个重要部分，记忆和遗忘是营销者关注的重要内容。

消费者学习是指个体获取购买及消费知识和经验以用于改变其未来相关行为的一个过程，可以从 4 层含义和 4 个特点加以深刻认识。有关学习的理论很多，与消费者行为联系特别密切的两种理论是经典性条件反射理论和操作性条件反射理论。其中，刺激泛化和刺激辨别是相对应的学习方法，在营销实践中应用很广泛。

消费者的学习离不开记忆。记忆系统包括 3 个相互联系的子系统，即感觉记忆、短时记忆和长时记忆。从信息加工理论角度看，记忆过程中的信息流可归纳为 4 个环节：复述、编码、存储和提取。与记忆相对应的是遗忘，消费者对识记过的内容、经历过的事情、购物的体验不能再认和回忆，遗忘的过程是不均衡的，表现为先快后慢。影响遗忘的因素很多，可以从时间、识记材料、识记者 3 个方面认识。遗忘的原因可以用 3 种理论解释：消退理论、干扰理论和压抑理论。

自　测　题

一、判断题(正确的打√，错误的打×)

1. 长时记忆必须要对材料反复加工复述才能形成。　　　　　　　　　　(　　)

2. 操作性条件反射理论中强调强化的作用，因而更适合于低介入程度的购买情景。

　　　　　　　　　　　　　　　　　　　　　　　　　　　　　　　　(　　)

3. 营销中的"晕轮效应"其实质就是操作性条件反射学习。　　　　　　(　　)

4. 遗忘仅仅是由于时间因素导致的。　　　　　　　　　　　　　　　　(　　)

5. 模仿他人行为实际上就是观察学习。　　　　　　　　　　　　　　　(　　)

6. 消费者采用试误法进行学习时，不一定需要亲身经历，从间接经验中同样可以认识错误。　　　　　　　　　　　　　　　　　　　　　　　　　　　　(　　)

7. 艾宾浩斯认为遗忘会随时间的变化而变化，时间越长遗忘越多。　　(　　)

8. 干扰理论把遗忘归结于生理机制和信息储存的失败，而消退理论则认为遗忘是由于信息提取失败所致。　　　　　　　　　　　　　　　　　　　　　　(　　)

二、单项选择题

1. 当消费者在商场看到自己曾经使用过或在广告中感知过的商品时能够辨认出来，并确认自己曾接触过，这是记忆环节中的(　　)。

　　A. 识记　　　　　　　　　　　　　B. 保持

　　C. 回忆　　　　　　　　　　　　　D. 认知

2. 对商品外在形状、大小、颜色的记忆属于(　　)。

　　A. 感觉记忆　　　　　　　　　　　B. 形象记忆

　　C. 短时记忆　　　　　　　　　　　D. 情绪记忆

3. 由经验而产生的行为或行为潜能的持续不断的变化即为(　　)。

　　A. 学习　　　　　　　　　　　　　B. 记忆

　　C. 注意　　　　　　　　　　　　　D. 态度

4. 影响消费者记忆与遗忘的客观因素包括(　　)。

　　A. 消费者自身的生理特征　　　　　B. 消费者学习的程度

　　C. 消费者注意与兴趣的程度　　　　D. 消费者所受刺激的强弱程度

　　E. 信息的顺序位置

5. 在广告上运用的词语，如"塞外茅台，宁城老窖"，体现了消费者行为学中的(　　)原理。

　　A. 刺激的泛化　　　　　　　　　　B. 刺激的辨别

    C. 刺激的强化   D. 刺激的重复

6. 经典性条件反射一般较常发生在(   )的购买情形。

    A. 高介入程度   B. 低介入程度

    C. 无介入程度   D. 一般状态

7. 操作性条件反射理论是由(   )提出来的。

    A. 巴甫洛夫   B. 斯金纳

    C. 弗洛伊德   D. 卡特尔

8. 强调学习过程中信息的复杂心理加工过程的理论是(   )。

    A. 认知学习理论   B. 行为学习理论

    C. 习惯养成理论   D. 条件反射理论

三、多项选择题

1. 按照保持时间的长短，记忆可分为(   )。

    A. 感觉记忆   B. 机械记忆   C. 短时记忆

    D. 长时记忆   E. 识记

2. 影响消费者记忆与遗忘的客观因素包括(   )。

    A. 消费者自身的生理特征   B. 消费者学习的程度

    C. 消费者注意与兴趣的程度   D. 消费者所受刺激的强弱程度

    E. 信息的顺序位置

3. 经典性条件反射理论的主要论点包括(   )。

    A. 行为学习   B. 刺激泛化   C. 刺激辨别

    D. 效应消退   E. 认知学习

4. 消费行为中的模仿包括(   )。

    A. 学习的结果   B. 压力的产物   C. 自学的行为

    D. 强制性的行为   E. 社会化的产物

5. 影响消费者记忆或遗忘的因素有很多，主要包括(   )。

    A. 识记材料的意义   B. 识记材料的性质   C. 识记材料的数量

    D. 个体的学习程度   E. 识记材料的位置   F. 时间

6. 记忆过程中的信息流归纳为4个环节，依照顺序为(   )。

    A. 复述   B. 编码   C. 存储

    D. 提取   E. 整理

7. 记忆系统分为3个，包括(   )。

    A. 短时记忆   B. 保持系统   C. 识记系统

    D. 瞬时记忆   E. 长时记忆

8. 认知学习一般被分为(   )。

A. 观察学习　　　　　　B. 模仿学习

C. 推理学习　　　　　　D. 以上都不是

四、思考题

1. 简述记忆的心理过程。

2. 结合记忆理论，对某则广告提出增强广告信息记忆的建议。

3. 刺激泛化和刺激辨别各是什么含义？营销者什么时候运用它们？

4. 影响学习强度的因素有哪些？举例说明。

5. 试述艾宾浩斯遗忘曲线及其对营销活动的启示。

6. 影响遗忘的因素有哪些？

7. 找出 3 则广告，其中一则基于认知学习，一则基于操作性条件反射，一则基于经典性条件反射。讨论每则广告的特点及广告是如何运用所学原理的。

8. 看赵本山"卖拐"小品，分析赵本山是如何把拐卖给范伟的？换句话说，就是企业如何帮助消费者学习并达成交易的？

案　　例

营销经典中的漂亮女人

市场营销似乎越来越离不开女人，离不开那些漂亮的女人！

随着大众生活水平的提高和消费观念的变化，家庭汽车已经不是什么遥不可及的东西。即使你现在还没有购买汽车的计划，也并不妨碍你去车展现场看看热闹。车展规模有大有小，车有多有少，至于汽车的好坏消费者哪里弄得清。既然弄不清楚到那干什么去啊！别急，到那里可以看到许多美女，那些在车前车后、车上车下、车里车外搔首弄姿、扭捏故作姿态的美女才是车展上的亮丽的风景线。那些美女是汽车专家吗？不是，她们大多对汽车技术一无所知。那么，她们到底和汽车有什么关系呢？可以说什么关系都没有！除了她们的美丽诱人的魔鬼曲线。据说，潜在的消费者对汽车的评价与是否有美女相伴成正相关，与美女的漂亮或风骚带给消费者的感官刺激程度成正相关。这是一个伟大的科学发现，由此造就了一个职业，为年轻美丽的女人创造了一个就业机会——职业车模。

讲到经典性条件反射，人们都会想到苏联的著名的生理学家巴甫洛夫，他用狗来做实验，每次用食物喂狗的同时总是摇铃，经过多次反复实验发现，即使没有食物出现时，狗听到摇铃声也有唾液分泌，这就是通常所说的流口水。也就是说，当一个中性刺激(铃声)与另一个会引起某种已知反应的无条件刺激(食物)多次配对出现后，当该中性刺激单独出现时也会引起同样的反应(唾液分泌)，这时候就产生了经典性条件反射的学习。这种学习的本质就是建立起两种刺激物铃声与食物的关联。生活中，这种学习方式非常广泛，包括幼儿识物、成人英语单词的记忆等，都属于试图在两个刺激物间建立关联。

在一则沙发的广告中，可以看到一只可爱的波斯猫坐在柔软的沙发上，悠闲地欣赏者美妙的音乐，似乎在述说着沙发的舒适和生活的美好。广告中那美妙的音乐和可爱的波斯猫就是巴甫洛夫实验中的食物，看到、听到这些就会自然产生美好的感觉，这感觉就是实验中的唾液分泌。那其中总是与可爱的波斯猫和美妙的音乐一起出现的是什么呢？沙发。广告主通过不断地重复出现，其目的就是试图建立起消费者对沙发的美好感觉，就如同消费者看到可爱的波斯猫和听到美妙的音乐一样。

同样，人们经常看到一些其他广告，如一种香烟品牌，总是把品牌与白雪皑皑的美丽雪景，或是把美丽的白鹤翩翩起舞的画面联系起来，目的就是试图建立起消费者对香烟品牌的好感。至此，可以理解香车美女中的美丽女人不过是巴甫洛夫实验中引起受众感官刺激的食物，其目的是试图建立消费者对汽车品牌的好感。在营销应用中，女人是经常被使用的无条件刺激之一，还有就是自然风光和人文景观，或美丽音乐等正面的感官刺激。

香车美女是天生的一对组合。汽车广告中美女频见，而史上最香艳火辣的汽车广告莫过于美国著名拜金女帕丽斯·希尔顿曾拍摄的宾利欧陆洗车广告。在广告片中她极具挑逗之能事，以各种美艳妖冶的性感洗车动作诠释着宾利。这是为什么呢？

(资料来源：1. 营销经典中的漂亮女人.景行高山之博客，http://blog.sina.com.cn/s/blog，2009-03-06

2. 香车美女天生一对 汽车广告别有洞天. 京华时报，2009-06-04)

案例讨论：

1. 运用相关学习理论解释上述企业营销活动。
2. 案例中涉及的这种学习方法与认识学习、社会学习有什么不同？
3. 区别经典性条件反射下的学习和操作性条件反射下的学习。

第六章　消费者态度形成和改变

【学习目标】

在本章的学习中，通过对态度概述、态度测量、消费者态度的形成与发展、态度与消费行为的关系以及消费者态度的改变理论和途径等学习，要求学生掌握消费者态度的含义和基本理论，并结合市场经济的实践，分析消费者态度形成的根本原因；同时掌握态度和行为之间的关系，理解态度改变理论，掌握态度改变的方式和途径，尤其要掌握改变消费者态度的说服模式，为有效地进行市场营销活动提供理论依据。

【导读案例】

李宁：从改变现在到改变未来

就在业内人士广受鼓舞再提李宁重夺王位的时候，作为主角的李宁公司却没有满足，重磅推出的一部更具看点的"大片"，在李宁的主导下终于上演——"90后李宁"轰然而出、更换品牌标识和广告语等。"品牌国际化"，这是对李宁更换品牌标识最好的解释，然而，选择在李宁公司保持30%的年增长速度下进行如此大的"变革"，李宁意欲何为？李宁究竟为何主动求"变"？

十年李宁，从公司成立到高速扩张，从国内走向海外，李宁品牌最大的亮点不是产品，不是广告，而是很纯粹的"李宁"个人的明星效应。在17年的运动生涯中，李宁共获得国内外重大体操比赛金牌106枚。1987年，李宁成为国际奥委会运动员委员会亚洲当时的唯一委员；1999年，李宁被世界体育记者协会评选为"20世纪世界最佳运动员"，他的名字和拳王阿里、球王贝利、飞人乔丹等25位体坛巨星一道登上了世纪体育之巅。带着这样的荣誉和国人的赞誉，李宁步入了商界，创立了"李宁"体育用品品牌，并以赞助1990年亚运会中国代表团为机遇，开始了李宁公司的经营业务，从而开创了中国体育用品品牌经营的先河。在李宁公司和李宁品牌的发展道路上，李宁就成为品牌最直接也是最有效的代言人，这样的策略在20世纪的中国是非常有效的，尤其是民族品牌、民族英雄这样的注脚，极其容易就可以引起国人的情感共鸣。即使在耐克、阿迪等全球体育大腕大举进攻中国市场，国内本土品牌异军突起抢占市场，李宁公司依然没有自乱阵脚，始终保持稳定的增长，除内部的不断变革和适应市场的新举措，包括签约不同领域的体育明星来推广对应的专业产品线，带来新的业绩增长点之外，与其先天的品牌内涵营造出来的消费者品牌忠诚度有着必然的关联。

2008年北京奥运会点燃圣火，李宁达到了个人的一个顶峰，但是也正因为是顶峰，2009年之后的李宁，开始逐渐褪去了光环，成为一个纯粹的商人、企业家或是慈善家。李宁本

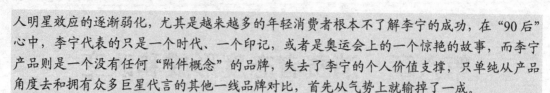

人明星效应的逐渐弱化,尤其是越来越多的年轻消费者根本不了解李宁的成功,在"90后"心中,李宁代表的只是一个时代、一个印记,或者是奥运会上的一个惊艳的故事,而李宁产品则是一个没有任何"附件概念"的品牌,失去了李宁的个人价值支撑,只单纯从产品角度去和拥有众多巨星代言的其他一线品牌对比,首先从气势上就输掉了一成。

因此,李宁需要改变,而且除了 Logo 和 Slogan,更需要赋予品牌一个新的理念,一个适应社会变化的文化层面的改革,带来更多消费者的认同感,这也是 90 后李宁新一轮广告的攻心政策。体育用品的核心消费群体是 14~45 岁,李宁品牌 35~40 岁的消费者超过 50%,结构的失衡其实不难理解,因为对于大多数的"70后"和"80后"的消费者,购买李宁产品是一种情结,也是一种消费态度,在这个群体中,对于李宁个人的高度崇拜造就了对于李宁品牌的热爱和追捧,但同样导致了品牌认知上的问题。

在 2007 年进行的市场调查报告中,李宁已经看到了自身品牌的弊病,品牌实际消费人群与目标消费人群发生了较大的偏移,年轻消费者对于李宁的品牌印象包含了"积极向上""有潜力""中国特色""认同度"等诸多方面,但是体育品牌越来越注重的"时尚""国际感"等方面的感觉较差却成为短板。李宁在研发设计上投入大手笔的资金,争取在设计上同国际化接轨,同时价格水平比国际一线品牌低 20%~30%,却依然不能冲击一线品牌市场,甚至在品牌认知度上存在如此致命的误区,则可以判定的是从品牌的根本上出现了问题。

同时,缺乏吸引年轻人的核心产品系列,一直以来是李宁的最大弱点和困扰。李宁的核心体育资产是羽毛球,乒羽系列虽然最能代表中国体育产业的繁荣,可实则在中国和世界的普及程度较低,对年轻人的吸引力也较足球逊色很多,无奈的是,全球年轻群体最受关注的足球和篮球系列分别被阿迪和耐克占领,这也是李宁公司的唯一选择。因而,从消费者的心理角度去进攻,让品牌的个性更加鲜明、敏锐,充满改变的动感。一直以来以"冠军"为品牌主张、与年轻群体沟通不足的李宁,希望改变从这里发生,给年轻人一个新的主张,一个"90后"味道十足的主张。"make the change"无疑是"90后"最为积极和正面的代表语言。

然而,改变未来之路困难重重,由于中国国产品牌的烙印太为深刻,品牌烙印减弱了越来越崇尚时尚和潮流的年轻消费者对李宁品牌的认同感,更换标识不失为解决这一问题的上上策。

从目前来看,品牌国际化是李宁公司的首要战略目标,也是为下一步的市场国际化做好铺垫,新标识将承载起颠覆中国年轻消费群体对李宁品牌烙印的重任。从新标识所赋予的理念来看,确实能够拉近同年轻一代的距离,社会各界的态度反响也都以积极和肯定为主,毕竟民族品牌能够强大到与国际一线品牌抗衡,是一件值得国人骄傲的事情,相信在门店终端全面更换标志、新品牌广告大肆的轰炸过后,李宁公司的后期市场运作将成为最大的看点,而竞争对手如何应对也是 2010 年乃至 2011 年体育用品行业的"重头戏"。

(资料来源: http://www.chinavalue.net/Management/Blog/2010-08-09)

阅读案例，思考下列问题：

1. 你认为消费者对李宁品牌的认知和情感是什么？
2. 你如何评价李宁通过改变标识和口号来改变消费者态度的做法？
3. 你如何评价李宁品牌的"改变现在到改变未来"？

第一节　消费者态度概述

态度是社会心理学的核心概念，心理学家墨菲(Murphy)和纽卡姆(Newcomb)曾经写道："在社会心理学的全部领域中，也许没有一个概念占据的位置能比态度更接近中心的了。"事实上，人在社会生活中的许多行为，如了解他人的立场，告诉他人自己的观点，说服他人改变原先的看法等，都与态度有关。而且，态度对于理解偏见、种族歧视、消费者行为、人际吸引等社会心理现象都十分重要。

人几乎对所有事物都持有某种态度，这种态度不是与生俱来的，而是后天习得的。态度一经形成，具有相对持久和稳定的特点，并逐步成为个性的一部分，使个体在反应模式上表现出一定的规则和习惯性，由此影响其购买决策行为。

一、态度的含义及特性

(一)消费者态度的含义

在过去的半个多世纪里，很多学者从不同角度对态度下过定义。心理学家瑟斯顿认为：态度是人对待心理客体如人、物、观念等的肯定或否定的情感。赖茨蔓认为：态度是对某种对象或某种关系的相对持久的积极或消极的情绪反映。克雷奇和克拉茨菲尔德则表达为：态度是一种和个人所处环境有关的动机、情绪、知觉和认识过程所组成的持久结构。弗里德曼认为：态度是一种带有认知成分、情感成分和行为倾向的持久系统。

总之，目前学术界对态度大致有 3 种不同的看法。第一种看法认为，态度主要是情感的表现，或反映的是人的一种好恶观。前面介绍的瑟斯顿及赖茨蔓对态度的定义就反映了这种观点。第二种看法认为，态度是情感和认知的统一。美国学者罗森伯格认为："对于态度客体的情感反应，是以对客体进行评价所持的信念或知识为依据的，所以态度既有情感成分又有认知成分。"第三种看法将态度视为由情感、认知和行为构成的综合体。前述克雷奇、弗里德曼等人对态度的定义就反映了这种观点。

在此基础上，我们认为态度是指人对于事物所持有的肯定或否定、接近或回避、支持或反对的相对稳定的心理和行为倾向，是人对于所处环境某些方面的动机、情感、知觉和认识过程的持久体系，是对于给定事物喜欢或不喜欢的反应倾向，是人对于某一对象以喜、恶、爱、憎方式做出某种特定反应的内在倾向,这个对象既可以是具体的人、物或事,也可以是比较抽象的概念或理论。人几乎对所有事物都持有某种态度,这种态度不是与生俱来的,而是后天习得的。而且态度一旦形成,具有相对持久和稳定的特点,从而难以改变。

消费者态度是指消费者评价消费对象优劣的心理倾向,导致消费者喜欢或讨厌、接近或远离特定的产品和服务。消费者对商品的态度会直接影响其购买决策,而商品的购买和使用经验,又会影响消费者的态度。消费者态度作为一种心理倾向,通常以语言、动作和行为表现出来。因此,我们倾向于将消费者态度定义为:消费者对某一事物或观念所持有的正面或反面的认识上的评价、情感上的感受和行为上的倾向。

(二)消费者态度的特征

1. 习得性

态度是后天习得的,即态度是人在社会环境中对某一事物的体验或信息的基础上形成的。即个体在长期生活中,通过与他人的相互作用,以及周围环境的不断影响而逐渐形成的。态度不同于本能,态度不是天生的,它是通过后天的学习获得的。态度形成以后,反过来又会影响个体对周围事物和他人的反应。在这种相互作用过程中,一个人的态度经过不断的循环和修正,会逐步形成日益完善的态度体系。

2. 对象性

态度总有一定的对象,它是包罗万象的,其中如人(他人、自己)、物、事件、群体、制度、民族、国家以及代表各类事物的观念等。这些人与事物一旦成为态度的对象,就被称作态度客体。没有客体的态度是不存在的。任何一种态度都有针对性,总是对一定的客体而发生,所以它反映了主体与客体间的关系。

3. 复杂性

构成态度的要素是多元化的,人在不同时期、不同状态、不同环境下各要素发生作用的程度有可能是不同的,因而态度表现出复杂性的特征。态度的复杂性特征还表现在其对很多事物总有多种复杂的想法和信念,同时态度有一个相对复杂的构成成分。

4. 稳定性

态度是在需要的基础上,经过长期的感知和情感体验形成的,其中情感的成分占有重要位置,并起到强有力的作用。它使得一个人的态度往往带有强烈的情感色彩,并具有稳定性和持久性。正是由于态度具有这种稳定性和持久性,才使个体能够更好地适应客观世界。稳定的态度作为个体人格的组成部分,是不会轻易改变的。

5. 价值性

态度能反映出消费者的自我形象和价值体系，即消费者的态度具有提供其进行实物判断的价值指向特性。这也反映出价值的表现功能，价值表现功能可以反映主体的价值体系和自我形象。比如，目前中国很多城市家庭在传统节日——春节，年夜饭选择在酒店或饭店进行聚会就餐，而不是像以往在自己家里做饭。对这种现象的不同态度就折射出人对休闲、节日、时间方面不同的价值观。

二、消费者态度的功能

消费者对产品、服务、观念或企业形成某种态度，并将其储存在记忆中，需要的时候，就会将其从记忆中提取出来，以应付或帮助解决当前所面临的购买问题。通过这种方式，态度有助于消费者更加有效地适应动态的购买环境，使之不必对每一新事物或新产品、新的营销手段都以新的方式做出解释和反应。从这个意义上，形成态度能够满足或有助于满足某些消费需要，或者说，态度本身具有一定的功能。虽然学术界已经发展出不少关于态度功能的理论，但其中受到广泛关注的则数卡茨(D.Katz)的4功能说。

(一)适应功能

适应功能(Adjustment Function)反映主体希望获得的基本利益，即指态度能使人更好地适应环境和趋利避害。如消费者倾向于对那些能给他们带来好处的事物或活动形成正面的态度，而对那些会给他们带来害处的事物或活动形成负面的态度。营销者在广告中经常许诺会给人们带来好处，并进行广泛的产品试验以保证产品确实能实现诺言。

(二)自我保护功能

自我保护功能(Ego Defense Function)反映主体在外在威胁和内在感觉作用下保护自我的意识，即态度保护自我不受焦虑和恐吓的威胁，从而保护个体的现有人格和保持心理健康。在日常生活中，个人保健用品即是针对消费者自我保护功能而设计的。如近些年国内中医推拿、针灸方面的图书热销、广播电视网络节目热播，在很大程度上满足了消费者对健康的需求，在内容设计中直接反映消费者对健康需求的心愿，以此提高吸引力。

(三)认知功能

认知功能(Knowledge Function)也称知识功能，即帮助消费者认知信息、组织信息的功能，指形成某种态度，更有利于对事物的认识和理解。即态度能够帮助消费者组织日常生活中的大量信息，减少大量不确定及混乱的信息。比如，可以帮助消费者识别可能与客观事实相符或不符的状况，形成产品或品牌或购物的知识判断以及帮助消费者理顺日常基础信息、排序信息和摒弃不相关信息等。

(四)价值表现功能

价值表现功能(Value-Express Function)反映主体的价值体系和自我形象,即态度能表达消费者的自我形象和价值体系。比如,那些崇尚自然、重视环境保护的消费者有可能发展起与此价值观相一致的关于产品与活动的态度。这些消费者可能会表达对于环保和回收倡议的支持,愿意购买和使用绿色产品。由于态度能表达一种核心价值观念、价值体系和自我形象,营销人员可以借助广告,通过暗示使用、购买某产品能增强自我意识、成就感或独立等来利用态度的价值表达功能。

三、消费者态度的构成

对消费者态度的结构研究有多种观点,其中三元论观点最有其代表性,如图6-1所示。

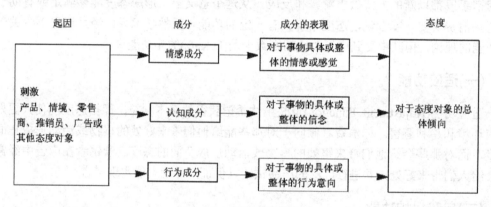

图 6-1 消费者态度的构成

(一)认知成分

认知成分由消费者关于某个事物的信念所构成。对于大多数事物,人都有一些信念。消费者在买软饮料时一般对它的属性,如卡路里含量、维生素含量、味道、碳酸型等进行认识,并对由此带来的利益非常关注,如补充能量、营养、爽口、解渴等。消费者的品牌信念为营销人员提供了一种识别本公司品牌相对于竞争者品牌的优势与劣势的方法。

在购买或消费过程中,信念一般涉及3个方面的连接关系,由此形成3种类型的信念。这3种信念是:客体—属性信念;属性—利益信念;客体—利益信念。

(1) 客体—属性信念。客体可以是人、产品、公司或其他事物。属性则是指客体所具备的特性、特征。消费者所具有的关于某一客体拥有某种特定属性的知识就叫客体—属性信念。比如,某品牌手机的蓄电功能强大,某品牌牙膏具有减轻牙龈问题、修复黏膜损伤的功能，就是关于产品具有某种属性的信念。总之，客体—属性信念，能使消费者将某一属性与某人、某事或某物联系起来。

(2) 属性—利益信念。属性—利益信念就是消费者对某种属性能够带来何种后果，提供何种特定利益的认识或认知。消费者购买产品、服务就是为了满足某种需要或解决某类问题，因此，追求产品能够提供利益的属性是消费者购买的首要诉求。比如，阿司匹林所具有的阻止血栓形成的属性，有助于降低心脏病发作的风险，由此使消费者建立起这两者之间的联系。

(3) 客体—利益信念。客体—利益信念是指消费者对一种产品、服务将导致某种特定利益的认识。在前述阿司匹林例子中，客体—利益信念是指对使用阿司匹林与降低心脏病发病率联系的认知。通过分析消费者的需要和满足这些需要的产品利益，有助于企业发展合适的产品策略与促销策略。

(二)情感成分

情感成分是在认知基础上对客观事物的感情体验，它是态度的核心。人对于某种事物的感情或情绪性反应就是态度的情感成分。一个宣称"我喜欢某某产品或者不喜欢某某产品"的消费者所表达的是关于产品的情感性评价。这种整体评价也许是在缺乏关于产品的认知信息或没有形成关于产品的信念条件下发展起来的一种模糊的、笼统的感觉。

值得注意的是，消费者的品牌信念是多维的，而情绪和情感成分是一维；消费者情感会随情境、个体的改变而改变，如对待西服态度的变化以及社会地位的变化与对侈奢享受的容忍与追求；消费者情感也可能先于认知并影响认知，先有情感，然后再找线索。如中国人品牌观念的形成就与中国人思维方式有关。

测定消费者对品牌的态度就可以从"最不喜欢"到"最喜欢"，从"最差"到"最好"进行描述。与对其他事物的反应一样，消费者对产品的评价是在特定的情境中作出的，因此，特定消费者对于某个产品的情感反应也会随情境的改变而改变。

(三)行为成分

态度的行为成分是一个人对于某一事物或某项活动做出特定反应的倾向。它不是行动本身，而是采取行动之前的准备状态。购买或不购买某产品，向朋友推荐该品牌或其他品牌等一系列决定，能反映出态度的行为成分。如果消费者表明："我打算购买一部苹果手机"，这主要表达的是该消费者对于该品牌产品的倾向，即购买意向。而影响消费者购买的因素是多种因素综合影响的结果。由于行为往往是针对整个事物的，它不像信念或情感那样具有具体的属性指向。

一般来说，态度中的 3 个要素需要协调一致。一种态度的形成，就是消费者获取足够的信息，对客体产生好感，并强烈感到需要采取行动的过程。但 3 个要素之间也有可能出现不一致，当这种情况出现时，感情要素(特别是情绪和情感)将起主导作用。

第二节　消费者态度与行为的关系

消费者的购买行为是复杂多变的，研究其购买行为对于营销者有着至关重要的影响。目前，大多数研究消费者行为的专家认为，消费者一般是受内外因素影响，作用于消费者心理，形成某种态度，然后受信念及态度的影响再决定是否购买某产品或服务。但事实上，消费者态度与其购买行为之间的关系要复杂得多，并非完全必然的直接支配关系，他会受多种因素综合影响。总之，需要明确科学客观的消费者态度与行为之间的关系，以利于更准确地把握其经营活动。

一、消费者态度对购买行为的影响

一般而言，消费者态度对购买行为的影响，主要通过以下3个方面体现出来。

(一)消费者态度将影响其对产品、商标的判断与评价

社会心理学家通过大量实验发现，不同的主体对于同一事物由于各自的立场和态度的角度差异会造成认知判断上的偏差，这种现象在消费者选择、购买产品时也会出现。比如，日常生活中，人一般对名牌产品保有质量好的信念和态度，因而形成一些人愿意支付高价格选择名牌产品的倾向。

(二)态度影响消费者的学习兴趣与学习效果

即态度在人学习过程中会起到过滤的作用。消费者在接触各种产品信息的不同来源时，也会因为对企业、产品、服务、品牌等的不同态度，产生自己已经形成定势的判断，进而影响自身对这些信息的解释和判断。比如，国内一些高校都会有自己的特色专业和学科在学生中形成良好口碑，进而形成批量学生奋力争取取得其学习资格，而其他专业学科较为冷清的情形。

(三)态度通过影响消费者购买意向进而影响购买行为

佩里(Perry)的研究发现，态度与消费者购买意向间存在直接联系，抱有善意态度的被试者怀有明确的购买意向；抱有恶意态度的被试者完全没有购买意向；漠不关心的消费者则对将来是否购买持观望或不确定的态度。由此得出结论表示，意向是态度的直接函数，即态度能够在很大程度上预测意向。而费希本(M.Fishbein)和阿杰恩(I.Ajzen)则认为，消费者是否对某一对象采取特定的行动，不能根据他对这一对象的态度来预测，因为特定的行动是由采取行动的人的意图所决定的。要预测消费者行为，必须了解消费者的意图，而消费者

态度只不过是决定其意图的因素之一。

【小案例 6-1】

拉皮尔实验：1930 与中国人一路旅行

美国斯坦福大学的社会学教授理查德·拉皮尔于 1930 年做了一个社会调查——"1930 与中国人一路旅行"，恰巧是针对美国人对待中国人的态度而做。2 个月前，教授和一对中国夫妇在这个旅馆下榻，他们在这个拒绝对亚裔人士服务出名的小城中，就在这家旅店轻而易举地获得了一个房间。现在，教授再次致电旅馆，能否给一位重要的中国先生安排住处，回答是他意料到的，"不可以"。旅店的回答和以前服务大相径庭，是偶然？性格反复？还是跟风？教授决定进行"社会学实验"——测试。

1930—1931 年，拉皮尔在他的两位中国朋友陪同下，第二次横跨美国，驱车 10000 公里，途中在 60 家旅店过夜，184 家旅店用餐。其中，只有一次遭到拒绝，一家廉价平房的主人，看了车内的人，回答："对不起，我不想听到很大的喘气声"。3 个旅行者在其他时候，一路都得到特别的礼遇，很多乡下旅社，从来没有见过亚洲人，初次见面有些惊讶，然而不仅没有拒绝，还表示了特别的欢迎。拉教授，尽量让他的中国朋友出面，他晚些出现，然后要对接待主管、行李员、电梯童、女招待等的会面情况详细记录。两位中国朋友，不知道是在进行实验。在旅行之后 6 个月，他再次匿名致函这些旅店和餐厅，"你愿意接待华裔客人吗？"在收到的 128 份答卷中，只有一份肯定，其他所有回复，都是拒绝中国人，少数不置可否。拉教授是认真的，他要考虑，回答是否是因为他们的旅行的印象造成？于是，他向沿途没有访问过的旅店调查，结果是一样的：没有人愿意和中国人打交道。

(资料来源：[瑞士]施奈德. 疯狂实验史[M]. 生活·读书·新知三联书店，2009)

思考题：1. 美国人对中国人的歧视态度是如何形成的？
　　　　2. 态度和行为的关系是什么？态度和行为不一致的原因又是什么？

二、购买行为与态度不一致的影响因素

根据学者佩里的观点，消费者态度一般要通过购买意向这一中间变量来影响消费者购买行为，即态度与行为存在高度一致性影响。但态度与行为之间在很多情况下并不一致。造成不一致的原因有很多，如除主观规范、意外事件以外，还有很多其他的因素。

(一)购买动机

即使消费者对某一企业或某一产品持有积极态度和好感，但如果缺乏购买动机，消费者也不一定会采取购买行动。比如，一些消费者可能对苹果公司生产的手机抱有好感，认为苹果公司生产的手机品质超群，但这些消费者可能由于其他原因并没有到需要拥有一部苹果的手机的时候，由此造成态度与行为之间的不一致。

(二)购买能力

消费者可能对某种产品特别推崇，但由于经济能力的限制，只能选择价格低一些的同类其他牌号的产品。比如，随着绿色、健康等消费观念的加强，很多消费者对红木家具的需求意向和评价很高，但真正作购买家具的决定时，可能选择的是非红木或一般实木类家具，原因就在于红木家具的材料稀缺和高品质，同时也意味着消费者需支付相当高的价格，超越了自身的购买能力。

(三)情境因素

如节假日、时间的缺乏、天气状况等，都可能导致购买态度与购买行为的不一致。当时间比较宽裕时，消费者可以按照自己的偏好和态度选择某种牌号的产品；但当时间非常紧张，如要赶飞机，要很快离开某个城市时，消费者实际选择的产品与他对该产品的态度就不一定有太多的内在联系。

(四)测度上的问题

行为与态度之间的不一致，有时可能是由于对态度的测量存在偏误。比如，只测量了消费者对某种产品的态度，而没有测量消费者对同类其他竞争品的态度；只测量了家庭中某一成员的态度，而没有测量家庭其他成员的态度；或者离开了具体情境进行测度，而没有测量态度所涉及的其他方面等。

(五)态度测量与行动之间的延滞

态度测量与行动之间总存在一定的时间间隔。在此时间内，新产品的出现、竞争品的新的促销手段的采用及很多其他的因素，都可能引起消费者态度的变化，进而影响其购买意向与行为。时间间隔越长，态度与行动之间的偏差或不一致就会越大。

第三节 消费者态度的测量

态度是一种内在的心理倾向，它无法被直接观察到，但可以通过某些方法和技术把它测量出来。这些测量方法主要包括态度的直接测量和间接测量两大类。直接测量即使用态度量表让被试直接报告自己的态度，这种方法也叫自陈报告法。间接测量即利用伪装的测量技术测量被试者态度的方法，包括行为反应测量、生理反应测量和自由反应测量。目前有两类实际反应可以用来作为推论态度的依据：一是该人对该事物所表现的直接行动；二是该人以语言或文字的形式就其对该事物的想法、感情及行为倾向所做出的自我陈述。

评估某人对某物的态度最为直接的方法是询问，即提出一个问题让被试自我报告自己的态度。但态度有时非常复杂，通过单个问题很难测量出来，而且单个问题容易受词语表达、呈现情境、询问者的特征以及其他外部因素的影响。基于这些局限，研究者经常采用多重项目问卷法，即态度量表法。态度量表是由社会心理学家根据特定的态度对象，采取科学的设计程序加以编制的，然后通过被测量者的自陈报告来评定其对特定对象的态度。态度量表中存在着不同的编制和使用程序，因此有多种量表，如瑟斯顿量表、语义差异量表和李科特量表。

尽管态度的各种量表为直接测量一个人的态度提供了一定的理论和技术基础，但是这种直接测量都存在一个共同的缺陷：容易受主体主观自我呈现动机的影响，最为明显地反映在社会赞许性反应倾向上。所谓社会赞许性反应倾向，是指人在问卷与量表的反应上出现的一种迎合社会期望和要求而不按实际情况来反应的倾向。为了克服这种反应偏差，研究者发展了态度的间接测量方法，即使用一些伪装的非言语的测量技术来测量人的态度，如行为反应测量、生理反应测量和自由反应测量。

一、态度的直接测量

(一)瑟斯顿等距测量法

此量表是瑟斯顿(L.L.Thurstone)首先发明的，其内容是选取一组有关某一问题简单、直接、涉及面广的陈述，再要求被试者对其中的每一个陈述做出一种反应，最后总结出结果。

其基本思想过程：首先，对消费者进行初步访谈和文献分析，尽可能收集他对某一态度对象的各种意见；其次，对上述所收集陈述意见归类，将其分为 7、9 或 11 组，由评判人员完成，并计算各种意见的量表值；再次，进一步筛选，形成 20 条左右的陈述意见，并沿极端否定到极端肯定展开；最后，对被试者做判断，得到其在该问题上的态度分数。如由彼得森(R.C.Peteson)编制的瑟斯顿"战争态度量表"就采用 11 组分类方式，分别就人对战争的态度进行阐述，以测试其拥护或反对战争的态度。

运用瑟斯顿等距测量法测试消费者态度，要求被试者应积极、诚实、客观地回答问题和给予积极合作；否则，调查结果可能出现偏差。同时还需要对数目众多的陈述意见进行筛选，并分别计算每一条陈述意见的量表分值，相当费时、费力，也由此限制了该方法在实际中的广泛应用。

(二)李克特态度量表法

李克特量表法是李克特(R.Likert)在 1932 年提出的，又叫总和等级评定法。由一组对某事物的态度或看法的陈述组成，该方法将瑟斯顿量表中的专家或评判人员分类转变为应答者的自我分类，回答者对这些陈述的回答被分成非常同意、同意、不知道、不同意、非常不同意 5 类，或者赞成、比较赞成、无所谓、比较反对、反对 5 类。有时也会采用 7 级量表，分为极同意、同意、有些同意、中立、有些反对、反对、极反对，5 级和 7 级李克特态度量表的规定完全是人为的。如图 6-2 所示，量表上取的分值越低，表明对陈述意见赞同的程度越高；反之，则越低。

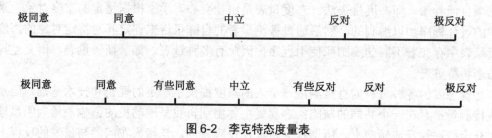

图 6-2　李克特态度量表

　　李克特态度量表法的具体操作流程是，对陈述意见只采用肯定或否定两种陈述，并要求被试者对各项陈述意见表明赞同或不赞同的程度。该方法的作用明显突出，通过对态度程度的描述能够更清楚地反映不同的人在态度上的差别；提出了帮助研究者从量表中消除有问题项目的方法；相对于瑟斯顿量表法而言，工作量大大降低，测量结果较好。因此，该方法由于操作简便而成为目前应用最广泛的态度测量方法之一。例如，用 5 级量表测量以下消费者态度：

　　1．我养不起一个孩子。　　　　　　　　　　① ② ③ ④ ⑤
　　2．我想在自己年轻的时候生孩子。　　　　　① ② ③ ④ ⑤
　　3．生孩子太痛苦。　　　　　　　　　　　　① ② ③ ④ ⑤
　　4．有个孩子会限制我的自由。　　　　　　　① ② ③ ④ ⑤
　　5．有个孩子会使婚姻更美满。　　　　　　　① ② ③ ④ ⑤
　　6．有个孩子会使家庭生活更充实。　　　　　① ② ③ ④ ⑤
　　7．有个孩子增加了我的责任感。　　　　　　① ② ③ ④ ⑤
　　8．有个孩子让我没有时间想我自己的事情。　① ② ③ ④ ⑤

　　但是对于测量较复杂的态度问题时，经常遇到的一个问题是，如何确定、选择合理客观的陈述句，以便更接近真实状况，客观地反映消费者在某一方面态度的真实程度。从这个意义上讲，也无法有效排除测试结果带有被试者的主观性。

(三)语意差别量表法

　　语意差别量表法是由奥斯古德(C.E.Osgood)等人在 1957 年提出的一种态度测量方法，又叫语意分析量表。该方法的基本思想是，对态度的测量应从多个角度并采用间接的方法进行，人对某一主题的态度，可以通过分析主题概念的语意，确定一些相应的关联词，然后再根据被试者对这些关联词的反应来加以确定。

　　语意差别量表包括 3 个不同的态度测量维度，即情感或评价维度、力度维度和活动维度，如表 6-1 所示。

表 6-1 语意差别测量表

项　目	程　度								
评价维度	好	7	6	5	4	3	2	1	坏
	美	7	6	5	4	3	2	1	丑
	聪明	7	6	5	4	3	2	1	愚蠢
力度维度	大	7	6	5	4	3	2	1	小
	强	7	6	5	4	3	2	1	弱
	重	7	6	5	4	3	2	1	轻
活动维度	快	7	6	5	4	3	2	1	慢
	积极	7	6	5	4	3	2	1	消极
	敏锐	7	6	5	4	3	2	1	迟钝

(资料来源：C.E.Osgood,et al. The Measurement of Meaning. Urbana:University of Illinois Press, 1957.)

　　语意差别量表法从多角度采用间接的方法测量态度，通过被试者对关联词的反应推断其态度的状况。比如，你想了解学生对代课教师的态度，如果直接询问对自己代课教师的感觉，很多时候不一定能了解他的真实态度。这时可以要求被试者按照语意差别量表中的各个评定项目画圈，由此推断他对代课教师的态度。

　　语意差别量表法构造简单，适用范围广泛，可以用来测量消费者对任何事物的态度。但同样没有克服被试者会带有一定程度的主观性。

　　下面以消费者对 A、B 两家医院的评价说明语意差别量表的具体运用。图 6-3 描绘出某地消费者对 A、B 两家医院评价结果的平均值。从图 6-3 中可以看出，医院 A 虽然价格高，但规模大、服务质量好，并且经验丰富、较为方便；而医院 B 虽然价格较低、现代化程度较高，但其规模、服务及经验相对较弱。

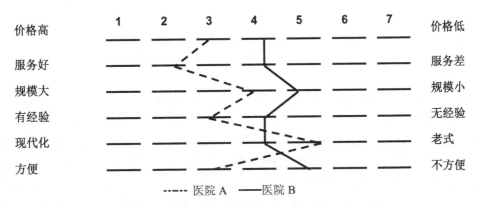

图 6-3 消费者对医院态度的语意差别量度

二、态度的间接测量

(一)行为反应测量

行为反应测量的特点是以被测量者的行为举止作为态度的客观指标来加以观察，其基本假设为：行为是态度的外在表现。最常见的行为反应测量是面部表情的测量。面部肌肉的运动体现了情感反应。研究者认为，面部肌肉的变化模式，反映了积极或消极的态度，同时也反映了态度的强度。还有研究者利用身体距离、目光接触等非言语的沟通来测定人与人之间的态度。这种测量不直接涉及被测量者的态度，不易被本人觉察，可获得较可靠的资料，但问题在于行为与态度并非简单的一一对应的关系。

(二)生理反应测量

生理反应测量的特点是通过检查被测量者的生理变化来测定其态度，因为态度可以引起机体的一系列生理反应，如脑电波、心跳、呼吸、血压、皮肤电等的变化。有研究者通过脑电波的变化模式来查明被试对广告的态度，也有研究者曾利用皮肤电反应作为指标去探测种族偏见的态度，还有研究者利用这种方法去测量人的语言的真实程度。生理反应不易受意识控制，故相对来说较为可靠，但这种方法的局限在于它只能测量极端的态度，并且难以识别态度的方向。

(三)自由反应测量

自由反应测量的特点是给出开放式的问题或刺激物，但不提供任何可能的答案让被测量者加以选择，让被测量者依据自己的认识去确定答案。如果用问答法，测量者提问，被测量者谈自己的看法，其缺点是不够精确。也可采用投射法，像主题统觉测量，测量者给出意义不明确的刺激物，再通过被测量者的反应来推测其态度，其缺点是解释的难度较大。

第四节 消费者态度的形成与改变

态度的形成是指态度从无到有的过程。态度的改变是在旧态度上发生新变化的过程。态度的形成和改变是同一发展过程的两个不同方面。态度的形成强调某一态度的发生与发展，而态度的改变强调由旧的态度改变为新的态度。二者相互联系，相互衔接。消费者态度改变包含两层含义：一是态度强度的改变；二是态度方向的改变。消费者态度的改变，一般是在某一信息或意见的影响下发生的，从企业角度，又总是伴随着宣传、说服和劝导。从这种意义上，态度改变的过程也就是劝说或说服的过程。因而，营销者可以使消费者形成和改变关于产品或品牌的态度。

一、消费者态度的形成

西方学者关于消费者态度的形成提出了众多理论，主要有学习论、诱因论、平衡论、认知—情感相符论及认知失调论等，虽然这些理论对态度形成的解释有其自身的侧重点，但是它们之间并不相互矛盾，而是可以互相辅助、补充。

(一)科尔曼的三阶段理论

态度不同于一般的认知活动，它具有情感等因素，比较持久、稳固。因此，态度的改变需要经历一个较为复杂的过程。科尔曼(H. Kelman)于 1961 年提出的态度形成三阶段论将一个人态度改变的过程描述为顺从、认同、内化三个阶段。

1. 顺从

顺从是一个人按照社会要求、群体规范或他人意志而作出的行为，其目的是为了达到某种物质或精神的满足或为了避免惩罚。顺从通常是外在压力作用的结果，不是个人的自愿选择，因此，由顺从造成的态度改变只是暂时的、表面的。但是，被迫的顺从成为习惯时，就变成了自觉的顺从，随之产生相应的态度。在态度形成的过程中，顺从是很普遍的现象，在个体早期生活中，态度的形成在很大程度上依赖于顺从。在社会影响下，外显行为表现得与别人一致，而对客体没有深刻的认识和情感，是表面的，多受奖惩原则的支配。

2. 认同

在这一阶段，个体态度的改变不再是表面的，而是自觉自愿地接受他人的观点、信念、态度和行为，并有意无意地模仿他人，使自己的态度和他人要求相一致。也就是说，态度在这一阶段已比顺从时更进一步，由被迫转为自觉接受，只是新态度还不能和自己的态度体系完全融合。实际上，很多时候个体都是依照社会中其他角色的态度来指导自己的思想和行为。

3. 内化

内化是态度改变的最后阶段。在这一阶段，个体就完全地从内心相信并接受了他人的观点，并将他人的观点、态度完全纳入自己的价值体系中，成为自己人格的一个组成部分。到了内化阶段，个体的态度已经发生了彻底的改变，不再需要具体的、外在的榜样来学习，形成的态度也比较稳固，不易再改变。内化在个体态度形成的过程中起着非常重要的作用。

(二)海德的平衡论

海德(F.Heider)于 1958 年提出的态度平衡理论，非常重视人与人之间的相互影响在态度转变中的作用。海德认为，在人的态度系统中存在某些情感因素之间或评价因素之间趋于一致的压力,即如果出现不平衡,则向平衡转化。人在改变态度时,往往遵循"费力最小原则",即个体尽可能少地改变情感因素而维持态度平衡。

平衡论认为:人的平衡状态是一种理想的或令人满意的状态,如果认知上出现不平衡,就会产生心理上的紧张、焦虑和不舒适,进而需要改变现有的态度,以恢复平衡。

(三)罗森伯格的认知—情感相符论

这种理论认为,人总是试图使其认知与其情感相符。换言之,人的信念或认识在相当程度上受其感情所支配。罗森伯格(M.J.Rosenberg)曾进行过一项实验,证明一个人对另一个人的态度中,感情的改变能引起随后的认知改变。当一个人由于感情的变化使原有认知与新的状况不相符合或出现矛盾时,就会主动调整认知与情感不相吻合的压力,自然促使认知变化以达到两者相符。人们常说的"爱屋及乌"实际就是情感支配认知与信念的典型事例。

(四)费斯廷格的认知失调论

费斯廷格于 1957 年提出的认知失调论认为,人类有机体试图在其意见、态度、知识和价值观之间建立内在的和谐和一致性。即个人的认知存在着一种协调的内驱力。态度改变是为了维持各项态度之间的一致。

如果态度中有两种认知不一致,就会造成认知失调;如果失调认知的成分多于协调认知的成分,则会引起更大的失调;认知失调给个人造成的心理压力可以使之处于长期的不愉快的紧张状态。此时,个体就会产生清除失调、缓解紧张的动机,通过改变态度的某些认知成分,达到认知协调的平衡状态;费斯廷格认为,认知失调有 4 种原因:逻辑的矛盾、文化价值冲突、观念的矛盾及新旧经验相悖。

二、态度说服模式及态度改变方法

态度改变指的是个体已经形成或原先持有的态度发生了变化。态度改变既包括方向上的改变,即质的改变;也包括程度上的改变,即量的改变。二者之间是相互联系的,方向的改变以程度的改变为基础和前提,程度的改变也总是朝着某一方向进行。例如,某个人原先对抽烟持赞成态度,后来他接触到大量的宣传禁烟的材料,又看到了许多因抽烟而导致疾病的案例,他的态度发生了一些程度上的改变,他抽烟的数量开始逐渐减少。后来他彻底戒烟了,到这时,他对抽烟的态度发生了质的改变。

(一)态度改变说服模型

霍夫兰德(C.I.Hovland)和詹尼斯(I.L.Janis)于 1959 年提出了一个关于态度改变的说服模式(见图 6-4)。这一模式虽然是关于态度改变的一般模式,但它指出了引起态度改变的过程及其主要影响因素，对理解和分析消费者态度改变具有重要的借鉴与启发意义。霍夫兰德认为，任何态度的改变都涉及一个人原有的态度和外部存在着与此不同的看法。由于两者存在差异，由此会导致个体内心冲突和心理上的不协调。为了恢复心理上的平衡，个体要么接受外来影响，即改变自己原有的态度；要么采取各种办法抵制外来影响，以维持原有态度。

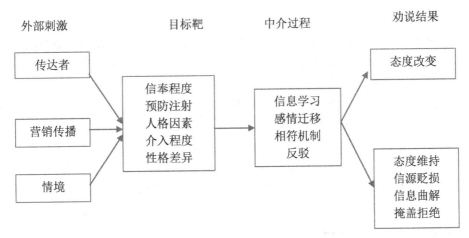

图 6-4 霍夫兰德和詹尼斯的态度改变说服模型

这种模式将态度改变的过程分为 4 个相互联系的部分。

第一部分是外部刺激，它包括 3 个要素，即传达者、营销传播与情境。传达者是指持有某种见解并力图使别人接受这种见解的个人或组织，如发布某种说服信息的企业或广告公司、劝说消费者接受某种新产品的企业推销人员都属于传达者的范畴。营销传播则是指选择何种方式和什么样的内容安排把一种观点或见解传递给信息的接收者或目标靶。信息内容和传递方式是否合理，对能否有效地将信息传达给接收者，并使之发生态度改变具有十分重要的影响。情境因素是指对传播活动和信息接收者有附带影响的周围环境，如信息接收者对劝说信息是否感兴趣、是否预先有一定知识准备、信息传递时是否有其他干扰因素等。

第二部分是目标靶，即信息接收者或企业试图说服的目标对象。说服对象对信息的接收并不是被动的，他们对于企业或信息传达者的说服有时态度积极，有时则采取抵制态度，这与说服对象的主观条件有很大关系。比如，如果某人对某种产品早已形成抵触情绪，那么，要改变他的这种态度，难度就比较大，因为那样将意味着他对自己的否定。

第三部分是中介过程，它是指说服对象在外部劝说和内部因素交互作用下态度发生变化的心理机制，具体包括信息学习、感情迁移、相符机制、反驳等方面。

第四部分是劝说结果。劝说结果不外乎两种：一种是改变原有态度，接受信息传达者的劝说；另一种是对劝说予以抵制，维持原有态度。从劝说方的角度看，前述第一种结果当然最为理想。但在很多情况下，劝说可能并未达到理想目标，而是出现前述第二种情况。在此情况下，信息接收者或目标靶可能采用各种方式对外部影响加以抵制，以维护自己原有态度。

(二)基于态度改变说服模型的态度改变策略

1. 传播者的特性

在信息传播过程中，信息传播者自身所具备的各种特点常常发挥很重要的作用。信息传播的最终目的是使被劝说者接受传播的信息。传播者主要常从两个方面来影响他人态度的改变：一是可信度，一是吸引力。

一般来说，应从传达者的权威性、可靠性、外表的吸引力和受众对传达者的喜爱程度进行调整。比如，确保传达者的权威性，即传达者在有关领域或问题上的学识、经验和资历。一种医疗保健方法如果是出自一位名医的推荐，会较普通人的评价更具有说服力；增加传达者的可靠性，即传达者在信息传递过程中能否做到公正、客观和不存私利与偏见；提升传达者外表的吸引力，即传达者是否具有一些引人喜爱的外部特征。传达者外表的魅力在很大程度上能增强说服效果，明星代言就是运用这一原理。

2.信息传播的方式和内容

除了传播者，信息沟通的过程也很重要。传播信息本身影响说服效果的因素包括它的内容、组织及呈现方式。

(1) 选择适宜的传播内容。通常情况下，从传递信息内容与态度一致性、恐惧或幽默手段的灵活运用及有效的两面性论述手段的配合使用进行态度改变调整。一般而言，传达信息所维护的观点和消费者原来态度之间的差异越大，信息传达所引起的不协调感会越强，消费者面临的改变态度的压力越大。有多项研究发现，中等差异引起的态度变化量较大，当差异度超过中等差异之后再进一步增大，态度改变则会越来越困难。因而要求营销人员力求选择消费者信任的信息传达者或信息输送渠道传达信息，使消费者在接受可靠信息的基础上，结合自己已有的经验、知识与期望，对商品形成积极肯定的态度。

(2) 选择恰当的传播手段。适当地选择恐惧或幽默的说服方式会获得意想不到的改变效果。恐惧说服可以有效应付消费者内心的恐惧，如保险公司、医药产品更多使用恐惧诉求唤起消费者对产品的兴趣；幽默方式诉求是世界范围通用的说服手段，它可以激发消费者的正面情感，在介入度较低、娱乐性的产品或购买时使用比较适宜。

(3) 选择信息的陈述方式。在实际的信息传播过程中，有的传播信息者单方面地叙述有利于证实自己的主张或者是赞同自己主张的各种看法和论据，对不同立场的观点则绝口不提，或者是一味强调其缺陷、漏洞、不足；有的传播信息则包含了正反两种立场，承认对立立场也有可取之处，但技巧而委婉地表示其缺点超过优点，以此来证明传播者主张的立场是比较有道理的。前一种信息传播方式称为单面传播，后者称为双面传播。双面传播中传播者也可能同时介绍自己和他人的优缺点，让听众自己进行比较。

依据霍夫兰德等人的研究结论：如果听众与劝说者的观点一致，或前者对所接触的问题不太熟悉时，单面论证效果较好；如果听众与劝说者的观点不一致，而且前者对接触的问题又比较熟悉时，就应积极采用双面论证的说服方法。

3. 调整情境因素

说服过程总是在一定的背景条件下进行的，这些背景条件或情境因素对于说服能否达到目的有着重要的影响。一般而言，预先警告、分心、重复等情境因素是需要特别关注的方面。

(1) 令人分心的情境。当他人在场和有许多无关信息同时呈现时，就会引起人的注意力的分散，从而降低或削弱说服效果，因此，应对被劝说者进行单个劝说或单一信息的劝说，避免其注意力的分散。但是，注意力的分散并不都会削弱劝说效果。有时注意力的轻微分散反而会增强信息的劝说力。因为，被劝说者会为了克服注意力的分散而作出较大的努力，从而使其接收到更多的信息，对信息有更完全的了解，同时又不至于有更多的时间和思想准备去考虑对立的观点和主张；此外，注意力的轻微分散会影响被劝说者对信息的了解和掌握，包括正反两方面的信息，使其对自己的态度和判断缺乏自信和确认，因而增加了其自身被说服的可能性。

(2) 信息重复的情境。多次重复某一信息会加深人对它的印象，巩固记忆，增强该信息对人的影响，从而有助于态度的改变。重复对消费者态度变化亦会产生重要影响。一方面，信息的重复会引起不确定性的减少和增加对刺激物的了解，从而带来积极的和正面的反应；另一方面，随着重复增加，厌倦和腻烦也随之增长。在某一点上，重复所引起的厌倦将超过它带来的正面影响，从而引起消费者的反感。所以，为了避免或减少受众的厌倦感，企业在做广告时，最好是在不改变主题的条件下对广告的表现形式时常进行动态调整。

(3) 预先警告。研究表明，如果一个人不十分信服他原来的观点，预先警告会起相反的作用，即能促进态度的转变。而分心对态度转变的影响，实际上应视分心程度而定。

4. 针对目标靶的策略

从准确把握目标靶的特性角度促使消费者态度改变。对目标靶的特性分析是比较复杂的过程，涉及多方面因素的综合考虑。

(1) 准确了解消费者对某种事物的原有观点、信念的信奉程度。如果消费者对某种信念信奉程度很高，要改变消费者的态度将是相当困难的；相反，如果消费者对某种信念的信奉程度还不是特别强烈，说服消费者改变其原有的态度，相对会容易一些。

(2) 针对消费者对事物介入程度适当调整说服方式。在购买家庭住房时，消费者可能要投入较多的时间、精力，从多个方面搜寻信息，然后形成地段、户型设计、物业配置等比较重要的信念。这些信念一经形成，可能相当牢固，要使之改变比较困难，因此应该提前进行市场沟通和自身有效的市场定位。而在低介入的购买情形下，如购买饮料，消费者在没有遇到原来熟悉的品牌时，可能就会随便选择售货员所推荐的某个品牌。

(3) 结合不同的人格因素，有针对性选择说服方式及手段影响消费者态度改变。人格因素包括自尊、智力、性别差异等。研究发现，低自尊者较高自尊者更容易被说服，遇到压力时很容易放弃自己的观点；低智商者则较少受复杂论证的影响。而高自尊者往往很看重自己的观点与态度，不会轻易放弃自己的观点；高智商者较少受不合逻辑论点的影响。同时，伊格利(A.H.Eagly)和卡莱(L.L.Carli)的实验结果表明，男性与女性在谁更容易被说服的问题上不存在明显差异。差异主要集中在双方各自擅长的领域。如在西方社会中，从事金融、管理等工作的大多是男性，女性在这方面可能缺乏自信，在与此有关的一些问题上可能较男性更易被说服。但在家务和孩子抚养上，女性较为自信，因此对与这些方面有关的问题，可能较男性更难被说服。

因此企业经营者应该重视发现和分析这种差别，应针对接收对象的能力特点与目标靶的特征，制定适宜的信息内容和传达方式。也可以利用消费者个人与团体的作用间接地改变消费者的态度。或者提供必要的条件或方式，让消费者有机会亲自体验商品，充分地了解商品，从而促使消费者对商品产生积极的、肯定的态度。

三、基于态度构成成分的消费者态度改变策略

(一)改变认知成分策略

改变态度的一个常用和有效的方法是改变态度中的认知成分。改变认知也可能直接导致购买行为，再导致对所购产品的喜爱。通常有以下几种基本的营销策略可以用来改变消费者态度中的认知结构。

1. 可以改变信念

营销人员可以通过大量广告或宣传活动提出相应策略，改变已存在的积极信念的强度，降低已存在的消极信念的强度。当然，营销人员需要在消费者愿意积极思考信息时使用该策略才有效。在欧洲，20 世纪 90 年代中，牛肉的消费下降了 50%以上，这一戏剧性的变化，严重打击了牛肉供应商。研究分析表明，消费者受鸡肉广告的吸引，认为鸡肉含有更低的胆固醇和卡路里，而原来对牛肉的种种健康性信念被遗忘了。为此，牛肉行业委员会花费数千万广告费，将牛肉和鸡肉作比较，从而重新唤起并加强了消费者认为牛肉是健康食品的信念，并在短期内使牛肉的消费量有了很大的提高。

2. 可以改变权重

消费者在购买及消费某种产品时，对其属性都比较关心和重视，因此营销者常常有针对性地强调该类产品最重要的属性。这是一种借力的策略。营销人员将产品和某一种已经存在的、消费者强烈持有的信念相联系，从而有效影响消费者的态度。它要求营销人员通过将一个更积极、更明显的结果与此属性相关联，来构造一个新的"目的链"。如麦片的制造商将食品含高纤维的特性和防癌联系起来，以改变消费者的态度，因为"防癌"是消费者强烈持有的信念。同样这种策略也可以从另外的角度来实施，即向消费者提示不用某产品可能带来的某种风险。

3. 增加新信念

该方法是在消费者的认知结构中添加新的信念，促使消费者对产品有更积极的评价。这种战略也许往往需要产品有新的形态，如标识、包装、颜色、功能等。Hobo 是全美最大、最成功的玩具经销商。它的目标是从现有产品上增加 70%的收入。其营销策略就是通过增添新的属性和建立新的信念，使其老产品能良好地运作。如在 1996 年，Hobo 发现许多孩子对原有的 G. I. Joe 的形象失去了兴趣，销售量也随之下降。于是 Hobo 通过去除旧的形象，重新设计了 80%的产品线。孩子们对新的外形很喜欢，销量很快得到了恢复。通常情形下，增加正面的信念可以令消费者的态度变得更加积极，如"王老吉"提出预防上火的概念即是在饮料认知中增加了新的信息认知。

(二)改变情感成分策略

在构成消费者态度的三种成分中，感情成分对态度的改变起主要的作用。消费者购买某一产品，往往并不一定都是从认识上先了解它的功能特性，而是从感情上对其产生好感，看着它顺眼，有愉快的体验。因而广告如果能从消费者的感情入手，往往能取得意想不到的效果。改变态度的一个常用和有效的方法是改变态度中的情感成分。营销者通常使用 3 种基本方法直接增强消费者对产品的好感。

1. 经典性条件反射

在使用经典性条件反射的方法时，企业应将受众所喜欢的某种刺激，如一段音乐，不断与品牌名称同时播放。久而久之，与该音乐相联系的正面情感就会转移到品牌上。简单地将某个消费者喜欢的人或事物与企业的产品或品牌连接起来，不一定产生条件反射。很多因素影响条件反射的产生。首先是无条件刺激的强度。只有人人喜爱并熟知那个无条件刺激，无条件刺激才能产生作用。其次是条件刺激与无条件刺激出现的次数。再次是无条件刺激和条件刺激出现的顺序。如果条件刺激在先或条件刺激和无条件刺激同时出现，条件反射的效果更好。复次，条件刺激和无条件刺激的连接方式是否新颖、独特。新颖、独特的连接方式更能让消费者印象深刻，从而使条件反射的效果更好。

2. 激发对广告本身的情感

在激发对广告本身的情感策略使用时，建议使用幽默、名人或情绪诉求等方式增加受众对广告的喜爱程度，而借助对广告的这种正面情感很可能提高购买介入程度或激发有意识的决策过程。有个电视广告：画面上妈妈在溪边用手洗衣服，白发飘乱。镜头转换，是我给妈妈带来的威力洗衣机。急切的神情。接下去是妈妈的笑脸，画外音是："妈妈，我又梦见了村边的小溪，梦见了奶奶，梦见了您。妈妈，我给您捎去了一个好东西——威力洗衣机。献给母亲的爱!"画面与语言配合，烘托出一个感人的主题：献给母亲的爱。虽然整个广告只字未提洗衣机的优点。但却给人以强烈的情感体验。谁能不爱自己的母亲呢!这个广告巧妙地把对母亲的爱与洗衣机相连。诱发了消费者爱的需要，产生了感情上的共鸣，在心中留下深刻美好的印象。对此洗衣机有了肯定接纳的态度。因此，在广告有限的时空中以理服人地传播信息，固然显得公正客观。但以情动人的方式，更容易感染消费者，使之动心。

3. 重复播放广告宣传

这种方式是指一则广告作品通过某特定载体重复多次、连续推出的一种广告形式。按照媒体的不同，又可分为电视重复性广告、广播重复性广告、网络重复性广告等多种类型。而电视是最佳广告媒体，因此电视重复性广告成为广告商青睐的一种广告形式。电视重复性广告具有两种不同的表现形态，一种是广告语的重复，如连续三次重播的"恒源祥，羊羊羊"的广告；一种是广告画面或广告镜头、广告内容的重复，如"脑白金"广告等。在运用更多接触的策略时，可以通过向受众不断地、大量地展示某种品牌，也能使受众对该品牌产生更积极的态度，但重复播放广告一定注意掌握一个合理的度。①减少重复次数，增加形式的多样性。为了增加广告效应，还可以通过减少每轮广告重复的次数，以降低受众感官的疲劳感和心理的反感度。可以将每轮三次的重复降为二次，将同一声音的重复变成不同声音的重复，将单一画面变成多样的画面。②重视品牌形象。重知名度而轻美誉度，会导致品牌形象有损；只有重视品牌形象，适当地树立起美誉度，才能走得更远。③以调动受众的兴趣为基点。重复性广告失去了受众的普遍兴趣，也就失去了广告主的兴趣，进而影响三方的价值实现。由此，调动受众的兴趣，是实现所有价值的源泉和基础。

(三)改变行为成分策略

1. 尝试购买和使用

行为能直接导致情感或认知的形成，它也可以与认知和情感相对立的形式发生。消费者经常在事先没有认知和情感的情况下尝试购买和使用一些便宜的新品牌或新型号的产品。这种购买行为不仅是为了满足对诸如饥饿的需要，也是为了获得"我是否喜欢这个品牌"的信息。例如，一个消费者可能不喜欢某品牌饮料的口味，且认为里面所含人工甜料不利于健康，但是，当朋友向他递过一杯该品牌软饮料时，为了不显得无礼，他还是接受了它，喝了以后，感到口味还不错，从而改变了以前的认知。有证据显示，试用产品后所形成的态度会更持久和强烈。

2.操作性条件反射应用—激励式呈递

在改变情感或认知之前改变行为，主要是以操作性条件反射理论为基础。因此，营销的关键任务便是促使消费者试用或购买企业产品并同时确保消费者购买和消费的价值。优惠券、免费试用、购物现场展示、搭售及降价都是引导消费者试用产品的常用技巧。由于试用行为常常导致对于所试产品或品牌的积极态度，一个健全的分销系统和必要的库存对于防止现有顾客再去尝试竞争品牌是很重要的。

【小案例 6-2】

个人计算机:理性诉求还是感性诉求？

在个人计算机逐渐普及的已过去的十几年间，目标市场都是高技术用户，即对计算机的硬件和软件都有所了解的用户，针对这部分用户的销售取得了相当不错的业绩。现在计算机已经进入了生命周期的成熟阶段，市场竞争激烈，高科技公司发现自己已经陷入了对消费者的心智和精神的殊死争夺之中。现状使得计算机公司争先恐后地与消费者建立感情纽带。IBM 的营销专家说，如今个人计算机的广告都已走错了方向，到处充斥着技术规格 (我的机器比你快)以及价格。他声称 IBM 正在利用广告与消费者建立一种强大的、积极的联系。IBM 的竞争对手也是如此。康柏找到了一种简单的办法来提高电脑令人喜爱的程度。惠普为其 Pavilion 个人电脑发起了一场名为"真实生活创造简单"的促销活动。康柏通过一系列栩栩如生的商业广告宣传其机器的多样性。在一个电视镜头中，一位想要其学前班女儿刷牙的父亲向女儿许诺说将用康柏手提电脑为女儿阅读一段 CD-ROM 上的睡前故事。在另一个镜头中，几位男性经理因为一场有可能使他们失去一大笔生意的交通阻塞而急得满头大汗。这时一个女雇员拿出她的手提电脑，在高速公路中心用汽车电话从容不迫地将他们的方案传真过去，经理们才如释重负。"我们不应使消费者因一大堆比特和字节而精神错乱。这一点至关重要。"康柏的广告主任说道。"我们将表明为什么计算机会帮助他们将工作做得漂亮。"

在美国 9000 万个家庭中，计算机已经渗透至 1/3 的家庭。因此，计算机厂商正将其广告安排在主要电视网的黄金时段播出。看起来，计算机厂商的目标现在似乎不再是让美国人因为计算机是高效率的技术奇迹而购买，而是使他们对计算机感到更为亲切，并对计算机本身和生产计算机的厂商感到模糊。

(资料来源: [美]亨利·阿塞尔. 消费者行为和营销策略[M]. 北京: 机械工业出版社，2000 年)

> **思考题**：对于计算机这种高科技产品，为了建立消费者的良好态度，营销活动的重点应当是理性诉求还是情感诉求或者是兼而有之？

四、消费者态度改变的几个特点

(一)信念比追求利益更容易转变

心理学研究认为，可以通过转变消费者对某一品牌的信念，进而转变其消费行为。也可以通过转变消费者对品牌的价值观来转变消费者对产品的追求利益。然而消费者追求利益比信念更持久、更根深蒂固和更内在化，因为它们与消费者的价值观更为一致。例如，一家止痛剂生产厂商生产一种被消费者认为药效更强、见效更快的品牌。然而，消费者更看重的是得到医生首肯的产品的温和性和安全性。该生产厂家可以尝试使消费者相信，该止痛剂是一种非处方药品，无须得到医生推荐，其安全性也无须考虑，并且它是一种药效更强的药品，完全可以被接受。另外，该生产厂家也可调整其广告宣传重点，在继续强调见效快的同时，指出其完全符合 FDA 标准的安全性。后一种策略将会比前者更有效，因为广告说服是在消费者现有价值体系下来转变其对该品牌的信念。

(二)品牌信念比品牌态度更容易转变

消费者对产品的认知程度(信念)要比情感(态度)更容易转变。消费者心理学研究表明：消费者在高介入(参与)的情况下，信念变化要先于品牌态度的变化。如果消费者对产品的信念抑制了其购买行为，广告策划就要尝试着在不转变其信念的情况下转变他们的态度。

(三)对享受性产品，态度转变比信念转变更重要

当消费者基于情感购买某一产品时，他们依靠的是情感(态度)而不是认知(信念)。对享受性产品来说这一点更为重要。如沃尔沃试图将其冷酷、可靠的产品形象转变成一种欢乐与幻想结合在一起的形象，但其获得的成功相当有限。沃尔沃为了达到目的，不得不求助于态度转变策略，而非转变信念。其相当有限的成功驱使沃尔沃回到更为注重实际并强化消费者原有信念的主题上去。

(四)消费者对产品关心程度不高时态度更容易转变

对于不关心的产品，消费者的态度更容易转变，因为消费者对这种品牌并不关心。也就是说当产品的个性色彩不浓，对产品没有什么感情，产品没有什么象征意义时，消费者的态度更容易转变。社会评判理论支持这一观点。当消费者对产品关心程度高时，他们只有在信息与其信念相一致时才会接受该信息。当关心程度低时，即使该信息与其先前信念不同，消费者更有可能接受这一信息。

(五)弱态度比强态度更易转变

如果消费者对品牌的态度不那么坚定，营销人员就更容易地建立起消费者与产品的联系渠道。如某一种护肤品，在非用户当中形成了一种稠密、油腻的印象。非用户更多地把它看作治疗严重皮肤病的药品，而不是普通的化妆品。营销人员深知，要扩大该品牌的销路，就必须转变非用户的态度。该公司开始在广告中将其产品宣传成一种柔润皮肤的日常用品，并把尽可能多的免费样品抹在潜在用户手上以表明该产品并不油腻。非用户之所以认可这场宣传活动，就是因为他们对该产品态度的形成并非建立在直接使用经验基础之上，而只是一种微弱的印象。但是这种微弱态度也会使竞争者更容易将用户吸引过去。如果对公司或产品的态度很牢固，要想改变这种态度就要难得多了。

(六)当消费者就他们对品牌的评价缺乏信心时，其态度更加容易转变

对品牌评价缺乏自信的消费者更容易接受广告内容中的有关信息，其态度也更易转变。消费者在评价某一品牌时对所应采用的标准产生迷惑，将使其在做出决策时缺乏自信。许多年以前，地毯协会雇用了一家调研公司要求对垫子和地毯类制品的购买过程进行研究，得出的结论是；人们对毯类制品的特性或特色认识存在着许多混乱和误解。在这种情况下，消费者将会接受那些能提供一些关键属性的信息产品。因此广告在转变消费者对产品的信念时，发挥其应有的作用。

本 章 小 结

消费者态度是对某一事物或观念所持有的正面或反面的认识上的评价、情感上的感受和行为上的倾向。消费态度影响消费者对产品和服务的喜好程度及距离远近，影响其购买意向进而直接影响其购买决策。

消费者态度与其购买行为之间的关系复杂多变，并非完全必然的直接支配关系，其受多种因素的综合影响，营销者需要准确掌握消费者态度与行为之间的关系，以利于进行经营活动。

目前消费者态度的测量方法有很多，主要有瑟斯顿等距测量法、李克特量表法、语意差别量表法、行为反应测量法等，而在实践中每一种测量方法各有其优势与局限，需要进一步改进与完善。

态度的形成是指态度从无到有的过程。态度的改变是已有态度发生变化的过程。态度的形成和改变是同一发展过程的两个不同方面。态度的形成主要有学习论、诱因论、平衡论、认知—情感相符论、认知失调论等；而态度的改变强调了基于态度改变说服模型的态度改变策略和基于态度构成成分的改变策略。

自 测 题

一、判断题(正确的打√，错误的打×)

1. 态度通常是指个人对某一客体所持的评价与心理倾向。 （ ）

2. 不须学习，与生俱有的行为倾向是态度。 （ ）

3. 态度并不一定具有稳定性和持久性。 （ ）

4. 消费者态度不会影响消费者对产品和服务的喜好程度。 （ ）

5. 消费者态度与其购买行为之间并非完全必然的直接支配关系。 （ ）

6. 企业采用优惠券、免费试用及降价引导消费者试用产品的技巧是改变认知成分策略。 （ ）

7. 目标靶是指持有某种见解并力图使别人接受这种见解的个人或组织。 （ ）

8. 消费者态度一般要透过购买意向这一中间变量来影响消费者购买行为，即态度与行为存在高度一致性影响。 （ ）

二、单项选择题

1. 霍夫兰德的关于态度改变的说服模式中外部刺激包括传达者、营销传播和（ ）。

    A. 目标靶
    B. 中介过程
    C. 情境
    D. 个体差异

2. 一个人对于某事物或某项活动做出特定反应的倾向，它不是行动本身，而是采取行动之前的准备状态，是指态度的（ ）。

    A. 认知成分
    B. 情感成分
    C. 信念成分
    D. 行为成分

3. 态度是在需要的基础上，经过长期的感知和情感体验形成的，其中情感的成分占有重要位置，并起到强有力的作用。因而，态度具有（ ）。

    A. 社会性　　　　B. 复杂性　　　　C. 稳定性　　　　D. 价值性

4. 态度能使人更好地适应环境和趋利避害。这是指态度的（ ）。

    A. 适应功能
    B. 价值表现功能
    C. 认知功能
    D. 自我保护功能

5. 能够帮助消费者认知信息、组织信息的功能是指态度的（ ）。

    A. 适应功能
    B. 价值表现功能
    C. 认知功能
    D. 自我保护功能

6. 以一种新的态度代替旧的态度，或将本来反对的变成赞成的，将本来喜欢的变成不喜欢的是（ ）。

A. 系列改变   B. 方向改变

C. 一致性改变   D. 强度改变

7. 霍夫兰德的关于态度改变的说服模式中说服对象在外部劝说和内部因素交互作用下态度发生变化的心理机制是指( )。

  A. 目标靶   B. 中介过程

  C. 情境   D. 个体差异

8. 强调人不是被动接受条件作用的，而是主动、积极对诱因冲突进行周密计算，然后做出选择的决策者的理论是( )。

  A. 学习论   B. 诱因论

  C. 平衡理论   D. 认知—情感相符论

三、多项选择题

1. 对消费者态度的结构研究有多种观点，其中三元论观点认为包括( )。

  A. 认知成分   B. 情感成分

  C. 行为成分   D. 品牌成分

2. 营销人员必须设法了解消费者及有关人员对产品、品牌和企业的态度。常采用的具体研究方法有( )。

  A. 瑟斯顿等距测量法   B. 李克特量表法

  C. 语意差别量表法   D. 行为反应测量法

3. 态度的形成主要有( )经典理论。

  A. 学习论   B. 诱因论

  C. 平衡论   D. 认知失调论

4. 霍夫兰德的关于态度改变的说服模式中包括( )因素。

  A. 目标靶   B. 中介过程

  C. 结果   D. 外部刺激

5. 消费者态度的改变维度有( )。

  A. 方向的改变   B. 非一致性改变

  C. 强度的改变   D. 一致性改变

6. 消费者态度改变策略中，改变认知成分的策略有( )。

  A. 改变信念   B. 改变认知权重

  C. 增加新新娘   D. 增加产品试用

7. 霍夫兰德的关于态度改变的说服模式中外部刺激包括( )。

  A. 目标靶   B. 传达者

  C. 情境   D. 营销传播

8. 霍夫兰德的关于态度改变的说服模式中中介过程包括( )。

A. 信息学习   B. 感情迁移

C. 相互机制   D. 反驳

四、思考题

1. 试述态度的概念和主要特性。
2. 举例说明态度的功能。
3. 试述影响态度形成的主要因素。
4. 试述态度与购买行为的关系。
5. 试述态度形成与改变的相关理论。
6. 试述态度与信念的关系。
7. 试述态度的测量方法。
8. 试述态度改变的主要方法。

案　例

手机实名制时消费者态度调查报告

根据国家工信部要求,从2010年9月1日起,凡购买预付费手机卡的用户,必须提供真实的身份证件,到2012年全部完成手机实名登记,"手机实名制"的时代即将到来。

所谓"手机实名制",即要求移动通信运营商对用户的有效身份进行登记,加强用户的实名制管理,实行手机号码的实名登记制度。其实在国际上,电信行业发达的国家中很多都采用了手机实名制:美国、英国、德国、日本、韩国、新加坡等,都有相关法律法规要求运营商对移动用户进行实名制登记。即使是泰国,在推行手机实名制的时候,也要求运营商对逾期未办理登记的用户进行停机服务。但是在我国,由于相关方面的法规一直未能出台,手机实名制也就未顺利实施。由此而产生的各种问题,如骚扰电话、垃圾短信及蔓延的手机病毒,给移动用户造成了很多不必要的麻烦和损失。鉴于国际经验及通信市场现状,手机实名制势在必行。三大运营商在8月23日也下发通知,对9月1日起新入网的用户将全部实施实名制。

随着8月走到尽头,"手机实名制"受到了社会各界的广泛关注,天极传媒Datacenter对此进行了跟踪调研。在之前对北京部分营业厅进行的调查中发现,三大运营商中,中国移动对于实名制的执行情况最好;在8月30日对手机号报亭代售这一终端进行调查时发现,部分报亭仍可以在不提供证明身份资料的情况下轻易购得手机卡;在问及手机实名制对未来销售情况可能造成的影响时,有摊位老板表示会有影响,但不会太过担忧,因为消费者的态度将决定这项规定的具体实施情况。

那么消费者对手机实名制存在什么样的看法呢？天极传媒 Datacenter 对此进行了跟踪调查，如图 6-5 和图 6-6 所示。

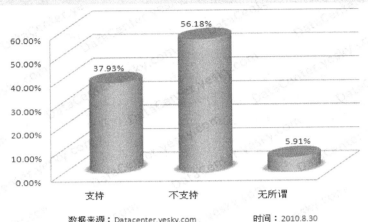

图 6-5 消费者对于手机实名制的态度对比

调研数据显示，有超过半数的移动用户对于手机实名制并不支持，在进一步的沟通过程中部分用户表示实名制可能会造成自己的个人资料外泄，并对由此可能给自己带来的不必要的麻烦表示担心；37.93% 的用户明确表示支持手机实名制，他们表示正是由于目前大量的骚扰电话和垃圾短信对自己造成的烦恼，他们寄希望于实名制，希望借此整顿混乱的通信市场；另有 5.91% 的消费者表示对于是否采取实名制持无所谓的态度。

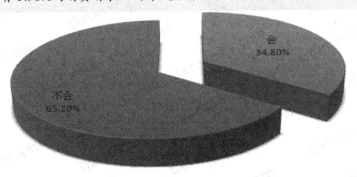

图 6-6 非实名制用户是否会配合登记

针对非实名制的移动用户，在谈到对于以后是否会配合相关规定，采用适当的方式去补充登记相关个人信息，65.20% 的移动用户表示不会；而愿意去进行登记的用户刚超过 1/3。如此，手机实名制的后续工作开展将困难重重。用户的不配合将是最大障碍。

天极传媒Datacenter认为,目前对于手机实名制实施的一道门槛就是消费者对于个人资料泄露的担忧。若要推动手机实名制的顺利实施,相关单位应与移动用户进行适当的沟通,并在实际工作中切实做好用户资料的保密工作。

(资料来源:中国行业研究网,http://www.chinairn.com,2010-11-12)

案例讨论:

1. 你认为应该如何测量消费者对手机实名制的态度?
2. 手机实名制对消费者、对企业的影响是什么?
3. 从消费者对手机实名制的态度看,企业应采取怎样的营销策略?

第七章　消费者个性心理特征

【学习目标】

通过本章学习，了解个性的含义、结构；深入理解个性的基本理论；认识和理解消费者的气质、性格和能力等个性心理特征对消费者行为的影响。

【导读案例】

服饰与个性

人们常说"文如其人""字如其人"或"诗如其人"，意谓文章、书法和诗词等艺术作品能反映其作者的个性。相似地，服饰也能反映穿着者的个性。服饰所反映的个性是天性与角色这两个方面的结合。天性热情奔放，服饰则浓艳大胆，迷你裙、牛仔裤、宽松衫都不妨一试，披襟当风，意气风发；天性拘谨矜持，则款式保守，色调深沉，中山装纽扣粒粒紧扣，正襟危坐，不苟言笑；淡泊含蓄者喜雅洁，素衣一袭，悠然自得；好胜争强者抢占流行的前沿……服饰展现出不同性情、不同衣着、不同的仪表神态风貌。

消费者对服饰的款式、色彩、图案和质地常会显示出某种偏爱，这种偏爱是个性的反映和表露。其中，服饰色彩与个性的关系最为密切，不少研究者声称找到了两者之间的对应关系。例如，偏爱冷色调的服饰消费者通常表现出安详、冷漠和好沉思冥想的个性；喜欢暖色调的人一般精神饱满，天性活泼好动，富于情感，热情而急躁；偏爱红色的人渴望刺激，好新奇；喜欢褐红色的人，不少是属于多愁善感而又容易与人亲近的类型，秉性柔和温顺；紫色的爱好者常常带有艺术家的气质或自命清高；棕色和绿色常常是稳重谨慎性格的人所中意的色调，这些人不喜欢锋芒毕露；橙黄和橙红是乐观天性的表露；偏爱白色或银灰色的人往往高雅脱俗；喜欢黑色的人也许十分谨慎，如果喜欢黑色配紫色的话，则可能是忧郁或悲观的反映；偏爱黄色，特别是大面积地使用黄色，则是醉心现代作风的表现等。

服饰的个性表现与环境有十分密切的关系，某些场合和环境有助于个性化的充分表现，某些场合则易于抹杀个性。例如，在一些远离日常生活的场合中，如化装舞会和狂欢节活动，人们可以暂时抛开体面、礼节和身份，置习俗陈规于不顾，放纵自己的想象和平时受到压抑的欲望，穿着打扮可以淋漓尽致地表达个人特征和流露出深层意识。相反，在庆典、婚礼或纪念仪式等隆重场合上，在宴席、大剧院或其他豪华富丽的环境中，人们或着制服，或穿礼服，容易表现为千人一面的效果。

不同类型的服饰消费者，其服饰的个性化程度各不相同。时装的创新者和倡导者的服饰一般都具备极为鲜明的个性。他们往往率先采用某一新颖的款式，或在选择一种较常见的时装时略加变化——修改某些细节,调整色调的深浅浓淡,或换一种配套方式。在这类消费者中,较高文化程度的人所占比例较大,一般都具有较高的社会安全感和较强的自信心,以及独立的见解和自主的地位,其为人行事不需求外界的支持。他们常常是活跃于各种公开场合的和好交际的人,重视自己在公众心目中的形象,认为或意识到自己引人注目,懂得或擅长用穿着方式来支持自己对人生和服饰行为的看法和观点。赶时髦和随大流的服饰消费者往往缺乏鲜明的个人特征。也有人不喜欢被人注意,穿着打扮力求随俗普通,以使自己可以消失在茫茫人海之中——这是缺乏自信的表现,隐蔽到人群中去是为了寻求安全感。

服饰被看做了解穿着者个性的捷径。如前所述,服饰反映个性几乎成了一句格言。但是,这种反映的精确度究竟如何?可以用服饰装点出一个理想的形象,给人以所乐意给出的印象;另外,服饰也会暴露你深藏在心底的奥秘。因此,有一种服饰社会心理学理论,把服饰反映个性这一现象区分为表现公开的自我和流露隐蔽的自我两个不同的侧面。一个人的个性有不同的侧面和丰富的内涵,服饰形象有多种不同的表现形式,服饰的消费者可以进行思考和选择。

(资料来源:要彬,龙玉珠. 服饰与个性[M]. 北京:中国时代经济出版社,2010)

阅读案例,思考下列问题:

1. 服饰与个性是什么关系?服饰是否能真实地反映个性特征?

2. 你从这个案例中得到什么样的启示?

第一节　个　性　概　述

"人上一百,形形色色""人心不同,各如其面"。在日常生活中,不同的消费者有其不同的个性心理和行为差异。心理学中把个体身上稳定地表现出来的心理特点,称为个性,它直接影响着人的生活方式和消费方式。

一、个性的含义和结构

(一)个性的概念及特征

"个性"是由拉丁文 persona 演变而来,原指演员演戏时所戴的面具,后指演员自身和他所扮演的角色。心理学把这一概念借用过来,即把那些个体身上稳定地表现出来的心理特征;构成一个人思想、情感及行为的特有模式;一个人区别于他人的稳定而统一的心理品质的总和,称为个性心理,简称为个性,在西方又称为人格。

个性的这一定义,内涵极为丰富,它反映了个性的多种本质特征,分析个性的基本特征,有助于加深对个性的理解。

1. 个性的稳定性与可塑性

俗话说："江山易改，禀性难移。"一个人的某种个性特点一旦形成，就很难改变，因其具有一定的稳定性；这种稳定性还表现在个性特征在不同时空下表现出一致性的特点，偶然的行为和心理不能体现个性。例如，一个人脾气暴躁、性格外向，只有通过一段时间的了解，看到这个人的很多行为表现，才能产生这样的评价。

虽然如此，但并不是说个性或称人格绝对不是一成不变的。因为现实生活非常复杂，随着社会现实和生活条件、教育条件的变化，年龄的增长，主观的努力等，个性也可能会发生某种程度的改变。特别是在生活中经过重大事件或挫折，往往会在个性上留下深刻的烙印，从而影响个性的变化，这就是个性的可塑性。当然，个性的变化比较缓慢，不可能立竿见影。

2. 个性的独特性和共同性

个性的独特性是指人与人之间的心理和行为是各不相同的。因为构成个性的各种因素在每个人身上的侧重点和组合方式是不同的。如在认识、情感、意志、能力、气质、性格等方面都能反映出每个人独特的一面，有的人知觉事物细致、全面，善于分析；有的人知觉事物较粗略，善于概括；有的人情感较丰富、细腻，而有的人情感较冷淡、麻木等。这如同世界上很难找到两片完全相同的叶子一样，也很难找到两个完全相同的人。

强调个性的独特性，并不排除个性的社会性和共同性。个性的共同性是指某一群体、某个阶级或某个民族在一定的群体环境、生活环境、自然环境中形成的共同的、典型的心理特点。如蒙古族的豪放、维吾尔族的活泼等。正是个性具有的独特性和共同性才组成了一个人复杂的心理面貌。

3. 个性的整体性与复杂性

个性是由多种成分构成的一个相互联系、相互制约的有机统一体，具有内在一致性，它通过自我意识的调控，整体地认识世界、改造世界。当个性结构的各方面彼此和谐一致时，就会呈现出健康的个性特征；否则，就会使人发生心理冲突，产生各种生活适应困难，甚至出现"分裂人格"。

个性表现绝非静水一潭，并非各种特征的简单堆积，而是如同宇宙世界一样，依照一定的内容、秩序、规则结合起来，形成一个有机的运动系统，由于各种个性结构的组合千变万化，因而个性的表现千姿百态，人的行为也表现出多元化、多层面的特征。

人们经常会使用个性特征来解释某人的言行及事件的原因，由此也能了解个性如何对消费者行为产生影响，继而制定出适合、满足消费者需求的营销策略。

(二)个性的心理结构

消费者认识事物一般要经过认识、情感、意志这样的心理过程，心理过程中的稳定特点在某个人身上的独特组合和具体表现就成为这个人的个性。个性的心理结构包括个性倾向性和个性心理特征两个方面。

1. 个性倾向性

个性倾向性主要包括需要、动机、兴趣、理想、信念、价值观和世界观等方面，是个体行为的基本动力，决定并制约人心理活动进行、方向、强度和稳定水平的结构，是个性结构中最活跃的因素。个性倾向体现了人对社会环境的态度和行为的积极特征，对消费者心理的影响主要表现在心理活动的选择性，对消费对象的不同态度体验及消费行为模式上。

2. 个性心理特征

个性心理特征是个性结构中比较稳定的成分，它表现个体典型的心理特点和行为方式，是一个人在固有的遗传基础上，经与改造客观现实的活动相结合逐渐形成的稳定的心理构成物，主要包括一个人的气质、性格和能力，是个性差异的主要方面。比如，在能力方面，有人表现出认知能力强，有人表现出人际交往能力强。在气质方面，有人暴躁，有人温和。在性格方面，有人正直，有人阴险。个性心理特征在个性结构中并非孤立存在，它受着个性倾向性的制约。例如，能力和性格是在动机、理想等推动作用下形成、稳定或者发生变化，也需要依赖于动机和理想等动力机制才能表现出来。二者相互制约、相互作用，使个体表现出时间上和情景中的一贯性，体现个体行为。

个性心理结构的这些成分或要素，会因人、时间、地点、环境的不同而进行不同的排列组合，使人在个性特征上千差万别。人的个性倾向性中所包含的需要、动机和理想、信念、世界观，指引着人生的方向、人生的目标和人生的道路；人的个性特征中所包含的气质、性格、兴趣和能力，影响着和决定着人生的风貌、人生的事业和人生的命运。

有一位先哲说过："一个人的性格就是他的命运。"个性是一个人生活成败、喜怒哀乐的根源，个性决定着一个人的生活方式和消费方式。

二、有关个性理论

(一)弗洛伊德的人格理论

弗洛伊德的人格理论主要包括意识层次理论、人格结构理论和人格发展理论。

1. 意识层次理论(潜意识理论)

意识层次结构理论阐述了人的精神活动，包括欲望、冲动、思维，幻想、判断、决定、情感等。不同的意识层次包括意识、前意识和无(潜)意识三个层次，好像一座冰山，露出水面的只是一小部分意识，但隐藏在水下的绝大部分潜意识和无意识却对人的行为产生重要影响。意识即为能随意想到、清楚觉察到的主观经验，有逻辑性、时空规定性和现实性。前意识虽不能即刻回想起来，但经过努力可以进入意识领域的主观经验。无意识(潜意识)是原始的冲动和各种本能通过遗传得到的人类早期经验以及个人遗忘了的童年时期的经验和创伤性经验、不合伦理的各种欲望和感情。

2. 弗洛伊德的人格结构理论

认为人格包括 3 个不同的部分或方式，即由本我、自我和超我 3 部分组成，他认为，人格结构中的 3 个层次相互交织，形成一个有机的整体。它们各行其责，分别代表着人格的某一方面："本我"反映人的生物本能，按快乐原则行事，是"原始的人"；"自我"寻求在环境条件允许的情况下让本能冲动能够得到满足，是人格的执行者，按现实原则行事，是"现实的人"；"超我"追求完美，代表了人的社会性，是"道德的人"。

在通常情况下，本我、自我和超我处于协调和平衡状态，从而保证了人格的正常发展，如果三者失调乃至失衡，就会产生精神紊乱，危及人格的发展。

3. 人格发展理论

人格发展的顺序，依次分为五个时期。①口唇期：从出生到 1 岁半左右。此期婴幼儿以吸吮、咬和吞咽等口腔活动为主满足本能和性的需要。②肛门期：1～3 岁。此期儿童性欲望的满足主要来自肛门或排便过程。③性器期：3～7 岁。此期儿童性生理的分化导致心理的分化，儿童表现出对生殖器的极大兴趣，性需求集中于性器官本身。他们不仅通过玩弄性器官获得满足，而且通过想象获得满足。此期男孩会经历"恋母情结"，对于女孩，则经历"恋父情结"。④潜伏期：7 岁至青春期。在这一时期，儿童的兴趣转向外部世界，参加学校和团体的活动，与同伴娱乐、运动，发展同性的友谊，满足来自外界、好奇心、知识、娱乐和运动等。⑤生殖期：青春期性器官成熟后即开始，性需求从两性关系中获得满足，有导向的选择配偶，成为较现实的和社会化的成人。其中前三个时期是以身体的部位命名。原因是在六岁以前的个体，其本我中的基本需求，是靠身体上的部位获得满足的。因此这些部位即称性感带区。

消费行为研究者采纳了弗洛伊德的观点，尤其强调隐藏在购买行为下无意识动机的重要性。弗洛伊德的观点也说明存在这样一种可能性，"自我"依靠产品的象征意义来调解"本我"的需求与"超我"的禁止之间的矛盾。也就是说，人们通过象征潜在欲望的产品，使不被接受的欲望通过被接受的途径得到宣泄，即消费者可以通过购买或消费某种产品，达到不为社会接受或难以达到的目的。

(二)荣格的人格类型说

荣格的人格理论是建立在动态的、流动的、复杂的心灵观的基础之上的。荣格把人格的总体称为"心灵"，认为心灵包含一切有意识的思想、情感和行为。心灵既是一个复杂多变的整体，又是一个层次分明、相互作用的人格结构，意识、个人无意识和集体无意识是心灵的3个层次。

荣格观点的核心是强调集体无意识，一个从过去的先辈那里继承而来的记忆库，它不同程度地影响着人们的行为倾向性和行为本身。如荣格指出很多人怕黑是因为他们遥远的祖先们有足够理由证明应有这种恐惧(神话、小说、梦话中体现)。

荣格心理学内容广泛，与消费行为分析尤为密切的是其个性类型说。根据这一学说，人格结构由很多两极相对的内动力所形成，如感觉对知觉、思维对情感、外倾对内倾等。

不同组合构成了不同人格特征类型，如感觉思维型、感觉情感型、直觉思维型和直觉情感型。分析这些个性类型，有助于营销者了解每种类型的个性在行为上的特点，从而据此制定有效的营销策略。

(三)新弗洛伊德派个性理论

弗洛伊德的理论对后来的个性理论产生了巨大影响，但很多人并不完全赞同他的观点，这些来自弗洛伊德或受到其影响而产生的理论，通常被称为新弗洛伊德主义。

卡伦·霍妮是最著名的新弗洛伊德主义者之一，她将人描述为3种类型：趋向他人的趋同型、远离他人的清高型及与他人对立的挑剔型。结果发现趋同型的人更容易受名牌产品吸引，清高型的人更喜欢喝茶，而挑剔型的男性则偏爱强烈男子气概定位的品牌。

(四)特质理论

人格特质说起源于20世纪40年代的美国。特质论认为，人的个性是由一些特殊品质或特性构成的，它决定着人的行为表现，是个体有别于他人的基本特性，是人格的有效组成元素，也是人格的测量单位。特质理论的主要代表人物是美国心理学家 G.W.奥尔波特和R.卡特尔。

1. 卡特尔的特质理论

卡特尔人格特质理论的主要贡献在于提出了根源特质。1949年卡特尔用因素分析方法提出了16种相互独立的根源特质，并制定了"卡特尔16种人格因素测验"(16PF)。这16种人格特质是乐群性、聪慧性、稳定性、恃强性、兴奋性、有恒性、敢为性、敏感性、怀疑性、幻想性、世故性、忧虑性、激进性、独立性、自律性和紧张性。

卡特尔认为在每个人身上都具备这16种特质，只是在不同人身上的表现有程度上的差异。所以，他认为人格差异主要表现在量的差异上，可以对人格进行量化分析。

2. 人格"五因素"模式

20世纪80年代末以来，人格研究者们在人格描述模式上达成比较一致的共识，提出了人格五因素模式。这5种人格特质是：①情绪稳定性，即焦虑、敌对、压抑、自我意识、冲动、脆弱；②外向性，即热情、社交、果断、活跃、冒险、乐观；③开放性，即想象、审美、情感丰富、求异、智能；④随和性，即信任、直率、利他、依从、谦虚、移情；⑤谨慎性，即胜任、条理、尽职、成就、自律、谨慎。

3. 艾森克的人格三因素模型

艾森克(Eysenck，1947—1967)依据因素分析方法提出了人格的三因素模型。这三个因素是：外倾性，它表现为内、外倾的差异；神经质，它表现为情绪稳定性的差异；精神质，它表现为孤独、冷酷、敌视、怪异等偏于负面的人格特征。艾森克依据这一模型编制了艾森克人格问卷 (Eysenck Personality Questionnaire，EPQ)。

有很多学者及企业在探讨消费者个性时，都认为个性特质理论对营销最为有用，都倾向于鉴定消费者的个性特质，从而允许营销者运用个体差异函数来进行市场细分。美国消费行为学者迈克尔·所罗门把与消费者行为相关的具体特质概括为外向性、内向性、创新性、物质主义、自我意识、认知需求和节俭度等。比如，一个节俭的人一般不随机过度购物，更喜欢有计划地消费。

三、个性与消费者行为

个性是个体在多种情境下表现出来的具有一致性的反应倾向，它对于消费者是否更容易受他人的影响、是否更倾向于采用创新性产品、是否对某些类型的信息更具有感受性等均有一定的预示作用。特别是对相对稳定的气质、性格和能力等个性心理特征的分析，对认识消费者的类型，并依据不同消费类型预测其消费倾向，制定相应的营销策略发挥了积极作用。

(一)个性影响消费者购买偏好和行为

大多数个性研究是为了预测消费者的行为。心理学和其他行为科学关于个性研究的丰富文献促使营销研究者认定，个性特征应当有助于预测品牌或店铺偏好等购买活动。购买活动中，与人的个性偏好相符的品牌，就会受到青睐，形成重复购买，甚至最后成为"同盟者"，对其高度认同，不容别人肆意贬损；与消费者个性偏好不相符合的，将毫不犹豫地舍弃。

人们购买的是品牌个性。每个品牌都代表着一种人群，他们都拥有自己独特的个性。例如，悍马是一辆极其有个性的轿车，他代表着勇敢、冒险、开拓与牺牲的美国精神。这种车有很多人喜欢它，也有很多人讨厌它。它从来都不处在中间状态。其实，买车的人根本就不是在买车，而是在购买他的品牌核心价值、他的精神。悍马的拥有者就代表着一种霸气、勇敢、冒险与拥有牺牲精神。那么一些觉得自己缺少霸气的企业家，或者一些性格内向的商人，可能会买来弥补自己性格方面的缺陷。悍马是一辆耗油量极大的车，所以有很多人讨厌它。

在 20 世纪 50 年代，美国学者伊万斯(Evans)试图用个性预测消费者是拥有福特汽车还是"雪佛兰"车。他将一种标准的个性测量表分发给"福特"和"雪佛兰"车的拥有者，然后对收集到的数据用判别分析法进行分析。结果发现，在正常情形下，个性特征能够准确地预测实际的汽车所有者。由于在随机情况下这一预测的准确率才能达到 50%，所以个性对行为的预测力并不是很大。因为个性只是影响消费者行为众多因素中的一个因素而已。即使个性特征是行为或购买意向的有效预测器，能否据此细分市场还取决于很多条件。

(二)个性影响消费者采用创新产品

消费者采用新产品是有先有后的，有些人是新产品的率先采用者或称创新采用者，而另外一些人则是落后采用者。

1. 创新性性格

创新性作为消费者的个性特质，反映的实际上是消费者对新事物的接受倾向与态度。有些人对几乎所有新生事物一律抱排斥和怀疑的态度，另外一些人则抱开放和乐于接受的态度。创新性强的消费者更容易接受和采用新产品。

2. 教条主义性格

教条主义个性特质，表现为个体对不熟悉的事物或与其已有信念相抵触的信息在多大程度上持僵化立场。教条倾向严重的人对陌生事物怀有戒心并常常拒绝接受，相反，少有教条倾向的人对不熟悉或相对立的信念则持开放的立场。与此相应，少教条性的人更可能选择创新性产品，而教条倾向严重的人则更可能选择既有产品或已经成名的产品。另外，教条倾向重的人更可能接受带有"权威诉求"的新产品广告。出于这一目的，一些企业往往运用名人和权威人士来推广其新产品，以使那些疑心重重的消费者乐于采用新产品。

3. 社会性格

在社会心理学中，社会性格常用来识别和区分不同的社会亚文化类型。在消费者心理学领域，社会性格被用来描述个体从内倾到外倾的个性特质。有证据显示，内倾型消费者倾向于运用自己内心的价值观或标准来评价新产品，他们更可能成为创新采用者；相反，外倾型消费者倾向依赖别人的指引作出是非判断，因此成为创新采用者的可能性相对较小。上述两种类型的消费者在信息处理上也存在差别。一般来说，内倾型消费者似乎较喜欢强调产品特性和个人利益的广告，而外倾型消费者更偏爱那些强调社会接受性的广告。由于后者倾向根据可能的社会接受性来理解促销内容，所以这类消费者更容易受广告影响。

4. 最适激奋水平

有些人喜欢过简朴、宁静的生活，而另外一些人则喜欢过具有刺激和不寻常体验的生活。目前的一些研究主要是探讨不同个体的最适激奋水平(OLS)受哪些具体的个性特质影响，某一特定的最适激奋水平又如何与消费者行为相联系。比如，OLS 水平与个体承担风险的意愿、创新性和新产品采用、收集购买信息和接受新的零售方式之间存在何种关系等。

(三)个性影响消费者的购买决策

虽然个性在预测购买结果上并不尽如人意，但它对解释不同购买决策阶段中的行为却颇有帮助。目前，关于这方面的研究主要集中于个性与信息处理变量的关系上。

1. 认知需要

认知需要是指个体进行思考的努力程度，或更通俗地说，它是指个体喜爱思考活动的程度。广告如何影响消费者对产品态度的形成与认知需要有密切的关系。研究发现，高认知需要者更多地被广告的内容与陈述质量所影响，而低认知需要者更多地被广告的边缘刺激如陈述者的吸引力所影响。

2. 风险承担

是否愿意承担风险将直接影响消费者对诸如新产品推广和目录销售等营销活动的反应。在个性研究中，风险不仅是决策后果的不确定性，它也意味着对将要发生的损失的个人预期。一些消费者被描绘成"T 形顾客"，这类顾客较一般人具有更高的寻求刺激的需要，具有追求冒险的内在倾向，更可能将成功和能力视为生活的目标。与此相反，风险规避者更可能将幸福和快乐视为生活的首要目标。

3. 自我掌控或自我驾驭

辛德(Snyder) 将自我驾驭界定为个体是更多地受内部线索还是更多地受外部线索的影响。自我驾驭程度低的个体，对自身内在的感受、信念和态度特别敏感，并认为行为主要受自己所持有的信念和价值观等内在线索的影响。与此相反，自我驾驭程度高的个体，对内在信念和价值观不太敏感。在购买活动中，消费者与销售人员的自我驾驭特质能够产生交互影响。当双方自我驾驭水平不同时，互动效果更加正面和积极。

第二节　气质与消费者行为

气质是一种稳定而典型的心理特征之一，是整个个性心理特征的基础，是性格的动力基础，并且对行为起着推动作用。气质能使人的心理活动及外部表现呈现个人独特的色彩，是区别个体之间不同个性的标志之一。

一、气质概述

(一)气质的本质

气质是一个人心理活动的动力特征。所谓心理活动的动力特征，是指高级神经系统在心理过程中表现出的强度、速度、灵活性和稳定性以及心理活动的指向性等动力方面的特征。例如，有些人活泼、好动、反应迅速，有些人安静、稳重、反应迟缓等。日常生活中所说的"秉性""脾气""性情"就是心理学上所说的气质。

气质受个体生理组织特点的制约，是由个体先天的生理机能决定的。有某种气质类型的人，常常在内容很不相同的活动中都会显示出同样性质的动力特点，而且由于气质受与生俱来的先天性因素的影响，变化很难、很慢，气质特点不会依活动内容的变化而变化，极具稳定性。

个体气质的差异在不同的情境、不同的活动中都能表现出来。如人的动作速度、节奏和步态、语言、面部表情和手势等。气质会影响情绪和情感发生的速度和强度，如有些人脾气火爆，"一点就着"；有些人柔情似水，温和娴静；有些人喜怒哀乐表情丰富；有些人不形于色，表情平淡等，这和个体独具的气质特征密不可分。总之，气质的各种特征是个体神经系统和神经系统活动的特点和表现。

(二)气质学说

1. 古希腊希波克拉底的体液学说

古代最著名的气质学说是由古希腊的学者兼医生希波克拉底 (Hippocrates)，在公元前5世纪提出的体液说，他认为人体内含有 4 种体液，即血液、黏液、黄胆汁、黑胆汁。希波克拉底认为，机体的状态决定于 4 种体液的有机配合。血液占优势属多血质类型，黏液占优势属黏液质类型，黄胆汁占优势属胆汁质类型，黑胆汁占优势属抑郁质类型。在生活中确实可以观察到这 4 种气质类型的典型代表人物，所以两千多年来，4 种气质类型如表 7-1 所示，一直被许多学者所采用，并一直沿用至今。

表7-1　4种气质类型特点

类型	特点
胆汁质	兴奋、直率、热情、精力旺盛、自我控制能力差、容易冲动、心境变化剧烈、脾气暴躁
多血质	活泼、好动、动作敏捷、迅速、灵活性强、喜欢交往、兴趣广泛但不长久、注意力不集中、情绪变化快
黏液质	安静、稳重、动作迟缓、沉默寡言、善于克制忍耐、情绪不外露、做事慎重、不灵活、惰性较强
抑郁质	敏捷、多疑、孤僻、行为迟钝、情感体验深刻但不外露

2. 俄国巴甫洛夫的"高级神经活动学说"

近代，由于科学技术的发展，俄国生理学家、心理学家、医师巴甫洛夫通过大量的实验，提出了关于高级神经活动的学说。他认为人的高级神经活动的兴奋过程和抑制过程在强度、均衡性、灵活性等方面具有不同的特点，这些特点的不同组合形成了 4 种不同的高级神经活动类型，即灵活型、安静型、兴奋型和抑郁型，其特征恰好与希波克拉底的气质类型相吻合：灵活型—多血质、安静型—黏液质、兴奋型—胆汁质、抑郁型—抑郁质如表 7-2 所示。

表 7-2　4 种高级神经活动类型特点

气质类型	强　度	平　衡　性	灵　活　性	类　型
兴奋型	强	不平衡	差	胆汁质
活泼型	强	平衡	灵活	多血质
安静型	强	平衡	迟缓	黏液质
抑郁型	弱	不平衡	差	抑郁质

二、气质与消费行为

(一)消费者购买行为的气质类型

气质这种典型而稳定的个性心理特征，对消费者的购买行为影响比较深刻。依据气质学说，可以对 4 种典型的消费者的购买行为作以下描述。

1. 胆汁质型消费者

这类消费者表情外露，心急口快，选购商品时言谈举止匆忙急促，只要接触到合意的商品就决策购买，不愿意反复选择比较，因此往往是快速地、甚至是草率地做出购买决定。他们进入市场就想急于完成购买任务，如果候购时间稍长或营业员的工作速度慢、效率低，都会激起其烦躁情绪。他们在与营业员的接触中，其言行主要受感情支配，态度可能在短时间内发生剧烈变化，挑选商品时以直观感觉为主，不加以慎重考虑。

接待这类消费者要求营销服务人员动作要快捷，态度要耐心，应答要及时。

可适当向他们介绍商品的有关性能，以引起他们的注意和兴趣。另外，还要注意语言友好，不要刺激对方。

2. 多血质型消费者

商品的外表、造型、颜色、命名对这类消费者影响较大，但有时注意力容易转移，兴趣忽高忽低，行为易受感情的影响。他们比较热情、开朗，在购买过程中，愿意与营业员交换意见或者与其他消费者攀谈；有时会主动告诉别人自己购买某种商品的原因和用途；

喜欢向别人讲述自己的使用感受和经验。另外，选购过程中，易受周围环境的感染、购买现场的刺激和社会时尚的影响。

接待这类消费者，一是营销人员应主动介绍、与之交谈，注意与他们联络感情，以促使其购买；二是与他们"聊天"，应给予指点，使他们专注于商品，缩短购买过程。

3. 黏液质型消费者

这类消费者挑选商品比较认真、冷静、慎重，信任文静、稳重的营业员。他们善于控制自己的感情，不容易受广告、商标、包装的干扰和影响。他们对各类商品，喜欢加以细心的比较、选择后才决定购买，给人慢悠悠的感觉，有时会引起服务人员和别的顾客的不满情绪。

接待这类消费者要避免过多的提示和热情，否则容易引起他们的反感；要允许他们有认真思考和挑选商品的时间，接待时更要有耐心。

4. 抑郁质型消费者

这类消费者选购商品时，表现得优柔寡断，显得千思万虑，从不仓促地作出决定；对营业员或其他人的介绍将信将疑、态度敏感，挑选商品小心谨慎、一丝不苟；还经常因犹豫不决而放弃购买。

接待这类消费者要注意态度和蔼、耐心；对他们可做些有关商品的介绍，以消除其疑虑，促成买卖；对他们的反复，应予以理解。

还可以根据气质类型影响消费者选购商品的速度，把消费者分为急速型、疑虑型、随机型等不同类型；根据气质影响消费者购买过程的情感反应强度，把消费者分为沉静型、谦虚—反抗型、活泼型和激动型。了解气质对消费行为的影响，有助于根据消费者的各种行为表现，发现和识别其气质特点，以便在市场经营活动中，注意利用消费者气质特征的积极方面，控制其消极方面，提高营销服务水平。

【小案例 7-1】

消费者退换商品中的个性表现

在中国质量万里行活动中，不少制造、销售伪劣商品的工商企业被曝光，消费者感到由衷的高兴。3月15日是国际消费者权益保护日，某大型零售企业为了改善服务态度、提高服务质量，向消费者发出意见征询函，调查内容是"如果您去商店退换商品，售货员不予退换怎么办?"要求被调查者写出自己遇到这种事时怎样做。其中有这样几种答案。

(1) 耐心诉说。尽自己最大努力，苦口婆心地慢慢解释退换商品的原因，直到得以解决。

(2) 自认倒霉。向商店申诉也没有用，商品质量不好又不是商店生产的，自己吃点亏下回长经验。

(3) 灵活变通。找好说话的其他售货员申诉，找营业组长考虑或值班经理求情，只要有一个人同意退换就可望解决。

(4) 据理力争。绝不求情，脸红脖子粗地与售货员争到底，不行就往报纸投稿曝光，再不解决向工商局、消费者协会投诉。

(资料来源：王官诚. 消费心理学[M]. 北京：电子工业出版社，2008)

思考题：从上述 4 种消费者反映判断他们的气质类型。如果你是销售员，如何有针对性地采取营销措施呢？

(二)气质理论对营销活动的意义

在商业活动中，消费者的气质特点，是不可能一进商店就鲜明地反映出来，但在消费者一系列的购买行为中会逐步显露。

在营销活动中，尽管能偶尔碰到 4 种气质类型的典型代表，但纯属某种气质类型的人则不多，更多的人则是以某种气质为主，兼有其他气质的混合气质类型。在现实的购买活动中，并非一定要把消费者划归为某种类型，而主要是观察与测定构成其气质类型的各种心理特征，以及构成气质生理基础的高级神经活动的基本特征。消费者的言谈举止、反应速度和精神状态等一系列外在的表现，都会程度不同地将其气质反映出来。

消费心理与行为研究消费者气质类型及其特征，其目的就是为了提供一种理论指导，帮助营销人员学会根据消费者在购买过程中的行为表现，去发现和识别其气质方面的特点，进而引导和利用其积极方面，控制其消极方面，使工作更有预见性、针对性、有效性。营销人员学习了解人的气质类型及其行为特征，也有助于提高自身的心理素质，即可以有意识地对自己的气质加以调节和控制，从而使自己的气质完善化，形成良好的个性，做自己气质的主人，以此来提高服务质量和营销效果。

第三节　性格与消费者行为

性格是一个人在生活实践中形成的对待事物和认识事物的心理特征，它是个性中最重要、最显著的心理特征，反映人的个性差异，表现每个人的特殊性。正如俄国著名戏剧教育家、理论家斯坦尼斯拉夫斯基所言："天下没有一个无性格特征的人，……即使有一个毫无性格的人，那毫无性格也就成了他的性格特征。"

一、性格概述

(一)性格的本质

在现代心理学中，性格指个人对现实的稳定态度和与之相适应的习惯化的行为方式。

性格是个性心理特征中最重要的方面，它通过一个人对事物的倾向性态度、意志、活动、言语、外貌等方面表现出来，是一个人的主要个性特点(即心理风格)的集中体现。人们在现实生活中显现的某些一贯性的态度倾向和行为方式，如大公无私、勤劳、勇敢、自私、懒惰、沉默、懦弱等，即反映了自身的性格特点。

性格有时易与气质混为一谈。实际上二者既有联系，又有区别。气质主要指个体情绪反应方面的特征，是个性内部结构中不易受环境影响的比较稳定的心理特征；性格除了包括情绪反应的特征外，更主要地还包括意志反应的特征，是个性结构中较易受环境影响的可变的心理特征。另外，性格与气质又相互影响、互为作用。气质可以影响性格特征的形成和发展速度及性格的表现方式，从而使性格带有独特的色彩。性格则对气质具有重要的调控作用，它可以在一定程度上掩盖或改变气质，使气质的消极因素受到抑制，积极因素得到发挥，性格是个性的重要方面。

性格标志着某个人的行为和其行为的结果，它可能有益于社会，也可能有害于社会。因此，性格有好坏之分，始终有着道德评价的意义。

(二)性格的形成

人的性格不是天生的，而是在生理素质的基础上，在社会实践活动中逐渐形成和发展起来的。由于先天生理素质如高级神经活动类型、神经系统的暂时神经联系、血清素和去甲肾上腺素的比例等各不相同，后天所处的社会环境及教育条件千差万别，它的形成过程是主体与客体相互作用的过程，因而不同的人性格存在着明显的差异。

这种差异性是绝对的，也是性格最本质的属性之一。此外，由于性格的形成主要决定于后天的社会化过程，它是从儿童时期开始就不断受到社会环境的影响、教育的熏陶和自身的实践，经过长期塑造而形成的，具体来说，就是性格的形成过程受家庭、学校、工作岗位、所属社会团体及各种社会关系等的制约。而社会环境是不断变化的，因此，性格虽然也是一种比较稳定的心理特征，但与气质相比更易于改变，在新的生活环境和教育影响下、在社会新的要求影响下，通过实践活动，一个人的性格可以逐渐改变，即具有较强的可塑性。

性格是带有一定社会倾向性的个性品质。性格虽然并非个性的全部，却是表现一个人的社会性及基本精神面貌的主要标志，因而具有社会评价意义，在个性结构中居于核心地位，是个性心理特征中最重要的方面。

(三)性格的特征

性格是十分复杂的心理构成物，包含多方面的特征，其基本结构特征可概括为以下 4个方面。

1. 性格的态度特征

性格的态度特征表现为个人对现实的态度倾向性特点，在性格结构中占据主导地位。包括：对待社会、集体、他人的态度的性格特征；对待劳动、工作、学习的态度的性格特征；对待自己的态度的性格特征；对待财务的态度的性格特征。

2. 性格的意志特征

性格的意志特征表现为个人自觉控制自己的行为及行为努力程度方面的特点，是对行动的自觉调节方式特征。包括：对事物的目的性、纪律性特征；行动的主动性、自觉控制水平特征；在紧急或困难条件下表现出的意志特征；对待长期工作任务的意志特征。

3. 性格的情绪特征

性格的情绪特征表现为个人受情绪影响或控制情绪程度状态的特点等。包括：情绪的强度与控制特征；情绪的稳定性特征；情绪的持久性特征；主导心境方面的特征。

4. 性格的理智特征

性格的理智特征表现为心理活动过程方面的个体差异的特点，是认识活动的特点与风格的性格特征，包括观察的性格特征、思维的性格特征。

上述特征既相互联系、又相互制约，在不同的人身上具有不同的结构，各自形成一个独特的性格系统。这些性格特征，反映在消费者对待商品的态度和购买行为上，就构成了千差万别的消费性格。例如，在消费观念上，是简朴节约还是追求奢华；在消费倾向上，是求新还是守旧；在认知商品上，是全面准确还是片面错误；在消费情绪上，是乐观冲动还是悲观克制；在购买决策上，是独立还是依赖；在购买行动上，是坚定明确、积极主动，还是动摇盲目、消极被动。这些差异都表现出不同的消费性格。

二、性格理论与类型

性格作为主要在社会实践中形成，并随环境变化而改变的个性心理特征，具有极其复杂多样的特质构成与表征，单纯以少数因素加以分类是难以涵盖其全部类型的。很多学者在划分性格类型时的研究角度和所持的依据各不相同，因而得出的结论也各不相同。有关性格的学说主要有以下几种类型。

(一)机能类型说

性格机能类型理论是由英国心理学家 A.贝恩和法国心理学家 T.里博提出的，他们主张根据理智、情绪、意志 3 种心理机能在性格结构中所占的优势地位来确定性格类型。其中以理智占优势的性格，称为理智型。这种性格的人善于冷静地进行理智的思考、推理，用理智来衡量事物，行为举止多受理智的支配和影响。以情绪占优势的性格，称为情绪型。这种性格的人情绪体验深刻，不善进行理性思考，言行易受情绪支配，处理问题喜欢感情用事。以意志占优势的性格，称为意志型。这种性格的人在各种活动中都具有明确的目标，行为积极主动，意志比较坚定，较少受其他因素干扰。

(二)向性说

瑞士心理学家荣格、美国心理学家艾克森分别提出按照个体心理活动的倾向来划分性格类型，并据此把性格分为内倾、外倾两类。内倾型的人沉默寡言，心理内倾，情感深沉，待人接物小心谨慎，性情孤僻，不善交际。外倾型的人心理外倾，对外部事物比较关心，活泼开朗，情感容易流露，待人接物比较随和，不拘小节，但比较轻率。

(三)独立—顺从说

美国心理学家魏特金按照个体的独立性把性格分为独立型和顺从型两类。独立型表现为善于独立发现和解决问题，有主见，不易受外界影响，较少依赖他人。顺从型则表现为独立性差，易受暗示，行动易被他人左右，抉择问题时犹豫不决。

(四)价值倾向说

美国心理学家阿波特根据人的价值观念倾向对性格做了 6 种分类。①理论型。这种性格的人求知欲旺盛，乐于钻研，长于观察、分析和推理，自制力强，对于情绪有较强的控制力。②经济型。这种性格的人倾向于务实，从实际出发，注重物质利益和经济效益。③艺术型。这种性格的人重视事物的审美价值，善于审视和享受各种美好的事物，以美学或艺术价值作为衡量标准。④社会型。这种性格的人具有较强的社会责任感，以爱护关心他人作为自己的职责，为人善良随和，宽容大度，乐于交际。⑤政治型。这种性格的人对于权力有较大的兴趣，十分自信，自我肯定，也有的人表现为自负专横。⑥宗教型。这是指那些重视命运和超自然力量的人，一般有稳定甚至坚定的信仰，逃避现实，自愿克服比较低级的欲望，乐于沉思和自我否定。

这一状况同样适用于对消费者性格类型的研究，由于消费活动与其他社会活动相比更为复杂、丰富、变化多端，因此，对消费者的性格类型更难以进行统一界定，而只能在与消费实践的密切结合中加以研究和划分。

(五)九型性格说

近年来，性格 9 分法作为一种新的分类方法，在国际上受到重视并逐渐流行开来。这种分类方法是把性格分为 9 种基本类型。①完美主义型。具有谨慎、理智、苛求、刻板的特点。②施与者型。有同情心，感情外露，但可能具有侵略性，爱发号施令。③演员型。

具有竞争性强、能力强、有进取心、性情急躁、为自己的形象所困扰的特点。④浪漫型。特点是有创造性，气质忧郁，热衷于不现实的事情。⑤观察者型。特点是情绪冷淡，超然于众人之外，不动声色，行动秘密，聪明。⑥质疑者型。特点是怀疑成性，忠诚，胆怯，总是注意危险的信号。⑦享乐主义者型。特点是热衷享受，乐天，孩子气，不愿承担义务。⑧老板型。特点是独裁，好斗，有保护欲，爱负责任，喜欢战胜别人。⑨调停者型。特点是有耐心，沉稳，会安慰人，但可能因耽于享受而对现实不闻不问。

三、性格与消费行为

消费者的性格是在购买行为中起核心作用的个性心理特征。消费者之间不同的性格特点，同样会体现在各自的消费活动中，从而形成千差万别的消费行为。性格在消费行为中的具体表现可从不同角度做多种划分。

(一)消费者的性格

每个人的性格都是共性和个性的统一。性格的共性是指某一集团所有人共有的本质特征。消费者作为一定社会集团的成员，和该集团其他成员具有大致相同的经济、政治和文化生活条件，从而在他身上必然会形成该集团成员共有的性格特征。

但是，消费者作为一定社会集团成员的个人，他的具体生活条件，他所从事的种种活动，所受的教育，又是千差万别的，这一切都不能不反映到人的种种性格上。因此，消费性格体现出一定社会条件下社会和个人、客观和主观、现实和历史的统一。

消费者千差万别的性格特点，往往表现在他们对消费活动的态度、习惯化的购买行为方式及个体活动的独立性程度上，从而构成千姿百态的消费性格。

1. 从消费态度角度划分

从消费态度的角度看，可以把消费者划分为节俭型、保守型、随意型或自由型、怪僻型和顺从型的消费者。

(1) 节俭型消费者。这类消费者在消费观念和态度上崇尚节俭，讲究实用，勤俭节约，朴实无华，生活方式简单，认识事物、考虑问题比较现实。他们选购商品的标准是实用，不追求外观，不图名声。对于商品信息，容易接受说明商品内在质量的内容，购买中不喜欢营销人员人为地赋予商品过多的象征意义。

我国人民视俭朴为美德，尽管现在生活比新中国成立前富裕多了，但购买消费品大多精打细算，讲究实用性。这种消费态度强烈地、明显地体现在消费行为上，并成为其他各种具体消费行为的主导。此类消费者在我国为数众多，尤其在中年消费者中更是多见。

(2) 保守型消费者。这类消费者态度严谨、固执，生活方式刻板，性格内向，怀旧心理较重，习惯于传统的消费方式，遵循传统消费习惯，信奉传统商品，经常怀恋往昔。对有关新产品、新观念的市场信息持怀疑、抵制态度，在选购商品时，有意无意地拒绝新产品,喜欢购买传统的和有过多次使用经验的商品,而不愿冒险尝试新产品。

(3) 随意型或自由型消费者。在消费态度上比较随意、浪漫,生活方式比较随便、自由而无固定的模式。在选购商品方面表现出较大的随意性,且选择商品的标准也往往多样化,没有长久、稳定的看法,经常根据实际需要和商品种类不同,采取不同的选择标准和要求,不能完全自觉地、有意识地控制自己的情绪。如既考虑质量,也讲求外观,但相比之下,质量不是最主要的。他们不拘泥于一定的市场信息,联想丰富,但有时也受外界环境及广告宣传的影响和诱导。

(4) 怪癖型消费者。这类消费者态度傲慢,往往具有某种特殊的生活方式或思维方式。选购商品时往往不能接受别人的意见、建议;有时会向营销人员提出一些令人不解的问题和难以满足的要求,自尊心强而过于敏感,消费情绪不稳定。

(5) 顺从型消费者。这类消费者态度随和,生活方式大众化。他们一般不购买标新立异的商品,但也不固守传统。其行为受相关群体影响较大,和与自己相仿的消费者群体保持比较一致的消费水平,对社会时尚不积极追求也不反对;能够随着社会发展、时代变迁,不断调节、改变自己的消费方式和习惯。

2. 从购买行为方式角度划分

从购买行为方式角度看,可以分为习惯型、慎重型、挑剔型和被动型。

(1) 习惯型消费者。这类消费者,当他们对某一品牌、商标的商品有深刻体验后,便能保持稳定的注意力,逐步形成习惯性的购买和消费,在购买商品时习惯参照以往的购买和使用经验,不轻易改变自己的观念和行为,不受时尚和社会潮流的影响,购买中遵循惯例,长久不变。

(2) 慎重型消费者。这类消费者,在性格上大都沉稳、持重,做事冷静、客观,情绪不外露。在采取购买行为之前,要做周密考虑,广泛收集有关信息;在选购时,通常根据自己的实际需要并参照以往购买经验,尽可能认真、详细地对商品进行比较,进行仔细慎重的权衡,衡量各种利弊之后才做出购买决定。购买过程中,受外界影响小,不易冲动,具有较强的自我抑制力。

(3) 挑剔型消费者。这类消费者,其性格特征表现为意志坚定,独立性强,不依赖他人,一般都具有一定的购买经验和商品知识。挑选商品时主观性强,强调主观意愿,自信果断,很少征询或听从他人意见,对营业员的解释说明常常持怀疑和戒备心理,观察商品细致、深入,善于观察别人不易观察到的细微之处,检查商品极为小心、仔细,有时甚至达到苛刻程度。

(4) 被动型消费者。这类消费者,在性格特征上比较消极、被动、内倾。由其性格决定,这类消费者的购买行为常处于消极被动状态往往是奉命购买或代人购买,没有购买经验,由于缺乏商品知识和购买经验,在选购过程中往往犹豫不决,缺乏自信和主见,表现出不知所措的言行,对商品的品牌、款式等没有固定的偏好,希望得到别人的意见和建议,特别渴望得到营销人员的帮助。

另外，有的学者从社会文化生活方式出发，把消费者划分为理论型、经济型、审美型、社会型、权力型和宗教型等类型。

上述按消费态度和购买方式所做的分类，只是为了便于了解性格与人的消费行为之间的内在联系，以及不同消费性格的具体表现。现实购买活动中，由于周围环境的影响，消费者的性格经常难以按照原有面貌表现出来。所以在观察和判断消费者的性格特征时，应特别注意其稳定性，而不应以一时的购买表现来判断其性格类型。

3. 从市场营销角度划分

工商企业最欢迎具有以下性格类型的消费者，因为客观上他们可以帮助推销商品。

(1) 外向友善型。这类消费者是商品的口头传播者，他们热情、外向、善交际、话多。很多资料表明，口传信息是影响消费者行为的重要因素之一。他们对于感兴趣的或购后评价好的商品，总是自觉地或不自觉地充当着这一商品的义务宣传员。当然如果他们对商品不满意，他会劝说别人不要上当，这时，他们的一句话能抵得上一连串的广告。具有这些性格特征的消费者，喜欢给别人出主意、提建议，帮助他人选购商品。这主要因为他们口传的信息是在没有个人企图的情况下发表的独立见解，能帮助别人分析商品的优缺点和购买的利弊。他们的评论和意见常常是根据自己的切身体验提出的，这就大大增强了信息的可信程度，因而，消费者十分相信来自这些人的商品信息。

(2) 勇敢冒险型。这类消费者性格开朗，思想解放，容易接受新鲜事物，愿意尝试新产品。因此，他们是新产品购买和使用的先行者和"活广告"。

(3) 时尚导向型。这类消费者是赶时髦的风流人物，他们的意向和行为倾向往往成为其他消费者的表率，因此，通过他们可以扩大市场影响。

具有以上 3 类性格特征的消费者对新产品有着浓厚的兴趣，喜欢依靠自己的能力对新产品做出判断和评价，他们往往把比别人早一点获得新产品信息作为一种乐趣，并通常是最早做出购买尝试的；他们富有创新精神，往往为了使用新产品而不畏风险。

(二)性格理论对营销活动的意义

消费者的个体性格作为最稳定、最持久的个性本质特征对消费者的购买态度、购买方式等的影响是客观存在的，并可以通过言语、表情、举止、神态等多方面观察出来。现实生活中的消费者，他们的性格往往不是单一型的，而是中间型或混合型的。研究消费者的性格特征及类型，有利于更好地做好销售和服务工作，因此，有着重要的实践意义。

性格理论对营销活动的意义表现在对营销人员的选择和个人良好性格类型的培养上。

营销人员承担着把产品从生产领域转移到流通领域，最终到达消费领域的任务。营销人员需要与各种各样的消费者打交道，与社会各界联络沟通，参加各种营销活动(即社交活动)。因此，营销人员应培养自己成为有助于人与人之间接触、沟通的外向型性格类型。因为外向型性格的人，心理活动倾向于外部，经常对外部事物表示关心和兴趣，开朗、活泼，特别善于交际。在性格的培养过程中，特别重要的是要学会对自己的性格进行自我调节和自我教育。一切外因只有通过内因才能起作用。只有当营销人员意识到自己的性格必须符合自己所从事的工作时，他才能产生积极的动机，自觉地调节自己的行为方式，重视在工作实践中培养自己良好的性格特征。

在社会实践中，人适应并改变着环境，同时也改变着自己的性格。因此，营销工作实践是培养良好性格特征和使它变为习惯性行为方式的有效途径。

第四节　能力与消费者行为

消费者能力，包括对商品的辨别力、挑选力、评价力、鉴赏力、决策力等，每一方面都有着因人而异的差别，故"才者，德之资也；德者，才之帅也"。

一、能力概述

(一)能力的本质

心理学中把人能够顺利地完成某种活动，并能表现活动效率的心理特征称为能力。即在条件相同的情况下，所表现出来的"快慢""难易""巩固程度"及"深浅程度"上的差别。能力是人的知、行的可能性条件，是人类认识世界和改造世界的一种重要的心理条件。

能力往往与人的某种活动密切相关，只有从一个人所从事的某种活动中才能看出他所具有的某种能力及其大小，但在活动中表现出来的心理特征并不都是能力。如暴躁、活泼等，虽然也有可能影响一个人顺利完成某种活动，但一般来说却不一定是最必要的；而曲调感、节奏感、听觉表象等对于顺利地进行音乐活动；色彩鉴别、空间比例的估计、形象记忆等对于顺利地进行绘画活动等都是必需的心理特征。因此，只有那种直接影响活动的效率，并且使活动的任务能够顺利完成的心理特征才是能力。能力是保证活动取得成功的基本条件，但不是唯一条件，活动能否取得成功，往往还与人的个性特点、知识、技能、态度、物质条件及与他人合作的关系等因素有关。

1. 能力不同于才能和天才

才能是多种能力的完备结合，如数学才能、文学才能、音乐才能、组织才能、营销才能、管理才能等；天才是才能的高度发展，如数学天才、营销天才等。

2. 能力也不同于知识和技能

它们既有区别又有联系。知识是人类在自然活动和社会活动中，对各种经验所进行的概括和总结，是人认识的结果，如关于服装的款式、色彩、价格、面料、做工等方面的概念和理论是知识，而设计服装或根据不同人的条件和环境条件正确地挑选服装则是能力。技能是人运用知识完成一定任务的活动方式，是接近自动化的运作体系。能力能够影响知识和技能的掌握，反过来知识和技能的掌握又能促进能力的发展。但是能力的发展和知识的获得、技能的掌握不是同步的，能力的发展比知识的获得、技能的掌握更费时日，而且不是永远随着知识的积累、技能的熟练成正比发展，随着年龄的增长，能力会经历一个先发展、后停滞和衰退的过程。

3. 能力的分类

按能力的倾向可以把能力划分为一般能力(感觉能力、观察力、思维能力、记忆力等)和特殊能力(如节奏感、彩色鉴别力、操作能力等)；按能力的创造性程度划分，有再造性能力和创造性能力；从能力测验的观点看，有实际能力与潜在能力之分。

(二)能力的差异

人的能力不是与生俱来的，它是在遗传素质的基础上，通过环境与教育的作用和个人的主观努力，在学习和实践活动中逐步形成和发展起来的。人的能力是有个体差异的。

1. 能力水平差异

是指人与人之间各种能力的高低水平不同，如不同的人在记忆力强度上的差异就是一例，能力水平的高低是能够做出比较的，现代心理学通常把人的智能划分为超常、正常、低常。

2. 能力类型差异

指不同的人在完成相同的任务时，通过不同的能力综合来体现，具体表现在能力类型的差异上。每一个人都有自己所长，也有自己所短。人的一般能力和特殊能力都表现出质的差异性。

3. 能力表现时间的差异

人的能力还可表现时间早晚的差异。人与人之间由于遗传生理因素，环境、教育因素的不同影响，能力发展水平有明显的年龄差异。有些人能力早熟，在儿童期就崭露头角，有些人则大器晚成。如王勃 6 岁善文辞，莫扎特 3 岁主演演奏会，而齐白石 23 岁才表现出绘画才能，伦琴 50 岁发现射线等。各人才能的发挥有早有晚，成就的取得有先有后，这说明人的智力发展速度不是整齐划一的。

实践证明，人在从事消费活动时，既需要具备一般能力，如观察力、注意力和想象力等，又要具备具体购买活动过程中必须具备的特殊能力，如购买古董时，必须具备的鉴别能力和鉴赏能力等。

【小案例7-2】

窦蔻：全世界年龄最小的作家

这几个月，在老城丽京门附近、中州渠边的小花坛里，有一个陌生的小男孩儿，每天冒着寒风，趴在冰冷的水泥凳上写东西。这个小男孩从哪儿来?他为什么不上课？这么冷的天，他趴在马路边写什么？

这不是一个普通的少年。

窦蔻出生于1994年10月20日，七个月时，因家境贫寒，随父母走南闯北四处漂泊。1岁，从"横竖撇捺点弯勾"开始，认识了几百个字。2岁，父母开始以童话、笑话和漫画等形式，让他学习写字、画画儿。3岁，学会查字典等工具书，自己可以翻阅各类少儿书报杂志。4岁，回到家乡，开始学习小学课本。4岁半，开始写日记，发表第一幅画作。5岁，发表第一篇童话、第一首儿童诗和16幅画作，此后陆续发表童话二十多篇。6岁半，进入一家私立学校住读，一入校就直接跳到五年级，出版《窦蔻流浪记》。7岁半，转学，就读于江苏丹徒三山中心小学六年级。《窦蔻流浪记》在台湾冠以《我给老鼠换个胃》出版。8岁，尝试用中文和英文两种语言写日记。8岁半，出版《窦蔻的年华》。迄今已有一百多家媒体报道过，英国记者称他是"全世界最小的作家"。10岁出版长篇小说《童年的眼睛》。12岁的窦蔻已经创作完成了又一部长篇文学作品《呜呼少年时》。在上海某高中学校期间，小小年龄的他对现行教育体制深有感悟，积极思考，写出了研究探索性著作《教育大改命宣言》。

窦蔻6岁就出版了第一本长篇自传小说，被誉为全世界年龄最小的作家。年仅12岁的他已学完了高中课程，并有3部小说出版。他的名字曾频繁出现在央视、《人民日报》、英国《泰晤士报》、日本《读卖新闻》等多家海内外媒体上。

(资料来源：根据媒体报道和网络资料整理并自编案例)

思考题：人的能力是怎样形成的？人的能力有哪些不同？如何培养自己的能力？

二、能力与消费行为

(一)消费者的能力结构

消费者在购买商品的过程中，也需要多种能力并对之加以综合运用。比如，购买服装或布料的时候，就需要手的感觉能力，摸一摸服装或布料的质地；需要观察力，观察服装的颜色是否适合，款式有无缺陷，制作是否精致，质量是否过关；还需要同其他服装或布料比较一下，看看哪一种更适合自己的需要，哪种款式、哪种花色更好等。消费者应具有的能力结构，一般说来包括以下几种。

1. 一般能力

一般能力是指在许多活动中都必需的具有同性的基本能力，它适合于多种活动的要求。在消费活动中，一般能力又包括以下一些具体内容。

(1) 注意力。有的消费者很快就能买到自己所需要的商品，而有的消费者在商店里转了大半天也找不着自己所需要的商品。这种现象产生就是注意力的差异所致。

(2) 观察力。观察力是个体透过事物的现象认识其本质的能力，是对事物进行准确而又迅速的感知能力。观察力强的消费者，往往能很快地挑选出他所满意的商品，在购物时，对商品的质量是否过关，造型有无缺陷，制作是否精美，能很快做出比较全面的评价；如果消费者观察能力较差，他往往看不到商品的某种不太明显的优点或缺点，这样，既可能失去购买某种优质产品的机会，又有可能购买到有某些缺陷的商品。因此，在营销活动中，针对观察力较差的消费者，销售人员应主动提醒其注意某些不易被人察觉的优点，对某些虽不明显但有一定影响的缺点，也应如实相告，避免其购物后发现问题而造成更大的负面影响。

(3) 记忆力。记忆力是指一个人能牢记经历过的事物，并在一定的条件下重现或在这个事物重新出现时能确认曾感知过它的能力。记忆力对消费者的购买行为有重要影响，消费者能否记住某种商品的特性，关系到他能否有效地作出购买决策。有的决策是面对商品时作出的，而有的决策则是在没有见到商品的情况下作出的。在后一种情形中，记忆是一个关键。消费者一旦记住了他所需要的商品特点、商标、产地等，那么他可以在没有走进商店之前就作出购买决策。

(4) 判断力。它表现在消费者选购商品时，通过分析、比较对商品的优劣进行判断的能力上。一般来说，判断力强的消费者，能迅速果断作出买或不买的决策；反之，判断力差的顾客，经常表现为优柔寡断，有时甚至会作出错误的判断。

(5) 比较能力。这表现为看看哪种商品更适合自己的需要，哪种款式、哪种颜色更好等的能力。

(6) 决策能力。当消费者选中了自己满意的商品，是否能下决心买下来还需要有决策能力。

2. 特殊能力

特殊能力是某种专门性活动所必需的知识和技能，它属于专业技术方面的能力。如购买高级衣料的鉴别能力，购买古玩、乐器的鉴赏能力，购买药品的评价能力等。

3. 人际交往能力

从心理学角度看，营销工作是一种商业交际活动。交际是人与人之间的交往活动。在社会生活中，每个人所处的地位、肩负的任务不同(即他所担任的角色不同)，他的行为方式和行为准则也会不同。市场活动是作为买卖双方的消费者和营销人员，代表着不同的社会角色所进行的交际活动。

4. 应变能力

营销活动要想获得满意的效果是相当困难的，这是因为买卖双方利益有明显的歧义性，使双方在心理上难以趋同；还有双方在市场地位上的对立性，这种对立性尤其在市场供求严重失衡的情况下表现更为明显。这就要求消费者具有一定的应变能力来把握购买行为的最终效果。

(二)能力与购买类型

消费者不同的能力决定了不同的购买类型。一般可从以下角度划分。

1. 从购买目标的确定程度划分

(1) 确定型。确定型消费者有比较明确的购买目标，并事先掌握了一定的市场信息和商品知识，他们进入商店后，能够有目的地选择商品，主动提出需购商品的规格、式样、价格等多项要求。如果购买目标明确且能够通过语言清晰、准确地表达，购买决策过程一般较为顺利。

(2) 半确定型。半确定型消费者进入商店前已有大致的购买目标，但对商品的具体要求尚不明确。他们进入商店后，行为是随机的，与营销人员接触时，不能具体地提出对所需商品的各项要求，注意力不是集中在某一种商品上，决策过程要根据购买现场情景而定。

(3) 盲目型。盲目型消费者购买目标不明确或不确定。他们进入商店后，无目的地浏览，对所需商品的各种要求意识朦胧，表达不清，往往难以为营销人员所掌握。这种人在进行决策时容易受购买现场环境的影响，如营销人员的态度、其他消费者的购买情形等。

2. 从对商品的认识程度划分

(1) 知识型。知识型消费者了解有关商品的知识较多，能够辨别商品的质量优劣，能很内行地在同种或同类商品中进行比较、选择。这类人在选择中比较自信，往往胸有成竹，有时会向营销人员提少量关键性问题。营销人员接待这类顾客时要尊重他们自己的意见，或提供一些技术性的专业资料，不必过多地解释和评论。

(2) 略知型。略知型消费者掌握部分有关的商品知识，需要营销人员在服务中补充他们欠缺的部分知识，有选择性地向他们介绍商品。

(3) 无知型。无知型消费者是就消费者对某一具体商品的认知而言的。此类消费者缺乏有关的商品知识，没有购买和使用经验，挑选商品常常不得要领，犹豫不决，希望营销人员多做介绍、详细解释。他们容易受广告、其他消费者或营销人员的影响，买后容易产生"后悔"心理。因而营销人员要不怕麻烦，主动认真、实事求是地介绍商品。

划分消费者的类型是一件十分复杂的事情，因为每个消费者的性别、年龄、职业、经济条件、心理状态、空闲时间和购买商品的种类等方面不同，以及购买环境、购买方式、供求状况及营销人员的仪表和服务质量等方面有差别，都会引起消费行为的差异现象。

(三)能力理论对营销活动的意义

消费者在购买活动中的能力，除本身素质是重要的基础外，还有许多其他因素也发挥了作用，如向消费者传递商品信息、讲解商品知识、培训保养维修方法、示范使用操作技术等。消费实践活动是消费者能力发展的决定性条件，它制约着能力发展的性质与水平。

人的能力是在实践中表现出来的，因此，在营销活动中，消费者购买行为的多样性或差异性，也一定会在购买活动中表现出来。这就为促进销售、引导消费创造了条件。但是，工商企业的营销工作应讲究职业道德，切不可有意利用顾客的能力弱点去推销伪劣商品，欺诈顾客。

由于营销人员的营销能力与服务效果有密切的关系，所以营销人员也要通过实践和加强理论学习，来不断提高自己的营销能力。

综上所述，消费者的个性特别是气质、性格和能力等个性心理特征，对其购买行为的影响是巨大的，是构成不同消费行为的重要心理基础。但是现实生活中消费者的心理和行为是复杂的，即使是在同一类型中，由于消费者的性别、年龄、职业、经济条件、心理状态、空闲时间和购买商品的种类等方面不同，以及购买环境、购买方式、供求状况、营销人员的仪表和服务质量等方面有差别，都会引起消费者心理及行为的差异。

本 章 小 结

消费者的购买行为之所以千差万别，是因为个体存在差异。个性是衡量个体差异的一个重要变量，个性是指个体本身经常地、稳定地表现出来的心理特征。个性具有稳定性、可塑性、独特性、社会性、整体性和复杂性等特征；个性的心理结构非常复杂，它是一个具有多侧面、多层次的复合体，主要包括个性倾向性、个性心理特征、心理过程、心理状态和自我意识等方面。弗洛伊德的心理分析理论、荣格的人格理论及人格特质理论等构成了相关个性理论的基础，这些理论探讨了个性或人格产生的原因及发展规律，特别是人格特质理论被消费行为研究者及企业实践者所接纳，他们针对不同的人格特征，分析其消费心理与行为特点，从而制定相应的营销策略，提高营销服务质量。

个性心理特征包括气质、性格和能力 3 个部分。气质是指高级神经系统在心理过程中表现出的强度、速度、灵活性和稳定性以及心理活动的指向性等动力方面的特征；气质的动力方面的特征的不同组合形成了 4 种典型的类型：多血质、胆汁质、黏液质和抑郁质；不同气质类型的消费者在购物活动过程中体现出了不同的消费特征。性格指个人对现实的稳定态度和与之相适应的习惯化的行为方式，是个性心理特征中最重要的方面；它通过一个人对事物的倾向性态度、意志、情绪、理智等方面表现出来，是一个人的主要个性特点；性格的形成受到家庭、学校、社会文化、职业等外部环境因素的影响，标志着某个人的行为和其行为的结果，性格有好坏之分；机能类型说、向性说、独立—顺从说、价值倾向说、性格 9 分法等理论对性格事实进行了分类研究，对消费营销的实践具有指导意义；心理学中把人能够顺利地完成某种活动，并能表现活动效率的心理特征称为能力；由于每个消费者不同的能力决定了不同的消费行为特征和购买类型；相关的能力理论对消费行为、营销活动都有一定的指导意义。

自 测 题

一、判断题(正确的打√，错误的打×)

1. 个性一旦形成后就不会改变了。　　　　　　　　　　　　　　　　（　　）
2. 个性倾向性是个性结构中最活跃的因素。　　　　　　　　　　　　（　　）
3. 气质受后天环境因素的影响，性格是与生俱来的。　　　　　　　　（　　）
4. 性格具有社会评价意义。　　　　　　　　　　　　　　　　　　　（　　）
5. 顺从型的消费者与随意型的消费者相比较，更容易追求时尚。　　　（　　）
6. 谨慎、理智、苛求、刻板是浪漫型消费者的行为特征。　　　　　　（　　）
7. 知识的积累可以促使能力的发展，能力的大小影响知识的掌握。　　（　　）
8. 记忆力是指一个人记住经历过的事物，并在一定的条件下重现或在这个事物重新出现时能确认曾感知过它的能力。　　　　　　　　　　　　　　　　　　（　　）

二、单项选择题

1. 人的基本心理活动和首要的心理功能是(　　　)。
   A. 认识　　　　　B. 情感　　　　　C. 情绪　　　　　D. 意志
2. 把大脑功能比喻为"冰山"的心理学家是(　　　)。
   A. 荣格　　　　　B. 弗洛伊德　　　C. 盖伦　　　　　D. 卡特尔
3. 直接影响活动的效率，并且使活动的任务能够顺利完成的心理特征是(　　　)。
   A. 能力　　　　　B. 才能　　　　　C. 气质　　　　　D. 性格
4. 体液说认为在人体中黄胆汁占优势的是(　　　)。
   A. 多血质　　　　B. 胆汁质　　　　C. 黏液质　　　　D. 抑郁质
5. 性格是一个人在生活实践中形成的对待事物和认识事物的(　　　)。
   A. 心理特征　　　B. 心理倾向　　　C. 心理过程　　　D. 心理活动
6. 美国心理学家阿波特认为，具有(　　　)这种性格的人求知欲旺盛，乐于钻研，长于观察、分析和推理，自制力强，对于情绪有较强的控制力。

A. 理论型　　　　B. 经济型　　　　C. 社会型　　　　D. 政治型

7. 营销人员不主动接待消费者，而消费者也并无不满，仍能理智地选购商品，这种状态属于(　　)。

A. 消费者情绪好和营销人员积极性高相结合状态

B. 消费者情绪好和营销人员积极性低相结合状态

C. 消费者情绪坏和营销人员积极性高相结合状态

D. 消费者情绪坏和营销人员积极性低相结合状态

8. 一般性拒绝购买态度的基本特征是(　　)。

A. 随意性　　　　B. 理智性　　　　C. 隐蔽性　　　　D. 明确性

三、多项选择题

1. 个性倾向性主要包括(　　)等。

A. 需要　　　　　　　　B. 兴趣　　　　　　　　C. 信念

D. 价值观　　　　　　　E. 理想

2. 心理过程是人脑对客观现实的各种反映形式，主要指个体的(　　)等，它是个性形成和发展的基础。

A. 认识过程　　　　　　B. 情感过程　　　　　　C. 意志过程

D. 记忆过程　　　　　　E. 判断过程

3. 荣格把人格的总体称为"心灵"，认为心灵包含一切有意识的思想、情感和行为。心灵既是一个复杂多变的整体，又是一个层次分明、相互作用的人格结构，荣格认为心灵的3个层次是(　　)。

A. 意识　　　　　　　　B. 个人意识　　　　　　C. 集体意识

D. 个人无意识　　　　　E. 集体无意识

4. 个性的自我意识是指一个人对所有属于自己身心状况的意识，包括(　　)自我认识、自我体验、自我调控等方面。

A. 自我认识　　　　　　B. 自我体验　　　　　　C. 自我调控

D. 自我感知　　　　　　E. 自我培养

5. 从消费态度的角度看，可以把消费者划分为(　　)的消费者。

A. 节俭型　　　　　　　B. 保守型　　　　　　　C. 随意型或自由型

D. 怪僻型　　　　　　　E. 顺从型

6. 消费者应具有的能力结构包括(　　)。

A. 一般能力　　　　　　B. 特殊能力　　　　　　C. 人际交往能力

D. 应变能力　　　　　　E. 记忆力

7. 一般能力包括(　　)具体的能力。

A. 记忆力　　　　　　　B. 判断力　　　　　　　C. 注意力

D. 观察力　　　　　　　　E. 比较力

8. 美国心理学家阿波特根据人的价值观念倾向对性格做了分类，分别是(　　)。

　　A. 理论型　　　　　　　B. 经济型　　　　　　　C. 艺术型

　　D. 社会型　　　　　　　E. 政治和宗教型

四、思考题

1. 什么是个性？个性心理特征有哪些特点？
2. 联系实际，请您谈谈个性对消费及营销有什么意义？
3. 气质有几种类型？不同的气质类型对消费者的消费行为影响情况如何？
4. 什么是性格？从性格的购买行为方式来看，你认为自己属于哪种类型的消费者？
5. 气质与性格的主要区别有哪些？了解人们的气质类型对消费活动有何意义？
6. 什么是能力？在购买活动中，消费者应具备哪些一般能力？
7. 试阐述消费者的能力差异及其对消费者行为的影响。
8. 如何培养和提高消费者的购买能力？

案　　例

个性影响品牌

能将一个看起来像装医药水的白色瓶子，卖弄成世人争相收藏的珍品，甚至让每一张海报成为稀世杰作的，恐怕只有AbsoluteVodka(绝对牌伏特加)了。

AbsoluteVodka主张着一种另类的时尚，它总是特立独行，这是它独有的品牌个性。想想如果有一天AbsoluteVodka改变风格，转型为XO式的"雍容华贵"，AbsoluteVodka还能享有这般另类的受宠吗？

"雍容华贵"与AbsoluteVodka所定位的艺术家、影星、富豪和社会名流等目标群体并不十分切合。XO是贵族式的享受，而AbsoluteVodka虽然身份地位不菲，但与XO比起来还差了一个档次。让人感觉更为突兀的是，"雍容华贵"的XO品牌骨子里浸透着"安详稳重"，AbsoluteVodka的转型会让它自讨没趣，因为它的趣味瓶身和另类海报，已经完全暴露了它是一个"躁动、野性和另类的坏小子"。

品牌个性并不如品牌属性所表现的标识、包装和型号等那样直白，可以看得见、摸得着，它是一种感觉。这种作用于品牌受众心灵深处的力量强弱，将直接影响受众对品牌的直接感官，甚至购买决策，于是当摩托罗拉公司的高层们发现它的品牌在受众心目中形成的品牌个性与自己所规划的格格不入时，他们是那么的紧张。

在摩托罗拉公司的一次销售座谈会上，所请到的顾客代表在接受摩托罗拉公司的"假设把摩托罗拉想象成一个人，他正从门口走进来，你会看到怎样的一个人？"的问题测试时，大都回答是"成功、高大、西装革履、聪明、技术力量雄厚"等，也有少数人说是"尊敬的，像远房的叔叔"。

这些正面的回答也许会让一些公司感到满意，但摩托罗拉公司却对此深表担心。在摩托罗拉公司认为，他们的品牌给消费者的印象不应是"尊重"，"尊重"隔开了距离，没有个性感、亲情感、体贴感和现代感，他们更希望自己的品牌是"生活上的好帮手、好朋友"，在品牌传播的间隙透射出"亲和、能干"的品牌个性因子。

摩托罗拉公司心里很清楚，如果品牌个性与品牌所定位的目标人群的"生活和行为方式"不一致，无论花费多少传播预算，消费者都将不会对摩托罗拉公司的产品形成清晰的品牌归属感。一个没有品牌归属感的品牌所凝聚的销售力是不稳定的，消费者会把所有的注意力集中于品牌的短期让利，促销期间他们会对品牌充满热情，促销过后便会撒手而去。

摩托罗拉公司也知道，如果品牌构成层面的品牌个性规划不清晰，他们后续的传播活动规划将会失去方向。在品牌传播中，品牌个性和品牌文化是传播活动规划的基准，一切传播活动的设定都应以品牌个性和品牌文化为准绳。也就是说，当雀巢公司将自己的品牌个性定义为"温馨的，关爱的"时，它的广告和促销必须具有含情脉脉的柔情，它的中国对手蒙牛将自己的广告做在了"神五"上，同时进行疯狂的炒作，而雀巢就不能，因为"神五"事件没有它所需要的柔情。

(资料来源：世界品牌实验室，2007-11-16)

案例讨论：

1. 个性对消费者行为有哪些影响？
2. 品牌个性如何塑造？
3. 品牌个性认知对消费者品牌心理会产生什么影响？
4. 品牌个性如何测量？

第八章　消费者的自我概念与生活方式

【学习目标】

在本章学习中，通过对自我概念和生活方式等相关基础理论的学习，要求学生理解自我概念的内涵、自我概念的类型及其作用，掌握其测量方法及其与企业营销活动的关联，有效指导营销实践；同时要求理解生活方式的内涵、对消费者行为的影响，在掌握生活测量工具的基础上，有针对性地选择企业的营销策略。

【导读案例】

彪马营销方式：向消费者推广一种生活方式

最近，彪马加入了吉列、星巴克和斯沃琪等生活时尚品牌的行列，改变了过去以产品功能为重点的营销方式，转而向消费者推广一种生活方式。

以往彪马的营销都是围绕足球鞋等高性能运动产品展开，邀请球王贝利和马拉多纳这样的体育界巨星担任形象代言人，对产品进行推广。现在彪马开始拓展产品线，在延续传统的高端运动装备设计和制作之外，由专业体育领域进入生活时尚领域，营销重点也放在了生活方式上，不再强调产品本身的功能表现，而力图将品牌塑造成一种生活方式的选择。

生活方式营销成功的关键在于满足消费者表达自我的需求。一个成功的生活时尚品牌，如古驰和波罗，都代表了一种独特的生活方式，而消费者则能够通过消费该品牌产品来展现自我个性。尽管生活时尚品牌之间的竞争越来越激烈，生活方式营销却并非一种错误的策略选择。事实上，这样的局面意味着一个公司若想要获得成功，必须在生活方式营销方面建立起核心竞争力和战略优势。任何市场中，有赢家就自然也有输家。要想成为赢家，这个品牌就必须定位准确，成为最流行的生活方式的象征。彪马很看重巴黎春天百货集团在奢侈品牌建设和管理方面的经验和优势，希望借此次收购推动自身的发展。目前巴黎春天百货集团旗下已有包括古驰、伊夫圣罗兰和宝诗龙等在内的大量奢侈品牌。借着巴黎春天百货集团在奢侈品牌建设中积累的丰富经验，彪马已经有了一个稳固的基础，也许几年之后，彪马也将在生活方式营销中发展出核心竞争力，有很大机会成为生活时尚领域中的一个胜利者。

同时彪马希望以"表达自我"成为出路。然而同时，彪马的转型将加剧时尚生活市场的竞争，一些资源不足或是定位模糊的品牌将深受其苦。近期的《市场营销杂志》的研究首次将品牌作为自我表达的一种方式，揭示出通过品牌来展现个性的局限性。实验证据表明，如果市场上以表达自我为诉求的生活时尚品牌太多，消费者将很难从中获得真正独具特色或是个性化的体验，他们甚至可能减少对这些品牌的消费。比如说，雀巢咖啡伴侣也刚制定了"表达自我"的营销战略，试图将功能性的咖啡奶精重新定位为一个展示个性的品牌。更有意思的是，以美洲狮为名的彪马还不得不与美国家乐氏公司的东尼虎食品系列展开一场"狮虎大战"，两者虽然隶属不同行业，但都是以满足消费者的自我表达为诉求，相互之间的竞争将不可避免。

市场竞争的格局正在飞速演变，未来竞争将不再受行业类型的限制。现在，不同行业的品牌已经为了赢得消费者而展开了激烈的跨界竞争，满足消费者表达自我的需求正成为品牌战争的新前线。

（资料来源：http://www.3188.tv/yundongzhuang/，2011-07-20）

阅读案例，思考下列问题：

1. 生活时尚品的消费特点有哪些？
2. 你如何看待生活方式营销？
3. 你认为彪马向消费者推广生活方式的营销策略前景如何？

第一节　消费者的自我概念

在许多情况下，生活方式是一个人自我概念的外在表述。也就是说，在给定的收入和能力约束下，一个人所选择的生活方式，在很大程度上受到一个人现在的欲求的自我概念的影响。

一、自我概念的含义和类型

(一)自我概念的含义

在心理学领域，有两个高度不同的概念都被译成自我。一个概念原文作 self，被译成自我，是指个人的反身意识或自我意识(self-consciousness)。西方绝大多数心理学家关于自我的讨论，从詹姆斯(W. James，1890)到米德(G. H. Mead，1934)，从罗杰斯(C，Rogers，1951)到格根(K. J. Gergen，1982)，都是在这一意义上进行的。我国心理学家对于自我的理解，也高度一致地与 self 的内涵相对应，都是在个人反身意识的意义上理解自我的概念。另一个同样被译为自我的概念原文为 ego，它是弗洛伊德精神分析理论的核心概念之一，指人的个性中从本我(id)分化出来，指导个人适应现实社会生活，使个人行为超越简单快乐原则而遵循现实原则的个性部分。它是现实与个人的协调者。

总之，自我概念是个体对自身全部知觉、了解和感受的总和。每个人都会逐步形成关于自身的看法，如是丑是美、是胖是瘦、是能力一般还是能力出众等。自我概念回答的是"我是谁？""我能做什么？"和"我是什么样的人？"一类问题，它是个体自身体验和外部环境综合作用的结果。现实中每个人内心都持有关于自我的概念，这一概念以潜在的、稳定的形式参与到行为活动中，对人的行为产生极为深刻的影响。同样，自我概念也会渗透到消费者的消费活动中。一般认为，消费者将选择那些与其自我概念相一致的产品与品牌，避免选择与其自我概念相抵触的产品和品牌。自我概念通过两个方式来发挥作用：我是什么样的人所以我用什么商品；我想成为什么样的人所以我选择这件商品。当然，不会经常在他人眼球中出现的商品卖的是消费者的自我概念，经常在外人面前显露的商品卖的是消费者心目中他人的自我概念。基于此，研究消费者的自我概念对企业营销活动设计特别重要。

(二)自我概念的类型

消费者拥有多种类型的自我概念。自我概念的类型表现如下。

① 实际的自我概念，指消费者实际上如何看待自己；

② 理想的自我概念，指消费者希望如何看待自己；

③ 社会的自我概念，指消费者感到别人是如何看待自己；

④ 理想的社会自我概念，指消费者希望别人如何看待自己；

⑤ 期待的自我，指消费者期待在将来如何看待自己，它是介于实际的自我与理想的自我之间的一种形式。由于期待的自我折射出个体改变"自我"的现实机会，对营销者来说它也许比理想的自我和现实的自我更有价值。

实际自我概念与理想自我概念之中，哪一个更能反映消费者的购买行为呢？每个消费者的行为因其所处的境况不同而异。在家里看电视时喝的饮料的品牌与周末晚上与朋友在酒吧喝的饮料的品牌可能是不同的。此时是有条件的自我形象，即人希望在某个特定场合塑造某种形象是品牌选择的重要因素。消费者常常根据所处的境况来选择品牌，使自我形象与周围人群对他的期望相适应。

实际的自我概念是"我现在是什么样"，而理想的自我概念则是"我想成为什么样"。个人的自我概念是指我对自己怎么样或我想对自己怎样。社会的自我概念则是别人怎样看我或我希望别人怎样看我。自我概念的多样性也预示着在不同的情境下消费者可以选择不同的自我概念来指导其态度与行为。如人在家庭环境中与家庭成员交往时，其态度与行为更多受实际的个人自我概念支配，而在工作环境或社会公共环境则可能更多地受社会的理想的自我概念的影响。

二、自我概念的作用

(一)保持自我看法一致性的作用

保持自我看法一致性即自我引导作用的发挥。个人常常需要按照保持自我看法一致性的方式行动。自我概念在引导一致行为方面发挥着重要的作用。自我概念积极的人，成就动机和工作业绩明显优于自我概念消极的人。很显然，通过保持内在一致性的机制，自我概念实际上起着引导个人行为的作用。有学者研究表明，如果理想自我、实际自我和自我形象不一致，人就会紧张与焦虑。从这个意义上看，人消费购物活动实际上会受自我形象的引导，因而企业可以积极通过其产品或品牌与消费者的自我概念形成一致性，对拓展市场、沟通顾客有着非常重要的意义。

(二)经验解释系统的作用

经验解释系统的作用即自我解释作用的发挥。一定的经验对于个人具有怎样的意义，是由个人的自我概念决定的。每一种经验对于特定个人的意义也是特定的。不同的人可能会获得完全相同的经验，但他们对于这种经验的解释却可能各有不同。

(三)自我期望作用

自我期望作用即自我概念能够决定人的期望。由于自我概念引发与其性质相一致或自我支持性的期望，并使人倾向于运用可以导致这种期望得以实现的方式行为，因而自我概念具有预言自我实现的作用。一般而言，自我概念积极的人，他的自我期望值较高；而自我概念消极的人，他的自我期望值较低或不稳定。当他取得的成绩较差时，会认为这是意料之中的事，假如偶尔取得好成绩，便喜出望外；反过来，较差的成绩又可强化他消极的自我概念，形成恶性循环。

(四)自我成败归因作用

美国社会心理学家海德(Fritz Heider)和温纳(Weiner)提出并建立了一套从个体自身的立场解释自己行为的归因理论。温纳的自我归因理论认为，动机并非个人性格，动机只在介于刺激事件与个人处理该事件所表现行为之间起中介作用而已，每当个人处理过一桩刺激事件之后，将根据自己所体会到的成败经验，并参照自己所了解的一切，对自己的行为后果，提出 6 个方面的归因解释：根据自己的评价，个人应付某项工作是否有足够的能力；个人反思对工作是否尽了最大努力；凭个人经验判断完成某项工作任务是困难还是容易；自认为此次工作成败是否与运气好坏有关；凭个人感觉工作时的心情及身体健康状况；在工作时及以后别人对自己工作表现的态度。

三、自我概念的形成和测量

(一)自我概念形成的影响因素

自我概念通过反映评价、社会比较和自我评价三部分形成。

他人评价即反映评价，就是从他人那里得到的有关自己的信息。如果从别人那里得到了肯定的评价，就会有一个良好的自我概念；如果这种评价是否定的，自我概念就可能感到很糟糕。

社会比较也会促成自我概念的形成。在生活和工作中，人们往往通过与他人比较来确定衡量自己的标准，这就是社会比较。

自我评价，用个体自己的方式来看待自己，这种看待自己的方式被称为自我感觉、自我评价。

如果从成功的经历中获得自信，自我感觉就会变得更好，自我概念就会改进。例如，某人购买一件自认为很能提升自己魅力的服装，自我感觉非常好，同时同事看到他的着装后也赞不绝口，他人的评价会更进一步加强他的自我概念，更增添他的信心。

(二)自我概念的测量

1. 田纳西自我概念测量量表

本测验根据美国田纳西州心理卫生部心理治疗医生费茨(Williams H. Fitts)于 1965 年编制的田纳西自我概念量表(Tennessee Self Concept Scale)最后整理确定，测验分为表面内容和内在参照两个向度，根据生理自我、道德伦理自我、心理自我、家庭自我、社会自我等 9 个方面 100 个题目，客观测量人的自我概念，全面评估自我认知水平，是一个简单、能广泛应用而且可描述多向度自我概念的量表，是目前国际上最常用的自我概念测量量表，其信度与效度得到了广泛认同和肯定。

2. 马赫塔自我概念测量量表

美国学者马赫塔发明了一种既可衡量自我概念，又可测量产品形象的语意差别量表，测量表由 15 对形容词组成。测量时常在 5 分度或 7 分度中选择，如表 8-1 所示。

表 8-1 自我概念语意测量表

序　号	语义示例							
1	粗糙的							精细的
2	易激动的							沉着的
3	不舒服的							舒服的
4	主宰的							服从的
5	节约的							奢侈的
6	愉快的							不快的
7	当代的							非当代的
8	有序的							无序的
9	理性的							情绪化的

续表

序 号	语义示例								
10	年轻的								成熟的
11	正式的								非正式的
12	正统的								开放的
13	复杂的								简单的
14	黯淡的								绚丽的
15	谦虚的								自负的

使用马赫塔的量表，要求消费者运用每一对形容词来表明其中一个或另一个在多大程度上描述了消费者自身、产品或品牌。两端的位置表示"极端"，接近两端的位置表示"很"，再往中间的两个位置表示"有一点"，而量表中间位置表示"既不，也不"。依据这一量表，你实际和希望的个体与社会自我概念是什么呢？

运用马赫塔量表可以对目标市场的自我概念进行衡量，并设法使之匹配。比如，耐克公司选择皮卡波·斯特里特作为公司主要形象代言人之前，既研究了年轻女性所希望的自我概念，也研究了皮卡波·斯特里特的形象。

四、自我概念与产品象征性

产品与自我概念的影响是双向的。自我概念会影响消费者所购买的产品，而某些产品又可以强化消费者的自我概念，如汽车、啤酒等。不过也有研究发现，消费者会随情境的不同而改变其自我形象，因此，产品、品牌形象与自我形象之间的关系是很复杂的，并不是很稳定。

在很多情况下，消费者购买产品不仅是为了获得产品所提供的功能效用，而是要获得产品所代表的象征价值。购买 LV、宝马、iPhone 等品牌的产品，对购买者来说，显然不是购买一种单纯的皮包、交通工具或通信手段。一些学者认为，某些产品对拥有者而言具有特别丰富的含义，它们能够向别人传达关于自我的很重要的信息。贝尔克(Belk)用延伸自我(Extended Self)这一概念来说明这类产品与自我概念之间的关系。贝尔克认为，延伸自我由自我和拥有物两部分构成。换句话说，人倾向于根据自己的拥有物来界定自己的身份(Self Identity)。某些拥有物不仅是自我概念的外在显示，它们同时也是自我身份的有机组成部分。从某种意义上讲，消费者是什么样的人是由其使用的产品来界定的。如果丧失了某些关键拥有物，那么他或她就成为不同于现在的个体。

最有可能成为传达自我概念的符号或象征品的产品具有一定的特征。一般来说，成为象征品的产品应具有 3 个方面的特征。第一，应具有使用可见性。也就是说，购买、使用和处置能够很容易被人看到。第二，应具有变动性。换句话说，由于资源禀赋的差异，某些消费者有能力购买，而另一些消费者则无力购买。如果每人都可拥有一辆"奔驰"车，那么这一产品的象征价值就丧失殆尽了。第三，应具有拟人化性质，能在某种程度上体现一般使用者的典型形象。像汽车、珠宝等产品均具有上述特征，因此，它们很自然地被人作为传达自我概念的象征品。

五、身体、物质主义与自我概念

(一)身体与自我概念

每个人都会形成对自己身体及各构成器官的看法，这些看法亦构成自我概念的一部分。肖顿(Schouten)采用深度访谈方式访问了9位做过整容手术的消费者，以考察整容与消费者自我概念的关系。结果发现，消费者一般是因对自己身体的不满而做这类手术。手术后，他们的自尊得到了极大的改善。消费者做整容手术，多是发生在角色转换期间，如离婚或改变工作之后。整容使他们在社会交往过程中更加自信，从而极大地改变了他们对自身的看法。

在很多人看来，身体各个部分或不同器官的重要性是不同的。有些器官被认为是形成自我概念的核心成分，而有些相对而言则没有如此重要。有趣的是，有证据显示，女性较男性更强烈地将其身体视为自我身份的核心。身体的不同部分在消费者自我概念中占据不同的位置，本身具有重要的实践价值。很显然，从心理学角度看，移植对自我而言非常重要的器官，无论对器官捐献者还是对器官接受者都会产生非常大的损害性。鼓励人在过世之后捐献重要器官，就要力图从心理上改变社会关于这些器官对自我身份的重要性的看法。

【小案例8-1】

当代大学生整容心态

韩国整容之流行世人皆知。那么韩国到底有多少美女是"人造美女"呢？韩国《数码朝鲜》最近报道称，调查显示，20~30岁未婚女性中曾接受过整容手术的人占15%，认为身体某部位不完美，想通过整容手术进行调整的人也很多，占70%。而在新加坡的年轻人中持有如果容貌不出众、身材不动人，那么你的前途将是一片黯淡，要想改变命运，就请去做手术整形这种观点的人大有人在。

那在中国的年轻人心里又持怎样一种观点呢？近几年来随着就业形势的日趋严峻和医疗技术的发展，在一些大中城市甚至小城市越来越多的大学生采取整容的形式来增强其在找工作中的潜在竞争力。除了一些容貌和身体畸形、缺陷的大学生要求手术外，许多客观上面部和体型均无畸形、五官端正、与自己容貌基本协调的大学生也提出手术要求，来达到锦上添花的目的，以期获得更多的社会资源，实现社会流动，融入"上层社会"。

在占有较多文化资本的前提下，他们究竟怀着怎样的一种心态加入了这样一种行列，这些心态的背后又隐藏着哪些值得我们深思的问题呢？整容这一行为本身并无对错之分，美容整形外科是整形外科的一大分支，是用外科手术方法改善或增进人的容貌美与形体美的一个分支学科，但选择整容的动机是否都具有其价值和意义呢？影响人们做出这种选择的因素有哪些？

（资料来源：朱胜军. 人民网，2010-07-28）

思考题：请对整形美容者的心理、动机进行分析，并用自我概念理论来解释这一行为。

(二)物质主义与自我概念

如前所述，自我概念从某种意义上是由个体所拥有的那些东西如汽车、住宅、收藏品等所界定。然而，不同的个体对这些世俗的拥有物的注重程度是存在差别的。有的人特别关注这些物质类产品，并将其视为追逐的目标，有的人则可能相对轻视它们的价值。个体通过拥有世俗物品而追寻幸福、快乐的倾向被称为物质主义。怀有极端物质主义倾向的人将世俗拥有物置于生活的中心位置，认为它们是满足感的最大来源。由于不同个体在物质主义倾向上存在显著差别，因此测量这种差别是很重要的。

客观地说，关于物质主义与自我概念关系的研究尚处于起步阶段，但也取得了一些初步的成果。例如，研究发现，被视为具有高物质主义倾向的人表现出以下特点：他们不太愿意为移植目的捐献器官；他们对花大量的钱购买汽车和房子持赞许态度；他们较少可能希望在昂贵的餐馆用餐；他们更可能视圣诞节为购物时间；他们较少认为别人会欣赏其助人行为。

六、自我概念与营销策略

(一)自我概念的产品转移——销售时点

产品转移是产品从制造商流转到消费者手中的全过程。因此，产品在哪里出现、在哪里与消费者结合直接关系到消费者对产品的认知，如在高档商场出现的商品一般会被消费者认为是档次高的商品。

消费者通过自我概念来选购商品的前提是"商品拥有形象"，只有使商品拥有了凌驾于物理特性之上的特征，才能在消费者的认知结构中与其产生共鸣。

虽然不能武断地让一个产品如何转移，在何种地方、何种时间出现在消费者面前构成其产品的全部形象，但是可以很肯定地说其是有巨大影响的，因此自我概念与产品转移结合后提炼出的要素是"销售时点(时间、地点)"。

(二)自我概念的商品特性——象征

消费者购买一件商品除了要获得一件商品的物理使用价值外，更多的是为了获得情感上的认同——无论其是从自身理解的角度出发还是从他人的角度出发。许多企业正是通过与消费者对所购产品或品牌情感的高度沟通达成品牌喜好和忠诚。比如,动感地带的"我的地盘听我的"、安踏运动鞋的"我选择我喜欢"、耐克的"just do it"、可口可乐的"要爽由自己"、百事可乐的"突破渴望"、美特斯邦威的"不走寻常路"等经典地演绎商品的象征性与消费者自我概念的链接功能。

(三)自我概念的情境刺激——揭示差距和提高理想

揭示差距其实是暴露消费者实际自我概念的缺憾,而提高理想则是通过打造一个令消费者幻想的舞台来提高其心目中的理想的自我概念。

(四)运用自我概念为品牌定位

消费心理学研究认为,可以从消费者所使用的品牌、他们对不同品牌的态度及品牌对他们的意义等方面来判断他们的自我概念,如图8-1所示。

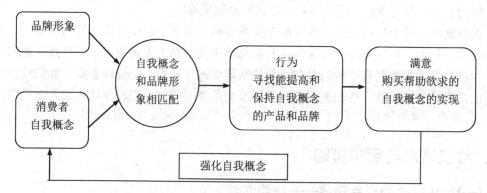

图8-1 消费者自我概念与它对品牌形象影响之间的关系

通常情况下消费者对自己具有明确的认知,在选择品牌时会考虑某个品牌是否适合自己的"自我形象",他们只会购买有助于强化自己形象的品牌。所以在营销实践中,企业应设法使广告代言人的形象、产品或品牌形象与目标消费者的自我概念相匹配。如动感地带定位在年轻、个性、时尚的人群,因而选择极具个性的明星周杰伦作为其形象代言人,巧妙地传达了其品牌要传递的信息。

企业也可以利用马赫塔的语意差别量表来对消费者进行调查和研究。通过这种调查,既可以获得有关消费者所期望的产品形象方面的信息,也可以了解消费者现在对产品形象如何评价,从而找出产品形象可以改进的方向,以更好地满足目标消费者。

第二节　消费者的生活方式

　　生活方式影响人们消费行为的所有方面，营销者应该意识到不同群体的生活方式存在较大的差异，对消费者生活方式的关注有助于企业更有效、准确地制定营销策略。

一、生活方式概述

(一)含义

　　关于生活方式的说法有很多。简而言之，生活方式(Life Style)又称生活形态，指人如何花费自己的时间，在生活环境中他认为什么比较重要以及他对自己和周围世界的看法。生活方式是一种消费模式，就是人如何生活、如何使用时间和金钱等，是自我概念的表现。

　　拉泽尔(Lazer，1963)最早将生活方式引入营销领域，他认为生活方式是一个系统的概念，代表着某一个群体或社会阶层在生活上所表现出来的特征。这种特征具体表现在一个动态模式中，是文化、价值观、人口统计变量、社会地位、参照群体、家族、人格、动机、认知、学习及营销活动等各个层面的综合体。从营销的角度来看，消费者的购买及消费行为，能反映出一个社会或群体的生活方式。

　　生活方式概念的引入，弥补了传统研究方法的不足，更加生动地揭示了人的消费方式，为营销研究者对消费者分类提供了更具体、更有效的方法，因此逐步在营销管理与消费行为研究领域中得到了广泛的应用与关注。许多学者从不同的角度探讨过生活方式的定义。

　　从经济学角度看，一个人的生活方式代表了这个人所选择的收入分配方式，包括在不同产品和服务中的相对分配以及在这些品类里所进行的特定选择。但是，生活方式不仅是可支配收入的分配，它还是个人在社会中是哪种人和不是哪种人的声明；或者理解为，消费者在生活过程中，自己与社会各种因素互相作用下而表现出的活动、兴趣和态度的综合模式。

　　具体地说，生活方式是个体在成长过程中，在与社会诸因素交互作用下表现出来的活动、兴趣和态度模式。个体和家庭均有生活方式。虽然家庭生活方式部分地由家庭成员的个人生活方式所决定，反过来，个人生活方式也受家庭生活方式的影响。

　　生活方式并不是一成不变的，除非是那些已经根植于心中的价值观念或价值取向，人的品位与偏好极易发生变化。

(二)生活方式与个性

　　消费者的生活方式与个性都会对消费行为产生重要影响，两者既有联系又有区别。一方面，生活方式在很大程度上受到个性的影响。一个具有开放、不拘泥于现状、乐于冒险性格的消费者，其生活方式会更多倾向于诸如登山、跳伞、丛林探险之类的活动。另一方面，生活方式关心的是人如何生活、如何花费、如何消磨时间等外显行为，而个性则侧重从内部来描述个体，它更多地反映个体思维、情感和知觉特征。可以说，两者是从不同的层面来刻画个体。区分个性和生活方式在营销上具有重要的意义。一些研究者认为，在市场细分过程中过早以个性区割市场，会使目标市场过于狭窄。因此，他们建议，营销者应先根据生活方式细分市场，然后再分析每一细分市场内消费者在个性上的差异。如此，可使营销者识别出具有相似生活方式特征的大量消费者。

(三)生活方式与消费者决策过程

由于生活方式几乎影响消费者日常消费行为的所有方面，因此在消费者进行消费购买决策的过程中自然渗透生活方式的影响，而两者的影响又是相互的。一般而言，生活方式就是个体谋求日常如何生活的方式，而每个消费者的生活方式会因个体差异或群体差异表现出不同，这些不同的生活方式表现在影响每个个体或群体消费行为上，生活方式是与行为密切相关的消费者特征。因此，生活方式会在消费者决策过程渗透式联系中产生深刻影响。生活方式影响个人的需要、态度，继而决定个人的购买行为和消费行为；反之，需要、态度、行为又可以强化个人的生活方式，如图 8-2 所示。

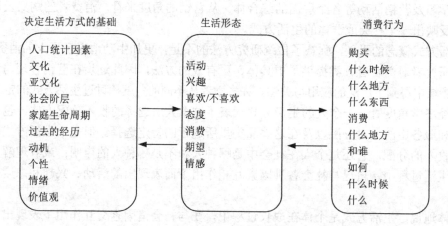

图 8-2　生活方式和消费决策过程的交互影响

(四)生活方式的内容

人的生活时间分为 4 大类，即工作时间、家务劳动时间、生理需要(睡觉、吃饭等)时间和休闲活动时间。以家庭生活方式而言，家庭生活方式的内涵比较丰富，它指的是家庭为满足其全体成员的生存和发展需要而进行的全部活动的总体模式和基本特征，它所涉及的领域十分广泛。就其活动类型划分，主要有家庭精神价值、家庭消费方式、家庭劳动方式、家庭闲暇方式等基本内容。

研究消费者生活方式通常有两种途径：一种途径是研究一般的生活方式；另一种途径是将生活方式分析运用于具体的消费领域，如户外活动，或与公司所提供的产品、服务最为相关的方面。在现实生活中，消费者很少明确地意识到生活方式在其购买决策中所起的作用。例如，在购买登山鞋、野营帐篷等产品时，很少有消费者想到这是为了保持其生活方式。然而，追求户外活动和刺激生活方式的人可能不需多加考虑就会购买这些产品，因为这类产品所提供的利益与其活动和兴趣相吻合。

二、生活方式的测量方法

随着信息社会科技、经济的快速发展变化，个人的兴趣爱好和价值观日益多元化，仅仅依靠传统的人口统计资料，往往不能很好地预测消费者的行为，即使在一个特定的收入水平或特定地域内，消费者行为的差异性表现还是非常突出的，也很难精确把握适宜的营销方式，因而需要更进一步探索消费者的生活方式，更精准地了解消费者。目前测定消费者生活方式的方法主要有 AIO 量表法和 VALS 量表法。

(一)AIO 量表法

试图以量化的方式衡量生活方式最初被称为心理图论或心理地图(Psychographics)，心理地图和生活方式经常被交替使用。心理地图研究是通过综合心理和纯粹的人口统计因素对消费者加以研究。心理地图最早集中于个人的活动(行为、兴趣、看法)。最初的测量工具是一种叫 AIO(活动、兴趣和看法)的清单或目录。这份清单由大量的陈述句(通常约 300 条)组成，陈述可以是针对消费者个人的，也可以是针对消费者家庭的，大量被试者可以表达对这些陈述内容同意或不同意的程度。

最初，运用得最为广泛的量化生活方式的测量工具是 AIO 量表，即通过消费者的活动(Activity)、兴趣(Interests)和意见(Opinions)来描述消费者的生活方式。一般来说，AIO 量表中的问题可分为一般性问题和具体性问题两种类型。涉及一般性问题的 AIO 量表适用于不同的产品种类和细分市场，意在探测人群中各种流行的生活方式；涉及具体问题的 AIO 量表针对特定的产品类别而设计，测量消费者在某一产品领域的购买、消费情况。

莱诺尔兹和达尔登(Reynolds & Darden, 1974)对该量表的 3 个主要维度的意义进行了详细的说明。

(1) 活动是一种具体的行动。如消费者从事哪些活动、购买哪些产品、如何支配时间等，再如接触哪些媒体、购物消费的频率、与亲友进行产品信息的交流等。虽然这些活动通常是可以观察到的，然而这些活动的原因却是不易直接测量的。

(2) 兴趣指某些事或主题可使人产生特殊且持续性的注意力。比如，消费者有哪些偏好、对什么事物特别感兴趣或特别关心等。

(3) 意见指个人对由外界刺激所产生的问题给予口头或书面的表达。它可用来描述人对事件的解释、期望和评价，如对人生、道德、经济发展、社会问题等的看法和感受，以及对他人信赖的强度、对不同行动计划的评估等。

AIO 量表法一般由研究人员设计一份 AIO 问卷表，要求被试者对表中的问题予以回答。AIO 问卷主要由 3 部分构成(见表 8-2)。第一部分是有关活动方面的问题，如消费者经常从事哪些活动、如何支配时间及购买哪些类别产品等；第二部分是有关兴趣方面的问题，如消费者对事物的偏好、关心哪些事情等；第三部分是意见方面的问题，如对世界经济、人生、伦理道德等方面的看法和感受等。而在实际操作中对于具体设计项目并没有一个完全统一或一成不变的标准，一般会根据研究目的和研究领域来决定。

表 8-2　AIO 问卷表的主要构成

维　度	内　容					
活动	工作 社群	嗜好 购物	社会活动 运动	假期 娱乐	俱乐部成员资格	
兴趣	家庭 食物	住所 媒体	工作 成就	社区	消遣	时尚
意见	自我 产品	政治 未来	商业 文化	经济	教育	社会问题

AIO 问卷中的问题通常分为具体问题和一般问题两种类型。具体问题多数与特定产品相关，测量其购买及消费情况，主要明确消费者关注的产品信息属性及感兴趣或不感兴趣产品的特点，以便营销者有针对性地设计营销策略；一般问题意在了解消费者的生活方式，有助于企业从中发现市场机会及依次确定目标群体和相关的营销策略。两类问题各有其应用价值。

实际操作中，AIO 问卷中经常会出现以下一些典型问题。

1)　活动方面问题

(1) 何种户外活动你每月至少参加两次？

(2) 你一年通常读多少本书？

(3) 你一个月去几次购物中心？

(4) 你是否曾经到国外旅行？

(5) 你参加了多少个俱乐部？

2)　兴趣方面问题

(1) 你对什么更感兴趣？运动、电影还是工作？

(2) 你是否喜欢尝试新的事物？

(3) 出人头地对你是否很重要？

(4) 星期六下午你是愿意花两个小时陪你妻子还是一个人外出钓鱼？

3) 意见方面问题(回答同意或不同意)

(1) 俄国人就像我们一样。

(2) 对于是否流产，妇女应有自由选择权力。

(3) 教育工作者的工资太高。

(4) CBS 由东海岸的自由主义者在动作。

(5) 我们必须做好应付核战争的准备。

(资料来源：Mowen JC,Consumer Behavior,New York:Macmillan Publishing Company,1993:238)

AIO 量表法对人口统计数据进行了有益的补充，但也存在数据相对狭窄的问题和缺陷，未来更好地进行市场细分，仍要拓展数据搜集范围，因而综合测量法就是对 AIO 量表法的一个推进，即在活动、兴趣和意见测量的基础上，加上态度、价值观、人口统计变量、媒体使用情况、产品使用频率等方面的测量。研究人员从大量消费者身上获取数据，通过适宜的统计技术将其分组。大多数研究是从两个或 3 个层面对消费者分组，其余层面的数据则用来对每个小组提供更完整的描述。

(二)VALS 量表法

目前，最受推崇的关于生活方式的研究是斯坦福国际研究所(SIR)于 1978 年开发的价值观与生活方式项目(Value and Lifestyle Survey，VALS)系统或 VALS 生活方式分类系统。该系统以动机和发展心理学作为理论基础，将美国成年人的生活方式分为9种类型。尽管 VALS 被广泛地运用，许多经理仍觉得运用时有相当大的困难。例如，VALS 将 2/3 的人口划分在两个组里，这使得其他 7 组的人口数量太少，以至于许多公司对这些小组并不感兴趣。另外，20 世纪 80 年代美国市场的逐渐成熟和 VALS 过度依赖人口统计数据，在某种程度上降低了这一分类系统的有用性。由于这些原因，SRI 在 1989 年引进了被称为 VALS2 的新系统。VALS2 较 VALS 有着更为广泛的心理学基础，而且更加侧重活动与兴趣。VASL2 试图更多地选择那些相对具有持久性的态度和价值观，VALS2 根据两个层面将美国消费者分成 8 个细分市场用以反映个人的生活方式。

1. 原 VALS 量表法对生活方式的测量

该系统将美国成年消费者分为 3 大类别 9 种类型(表 8-3)。类别一：需求驱动型。这类消费者的购买活动是被需求而不是偏好所驱动，主要有求生者(Survivors)和维持者(Sustainers)，前者生活在社会的底层，是社会中处境最困难的群体。类别二：外部引导型。他们是大多数产品的消费主体，非常在意别人的评价，紧跟时代潮流。主要有归属者(Belongers)、竞争者(Emulator)和成就者(Achivers)。类别三：内部引导型。这类消费者的生活更多地被个人需要、内心的情感体验而不是外界的价值观所支配，包括我行我素者(I-am-me)、体验者(Experiential)、社会良知者(Socially Conscious) 和综合者(Integrated)。

表 8-3　VALS 生活方式细分

在 18 岁以上人口中占的百分比	消费者类型	价值观与生活方式	人口统计情况	购买模式
需求驱动型				
4%	求生者	为生存而挣扎、多疑、社会处境不佳、被食欲所支配	收入在贫困线以下、受教育程度很低、大多是少数民族、生活在贫民窟	价格处于第一位考虑、集中于基本必需品、购买是为了即时需要
7%	维持者	关注安全、时时有不安全感、较求生者自信且较乐观	低收入、低教育、较求生者年轻、很多是失业者	对价格很敏感、要求保证、谨慎的购买者
外部引导型				
35%	归属者	从众、传统、怀旧、家庭观念强	低于中等收入、低于社会平均教育水平、蓝领工作	家庭、住宅、追求时尚、中低大众化市场购物
10%	竞争者	雄心勃勃、好炫耀、重地位和身份、上进心和竞争意识强	年轻、收入高、大多住市区、传统上男性居多、但正在经历变化	炫耀性消费、模仿、追逐流行、更多地花费而不是储蓄
22%	成就者	成就、成功、声望、物质主义、领导、效率和舒适	收入丰厚、商界或政界名流、良好教育、住城市或郊区	显示成功、高品质、奢侈品和礼品、新产品
内部引导型				
5%	我行我素者	极度个人主义、求新求变、情绪化、冲动、重情绪体验	年轻、大多未婚、学生或刚开始工作、富裕的家庭背景	展现品位、购买刚上市的时尚品、结伴购买
7%	体验者	受直接体验驱动、活跃、自信、好参与和尝试新事物	中等收入、良好教育、大多在 40 岁以下、成家不久	喜欢户外活动、喜欢自己动手
8%	社会良知者	社会责任感强、生活简朴、重内在成长	较高收入、良好教育、年龄和住地呈多样化、白人为主	关注环境、强调自然资源的保护、节俭、简单
2%	综合者	心智成熟、内外平衡、宽容、自我实现感、具有全球视野	良好收入、一流的教育、多元化的工作和居住分布	各式各样的自我表现、讲究美感、具有生态意识

2. VALS2 量表法对生活方式的测量

VALS2 测量法主要有两个层面：一个层面是自我取向。主要包括：第一原则取向，这些人在进行选择时主要受他们的信念和原则的指导而不是依情感、事件或获得认可的愿望而做出取舍。第二地位取向，这些人的选择严重地受到行为、赞许和他人想法的影响。第三行动取向，这些人渴望社交或体能性活动，喜欢多样化和勇于承担风险。上述 3 种自我取向决定了个人所追求的目标和行为的种类。VALS2 所测量的第二个层面称为资源的丰富程度，反映了个人追求他们占支配地位的自我取向的能力。它涉及心理、体能、人口统计特征和物质手段等各个方面。从青春期到中年阶段个体资源处于上升期，然后保持相对的稳定，随着个人的衰老，资源将逐步减少。

以资源和自我导向这两个概念为基础，SRI 识别出 8 个一般的心理细分市场(见图 8-3)。每一细分市场都有特定的人口统计特征，该分类系统对每个群体的生活方式、产品和购买情况、媒体使用模式等都作了详细的描述。这就能为企业提供一幅比较全面详尽的"心理地图"。

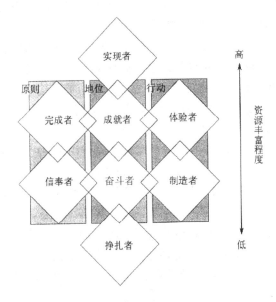

图 8-3 VA LS2 生活方式系统

(1) 实现者，约占人口的 8%。他们是一群成功、活跃、独立、富有自尊的消费者。他们热衷于自身成长，追求发展、探索，并用各种方式表达自我。他们有时依原则行事，有时追求对他人的影响和寻求变化。形象对实现者很重要，因为它不仅是地位和权力的象征，而且也是趣味、独立和性格的表达。实现者是现在的或潜在的商界领导人物，他们的资源最丰富，具有大学文化，平均年龄在 43 岁左右，年收入达 58 000 美元。他们在消费活动中喜欢"精美的东西"，容易接受新产品、新技术，对广告的信任度低，经常广泛地阅读各种出版物,看电视较少。

(2) 完成者,约占人口的 11%。他们采取原则导向,是一群成熟、满足、善于思考的人。完成者对于权威机构和社会礼节持适当尊重的态度,但乐于接受新思想和社会变化。他们按准则行事,沉着、自信、保守、实际。购买产品时,追求功用、价值和耐用性。他们拥有较丰富的资源,受过良好教育,从事专业性工作,平均年龄 48 岁,年收入约 38 000美元,一般已婚并有年龄较大的孩子。他们在消费活动中对形象或尊严不感兴趣,在家用产品上他们是高于平均水平的消费者,休闲活动以家庭为中心,喜欢教育性和公共事务性的节目,兴趣广泛并经常阅读出版物。

(3) 信奉者,约占人口的 26%。信奉者是保守和比较传统的消费者,他们信守传统的关于家庭、教会、社会文化深处的道德规范,同时遵循现成的行事规则,循规蹈矩。他们的活动很大程度上是以所属家庭、社区或宗教组织为中心。作为消费者,他们是保守的和可预测的。他们采取原则导向,是传统、保守、墨守成规的一群人。他们资源较少,高中教育程度,平均年龄为 58 岁,年收入约 21 000 美元。他们的生活超过平均水平,活动以家庭、社区或教堂为中心,购买美国制造的产品,寻找便宜货,看电视,阅读有关养老、家居、花园的杂志,不喜欢创新,改变习惯很慢。

(4) 成就者,约占人口的 13%。他们采取身份导向,是一群成功、事业型、注重形象、崇尚地位和权威、重视一致和稳定的人。他们拥有丰富资源,受过大学教育,平均年龄为 36 岁,年收入约 50 000 美元。在消费活动中,他们对有额外报酬的产品特别感兴趣,看电视的程度处于平均水平,阅读有关商业、新闻和自己动手一类的出版物。

(5) 奋斗者,约占人口的 13%,他们采取身份导向,寻求外部的激励和赞赏,将金钱视为成功的标准,由于拥有资源较少,因而常因感到经济的拮据而抱怨命运不公,易于厌倦和冲动。他们平均年龄在 34 岁,年收入约 25 000 美元。在消费活动中,他们中的许多人追赶时尚,注重自我形象,携带信用卡,钱主要用于服装和个人护理,看电视比读书更令他们喜欢。

(6) 体验者,约占人口的 12%。他们属于行动导向、年轻而充满朝气的一群人。他们拥有较丰富的资源,一般是单身、尚未完成学业,平均年龄在 26 岁,年收入约 19 000 美元。他们追逐时尚,喜欢运动和冒险,将许多收入花在社交活动上,经常冲动性购物,关注广告,喜欢听摇滚音乐。

(7) 制造者,约占人口的 13%。他们是行动取向,保守,务实,注重家庭生活,勤于动手,怀疑新观点,崇尚权威,对物质财富的拥有不是十分关注的一群人。他们拥有的资源较少,受过高中教育,平均年龄在 30 岁,年收入约 30 000 美元。在消费活动中,他们的购买是为了舒适、耐用和价值,不去关注豪华奢侈的产品,只购买基本的生活用品,听收音机,一般阅读杂志中涉及汽车、家用器具、时装和户外活动的内容。

(8) 挣扎者,约占人口的 14%。他们生活窘迫,受教育程度低,缺乏技能,没有广泛的社会联系。一般年纪较大,平均年龄在 61 岁,年收入仅 9000 美元,常常受制于人和处于被动的地位。他们最关心的是健康和安全。在消费上比较谨慎，属品牌忠诚者，购物时使用赠券并留心降价销售，相信广告，经常看电视、阅读小报和女性杂志。

需要指出的是，虽然 VALS2 较原 VALS 系统有较大的改进，但它同样存在 VALS 系统所具有的某些局限。如 VALS2 中的数据是以个体为单位收集的，而大多数消费决策是以家庭为单位作出或在很大程度上受家庭其他成员的影响。另外，很少有人在自我取向上是"纯而又纯"的，SRI 所识别的 3 种导向中的某一种可能对消费者具有支配性影响，然而支配的程度及处于第二位的自我取向的重要性会因人而异。尽管如此，VALS2 仍是目前运用生活方式对市场进行细分的最完整的系统，它已经并将继续被企业广泛地运用。

3. VALS2 量表法对生活方式测量的应用

2002 年，中国新生代市场监测机构宣布在中国消费者细分市场的分群深度研究上取得重大成果，提出中国消费者生活形态模型——CHINA-VALS。基于美国、日本业界领先的消费者生活形态的分类研究模型 VALS，通过 1997 年以来在中国内地进行的关于居民媒体接触习惯和产品/品牌消费习惯的连续调查积累的大量翔实的数据，新生代对中国的消费者进行了心理层面上的分析，建立了适应中国市场大众时代复杂经济态势下的中国消费者生活形态模型 CHINA-VALS。

中国消费者被分为 14 种族群。这一模型把中国消费者按消费心理因素分为 14 种族群。其中理智事业族、经济头脑族、工作成就族、经济时尚族、求实稳健族、消费节省族 6 种族群为积极形态派，占整体的 40.41%；个性表现族、平稳求进族、随社会流族、传统生活族、勤俭生活族 5 种族群为求进务实派，占整体的 40.54%；平稳现实派包括工作坚实族、平稳小康族、现实生活族 3 种族群，占整体的 19.05%。

最大族群为随社会流族。从整体上分析，包括积极形态派和求进务实派的 11 种族群占中国消费者整体的 80%以上，反映中国消费者普遍持有积极、务实的消费心态。而 14 类消费者在消费者总量的比例大多都在 6%～8%，分布均匀，其中随社会流族(13.95%)、经济时尚族(8.54%)在 14 类消费者中所占比例最大。而以随社会流族、经济时尚族为代表的随社会流族、经济时尚族、平稳小康族、工作成就族、平稳求进族、工作坚实族占整体的 47.9%，共同构成位于社会中层的中国消费者人群。这与中国整个社会发展态势及典型消费形态吻合，也验证了 CHINA-VALS 模型的精确与精准。

新生代市场监测机构的专家还根据 97 条有关生活形态测试的语句获得的数据进行分析，在深入到消费者生活形态和消费心理层面上综合消费者的分层(以教育程度、职业、收入等为标准)，"画"出了 14 类消费者的心理"肖像"。比如，理智事业族事业成就欲望强，饮食生活超脱社会水平，男性占七成；而随社会流族个人主观性较弱，易受他人影响，男女比例、年龄分布较均匀，工作倾向也不明显。而不同族类的人在消费行为上也有显著的不同：理智事业族高收入倾向明显；随社会流族习惯"货比三家"。

新生代市场监测机构的这种对中国消费者 14 族群的划分方法，在很大程度上改善了市

场细分的效果，以这种市场细分为基础，该公司还可以从消费者的产品及品牌消费习惯、媒体接触习惯、人口统计变量等多个角度针对具体的某一族群进行详细的分析。

近年来，罗兰·贝格利用其独创的消费者分析工具——消费者价值元素分布图，对中国消费者进行分析，该工具利用 20 种消费者的价值观、渴望和追求来衡量消费者需求及品牌价值。罗兰·贝格的消费者价值元素分布图把中国消费者分为 8 类，每一类都具有独自的特征与消费喜好[①]，如表 8-4 所示。

表 8-4　中国消费者的 8 大类型

消费者类型	特征(或生活方式)
自我中心型	抵触传统价值观、极易接受新鲜事物
现代理智型	严肃、专业、高收入人群
极致享乐型	追求乐趣与享乐、时尚
传统奢华型	持传统价值观但追求享乐与社会地位
勤俭持家型	谨慎、规避风险、重视隐私与平静
传统安逸型	重视家庭、传统价值观
简约中庸型	喜欢平静的生活、遵守社会传统
进取精英型	不守陈规、目标驱动型、性格外向

三、生活方式对市场营销策略的影响

(一)利用生活方式进行市场细分

利用 AIO 细分市场一般须经过以下步骤。

第一步：为特定的产品识别出哪一种细分生活方式拥有大量消费者。根据"80/20 法则"，20%的产品使用者购买了产品销售总额中的 80%，因此，这一步主要目的是识别出谁在使用这个品牌，并设法区分出频繁使用者、中度使用者和轻度使用者，研究焦点就是这些频繁使用者。

第二步：考虑频繁使用者和品牌的关系。他们使用产品的原因可能很不相同，而根据从产品和服务使用中得到的"利益"，可以把他们进一步细分。例如，同样是购买手机，有的人是为了基本通信需求，有的人是为了炫耀，有的人是为了跟风，有的人是为处理工作事宜等。

按照生活方式来细分市场，把握市场动向和潮流趋势，可以应用的方面很多。它可以使原先单靠人口统计指标、地理指标等难以划分的市场，更容易准确地把握，如艺术、娱

---

① 罗兰·贝格管理咨询公司《中国消费者报告 2010》。

乐、旅游、电视购物等。

(二)生活方式对营销策略的动态调整产生影响

企业制订的营销策略必须研究社会变迁及其对社会心理产生的影响，将社会环境与企业的发展战略紧密结合起来，用一种综合的视角来审视企业的外部环境。企业的生产经营活动只是更大范围内社会活动的一个组成部分，时刻受到其他社会活动的制约。企业只有主动地将经营管理行为与社会环境有机结合，才能更好地应对挑战、把握机遇。同时，社会环境不是静止不动的，企业应将社会变迁与自身发展联系起来，了解社会变迁的趋势。而消费者生活方式的变化正是这一变化的极佳反馈，因而对生活方式的准确把握有利于企业动态调整其营销策略，更好地满足顾客的需要。

【小案例 8-2】

HTC 入股丁丁网　推动移动互联生活方式

2011 年 12 月 1 日消息，近日，全球手机创新与设计的领导者 HTC 再次对国内著名的本地生活信息服务网站——丁丁网进行追加投资，这是继 2010 年 5 月 HTC 首次投资丁丁网 500 万美元以来的第二次动作。HTC 看好移动互联应用与智能手机结合的发展前景，据悉，此次投资是为了更好地巩固和推动丁丁网旗下手机端应用丁丁网优惠在市场的快速发展。积极推动全新的移动互联生活方式，同时也表达了与中国本土合作伙伴共同成长的愿景。

软硬结合，打造移动互联新生活。中国大陆市场一直以来都是 HTC 全球战略的重要组成部分，进入中国大陆一年多以来，HTC 在渠道建设、产业合作方面取得了长足的进步：在渠道方面，HTC 在中国已经开设了 1300 个体验店或品牌专柜，到今年年底，体验店及品牌专柜的数量将增加至 2000 个；在产业合作方面，HTC 与包括新浪、腾讯、人人网、迅雷在内的众多国内优秀合作伙伴建立了战略合作关系，与三大运营商的合作也在稳步向前推进，而此次与丁丁网的再次携手，也凸显了 HTC 注重本地化应用的策略。

HTC 今年的种种动作已经显示出它正在迈出"软硬结合"先行步伐。所谓的"软硬结合"，即除了继续在硬件设备上的完善和推陈出新外，同时注重手机软件及随机 APP 应用的跟进。而此番再次投资丁丁网(手机优惠券)，也证明了 HTC 逐步以投资方的形式进入智能手机 APP 应用领域。特别是以手机优惠券为代表的电子消费类产业链，其今后巨大的发展潜力将为 HTC 带来更多的商业机会，为消费者带来全新的移动互联生活！

(资料来源：赛迪网，2011-12-01)

思考题： HTC 如何动态调整营销策略应对消费者生活方式的变化？

(三)把握生活方式可以更有效地进行市场定位

不同的企业对自身的定位不同，市场细分的目标顾客也有所差异，不同的顾客群体会有不同的生活方式。例如，年轻人更喜欢自由而充满挑战性的生活，所以"百事新一代"的营销定位选择了青春、动感的形象宣传；而可口可乐公司则始终强调"经典"的永恒地位。两种品牌可口之间的竞争，不再是单纯的口感的竞争，甚至不再是两家公司的较量，而是分别以百事可乐和可口可乐为代表的两种生活方式的竞争——"年轻人追求的酷"和"大众对经典的偏爱"。竞争的最后是一个正合博弈，可口可乐市场不断扩大，竞争的各方获得了双赢甚至多赢的效果。

(四)了解生活方式有助于持续创新

未来的主导产品和主流消费方式就在消费者生活方式的碎片中，产品概念的开发不仅在于产品开发理念上的创新，也同样在于信息捕捉方式的创新。而灵活运用正确的研究方法来获取潜藏在大众生活方式中的元素，是企业洞察未来消费趋势的最好选择。美国和日本早已将生活方式视为市场研究中的一项重要内容与方法。所以美国和日本的生活方式对世界影响最大，他们的产品也最畅销，他们也是世界最大的两个经济体。

本 章 小 结

自我概念是个体对自身全部知觉、了解和感受的总和。自我概念会渗透到消费者的消费活动中。自我概念有多种类型，它们对行为的影响随情境和产品的变化而变化。自我概念具有诸多作用：保持自我看法一致性、经验解释系统的作用、自我期望作用、自我成败归因作用等。营销者通常使用马赫塔自我概念测量量表和田纳西自我概念测量量表测量消费者的自我概念。由于消费者倾向于购买那些与其自我概念一致的产品或品牌，因此企业应了解目标顾客的自我概念，并极力塑造与这种自我概念相吻合的产品或品牌形象。

生活方式是个体在成长过程中，在与社会诸因素交互作用下表现出来的活动、兴趣和意见模式。个体和家庭均有生活方式。虽然家庭生活方式部分地由家庭成员的个人生活方式所决定，反过来，个人生活方式也受家庭生活方式的影响。

生活方式的形成在很大程度上由一个人的内在个性特征所决定，同时生活方式与消费决策过程也有紧密的联系，需要营销者结合起来分析才能制定更为有效的营销策略。目前对生活方式的测量方法主要有 AIO 量表法和 VALS(Value and Lifestyle Survey)量表法。其中，VALS2 较 VALS 有着更为广泛的心理学基础，而且更侧重活动与兴趣。VASL2 试图更多地选择那些相对具有持久性的态度和价值观，用以反映个人的生活方式。该分类系统对每个群体的生活方式、产品和购买情况、媒体使用模式等做了详细的描述。这就能为企业提供一幅比较全面、详尽的"心理地图"。

自　测　题

一、判断题(正确的打√，错误的打×)

1. 自我概念的多样性，意味着消费者在不同的环境与情景下，选择不同的自我来指导自己的态度与行为。　　　　　　　　　　　　　　　　　　　　　　　（　　）

2. 个人生活方式与家庭生活方式互不影响。　　　　　　　　　　　　　（　　）

3. 生活方式关心的是如何花钱、如何消磨时间等外显特征，而个性侧重内部描述个体思维、情感、知觉等。　　　　　　　　　　　　　　　　　　　　　　　（　　）

4. 自我概念不会渗透到消费者的消费活动中。　　　　　　　　　　　　（　　）

5. 个人生活方式一定会受到家庭生活方式的影响。　　　　　　　　　　（　　）

6. 生活方式是个体在成长过程中，在与社会诸因素交互作用下表现出来的活动、兴趣和态度模式。　　　　　　　　　　　　　　　　　　　　　　　　　　　（　　）

7. 企业利用对消费者生活方式的了解可以有效进行针对性的市场细分。　（　　）

8. VALS2量表法是目前运用生活方式对市场进行细分的最完整的系统，它已经并将继续被企业广泛地运用。　　　　　　　　　　　　　　　　　　　　　　（　　）

二、单项选择题

1. 通过对自己在社会上名誉、地位、亲戚、财产的估计进行评价，表现为希望引人注目、讨好别人、追求情爱、名誉及竞争、野心等是指(　　)。

　　A. 物质自我　　　　　　　　　　B. 精神自我

　　C. 社会自我　　　　　　　　　　D. 理想自我

2. 个人对外界刺激所引起的问题给予口头或书面的表达。可用来描述人们对事件的解释、期望和评价的方面是指(　　)。

　　A. 活动　　　　　　　　　　　　B. 兴趣

　　C. 意见　　　　　　　　　　　　D. 信念

3. VALS2测量法主要有两个层面，分别是自我取向和(　　)。

　　A. 经济前景　　　　　　　　　　B. 问题的重要性

　　C. 价值尺度　　　　　　　　　　D. 资源的丰富程度

4. 消费者感到别人是如何看待自己是指(　　)。

　　A. 实际自我　　　　　　　　　　B. 社会自我

　　C. 理想的社会自我　　　　　　　D. 理想自我

5. 在个体成长过程中表现出来的活动、兴趣和意见的模式被称为(　　)。

　　A. 个性　　　　　　　　　　　　B. 生活方式

C. 态度　　　　　　　　　　　　　D. 经验

6. 每个人都会逐步形成关于自身的看法，即个体对自身一切的知觉、了解和感受的总和(　　)。

A. 生活方式　　　　　　　　　　　B. 自我概念

C. 消费心理活动　　　　　　　　　D. 个性

7. (　　)发展了一种既可衡量自我概念，又可测量产品形象的语意差别量表的测量工具。

A. 马赫塔测量表法　　　　　　　　B. 田纳西测量表法

C. 李斯特量表法　　　　　　　　　D. 科尔曼地位指数法

8. 原 VALS 系统将美国成年消费者分为 3 大类别，分别是内部引导型、外部引导型和(　　)。

A. 需求驱动型　　　　　　　　　　B. 价值引导型

C. 意见引导型　　　　　　　　　　D. 信念引导型

三、多项选择题

1. AIO 量表通过消费者的(　　)内容来描述其生活方式。

A. 活动　　　　　　　　　　　　　B. 兴趣

C. 意见　　　　　　　　　　　　　D. 个性

2. 兴趣方面主要涉及的问题是(　　)。

A. 你是否喜欢尝试新的事物　　　　B. 你对运动、电影、工作是否感兴趣

C. 你一年通常读多少本书　　　　　D. 出人头地对你是否很重要

3. 自我概念的作用有(　　)。

A. 保持自我看法一致性　　　　　　B. 经验解释系统的作用

C. 自我期望作用　　　　　　　　　D. 自我成败归因作用

4. 自我概念通过 3 部分形成，包括(　　)。

A. 反映评价　　　　　　　　　　　B. 社会比较

C. 自我感觉　　　　　　　　　　　D. 理想自我

5. 威廉·詹姆士认为自我概念的构成包括(　　)。

A. 物质自我　　　　　　　　　　　B. 社会自我

C. 个体自我　　　　　　　　　　　D. 精神自我

6. 自我概念测量的主要方法有(　　)。

A. 马赫塔测量表法　　　　　　　　B. 田纳西测量表法

C. 李斯特量表法　　　　　　　　　D. 科尔曼地位指数法

7. VALS2 量表法主要以(　　)概念为基础。

A. 自我取向　　　　　　　　　　　B. 问题的重要性

C. 资源的丰腴程度　　　　　　D. 价值尺度

8. 原 VALS 系统将美国成年消费者分为 3 大类别，分别是(　　)。

　　A. 需求驱动型　　　　　　　　B. 价值引导型

　　C. 外部引导型　　　　　　　　D. 内部引导型

四、思考题

1. 你如何理解自我概念？营销者如何运用关于自我概念的知识？
2. 测量自我概念对营销者的意义是什么？
3. 消费者如何运用象征品传递自我概念？这对营销者有何启示？
4. 识别消费者生活方式对企业营销活动有何意义？
5. 你认为中国消费者目前的生活方式发生了哪些变化？
6. 简述 AIO 测量法。
7. VALS2 的构建基于哪些层面？请描述这些层面。
8. 生活方式是否会影响消费者的产品选择和媒体选择？

案　　例

2010 十大新生活方式

　　2010 年已经过去，这一年，无论是借力于新科技和信息技术的助推，还是个体价值观的转变，中国人的生活方式确确实实发生了翻天覆地的变化。尽管有些生活方式不是 2010 年涌现的，但是却都在 2010 年得到最大程度的加强。

　　1. "高铁"成新生活方式

　　"高铁生活方式"在"十一五"期间已经广为人知。快捷、舒适的动车组，公交化的发车班次，极大地方便了在城市间穿梭的人流。高铁这种基于高科技的交通工具，带来了翻天覆地的时空改变，使得城市与城市之间的"同城效应"越发凸显。

　　2. "团购风"从网络到卖场开启消费新生活

　　一套进口化妆品几十块钱，一件名牌服饰一二百块……你是不是也被这样的价格吸引了？这就是团购网站的魅力。2010 年，物价不断上涨，这也让以倡导"物美价廉生活方式"的团购网站大行其道。不少人都对这种既省钱又实惠的新兴消费方式情有独钟，从而变成了忠实的"团员"。

　　3. 140 个字改变现代人生活方式　小微博呈现大世界

　　微博，俗称"围脖"，是一种微型博客。使用者可以随时向大众讲述发生在自己身边的有趣事、好玩事，也可以就某件事随时发表评论。

　　据中国之声《新闻纵横》报道，今天你微博了吗？这句话成为 2010 年大家见面的问候语之一。从2009年9月微博诞生后，已有数以千万计的网友，在这个虚拟的平台上，以140字的篇幅，书写着经天纬地的乾坤。而微博改变生活的口号，也越来越响亮。

4. 现代支付创造时代新生活

习惯用IC卡搭公交车、习惯逛网店享受网络购物的乐趣、习惯刷信用卡消费各种各样自己喜欢的东西、习惯通过网上银行转账逃避银行柜台前漫长的等待……仿佛一夜之间，从电话银行到网店购物，人们的生活正在变得越发简单；从银行卡ATM转账，到境外刷卡消费，人们的生活开始与国际接轨。我们可以惊叹是网络带给世界的巨大变革。

5. 无线互联网 3G时代让生活无限好

你是否想象过每天在上班的公交车上，打开手机，追看前一天晚上没有看完的电视剧，或者回放半夜没赶上的足球比赛，还可以收看电视台的早间新闻。而闲暇时候，用手机来收看电影大片，看看最喜欢的明星演唱会等。

3G时代的到来，让这些想象不再遥远。3G手机带有独特的电视接收天线，可即时收看电视广播节目，而且这一切都十分方便。

6. "拼客"——拼出时尚新生活

拼客，简而言之就是：联合更多的人，形成更大的力量，花更少的钱，消耗更少的精力，做成想做的事情，获得更多的快乐，享受更好的生活。

生活中可拼的种类太多太多。拼客们也总是把能够想到的都拿来拼一拼。他们的口号是"爱拼才会赢"，不过这个赢，不仅仅是节省了开支，获得了盈利，更是赢得了一份分享的快乐，一种新的生活方式。

7. 海外代购正在影响都市人时尚方式

金融危机后海外的减价力度更是赶超往年，许多一线大牌的价格纷纷跳水，降幅之大足以诱惑消费者殷实的荷包。而没有安排出国游、也没有朋友可以帮忙带货的白领小资们，则把希望寄托在了专业的海外代购网站，或者是一些依附于eBay、淘宝等大型购物网站的个人代购网店上。

8. "租客"时代 双赢生活

茶几上摆着租来的夏威夷竹，身边放着租来的LV皮包，手中翻阅着租来的时尚杂志。这还不够，手中还牵着租来的小狗，住在租来的公寓中，开着租来的POLO轿车……以上种种恰是都市"租客"的真实生活写照。"不求一生所有，只求曾经拥有"，"租客"正成为一股新的时尚势力渗入都市生活。

9. 一线城市工作二线城市买房 中国上演"双城记"

"高房价的不断上涨导致中国一线城市的生活成本远远高出年轻一代的承受能力，房价和高生活成本使得越来越多的人群开始考虑郊区买房，有的则考虑在一线城市工作，在二线城市买房，双城生活模式开始显现。

10. 物价上涨 "省钱族群"涌现

物价上涨日子到底怎么过？难道为了省钱真要等晚上市场收摊后去捡烂菜叶子来维系

生活吗？当然不是！近段时间以来，各种省钱秘籍在网络上飞速走红，聪明的网民们冠以"菜奴""拼客""海囤族"等新名称依旧活得逍遥自在。他们认为，省钱归省钱，绝不能省掉生活品质。即便在物价飞涨的年代，吃喝玩乐该怎么着还得怎么着，只需你动点脑筋，给生活加入一点秘籍就行。

(资料来源：http://www.chinadaily.com.cn/dfpd/zhuanti/，2011-01-05)

案例讨论：

1. 你认为生活方式的变化会对消费者自我概念产生怎样的影响？

2. 你认为生活方式的新趋势将对企业市场细分带来哪些影响？

3. 企业面对生活方式变化应如何调整其营销策略？

第九章　社会因素与消费者行为

【学习目标】

通过本章学习，理解文化的含义和特点；了解什么是亚文化，亚文化的分类以及不同亚文化的消费者行为；认识消费者的文化价值观、宗教信仰、风俗习惯，深入理解文化对消费者心理和行为的影响；领会并掌握社会阶层的含义、特点、决定因素、不同社会阶层消费者行为的差异及企业相应的营销思路；了解消费者相关群体的种类及其对消费者行为的影响；把握消费流行的含义、特点及其产生的原因。

【导读案例】

脑白金的送礼绝唱

1998 年开始，保健品"脑白金"在极短时间内迅速启动了中国市场，在 2～3 年内创造了十几亿元的销售奇迹，虽然脑白金从产品到广告到营销策划都遭到了广泛的争议，但这些都不能掩盖脑白金的成功。脑白金在中央电视台等强势媒体连续多年投放全国范围的电视广告，尤其在中国的各种节日之时。其坚持不变的广告语是"今年过节不收礼，收礼只收脑白金"，这句大白话，竟传遍了大江南北，销售力极强。为什么脑白金会如此成功呢？

原因是多方面的，但其中不可或缺的一点是其礼品定位与诉求。这一定位和诉求准确地击中了中国人的面子情结，这一情结深深根植于中国社会特定的文化背景之中，而礼品消费正是面子情结在消费领域的表现。

中国是礼仪之邦，"礼尚往来""来而不往非礼也"，是中国人内心深处面子情结的最直白的表达。中国人送礼时对面子极其关注，有时礼品就是面子，礼品的轻重就是面子的大小，特别是过年，礼品则更加讲究。

脑白金作为一个保健品，迎合了过上小康生活后中国老百姓心底对健康的深切关注，因此在国人的礼品清单里，脑白金还成为烟、酒、钱等其他礼品的竞争品，已远远超出保健品的圈子。加上"今年过节不收礼，收视只收脑白金"的字里行间的霸气。其表现出来的果断与舍我其谁的气势，使老百姓对脑白金产生了很强的信任感，因此"脑白金就是送礼的"这种观念慢慢深植人心，很多人提到礼品就想起了脑白金。

脑白金礼品定位策略的成功为保健用品开拓了一个全新的礼品市场。之后，从其他保健品的广告宣传中，总可以找到脑白金曾经的影子，如昂立"健康迎接新世纪，昂立送礼更有礼"，恒寿堂"千禧龙年送健康，送礼就送恒寿堂"，椰岛鹿龟酒"好礼送给至亲人"等。

(资料来源：销售与市场，2004(3))

阅读案例，思考下列问题：
1. 为什么中国的礼品市场更受企业营销关注？
2. 试归纳中国礼品市场的成功营销策略？

第一节　文化与消费者行为

文化是人类欲望和行为最基本的决定因素，它几乎包括影响人类行为和思想过程的每一种事物。每个消费者都生活在一定的社会文化中，其消费心理与行为也必然带有其生活中的和社会文化的烙印。人类创造了文化，文化又成为人类的统治者。

一、文化的含义和特点

(一)文化的含义

文化是由人所创造，并为人所特有的。有了人类社会才有文化，文化是人类社会实践的产物。社会文化是一种历史的、社会的现象。每一社会都有与其相适应的文化，并随着社会物质生产的发展而不断发展。社会文化以各种形式向社会成员传授社会规范、价值标准，从而也对消费者的消费心理与行为产生影响。

1. 广义的文化

广义的文化是人类创造出来的所有物质和精神财富的总和。其中既包括世界观、人生观、价值观等具有意识形态性质的部分，也包括自然科学和技术、语言和文字等非意识形态的部分。文化是人类社会特有的现象。

广义的文化包括 4 个层次。一是物态文化层，由物化的知识力量构成，是人的物质生产活动及其产品的总和，是可感知的、具有物质实体的文化事物。二是制度文化层，由人类在社会实践中建立的各种社会规范构成，包括社会经济制度、婚姻制度、家族制度、政治法律制度、家族、民族、国家、经济、政治、宗教社团、教育、科技、艺术组织等。三是行为文化层，以民风民俗形态出现，见之于日常起居动作之中，具有鲜明的民族、地域特色。四是心态文化层，由人类社会实践和意识活动中经过长期孕育而形成的价值观念、审美情趣、思维方式等构成，是文化的核心部分。

2. 狭义的文化

狭义的文化是指意识形态所创造的精神财富，包括哲学、宗教、信仰、风俗习惯、道德情操、学术思想、文学艺术、科学技术、各种制度等。在消费者行为研究中，由于抽象的精神层面是形成和影响消费者偏好的主要力量，所以，本章主要从狭义文化的层面讨论文化对消费者行为的影响。

(二)文化的特点

1. 习得性

文化是学习得来的,而不是通过遗传而天生具有的。生理的满足方式是由文化决定的,每种文化决定这些需求如何得到满足。从这一角度看,非人的灵长类动物也有各种文化行为的能力,但是这些文化行为只是单向的文化表现,如吃白蚁的方式、警戒的呼喊声等。只是和人类社会中庞大复杂的文化象征体系相比较显得有些微不足道。

2. 民族性

不同的民族文化内涵差别极大。每个民族都有自己的文化,随着民族的繁衍和发展,形成民族的文字、语言、民族性格、民族传统及生活方式。例如,中国人比较重视人与人之间的关系和感情上的联系,习惯于和周围环境、和别人保持一致,不愿意离群,不愿意太引人注目,对于别人对自己的看法比较敏感。表现在人的消费行为中,就是随大流、重规范、讲传统、重形式,这同西方人强调个性、重视个人价值、追求新奇、与众不同形成了强烈的反差。

3. 发展性

社会文化随着社会物质生产的发展而发展。每一次社会生产的进步,都有与之相适应的文化进步。例如,人的价值观念、习惯、兴趣、行为方式等随着人类社会的前进,会发生一定的变化。在某个特殊时期,这种变化及进步尤为突出。例如,随着社会的发展,科学技术的进步,文化水平和生活水平的提高,人的消费观念发生了很大的变化。在饮食方面,过去一直追求处于食物链顶端的高蛋白、高脂肪精细食品,许多消费者并以此显示生活水平之高。而现在开始注意饮食营养,讲究食品结构,许多处于食物链底端的食品受到消费者的关注,新的科学的饮食习惯逐渐建立起来。过去的几十年中,节省时间的观念并不重要,追求悠闲、安逸是许多人的信念,但是随着商品经济的高度发展,工业化程度不断提高,人变得越来越关心如何节省时间和如何使生活过得更有成效。在提高工作效率、节省时间的新观念支配下,人更乐于接受方便食品和快餐等新产品。可见,社会文化具有动态性质,是处于不断发展和变化之中的。

4. 多元性

辩证唯物主义认为,社会存在决定社会意识形态。各种不同性质的文化(A、B、C)在现实生活中同时存在。比如,从时代上划分,有社会主义文化、资本主义文化、封建主义文化;从社会影响上划分,有进步的文化、颓废的文化,健康的文化、有害的文化等。它们的同时存在,构成了文化现实或文化环境,对文化价值观产生决定性的影响。

5. 多层性

多层性即同一性质的文化有不同的层次。比如通常划分的高雅文化、通俗文化，都可以是健康文化；现在经常谈论的草根文化、精英文化，也属于文化层次的划分。无论哪一个性质的文化，起码都可分为高、中、低3个层次，并且在生活中同时存在。

6. 多样性

人由于所处地位不同，世界观不同，加之文化载体的多样性、复杂性。因此而形成的文化价值观也是多种多样的。过去文化载体比较单一，表现形式也单一，人们的文化信息来源主要集中在纸质介质，大众的文化生活集中在看电影、听广播。现在的文化载体层出不穷、丰富多彩，电子介质、互联网络早已进入寻常百姓家，甚至连手机也可以通过短信息、短信文学、彩铃、手机电视等方式成为传播文化的载体。

(三)亚文化

亚文化又称副文化，是指不占主流的或某一局部的文化现象。一种亚文化可以代表一种生活方式。它不仅包括与主体文化共通的价值观念，还包括自己独特的价值观念。每个亚文化群体都有自身的某些生活方式，成员往往对其集体认同。一般认为，亚文化赋予个人一种可以辨别出来的身份，对其成员的影响比主文化还要强，因而对消费者的购买心理与行为有着更为直接的影响。同属一种文化的人可以根据不同的民族、籍贯、地区、种族、宗教、年龄、性别、职业和社会阶层等不同标准划分为若干不同的亚文化群体。较为典型的亚文化群体包括以下几种。

1. 民族亚文化群

民族是指历史上经过长期的发展而逐步形成的相对稳定的共同体。同一个民族一般具有相同的语言、类似的经济生活等，即具有共同的文化，这就是民族亚文化。不同民族的人分属不同的民族亚文化，因而在消费心理、消费习惯等方面也有天壤之别。例如，中华民族是由56个民族共同构成的总体民族文化，而每一个民族又具有自己的民族亚文化特征，各民族都保持着传统的宗教信仰、图腾崇拜、消费习惯、审美意识、价值观念、生活方式等。如蒙古族人穿蒙古袍、住帐篷、饮奶茶、吃牛羊肉、喝烈性酒；而朝鲜族人则喜食辣椒、喜欢穿色彩艳丽的衣服、群体感强、男子的地位较突出。

2. 地理亚文化群

地理亚文化群是由于人受所处自然条件的影响形成的与气候条件、地形条件有关的生活方式和消费习俗的亚文化群体。例如，我国南北方由于受地理条件和气候条件的影响，文化差异较为明显，就饮食上看，我国历来就有南甜、北咸、东辣、西酸的饮食习惯；从服饰上看，北方人多爱深色，而南方人多好浅色；从性格上看，北方人多豪放，而南方人多细腻。美国西部地区偏爱消费杜松子酒和伏特加，其南部和中西部人喜爱吃白面包，而东部和西部人喜欢吃黑面包、全麦面包和法式及意大利面包。

3. 区域亚文化群

区域亚文化群是以人口的行政区域分布为特色的亚文化群体。生活在城镇、市郊、农村的消费者在生活方式与消费习惯上有较大差异。人们常说的"都市文化""乡村文化"等正是反映了这种差异。这种差异与生产力发展水平有关。例如，生活在大都市与普通城镇的消费者，由于经济文化环境、零售业等差异，其消费结构、消费习惯与消费方式的差异会十分明显。都市消费者的消费宽度要大大宽于农村消费者。

4. 职业亚文化群

职业亚文化群是以人的社会职业为特点的亚文化群体。由于消费者的社会职业不同，工作性质、工作条件不同，经济收入也随之不同，由此而形成的价值观念、消费习惯、行为方式也有较大差异。例如，具有较高职业声望的消费者，经常出入一些较重要的社交场所或高档消费场所，喜欢购买高档、名牌商品，并特别重视所购商品符合自己的地位、身份。而知识阶层，特别是教师，其购买与使用商品的标准往往是要求与自己的身份相符合，能显示出自己具有一定的文化知识或修养，如在衣着上要求得体大方、文雅而不落俗套，对食品强调营养，对与教育有关的能产生长远满足感的商品有较强的购买倾向，并需要大量的甚至是专业性较强的书籍。

二、文化的主要内容

(一)文化价值观

文化价值观为社会成员提供了关于什么是重要的、什么是正确的及人应追求一个什么最终状态的共同信念。它是人用于指导其行为、态度和判断的标准，而人对于特定事物的态度一般也是反映和支持他的价值观的。这里主要讨论对消费者行为有重要影响的文化价值观。

1. 有关社会成员间关系的价值观

有关社会成员之间关系的价值观反映的是一个社会关于该社会中个体与群体、个体之间及群体之间适当关系的看法。主要包括：在自己与他人关系上的价值观；在个人与集体关系上的价值观；在成人与孩子关系上的价值观；在青年人与老年人关系上的价值观；在男人与妇女关系上的价值观；在竞争与协作关系上的价值观；浪漫主义的价值观。

2. 有关环境的价值观

有关环境的价值观反映的是一个社会关于该社会与其经济、技术及自然等环境之间的关系。这些价值观对于消费者行为也具有重要影响，并最终影响企业营销策略的选择及其成败得失。主要包括：在个人成就与出身关系上的价值观；在风险与安全关系上的价值观；在乐观与悲观关系上的价值观；关于自然的价值观。

3. 有关自我的价值观

有关自我的价值观反映的是社会各成员的理想生活目标及其实现途径。这些价值观对消费者具有重要作用，因而对企业的市场营销也具有重要的影响。例如，在一个及时行乐的社会里，消费信贷有着巨大的市场；而在一个崇尚节俭的社会里，消费信贷的推行将是艰难和缓慢的。有关自我的价值观主要包括：在动与静上的价值观；物质与非物质主义的价值观；在工作与休闲关系上的价值观；在现在与未来关系上的价值观；在欲望与节制关系上的价值观；在幽默与严肃关系上的价值观。

在不同的社会文化背景下，消费者在上述 3 个方面的文化价值观会有明显差异，进而导致消费者对待各种活动持有不同态度，深刻影响着消费者的价值取向和生活方式。

(二)风俗习惯

一般情况下，人往往将由自然条件的不同而造成的行为规范差异，习惯地称之为"风"；而将由社会文化的差异所造成的行为规则的不同，称之为"俗"。所谓"百里不同风，千里不同俗"正恰当地反映了风俗因地而异的特点。风俗习惯指一个国家或民族在物质生活、文化生活、家庭生活等方面的传统风尚、礼节、习性，是特定社会文化区域内历代的人共同遵守的行为模式或规范，主要包括民族风俗、节日习俗、传统礼仪等。风俗是一种社会传统，某些当时流行的时尚、习俗，经过久而久之的变迁，原有风俗中的不适宜部分，也会随着历史条件的变化而改变，所谓"移风易俗"正是这一含义。风俗是由一种历史文化形成的，它对社会成员有一种非常强烈的行为制约作用。

(三)宗教信仰

宗教信仰是人类文化传统最原始也是保存最长久的源头，是文化永续生存发展的深厚根底，宗教信仰体现并影响着一个民族的文化观念。宗教是一种社会意识形态，一般由宗教组织、信仰和观念、道德规范、宗教仪式、戒律、经典等基本要素构成。世界上宗教信仰有很多类型，比较大的有基督教、伊斯兰教、佛教、道教。

在文化信念体系中，欧洲人和美国人是"在唯一宗教模式中成长的"。基督教是典型的一神信仰，强调的是信仰的专一。与上帝的唯我独尊相比，中国宗教信仰的特点是兼收并蓄。佛教、道教都属于多神教，民间信仰更是有一个极其庞杂又不断扩充的神灵队伍。中国的宗教信仰具有包容性和非排他性，容易接纳外来的异质宗教，具有和而不同的品质。在中国，对一个神灵的信仰并不排斥对其他神灵的信仰，很多人既信佛、菩萨，又信玉皇大帝、灶君、财神。中国人几乎是神就拜，各路神仙共聚一室，和平共处，既没有叛教之说，也无所谓异端。

据统计，现在全世界信仰各种宗教的人数达50亿人，占世界人口比例的80%，其中基督徒占世界总人口的1/3，排名第一，亚洲、非洲基督教人口增长明显。各种宗教在教徒的婚丧嫁娶、饮食起居等方面都有较为明确的规定，极大地影响着信仰者的消费行为。因此，宗教信仰与不同民族的传统文化和风俗习惯融合在一起，成为各国各族人民社会生活、精神生活的组成部分，并成为重要的社会力量。企业在开展文化营销或者跨文化营销时，不能忽视对他们的宗教信仰的了解和适应。

【小案例9-1】

滴滴出行与 UBER 的文化营销较量

春节的市场向来是各大品牌必争的战场，是各大品牌拼创意的时候。一个成功的品牌营销，固然要博眼球、增加用户的黏性，但想成就好的品牌，它还得满足消费者更高的要求：是否能改善人们的生活需要，是否让人与人之间的关系更加亲密美好，而不是削弱一些本应有的良好互动。

滴滴出行——滴滴打车上线敬老版。为方便出行，滴滴出行年前宣布推出"老人打车"功能。此款"滴滴出租车敬老版"为50岁以上老人定制，字体更大页面更简单，更关键的是，所有滴滴用户都可以提前为父母设置好出行目的地，老人只需一键点击目的地就可以马上叫车，操作设计也算是简单方便。功能推出之后，滴滴就做了一波"行路虽难，行孝不难"的H5宣传，主打归家和亲情，在朋友圈引起大量共鸣。

UBER——一键呼叫传统文化，跨界传统，更接地气。作为新进中国的外来互联网品牌，UBER玩的虽然是自己成熟的一键呼叫系列，但这次玩得更接地气，UBER联合了国内最大的互联网传统文化品牌灵机文化，以"弘扬传统文化"为由，发起了寻找消失的年味的活动，不同于春节期间以"温情、催泪"为主的品牌宣传，UBER和灵机文化的跨界组合，直击当下的社会热点，"过年越来越没有年味"，不只是造就了一场走心的活动，更是用活动去呼吁大众关心传统文化，而在长线的宣传活动中，灵机文化提供的传统文化背景为UBER提供了不少文化加分项，同时灵机旗下签约老师麦玲玲共同参与，倡导健康出行，力撑传统。这次活动的成功，预计在2016年将会看到更多的品牌跨界玩营销了。

（资料来源：从猴年春节十大营销案例，看品牌营销成功的四大种类. 齐鲁晚报，2016-02-23）

思考题：中国传统节日消费特点及企业营销对策是什么？

三、文化对消费行为的影响

人的意识与行为是一定社会文化的产物，是文化熏陶、感染的结果。社会文化、亚文化对消费者行为的影响，主要表现在以下几个方面。

(一)对消费观念的影响

价值观念是指人对客观事物的主观评价,它是文化的基本内涵。不同的文化决定人不同的价值观念与价值取向。例如,书籍对于目不识丁的人等于是废纸,但对于追求知识的人却是相当珍贵的精神食粮。文物对于历史学家、考古学家、文物鉴赏和收藏家是无价之宝,但对于一般人则既无鉴别其价值的知识,也无收藏的意义,他们是不会倾其家产去购置一件珍贵的文物的。又如,在发达国家,大多数人热衷于生活上的舒适享受,消费支出往往超出其收入水平。相应的分期付款、赊销的交易形式非常盛行。人们购买大件商品,如汽车、住房等,既可以分期付款,也可以从银行借钱支付,而且借得越多,声誉越高。而在我国,情况恰好相反,人们习惯攒钱买东西,不习惯借钱买东西,因为借钱会被认为是不会过日子。大多数中国人消费方面比较节俭,长于计划开支,尽量把钱存起来,用在结婚、子女教育、养老等方面。这些差别,使消费者对商品产生了不同的需求,购买行为也各具特点。

(二)对生活方式的影响

生活方式是文化所赋予的一种社会活动方式。文化与生活方式有着极为密切的联系,文化可以规范人的生活样式,教育人以什么样的方式、方法去生活,如衣食住行、婚丧嫁娶、待人接物等。在不同的社会文化背景下,人的生活方式会产生较大的差异,自然会形成不同的消费心理与购买行为。例如,在西方发达国家,由于生活节奏快,人们喜欢到快餐店就餐,即使是在家就餐,也是购买半成品烧菜做饭。所以快餐食品、速溶食品、半成品食品非常流行,有很大的市场需要。而就中国人的饮食来说,则喜欢购买各种主、副食品原料,自己烹调,既合口味,又很经济。相比之下快餐食品、速溶食品只是在人们外出办事或条件不许可的情况下才偶然消费。我国消费者特别是家庭主妇们多习惯于每天上市采购,遍及全国大中城市的早市、夜市、集贸市场正是我国城市居民购物方式的产物。相比之下,美国的家庭主妇大多每周只采购一两次,她们认为每天早上街购物(主要是食品)是很不合算的,是一种浪费。生活方式的不同导致了不同的购买方式。生活方式对消费心理行为影响之深,还体现在每当生活方式发生变化,人的消费行为也会随之改变。例如,由于生活水平的提高和消费观念的变化,我国消费者在衣着服饰的消费方面,一改过去单调、呆板、老一套的模式,代之而来的是各种流行时装和各种各样的精美服饰,在衣着上敢于"标新立异"的人越来越多。近年来,人们收入不断增加,购买力水平不断提高,消费者对生活质量的要求越来越高。购买保健用品、营养滋补品的人越来越多。所谓"吃要营养,穿要时尚漂亮、用要高档"已成为消费者普遍的追求。随着文明、健康、科学的生活方式的建立和完善,我国消费者的精神和物质消费将向着文明、健康、科学的方向进一步发展。

(三)对审美观的影响

审美观是文化的深层次表现，与价值观、消费习俗、宗教信仰有着极为密切的联系。文化不同，这些基本内涵不同，自然审美观也有着极大的差异。例如，非洲和一些民族以文身为美。西属撒哈拉的雪地土著人都是以妇女肥胖、丰腴的程度作为判断美的标准。从艺术审美的角度看，中国的艺术表现手法重写意，如国画，用线条勾勒出千姿百态的人物和自然景物，用水墨渲染出无穷的意境。再如戏曲，舞台上没有任何自然景物，只靠极为简单的道具和演员极富表现力的表演，便能生动地表现出故事所在的情景。而西方艺术则以写实为主要手法，如油画，强调形式和主体感；再如话剧、歌剧，一般在舞台上都设置逼真的布景。以色彩为例，欧美一些国家的人以白色象征纯洁，故此女性结婚时多喜欢穿白色的礼服，以此表现纯洁美丽。而中国人则以红色象征吉祥，女性结婚时多喜欢红色服饰，以此表示吉祥如意、幸福美满。

第二节　社会阶层与消费者行为

文化是对一个社会总体特征的宏观描述，而社会阶层进一步揭示了社会的结构或内部组织情况。随着社会的进步和发展，社会阶层也会发生很大变化。消费者作为个体总是处于一定的社会阶层。同一阶层的消费者在行为、态度和价值观等方面具有同质性，不同阶层的消费者在这些方面存在较大的差异。而社会阶层的动态变化，又使消费者行为变得更加复杂。因此，研究社会阶层对于深入了解消费者行为具有特别重要的意义。

一、社会阶层概述

(一)社会阶层的含义

社会阶层(Social Class)，也是微观意义上的社会结构，是由具有相同或类似社会地位的社会成员组成的相对持久的群体。每一个体都会在社会中占据一定的位置，有的人占据非常显赫的位置，有的人则占据一般的或较低的位置。这种社会地位的差别，使社会成员分成高低有序的层次或阶层。

社会阶层是一种普遍存在的社会现象，不论是发达国家还是发展中国家，不论是社会主义国家还是资本主义国家，均存在不同的社会阶层。产生社会阶层的最直接原因是个体获取社会资源的能力和机会的差别。在不同社会制度下，人们获得社会资源的途径和机会各不相同，如可以通过出生、继承、社会化、就业、创造性活动等占据不同的社会地位。所谓社会资源，是指人所能占有的经济利益、政治权力、职业声望、生活质量、知识技能及各种能够发挥能力的机会和可能性，也就是能够帮助人满足社会需求、获取社会利益的各种社会条件。导致社会阶层的终极原因是社会分工和财产的个人所有。社会分工，形成了不同的行业和职业，并且在同一行业和职业内形成领导和被领导、管理和被管理等错综复杂的关系。当这类关系与个人的所得、声望和权力联系起来时，就会在社会水平分化的基础上形成垂直分化，从而造成社会分层。

消费者行为学中讨论社会阶层，一方面是为了了解不同阶层的消费者在购买、消费、沟通、个人偏好等方面具有哪些独特性，另一方面是了解哪些行为基本上被排除在某一特定阶层的行为领域之外，哪些行为是各社会阶层成员所共同拥有的。

(二)社会阶层的特征

1. 社会阶层体现一定的社会地位

社会阶层主要表现为人在社会地位上存在的差异。社会地位是指人在社会关系中的位置以及围绕这一位置所形成的权利和义务关系。在现代社会，个体的社会地位更多地取决于社会化、职业声望、个人对社会的贡献大小等方面，但家庭和社会制度方面的因素对个体的社会地位仍具有重要影响。一个人所处的社会阶层是和他特定的社会地位相联系的。一般来说，处于较高社会阶层的人，会拥有较多的社会资源，在社会生活中必定处于较高的社会地位。为了彰显各自的社会地位或社会阶层，消费者需要通过一定的符号将看不见的社会地位有形化，进而出现了符号消费、象征性消费或者炫耀性消费。在现代社会，一个人购买的商品越是有名气，他在符号象征价值领域内的地位就越高。

2. 社会阶层的多维性

传统社会，常常把教育看作提高社会地位的主要途径，根据人从事的职业来判断其社会地位，也往往把收入高低和人们所处的社会阶层联系起来，所以自然就会把教育、职业和收入等单一指标作为划分社会阶层的重要指标。这种单一指标划分社会阶层的方法，对分析社会地位的特定方面影响消费过程是很有帮助的。但是，如果只用其中一项因素去衡量一个人的社会地位可能会存在局限性和误导性，如收入本身并不能完全有效地解释由于社会阶层所形成的行为差异。一位大学教授的收入或许与一位出租车司机的收入不相上下，然而，二者的消费观念、阶层意识和购买偏好有相当大的差别。所以，社会阶层并不是单纯由某一个变量如收入或职业所决定，而是由包括这些变量在内的多个因素共同决定。决定社会阶层的因素既有经济层面的因素，也有政治和社会层面的因素。在众多的决定因素中，其中某些因素较另外一些因素起更大的作用。

3. 社会阶层的层级性

从最低的地位到最高的地位，社会形成一个地位连续体。不管愿意与否，社会中的每一成员，实际上都处于这一连续体的某一位置上。那些处于较高位置上的人被归入较高层级；反之则被归入较低层级，由此形成高低有序的社会层级结构。层级性使得消费者在社会交往中,要么将他人视为是与自己同一层次的人,要么将他人视为比自己更高或更低层次的人。在消费活动中,社会阶层的层级性会极大地影响消费者的消费和购买活动。如果消费者认为某种产品主要被同层次或更高层次的人消费,他购买该产品的可能性就会增加;反之,如果消费者认为该产品主要被较低层次的人消费,那么他选择该产品的可能性就会减少。

4. 社会阶层对行为的限定性

大多数人在和自己处于类似水平和层次的人交往时会感到很自在,而在与自己处于不同层次的人交往时会感到拘谨甚至不安。这样,社会交往较多地发生在同一社会阶层之内,而不是不同阶层之间。一方面,同一阶层内社会成员的更多互动,会强化共有的规范与价值观,从而使阶层内成员间的相互影响增强。另一方面,不同阶层之间较少互动,会限制产品、广告和其他营销信息在不同阶层人员间的流动,使得彼此的行为呈现更多的差异性。

5. 社会阶层的同质性

社会阶层的同质性是指同一阶层的社会成员在价值观和行为模式上具有共同点和类似性。这种同质性在很大程度上由他们的共同社会经济地位所决定,同时也和他们彼此之间更频繁的互动有关。同质性意味着处于同一社会阶层的消费者会订阅相同或类似的报纸、观看类似的电视节目、购买类似的产品、到类似的商店购物。

6. 社会阶层的动态性

社会阶层的结构并不是静止不变的。在开放的社会,一个人所处的社会阶层是会发生变化的。随着时间的推移,很多人并不是一生中都属于一个阶层。社会阶层变化一般朝着两个方向进行:向上流动,即从原来所处的阶层跃升到更高的阶层;向下流动,即从原来所处阶层跌入较低的阶层。社会成员在不同阶层之间的流动,主要由两方面促成。一是个人因素,如个人通过教育和职业成就,赢得社会的认可和尊重,从而获得更多的社会资源和实现从较低到较高社会阶层的迈进。二是社会因素。如在我国"文化大革命"时期,知识分子被斥为"臭老九",社会地位很低,但改革开放以来,随着社会对知识的重视,知识分子的地位不断提高,作为一个群体它从较低的社会阶层跃升到较高的社会阶层。

(三)社会阶层的决定因素

吉尔伯特(Jilbert)和卡尔(Kahl)将决定社会阶层的因素分为3类,即经济变量、社会互动变量和政治变量。经济变量包括职业、收入和财富;社会互动变量包括个人声望、社会联系和社会化;政治变量则包括权力、阶层意识和流动性。下面主要介绍其中与消费者行为研究特别相关的几个因素。

1. 职业

职业是表明一个人所处社会阶层的最重要的指标。职业与教育、收入紧密相关，职业在很大程度上能反映一个人的社会地位。职业作为社会阶层的指示牌，它的重要性可从与人初次见面的问候语及其使用频率中得到证实。如"你在哪里高就？""从事何种工作？"对该问题的回答有助于判断某个人所处的社会阶层。职业声望在不同的社会里很相近也比较稳定。一般来讲，大公司的 CEO、医生、大学教授占据最高层的位置，擦鞋工、垃圾清理工则处于最底层的位置。一个人的工作会极大地影响他的生活方式，并赋予他相应的声望和荣誉，因此职业提供了个体所处社会阶层的很多线索。

2. 教育

受教育程度部分地决定了人的收入和职业，并进而影响其社会地位和购买行为。因此，一个人将进入哪一个社会阶层，很多时候依存于受到什么样的教育这个问题。其结果，优越阶层的人就倾尽全力地使孩子受到良好教育以增加获得较高社会阶层的机会，没有条件的人也会千方百计调动一切力量使孩子受教育以取得社会阶层的上升。一般来讲，受教育程度低的人无论在挣钱方面，还是在合理花钱方面都处于不利地位。毫不奇怪，受教育程度极大地影响着人的消费品位和消费偏好。

3. 收入

从古到今，所有社会大致都可以分为"富人"和"穷人"两类。社会学家和营销者都十分关心个人或家庭收入或财富问题，财富一般包含目前的收入和财产的积累。收入的多少、财产的性质反映了一个人的社会地位。但是，收入本身并不是判断社会阶层的唯一的指标，如许多蓝领工人的收入比某些白领高，但他们的社会地位并不因此更高。尽管如此，在经济社会里，收入仍然是很重要的阶层指标。

4. 个人业绩

一个人的社会地位与他的个人成就密切相关。同是大学教授，如果你比别人干得更出色，你就会获得更多的荣誉和尊重。平时所说"某某教授正在做一项非常重要的研究""某某是这个医院里最好的神经科医生"，均是对个人业绩所做出的评价。个人业绩主要通过获得收入、热心公益事务、关心他人、诚实善良等行为品性表现出来，从而取得较高的社会地位。

5. 社会互动

社会互动变量包括声望(Prestige)、联系(Association)和社会化(Socialization)。声望表明群体其他成员对某人是否尊重、尊重程度如何。联系涉及个体与其他成员的日常交往，他与哪些人在一起，与哪些人相处融洽。社会化则是个体习得技能、态度和习惯的过程。社会学派认为，群体资格和群体成员的相互作用是决定一个人所处社会阶层的基本力量。

6. 拥有的财物

财物是一种社会标记，它向人们传递有关其所有者处于何种社会阶层的信息。拥有财物的多寡、财物的性质同时也反映了一个人的社会地位。广泛意义上的财物，不仅包括汽车、土地、股票、银行存款等通常所理解的"硬性"财物，也包括受过何种教育、在何处受教育、在哪里居住等"软性"的财物。名牌大学文凭、名车、豪宅、时尚服饰，都可以作为显示身份和地位的标记。"我们就是我们所拥有的。"我们可以根据人所拥有的财物来判断他所处的社会阶层，因为花钱方式比花多少钱更能说明问题。

7. 价值取向

个体的价值观或个体关于应如何处世待人的信念是表明他属于哪一社会阶层的又一重要指标。由于同一阶层内的成员互动更频繁，他们会发展起类似和共同的价值观。这些共同的或阶层所属的价值观一经形成，反过来又成为衡量某一个体是否属于此一阶层的一项标准。不同社会阶层的人对艺术、对抽象事物的理解、对金钱和生活的看法所存在的不同看法，实际折射的就是价值取向上的差异。

8. 阶层意识

从某种意义上说，一个人所处的社会阶层是与他在多大程度上认为他属于此一阶层有关。一般而言，处于较低阶层的个体会意识到社会阶层的现实，但对于具体的阶层差别并不十分敏感。例如，低收入旅游者可能意识到星级宾馆是上层社会成员出入的地方，但如果因 5 折酬宾而偶然住进这样的宾馆，他对出入身边的人在穿着打扮、行为举止等方面与自己存在的差别可能并不特别在意。在他们眼里，星级宾馆不过是设施和服务更好、收费更高的"旅店"而已，地位和阶层的联系在他们的心目中如果有的话也是比较脆弱的。相反，经常出入高级宾馆的游客，由于其较强的地位与阶层意识，对于星级宾馆这种"来者不拒"的政策可能会颇有微词。

社会学家在利用上述标准划分社会阶层时，大致有两种方法，即单一指标法和综合指标法。由于单一指标法只用其中一个因素去衡量社会阶层肯定有失偏颇，所以更多采用综合指标法。其中，科尔曼地位指数法和霍林舍社会地位指数法最为常用。

【小案例 9-2】

私人会所发展

私人会所还可以称之为顶级会员制俱乐部。其起源于 17 世纪的欧洲大陆及英国。当时的英国绅士、豪商及贵族们由于需要兼具排他性及私密性的社交空间，因而诞生了专门为英国上层社会服务的会员制的绅士俱乐部。为了体现当时英国绅士良好的教养和优雅的传统，满足当时英国绅士对高雅品位生活的追求，俱乐部的内部陈设均十分考究，古香古色的装修风格加上美轮美奂的装饰形成了俱乐部完美的内部环境，俱乐部内部功能主要有书房、图书馆、茶室、餐厅和娱乐室等。俱乐部提供的服务主要有：定期组织社交活动、向会员提供餐饮、银行保险、联系和接洽等服务。

"会所"英文为"Club"，音译即为俱乐部。在十七世纪的欧洲，世界上第一家会员制俱乐部诞生在英国的一个咖啡馆里。由于参与者有着相同的兴趣爱好，于是决定组成一种联盟，事实上这就是私人会所诞生的最初。随着时代的变迁，由于这种俱乐部为相同社会阶层的人士提供了一种私密性的社交环境大受欢迎并逐渐流行开来，发展到今天的全球俱乐部景象时，会所已经成为中产阶级和相同社会阶层人士的聚会、休闲场所，而"会所"的会员身份，也演变成财富的象征与身份标签。

北京最早的一家会所"皇家俱乐部"成立于1990年，由境外投资，引进国外高档俱乐部的经营与管理模式。1994年，北京出现了会员制俱乐部：长安俱乐部、京城俱乐部。他们的特点是都在城市的中心位置，俱乐部内豪华、高档，休闲娱乐一应俱全。当时的富有者为了生意上的需求多在此结交朋友，这里成为真正的商业俱乐部，并多以商务会员为主。1996年至1997年，以俱乐部为主的会所开始转型，大型的高档社区出现了私家会所，会所的设计以及经营管理方面受港式会所的影响较大。

国内私人会所发展起步于20世纪90年代，以京城四大顶级俱乐部(京城俱乐部、长安俱乐部、中国会和北京美洲俱乐部)为代表。

(资料来源：百度文库，2012-10-27)

思考题：
1. 中国社会各阶层的主要消费特点是什么？
2. 未来中产阶层的消费爆发点在哪里？升级式消费领域有哪些？
3. 社会阶层意识有哪些？

二、不同社会阶层消费者的行为差异

(一)支出模式上的差异

1. 选择和使用的产品存在差异

不同社会阶层的消费者所选择和使用的产品是存在差异的。高阶层消费者买衣服更多关心的是样式是否入时，购买家具、电器多以豪华气派为主；在食品的消费上多考虑档次，同时也非常注重营养。此外，他们对属于精神享受的艺术品比较重视，同时也是奢侈品的主要光顾者。而低层次的消费者更多注重经济实用，他们要求穿着舒适大方，家电要质量好，易于保养维修。对于食品则要求味道好、分量足，但有时营养上则不一定能达到保健卫生学上的要求。他们在选购商品时总希望厂家提供良好的售后服务，以使所购商品能有一个较长的使用寿命。同时，高阶层的消费者要求商品的包装精美典雅，具有特色；而低阶层的消费者在购物时，对包装的要求则并不太高。

2. 象征性产品存在差异

符号象征着文化意义，以符号消费为标志的当代消费文化代表着一种"地位符号"或"社会分层符号"。象征性是符号消费的最大特征，人可以通过对商品的消费来表现其个性、品位、生活风格，展示其社会地位，赢得社会认同。社会学家凡勃仑所阐释的炫耀性消费，实际上反映的就是人借助消费以显示其较高的社会地位。鲍德里亚也认为，整个现代社会都是围绕着商品的消费和展示而组成的，通过对商品的消费和展示，个人得到了显赫的名声、身份和地位。一般来讲，较高阶层的消费者通过购买珠宝、名牌服装、高档汽车、名屋豪宅等奢侈品或从事打高尔夫球、滑雪等活动显示自己的财富和地位。中层消费者一般有很多存款，住宅一般但注重内部装修；购买中等价位但属于国外品牌的汽车；服装、家具不少但高档的不多。低层消费者住宅环境较差；衣服与家具上投资较少；出于"补偿""平衡"心理，他们也会购买汽车、大型彩色电视机等，大多属于冲动型购买。与人们的预料相反，低层消费者中的一些人对生产食品、日常用品和某些耐用品的企业仍是颇有吸引力的。

(二)休闲活动上的差异

社会阶层能从很多方面影响个体的休闲活动。一个人所偏爱的休闲活动通常是同一阶层或邻近阶层的其他个体所从事的某类活动，他采用新的休闲方式往往也是受到同一阶层或较高阶层成员的影响。虽然在不同阶层之间，用于休闲的支出占家庭总支出的比例相差无几，但休闲活动的类型却差别颇大。高阶层的消费者会从事更多的户外活动，他们多进行网球、高尔夫球、高山滑雪、海滨游泳、登山等活动。而低阶层的消费者，一方面由于经济条件所限，无法从事那些高消费的娱乐活动；另一方面由于他们中大部分人本来就是体力劳动者，所以也较少有开展户外活动的需要。此外，高阶层的消费者较少看电视，他们喜欢各种音乐演唱会、时装表演、歌剧等时尚活动，而低阶层消费者则把电视、电影、通俗小说作为消磨闲暇时光的主要方式。

(三)信息行为上的差异

1. 信息接收的差异

不同阶层消费者信息接收渠道和数量不同。主要表现为，高阶层信息渠道更为广泛，信息数量趋于增加。而处于最底层的消费者通常信息来源有限，对误导和欺骗性信息缺乏甄别能力。他们在购买决策过程中可能更多地依赖亲戚、朋友提供的口头信息。中层消费者比较多地从媒体上获得各种信息，而且会更主动地从外部搜集信息。随着社会阶层的上升，消费者获得信息的渠道会日益增多。不仅如此，特定媒体和信息对不同阶层消费者的吸引力和影响力也有很大的不同。越是高层的消费者，看电视的时间越少，因此电视媒体对他们的影响相对较小。相反，高层消费者订阅的报纸、杂志远较低层消费者多，所以，印刷媒体信息更容易到达高层消费者手中。正因为如此，现在不同的报纸杂志、电视节目都有其处于特定社会阶层的目标消费者。

2. 信息处理的差异

不同社会阶层的消费者所使用的语言也各具特色。一般而言，较高层的消费者使用的语言比较抽象；较低层的消费者使用的语言更为具体，而且更多地伴有俚语和街头用语。现在很多高档车广告，因为主要面向上层社会，因此使用的语句稍长，语言较抽象，画面或材料充满想象力。相反，那些面向中、下层社会的汽车广告，则更多的是宣传其功能属性，强调图画而不是文字的运用，语言上更加通俗和大众化。由于阶层不同，消费者对于信息的反应也不相同。所以，广告商们必须针对他们的不同偏好和需要，设计合适的广告文案和图画。

(四)购物方式上的差异

1. 购物场所的差异

在一般人看来，人们总是愿意到高级豪华的商店里去购物。事实上，大部分人尤其是妇女在选购商品时，喜欢去符合自己社会地位的商店去购物，因为一些社会阶层较低的人到高级商店去买东西，反而会有一种压抑和紧张的不适感。一般而言，人们会形成哪些商店适合哪些阶层消费者惠顾的看法，并倾向于到与自己社会地位相一致的商店购物。有关研究表明，消费者所处社会阶层与他想象的某商店典型惠顾者的社会阶层相去越远，他光顾该商店的可能性就越小。同时，较高阶层的消费者较少光顾较低阶层去的商店，相对而言，较低阶层的消费者则可能较多地去较高阶层消费者惠顾的商店。客观上属中层而自认为是上层的消费者，较实际为上层但自认为是中层的消费者会更多地去专卖店和百货商店购物。与一直是劳动阶层的消费者相比，从更高层次跌落到劳动阶层的消费者会更多地去百货商店购物。同时，中层消费者较上层消费者去折扣店购物的次数频繁。

2. 购物行为的差异

上层消费者购物时比较自信，喜欢单独购物，他们虽然对服务有很高的要求，但对于销售人员过于热情的讲解、介绍反而感到不自在。通常，他们特别青睐那些购物环境优雅、品质和服务上乘的商店，而且乐于接受新的购物方式。中层消费者比较谨慎，对购物环境有较高的要求，但他们也经常在折扣店购物。对这一阶层消费者而言，购物本身就是一种消遣。下层消费者由于受资源限制，对价格特别敏感，多在中、低档商店购物，而且喜欢成群结队逛商店。

三、社会阶层与市场营销战略

对于某些产品，社会阶层提供了一种合适的细分依据或细分基础。依据社会阶层制定市场营销战略的具体步骤，第一步是决定企业的产品及其消费过程在哪些方面受社会地位的影响，然后将相关的地位变量与产品消费联系起来。为此，除了运用相关变量对社会分层以外，还要搜集消费者在产品使用、购买动机、产品的社会含义等方面的数据。第二步是确定应以哪一社会阶层的消费者为目标市场。这既要考虑不同社会阶层具有的市场的吸引力，也要考虑企业自身的优势和特点。第三步是根据目标消费者的需要与特点，为产品定位。最后是制定市场营销组合策略，以达到定位目的。

不同社会阶层的消费者由于在职业、收入、受教育程度等方面存在明显差异，因此即使购买同一产品，其趣味、偏好和动机也会不同。如同是买牛仔裤，劳动阶层的消费者可能看中的是它的耐用性和经济性，而上层社会的消费者可能注重的是它的入时性和自我表现力。所以，根据社会阶层细分市场和在此基础上对产品定位是有依据的，也是非常有用的。事实上，对于市场上的现有产品和品牌，消费者会自觉或不自觉地将它们归入适合或不适合哪一阶层人消费之列。例如，在美国啤酒市场，消费者认为 Heineken 和 Michelob 更适合上层社会的人消费，而 Old Style 则更适合中下层社会的人消费。

应当强调的是，处于某一社会阶层的消费者会试图模仿或追求更高层次的生活方式。因此，以中层消费者为目标市场的品牌，根据中上层生活方式定位可能更为合适。美国安休泽－布希啤酒公司根据社会阶层推出 3 种品牌的啤酒，每种品牌针对与之相应的消费阶层，采用不同的定位和营销组合策略，结果产品覆盖了80%的美国市场，获得极大成功。

第三节　相关群体与消费流行

消费者的心理行为受社会的制约，社会对消费者行为的影响又常常是通过群体产生的。不同的群体往往有不同的价值观念、生活方式、行为准则，形成不同的群体规范，而这一切对消费者的心理与行为有着重要的影响。

一、相关群体概述

(一)相关群体含义及其类型

1. 相关群体的含义

相关群体也称参照群体或标准群体，是指对消费者的思想、态度、信念形成具有一定影响的社会关系，包括家庭、邻居、学校、机关、工厂、部队及其他与其经常联系的群体。

心理学研究表明，一个人的习惯、爱好以至思想和行动准则，都不是天生就有的，而是在后天活动中受外界的影响逐渐形成的。在这种外界影响中，相关群体的影响起着不可忽视的作用。相关群体的标准、目标和规范往往是个体行动的指南，是个体要努力达到的标准。在个人的生活中，会把自己的行为与这一群体的标准进行对照，如果不符合这些标准，就会改正自己的行为。

2. 相关群体的类型

按照相关群体对消费者的影响程度、作用大小、意义深远与否，可把相关群体划分为以下几种类型。

(1) 主要群体和次要群体。主要群体又称初级群体或基本群体，是指成员间彼此直接接触、关系比较密切的群体，如家庭、邻里、亲朋及同事等。在主要群体内，消费者直接与群体内的其他人相互联系、相互作用、相互影响。一个人在其主要群体的影响下，形成了与该群体相一致的消费观念、消费心理及行为。次要群体是指成员间不直接接触，关系不十分密切的群体。如个人所参加的各种社会组织、职业组织等，像学校、工会、工厂等。次要群体的经验能反映个体某种专门兴趣、信念或某些方面的特殊需要，虽然其信息沟通及影响程度都低于主要群体，但其影响也不可忽视。

(2) 所属群体和参照群体。所属群体是消费者亲自参加的群体。参照群体是消费者崇拜或渴望加入的群体。所属群体对消费者的行为有直接影响。参照群体对消费者的行为有间接影响，它可以促使消费者通过比较和追求，改变原有的消费行为，如模仿有关名人、明星的着装、发型等。

(3) 自觉群体和回避群体。消费者根据自我意识，自觉地把自己归属于某一群体，此群体为自觉群体。消费者会用此群体的规范约束自己的行为。例如，从事教师职业的消费者会自觉地把自己归属于教师这一群体，并用此群体的行为规范约束自己。回避群体是消费者个人极力避免归属、认为与自己不相符的群体。它是以年龄、性别、民族、地域、职业、婚姻状况、身体状况等社会与自然因素作为回避对象的。这种群体也是消费者自我意识的一种反映，它对消费者心理与行为有重要影响。对这类群体，消费者回避的原因很多，有主观认识造成的，也有外界舆论压力造成的。例如，有些消费者尽量避免穿用不符合自己职业、身份、年龄的服饰，尽量避开某类群体对他的影响。

(4) 长期群体和临时群体。长期群体和临时群体是按消费者加入群体时间的长短区分的。长期群体是消费者较长时间加入的群体，对消费者影响稳定。临时群体是消费者暂时加入的群体，对消费者的影响是暂时的，但有时对消费者行为也起决定作用。

(二)相关群体对消费者心理的影响

相关群体对消费者心理及行为的影响是多方面的。它可以通过目标、标准、规范、生活方式等影响消费者，促使其购买心理及行为发生改变，向相关群体靠拢。

1. 规范性影响

群体规范是指群体内约定俗成的行为标准。这种规范对消费者会形成一种无形的压力，促使群体内的个人自觉或不自觉地遵循群体规范行事。例如，当消费者在选购某件商品时，往往会受其所属群体规范的影响，购买行为符合群体规范及约定俗成的行为标准，个体消费者就会感到保险、安全；当个体消费者的消费心理与行为同所属群体规范相违背时，就会产生压力感，表现在购买行为上，即消费者个体所要购买的商品不是其群体所认同的商品，个体就会犹豫不决，有时不得不改变其行为。由此决定群体规范所形成的压力使个体的消费行为趋于某种"一致化"。规范性影响有时又叫功利性影响，它是指消费者为了避免惩罚或者获得赞赏而采取的满足群体期望的行为。规范性影响之所以发生和起作用，是由于奖励或惩罚的存在，广告商声称，如果使用某种商品，个体就能得到社会的接受和赞许，实际上就是在利用规范性影响。

2. 认同性影响

认同性影响也叫价值表现上的影响，即个体在与群体成员长期的接触中受到群体潜移默化的影响，从而认可并自觉遵循相关群体的信念和价值观。在选择和购买商品时有明显的体现。这类影响的产生以个人对群体价值观和群体规范的内化为前提。在此前提下，无须任何外在的奖惩，个体都会依据群体观念与规范行事。因为个体已经完全接受了群体的规范群体的价值观，使之成为个体自身的价值观。

相关群体的消费行为或生活方式对消费者的心理行为会产生经常的、直接的影响。同属某一群体或有共同参照群体(即相关群体)的人群往往有相似的消费行为和生活方式。例如，一些年轻人把某些影视明星或体育明星作为自己的参照群体，在生活方式和消费行为上对这些心目中的偶像进行模仿。一些人将教师作为榜样，以教师的行为准则要求自己。特别是对于缺乏消费经验与购买能力的人，经常不能确定哪种商品对于他们更合适。由此更多地依赖于参照相关群体的消费行为。

3. 信息性影响

这类影响出现于个人把参照群体成员的行为和观念当作潜在的有用信息加以参考之时，其影响程度取决于被影响者与群体成员的相似性以及施加影响的群体成员的专长性。这是因为人在购买某种商品时总倾向于听取周围人的意见。相关群体通常通过语言、评论等带有很强感情色彩的信息内容相互影响。其主要包括消费者行为、消费者态度、信念等。特别是在主要群体内部，一个消费者的行为和态度必将引起其他消费者的关注，有时甚至即刻被模仿和参照。这种影响往往较电台、电视广告等媒体的宣传作用更强。例如，某消费者对某牌号的家电产品拿不定主意购买与否，尽管各种广告宣传很多，消费者却迟迟下不了决心。一旦他的亲属或朋友告诉他某商品如何信得过，并说服他购买时，他会很快实施购买行为。相关群体之所以能够影响消费者的心理与行为，是由消费者内在的心理因素决定的，其中包括群体成员之间的认同感、社会促进和行为感染，相互模仿、顺从、服从等，由此导致相关群体成员之间的相互认识、相互影响，使其行为趋于一致。

(三)参照群体对消费者购买行为的影响程度

在某一特定情境下，参照群体可能对购买没有影响，也可能会影响到某类产品的使用及使用产品的类型或品牌的选择等。其中对品牌的影响可能是对某种类别而不是单个品牌的影响。如某一群体可能会赞成(或反对)购买一组品牌，如进口啤酒或者豪华汽车等。

参照群体对消费者的影响程度受诸多因素的影响，如产品的品牌度、必需程度、个体对产品的忠诚度以及个体在购买产品时的自信度。 以下为几种情况的说明。

(1) 当产品或品牌的使用可见性很高时，群体影响力最大。如维生素的消费，一般是隐蔽的，参照群体通常在产品种类、型号或品牌等方面对那些可见性高的产品发挥重大影响。

(2) 一件产品的必需程度越低 参照群体的影响越大。因此，参照群体对帆船等非必需品的购买有很大影响，而对冰箱等必需品的购买影响则比较小。

(3) 一般而言，个人对群体越忠诚，他就越会遵守群体规范。当参加一个渴望群体的晚宴时，在衣服选择上，个人可能会更多地考虑群体的期望。而参加无关紧要的群体晚宴时，这种考虑可能就少得多。

(4) 影响参照群体对个人行为作用力的另一个因素，是消费行为与群体的相关性。 某种活动与群体的功能越有关系，个人在该活动中遵守群体规范的压力就越大。

(5) 最后一个影响参照群体作用力的因素，是个人在购买中的自信程度。研究表明，个人在购买彩电、汽车、家用空调保险、冰箱、媒体服务、杂志书籍、衣服和家具时，最易受参照群体影响。这些产品如保险和媒体服务的消费，既非可见又同群体功能没有太大关系，但是它们对于个人很重要，而大多数人对它们又只拥有有限的知识与信息。

(四) 建立在参照群体影响基础上的营销策略

由以上论述可以看到，参照群体在消费者的购买行为中起着不容忽视的作用。那么，对于营销人员来说，根据参照群体影响消费者行为的途径，就可以制定出一套行之有效的针对参照群体的营销策略，通过参照群体来影响消费者的购买行为。

1. 广告策略

请名人做代言广告利用名人效应；通过专家发言来施加信息影响；通过描绘典型消费者的消费行为来施加比较影响，还可通过显示使用某种产品的好处和不使用它的风险来施加规范影响。

(1) 扮演信息影响角色。消费者决策行为由消费者感知价值的高低所决定，而消费者感知价值的高低很大程度上取决于消费者获得的信息，以及对自己判断的自信度。此时营销人员可以通过两种方法来影响消费者得到的信息。一是利用名人为产品代言。因为名人可以起到引人注意，强化事物，扩大影响的作用；二是请专家解读。由于他们是某一方面的权威人士，其言论观点可信度比较高，可以影响消费者对某种产品的判断进而决定购买与否。

(2) 扮演比较影响角色。通过两类参考群体扮演比较影响角色，一是以典型消费者身份出现的现实参考人，劝说与他们类似的消费者去选择所广告的产品，这些典型消费者之所以能作为参考者是因为通过引述相同的需要和问题，从而刺激潜在消费者的购买行为；二是利用象征参考者，也就是那些因为可爱或吸引人而被消费者关注并想与之保持一致的名人。

(3) 扮演规范影响角色。 如在企业、学校等要求穿统一服装，这些群体有共同的目标和行为规范，它会对群体中的个体造成一种无形的压力，这就是规范压力。规范压力常常导致从众行为，即个体与群体保持态度和行为的一致性。广告通过群体诉求，利用群体成员的规范压力而导致人际的消费扩散，也有利于加强广告效果。对一种值得信赖的奶粉品牌、一款时尚的发型的称赞都是广告商在模仿社会认同的例子，同时这也反映出一个事实，即强迫权力和报酬权力密切相关，这些诉求利用了因害怕群体强迫力而遵从群体规范的个体心理。

2. 个人销售策略

营销人员还可利用参照群体的三种影响来制定推销策略影响消费者。当推销人员被认为具有产品种类的知识并被看成是一个合乎情理的信息来源时，这是在利用信息影响，这种影响反映了专家权力。当消费者认为推销人员有和他们一样的需求和特征时，这是在利用比较影响。这种场合下，推销人员一般是通过参考权力来施加影响的。规范影响一般用于影响卖方和买方的相互议价能力来达成一个双方满意的交易，这种影响反映了报酬权力或者强迫权力。

二、从众消费

社会心理学研究认为，群体对个体的影响主要是由于"感染"的结果。个体在受到群体精神感染式的暗示时，就会产生与他人行为相类似的模仿行为。与此同时，各个个体之间又会相互刺激、相互作用，形成循环反应，从而使个体行为与大多数人的行为趋向一致。上述暗示-模仿-循环反应的过程，就是心理学研究证实的求同心理过程。正是这种求同心理，构成了从众行为的心理基础。

(一)从众消费的含义及其形成原因

1. 从众消费的含义

从众消费即指个人受到外界人群行为的影响，而在自己的知觉、判断、认识上表现出符合于公众舆论要求或多数人行为规范的消费行为方式。是大部分个体普遍具有的现象。

在现实的购买活动中，由于对很多商品的评价很难有客观的标准，因而在这种情况下，消费者很容易受到别人的意见和行为的影响。从众行为，在某些特殊的社会环境和文化背景之下会对消费者行为方式产生广泛的影响，以至于形成某种特殊的社会现象，鼓励人"随大流"，而对与众不同的标新立异者持排斥态度。

2. 从众消费流行产生的原因

(1) 木秀于林，风必摧之，压力是从众的一个决定因素。在一个系统内，谁作出与众不同的判断或举动，往往会被其他成员孤立，甚至受到严厉惩罚，因而某个系统内的成员的行为往往高度一致。因此，任何一个人冒犯了众人，都有可能被抛弃。为了免遭抛弃，就不会去"冒天下之大不韪"，而只会采取"随大流"的做法。社会心理学认为，在不少人的心目中，随大流、跟着大多数人走，总是比较安全的，可以少惹麻烦、少担风险，所以他们就喜欢采取从众行为，以减少内心冲突，求得心理平衡。这是从众心理产生的心理基础。

(2) 从众心理效应的形成与我国几千年来的传统"中庸"封建思想有密不可分的关系。我国古代历来就推崇"中庸"之道，这一传统思想在现代社会中还有很大影响。由于前辈的言传身教，孩子幼小的心灵就打下了从众的烙印，久而久之便形成了从众的心理。这是从众心理产生的历史条件。

(3) 从众心理的自然基础在于动物具有明显的从众本能。动物群体这种一致行动的趋向性是由长期进化形成的，具有一定的进化优势。人类的这种心理特征也是一种进化的产物，是与生俱来的。集体狩猎成功的概率大于单独狩猎成功的概率，和别人做相同的事可以节约大量时间和精力。

(4) 人群中的沟通会产生传染。人类学家认为，群体内信息的传递机制包括谈话分析和社会认识两种方式。在长期进化的过程中，人类形成了以集体为单元共同行动、共享信息的机制，这种机制也具有一定的进化优势。但同时，它也存在着不恰当之处，最主要的方面是它限制了自由思想的交流，限制了谈论的话题。从众行为的产生可能是因为沟通方式对人的思考能力和对记忆的限制，使群体行为趋于一致。

(5) 从经济学的角度来看，从众能获得某种报酬。由于任何人都是自我利益的最佳判断者和最佳追求者。所以，某人从事某种行为，肯定符合某人的效用最大化法则。既然别人的行为都是对自己负责，所以我模仿别人的行为很可能对自己有利，除非别人是傻瓜，而这种可能性又是较小的。

(6) 从众使个人减少了信息搜寻成本。任何人在从事某一行动前，总需付出一些信息成本，包括时间和金钱等方面。决断本身就需要时间，在情况不明的条件下，用于决断的时间就会相应较长。对于一些优柔寡断者，会更是如此；但对一些果断者，相应用时就会少些，但此时有可能会造成较大失误。要进行正确决断，就得搜集信息，并且搜集的信息越多会越有利于决策。但搜集信息需要付出成本，这时，其他人的行为选择本身就构成了一条重要的信息。

(7) 人们追求时尚的心理，往往能引发对某类、某种风格商品的追求，并形成流行趋势。

(二) 影响从众消费的因素

从众消费的影响因素包括以下几点。

1. 社会因素

每一个人都生活在社会中，所以一般行为包括从众消费行为都与社会因素密切相关。在一定的社会文化背景下，必然受特定的价值观、消费观的影响。不可否认，从众消费也是在这种文化背景下形成的，所以社会因素是其影响因素之一。

2. 商品因素

商品因素包括商品的外观、重量、质量、包装、商标、使用特点、使用说明等。它们直接作用于消费者的感官，它们的好坏是消费者对其进行判断的依据。不仅如此，消费者还会把自己的观点传播给身边的人，并逐渐形成对这种商品共同认知的群体，随之而来的就是从众消费。

3. 购物环境因素

购物环境主要是指门面装潢、店堂布局等。每个消费者都会寻找适合自己消费的消费环境，市场小店自然不能和高档商场相比。此时消费者对另一种消费阶层消费方式的追求便易形成从众消费。这里的从众消费类似攀比消费。

4. 商品价格因素

商品的价格是消费者消费时最敏感也最直接的因素，也是影响从众消费的一个最普遍的因素。人一旦失去对价格判断的依据时，最简洁和可靠的就是认同社会公众对商品的标价。

5. 社会媒体或广告传播因素

社会媒体或广告传播是消费者获取信息知识的最主要来源，在信息传播中发挥了重要作用。通常一个人的信息来源和实践经历都非常有限，对事物的了解越少越会出现从众现象。

然而任何事物都具有双重属性。积极方面指从众消费的正面效应是一个良性消费循环的过程。自愿从众，拒绝不良商贩，对于维护社会秩序、促进经济发展、培养高尚的消费氛围，建立健康和谐的消费环境具有积极意义。消极方面指过分的从众消费是盲目的，是一种丧失个性的消费行为。通常会因为缺乏分析，不做独立思考冲动消费，其结果可想而知。会给不良商贩以更多的可乘之机进行欺诈。

【小案例9-3】

中国式过马路

2012年10月10日傲游哈哈用户"中正平和"发表笑话："中国式过马路"，就是"凑够一撮人就可以走了，和红绿灯无关"。2012年10月11日，网友"这个绝对有意思"在微博发消息称："中国式过马路，就是凑够一撮人就可以走了，和红绿灯无关。"微博同时还配了一张行人过马路的照片，虽然从照片上看不到交通信号灯，但有好几位行人并没有走在斑马线上，而是走在旁边的机动车变道路标上，其中有推着婴儿车的老人，也有电动车、卖水果的三轮车。

这条微博引起了不少网友的共鸣，一天内被近10万网友转发。网友纷纷跟帖"太形象了""同感""在济南就是这样"，还有网友惭愧地表示，自己也是"闯灯大军"中的一员。

南大新传院广播电视与新媒体系主任、社会学博士周凯认为："中国式过马路"谈不上劣根性，但肯定是一种通病。从社会心理学角度来讲，"中国式过马路"显示了羊群效应。当人们发现闯红灯很少受到惩罚，利己主义意识就会唱主角。实际上，印度等国家也是存在闯红灯现象的，只是网友套用"中国式离婚"，使得"中国式过马路"备受关注。当然，闯红灯在很多国家为人所不齿。

(资料来源：根据360百科资料整理)

思考题：从心理学层面进行解释中国式过马路现象产生的原因？

本 章 小 结

本章主要分析了影响消费者行为的社会因素。文化是一个由态度、信念、价值观、风俗习惯等构成的复合体。文化是一个综合的概念，而且是人类欲望和行为的最基本的决定因素，它几乎包括了影响人类行为和思想过程的每一个事物。一个国家整体文化中还存在很多不占主流或某一局部的文化现象，被称为亚文化。根据人口特征、地理位置、宗教信仰、民族等，可以将一个文化分成几个亚文化群，主要有宗教亚文化群、地理亚文化群、民族亚文化群、年龄亚文化群等。生活在同一个亚文化中的人有着大致相同的信仰、习惯、风俗和性格，不同亚文化群则存在明显的不同。

文化是对一个社会总体特征的宏观描述，而社会阶层进一步揭示了社会的结构或内部组织情况。社会阶层是由具有相同或类似社会地位的社会成员构成的相对持久的群体，具有多维性、层级性、动态性、同质性，展示一定的社会地位对行为的限定性等特征。决定社会阶层的主要因素有职业、教育、收入、拥有的财务、个人业绩、社会互动、价值取向、阶层意识等。不同社会阶层的消费者行为有着明显的差异，主要体现在支出模式、休闲娱乐、信息接收和处理、购物方式等方面。企业应把握不同社会阶层的消费特点采取相应的营销措施。

参照群体是指对个人的行为、态度、价值观等有直接影响的群体。参照群体有多种类型，他们对消费者个人的影响主要有 3 个方面，如群体压力促使消费者行为一致化，为消费者提供可效仿的生活模式，为消费者提供信息参考。消费流行在一定程度上与群体的压力有很大关系，从众和模仿是消费流行的主要心理机制。消费流行有其特点、周期和流行方式。企业开展营销活动需要把握不同时代的流行态势，掌握消费流行的特点。

自 测 题

一、判断题(正确的打√，错误的打×)

1. 文化可以为人们提供解决问题的基本观点。　　　　　　　　　　　　　　　(　　)

2. 价值观念是指人们对客观事物的主观评价。它是文化的基本内涵。　　　　(　　)

3. 流行是一种群众性的社会心理现象。　　　　　　　　　　　　　　　　　(　　)

4. 个人的从众性随群体规模的扩大而不断增加。　　　　　　　　　　　　　(　　)

5. 随着自我介入水平的提高，人们不从众的行为倾向也日益增强。　　　　　(　　)

6. 消费习俗弱化了消费者的消费偏好。　　　　　　　　　　　　　　　　　(　　)

7. 消费习俗的形成和发展，不是强制发生的，而是通过无形的社会约束力量发生作用的。　　　　　　　　　　　　　　　　　　　　　　　　　　　　　　　(　　)

8. 消费流行的形成，不仅受生产力发展水平的影响，也受人们消费水平的影响。

　　　　　　　　　　　　　　　　　　　　　　　　　　　　　　　　　　(　　)

二、单项选择题

1. 主要群体又称初级群体或基本群体，是指成员间彼此直接接触、关系比较密切的群体，包括(　　)。

　　　A. 家庭成员　　　B. 职业群体　　　C. 明星　　　　　D. 社会群体

2. (　　)是人们对职业地位的主观评价。

　　　A. 职业　　　　　B. 地位　　　　　C. 职业声望　　　D. 社会阶层

3. 最后决定购买整个意向的人，即决定买与不买，买什么，怎么买，何时买与何处买的人为(　　)。

　　　A. 决策者　　　　B. 影响者　　　　C. 购买者　　　　D. 使用者

4. 个体在群体的压力下改变个人意见而与多数人取得一致认识的行为倾向称为

(　　)。
  A. 沟通行为 B. 暗示行为 C. 模仿行为   D. 从众行为

5. 以下不属于消费习俗特点的是(　　)。
  A. 长期性 B. 社会性 C. 地域性   D. 强制性

6. 某种相关群体的有影响力的人物称为(　　)。
  A. 意见领袖 B. 道德领袖 C. 精神领袖   D. 经济领导者

7. 体育明星和电影明星是其崇拜者的(　　)。
  A. 成员群体 B. 直接参照群体 C. 厌恶群体   D. 向往群体

8. 消费者受群体规范影响的主要心理原因是(　　)。
  A. 仿效心理 B. 学习心理 C. 攀比心理   D. 追随心理

三、多项选择题

1. 所谓社会资源，是指人们所能占有的(　　　)的机会和可能性，也就是能够帮助人们满足社会需求、获取社会利益的各种社会条件。
  A. 经济利益 B. 政治权力 C. 职业声望
  D. 生活质量 E. 知识技能 F. 各种能够发挥能力

2. 同属一种文化的人们可以根据不同的民族、籍贯、地区、种族、宗教、年龄、性别、职业和社会阶层等不同标准划分为若干不同的亚文化群体。较为典型的亚文化群体包括(　　)。
  A. 民族亚文化群   B. 地理亚文化   C. 年龄亚文化
  D. 区域亚文化   E. 职业亚文化

3. 流行周期是指一种时尚从兴起经过高潮到衰落的过程。一般经过(　　)。
  A. 介绍期   B. 风行期   C. 高潮期
  D. 衰落期   E. 导入期

4. 参照群体对消费者的影响包括(　　)。
  A. 规范性影响   B. 信息性影响
  C. 比较性影响   D. 价值性影响

5. 稳定性较强的消费习俗包括(　　)。
  A. 节日消费习俗   B. 宗教消费习俗
  C. 衣饰消费习俗   D. 居住消费习俗

6. 从心理角度看，社会环境对个人行为的影响主要是指(　　)。
  A. 态度   B. 意见   C. 情感
  D. 风俗   E. 习俗

7. 很多消费者希望通过购买"奔驰"显示其身份和地位,这主要体现了消费者(　　)。
  A. 对商品使用价值的需求 B. 对商品审美功能的象征

C. 对提供良好服务的需求 　　D. 对社会象征性的需求

8. 吉尔伯特和卡尔将决定社会阶层的因素分为( )。

A. 经济变量 　　　　　　　　B. 社会互动变量

C. 政治变量 　　　　　　　　D. 法律变量

四、思考题

1. 社会文化、亚文化怎样影响人们的消费行为？

2. 与消费者行为密切相关的社会群体有哪些？

3. 社会阶层划分的依据和方法是什么？

4. 试述不同社会阶层的消费者购买行为的差异。

5. 什么是消费流行？流行有哪些特征？

6. 消费流行有哪几种方式？流行的周期一般经过几个阶段？

7. 人们追求流行是出于哪些心理上的需要？企业如何引导和运用流行这种社会现象？

8. 为什么会存在从众现象？影响从众行为的因素有哪些？

案　　例

对位营销"中国新中产阶层"

"我最不能接受许多产品尤其是服装的商标上出现中文。"还不到30岁的李晨说。李晨是一家旅游网站的副总经理，他与妻子的年收入可以轻松达到30万元，2009年购买了一辆宝来轿车，2010年又在三环边上购买了一套120平方米的住房，生活无忧。

他购物时基本上不考虑产品的性价比，更在意品牌所表现、传递的感觉是否与自己的身份对位。李晨是中国新中产阶层中有代表性的一员，"中产阶层"群体随着国家统计局发布的一组数据，最近被提到了一个令人瞩目的高度。

根据国家统计局预计，在21世纪初的10年到20年间，中国将迅速形成一个庞大的中产阶层，强大的消费能力将使他们成为许多企业竞相追逐的对象。

中产阶层的初级阶段：消费物质化

以往并不是很重视生活品质的李晨现在对生活中的很多细节都非常在意，家中的电器几乎都是最顶级的国际品牌，即使是卫生间内的洁具也和五星级酒店没有区别，至于服装方面的消费，李晨现在一般只去北京为数不多的几家高档商场购买。总结自己的消费观时，李晨说："外在方面我注重品牌，内在方面注重品质，即使是一把牙刷，也看中品牌和品质。"

李晨的消费观念在记者的采访中得到了相当多的中产阶层的共鸣。"阶层的划分由此带来的是中国行销市场的进一步细分化，产品细分化、受众细分化。连洗发水都可以看到阶层的存在，如资生堂、欧莱雅、沙宣、飘柔一定属于不同的社会阶层。"数码媒体集团DMG执行董事林绅龙认为，中产阶层正在成为高利润品牌产品的主体消费目标。

当然，这些处在初级阶段的中产阶层，由于没有长久的历史积淀，他们的消费观还不是很成熟，他们普遍拒绝带有中文标识的产品，《远东经济评论》去年年底做的"中国精英调查"就显示："所有年龄段的受访者都偏好具有国际形象的品牌，35岁以下的受访者中有74%的人认为'看上去是否国际化'是他们进行购物选择的重要因素。"

已经有精明的商人洞察了这些中产阶层的消费心态，一些福建、浙江的服装企业为了迎合他们，很多选择在国外注册商标，选择高档消费场所销售，与各大国际品牌为邻，以一个完全国际化的品牌进入中国市场。记者了解到，这些被包装得彻头彻尾的"洋品牌"的销量相当不错，而生产这些品牌的中国厂商实际是令许多中产阶层不屑一顾的。

对此，零点集团的董事长袁岳分析说："中国的中产阶层还没有形成自己的中产文化，仅仅是财务上的中产，缺乏价值观辅导，更多地体现出的是一个物质化的中产，而且在消费方面还表现出3种倾向：消费模仿国际化、白领化和盲目化。受白领文化的影响，比较追求外在和表面化的东西。"

安邦资讯高级分析师贺军也表示了类似观点，他认为："中国的新中产阶层由于消费心理和消费行为的不成熟，并没有形成特殊的消费偏好，也就是说，从消费和收入的硬指标上达到了中产阶层的标准，但与西方发达国家相比，中国正在形成的中产阶层还没有形成相对成熟的文化和价值观。"

阶层对位行销和分众化传播的机会来了

根据国家统计局的预测分析，随着中国即将形成一个规模庞大的中产阶层，中国社会的消费结构将发生改变，教育、医疗、旅游、电信、信息和家庭娱乐商品等更新换代产品，在消费支出中增速较快，万元级家电将以他们为主要消费群，而且这个阶层的人群将迅速进入购买第二套房子的黄金时期。国家统计局提醒企业应该为国内市场即将到来的消费升级而有所准备。

中国社会科学院社会学研究所"当代中国社会结构变迁研究"课题组的调查数据显示，我国已经产生了中产阶层的消费模式，地位消费成为中国中产阶层的一个重要标志。

袁岳告诉记者："产品行销与消费阶层对位将是未来行销的一个重要做法。也就是说，企业针对目标市场的定位应该超越目前的一些物理性指标，如年龄、性别、收入、受教育程度、职业等，而是应该从阶层的层面更深入、更全面地研究他们。但这方面，国内的企业还很少有人从阶层角度研究消费者的。"

也正因为企业在这方面知识的普遍贫乏，一些与消费阶层对位行销的企业非常容易得到认同。上海通用汽车推出的赛欧、凯越和君威就有着明确的阶层定位，赛欧定位于年轻的白领，凯越定位于正在成长中的年轻的中产阶层，其广告表现的是一群充满活力的职业精英为事业打拼而不断进取，提出"全情全力，志在进取"的口号，与这个阶层为事业奋进的精神特质非常吻合。"凯越和赛欧的广告都具有非常清晰的阶层诉求和身份对应关系，这样可以更容易打动目标消费群。"上海通用汽车公关部的负责人告诉记者。

在行销传播方面，由于中国的中产阶层多数工作繁忙而且趣味差异大，导致与传统大众媒体日益疏离，所以如何面对上述人群以更低成本进行更有效的传播成为全新的课题，林绅龙认为 FocusMedia 分众传媒的崛起说明分众传播已经成为针对中产阶层的重要传播模式，设置在高级 Office、商厦、餐厅、KTV、酒吧、健身会所的液晶电视对特定中高收入人群具有广泛覆盖和反复覆盖的特性。"FocusMedia 这个创意概念正应验了中国当下传媒变革和市场行销的需求，成为面向中产阶层和财富阶层的重要传播通路。"林绅龙说。

(资料来源：无忧培训网，http://www.51tr.com，2007-08-31)

案例讨论：

1. 结合本文并查找相关资料，谈谈对当前我国中产阶层的认识。

2. 针对我国当前中产阶层消费物质化特征，企业应该如何制定目标市场战略和策略？

第十章　购物环境与消费者行为

【学习目标】

消费者的购物行为都是在一定的购物环境中进行的，购物环境的优劣对消费者购物心理有诸多影响，进而会影响其购买行为。本章针对消费者购物的心理与行为，就购物环境中的商店外部环境、橱窗设计、内部装饰、商品陈列及网络购物环境设置等进行了分析与论述。通过本章学习，应掌握影响消费者行为的各种购物环境因素；了解为满足消费者心理需求，主要购物环境因素的设计要点和原则。

【导读案例】

红叶超市的购物环境

红叶超级市场营业面积 260 平方米，位于居民聚集区内的主要街道上，附近有许多各类商场和同类超级市场。营业额和利润虽然还过得去，但是与同等面积的商场相比，还是觉得不理想。通过询问部分顾客，得知顾客认为店内拥挤杂乱，商品质量差，档次低。听到这种反映，红叶超市经理感到诧异，因为红叶超市的顾客没有同类超市多，经常看到别的超市人头攒动而本店较为冷清，本店怎会拥挤呢？本店的商品都是货真价实的，与别的超市相同，怎么说质量差档次低呢？

经过对红叶超市购物环境的分析，找出了其中原因。原来，红叶超市为了充分利用商场的空间，柜台安放过多，过道太狭窄，购物高峰时期就会造成拥挤，顾客不愿入内，即使入内也不易找到所需的商品，往往是草草转一圈就很快离去；商场灯光暗淡，货架陈旧，墙壁和屋顶多年没有装修，优质商品放在这种背景下也会显得质量差档次低。为了提高竞争力，红叶超市的经理痛下决心，拿出一笔资金对商店购物环境进行彻底改造。对商店的地板、墙壁、照明和屋顶都进行了装修；减少了柜台的数量，加宽了走道，仿照别的超市摆放柜台和商品，以方便顾客找到商品。整修一新重新开业后，立刻见到了效果，头一个星期的销售额和利润比过去增加了 70%。可是随后的销售额和利润又不断下降，半个月后又降到了以往的水平，一个月后低于以往的水平。为什么出现这种情况呢？

观察发现，有些老顾客不来购物了，增加了一批新顾客，但是新增的顾客没有流失的老顾客多。对部分顾客的调查表明，顾客认为购物环境是比原先好了，商品档次也提高了，但是商品摆放依然不太合理，同时商品价格也提高了，别的商店更便宜些，一批老顾客就到别处购买了。听到这种反映，红叶超市的经理再次感到诧异，因为总的来说，红叶超市装修后商品的价格并未提高，只是调整了商品结构，减少了部分微利商品，增加了正常利润和厚利商品,其价格与其他超市相同。究竟怎样才能适应顾客呢?

(资料来源: 豆丁网 http://www.docin.com/p-486284774.html,2012-09-22)

阅读案例,思考下列问题:

1. 红叶超市原先的购物环境中那些因素不利于吸引顾客的注意?

2. 红叶超市原先的购物环境导致顾客对其所售商品怎样的认知?装修后的购物环境导致顾客怎样的认知?

3. 红叶超市应当怎样改造和安排购物环境才能增加消费者的注意,并诱导消费者的认知朝着经营者所希望的方向发展?

原来消费者选择店铺的过程,都有一定的标准,即消费者首先意识到需要为解决某个问题选择一家商店,然后会进行内部和外部调查,评价相关商店,然后按照某种决策规则做出选择。接下来,就消费者选择的标准一一介绍。

第一节　商店外部环境与消费者行为

在经济全面发展、市场竞争日益激烈的背景下,对于企业来说,消费者的商店选择是十分重要的,比如,某人想买电视机,他会了解许多关于电视机购买的信息,之后会找一个合适的商店,如价格最优、地点最近或信誉较好的商店。所以,商店的外观设计、橱窗设计会给不同的消费者以不同的心理印象,激起不同的情绪感受,并且成为消费者某种行为的诱因或条件。

一、商店外观设计

商店外观是消费者认识一个商店首先看到的客观事物,会给消费者留下强烈的第一印象,以致影响其进店后的情绪和行为。商业企业的店外环境是指商店的店址选择、建筑物的外部造型与结构、招牌、店面装潢、照明采光及相关的外观环境。"愉快、温馨"是好印象,给顾客带来的是一种莫大的享受,甚至流连忘返;"压抑、冷漠"是坏印象,可能导致顾客立即转身离开,有可能永不光顾。

(一)消费者对商店外观的心理要求

商店外观设计基本的目的是要引起消费者对商店的兴趣和关注,从而产生走进商店购物或浏览的欲望。因此,外观设计必须思考消费者的心理要求。

1. 店址选择

商店店址选择涉及建筑、市政、市场、营销管理等多方面的因素,对于商家来说,最核心的是要顺应消费者的需要和心理适应。所以店址选择首先要考虑的问题就是如何实现自然条件与人文心理的结合。消费者对商店外观一般要求如下。

(1) 追求环境美化。商店外观的环境美化，是企业选址应考虑的重要问题之一。无论商店选择在中心商业区，还是居民区商业中心，都要关注并完善这项工作。因为现代社会，消费者的工作节奏虽然加快，但生活质量普遍提高。他们到商店除了购物的追求外，还有休闲娱乐的需求，从心理上对环境的优化期望较高。因此优化商店外观环境就成为重中之重。所以，现代新建商店在选择时就会考虑消费环境的绿化，营造自然气息浓郁的氛围，迎合现代消费者对轻松、安逸、舒适心理的要求。

(2) 追求交通设施的完善。店址选择时交通是否便利、道路是否通畅整洁，都直接关系到消费者的购物流向。完善的交通道路设施能在满足消费者出行便利快捷心理的同时，满足消费者安全的需要，增加其购物热情。

2. 追求店面建筑造型风格的适宜性

商店建筑的造型与结构所显示的风格，一般可分为现代和传统两种类型，选择现代还是传统，要考虑消费者的风格类型。不同的外部风格，给消费者带来的心理感受是不同的，比较现代的建筑风格给人以时代气息，对时代感较强的消费者具有刺激作用。比较传统的风格，会给人厚重的感觉，使消费者从心理上感到真实、古朴，领略到乡土气息和丰厚的民族底蕴。

3. 追求店面风格的心理认同性

从消费者心理认同角度看，店面设计主要指店门、招牌和橱窗的造型、色彩和特色的组合设计，从而形成独特的风格。从消费者心理认同角度看，标记明显、一目了然、表里一致、自然和谐的店面风格，会自然而然地得到消费者的认同。从而对商店产生好感。如何适应消费者的心理愿望，应考虑商店的规模、档次、经营商品的特点、所处地区的自然条件等，特别要考虑店门、橱窗、招牌的对比关系应适度。

凡经营多门类商品的大型商店，应采用"大店门""大橱窗""大招牌"的"三大"总体设计方案。但要注意大而不奢，高贵而不华丽。使消费者产生大场名店的心理效应，随之留下高档、大方、信誉好、能纳八方来客的美好印象，增强进店购物的欲望。

凡专营商店，或由于商品昂贵，或专业物色突出，其总体设计可考虑"两小一大"，即"小店门""小橱窗""大招牌"，不过门面、橱窗装潢要精美华贵，标记鲜明醒目使人过目不忘，使消费者自然产生一种高贵、庄严、货真价实的心里感觉。

凡超级市场、自选商场，其门面设计一般应采用大招牌、无橱窗、小店门、进出口分道的形式。无橱窗可以使消费者从店外透过大玻璃看到店内丰富的商品，从而产生购买欲望。大招牌能为消费者留下深刻印象，进、出口小是考虑到超市管理的需要而非消费者心理需要。

　　凡农贸市场，必须给消费者留下物美价廉的印象，因此店门应从简，橱窗可不要，只要有醒目的招牌，响亮且便于记忆的店名就可以广泛吸引客流，使消费者产生经济、实惠的心理认同。

4. 讲究店外照明与色彩的心理指引

　　消费者选择哪一家店铺，也看该店店外照明与色彩对其的心理引导。店外照明与色彩，得到消费者的心理认同，则会增强其购物欲望。店外照明的光源一般分为单色光源和多色光源。单色光源主要为照明，以实用为基本要求，但也要注意整体美观；而多色光源则主要用于装饰、点缀和烘托商业气氛。色彩是人的视觉的基本特征之一，不同色彩可以使人产生不同的视觉反应，各种色彩因为波长不同对人视觉刺激强度也不同，则形成的心理感觉也不同。所以商店的色彩与照明既要显示美感又要起到招徕顾客的作用。

(二)商店外观全面设计的原则

　　营造优美的商店外观整体形象，直接影响着消费心理的认同。这是企业经营成功关键的第一步，经营者必须高度重视。店外设计要想达到吸引顾客关注的目的，要遵守以下原则。

1. 创造意境、激发联想原则

　　消费者对某商店产生兴趣来源于其对该店的优先注意，人们注意程度的大小与其受到的刺激强度成正比，凡色彩鲜艳、光度明亮、声音悦耳、标记突出则刺激性强，必然会引起消费者更多注意，所以商店外观设计必须高度重视新颖、趣味和时代感，使消费者注意并认识到本店的风格特色，产生美好联想，从情感上产生乐于进店的欲望。

2. 适应消费习惯和消费习俗原则

　　消费者一般都有特定的消费习惯，这是消费者在日常生活中长期的消费行为中形成的。消费习惯一旦形成，一般不会轻易改变。由于习惯潜移默化的影响，便会渐渐形成了固定的生活方式。这种生活方式在历史中沉淀，使之成为一种文化习俗，沉淀到一定的厚度，便是一种文化底蕴。商店的外观设计不仅要考虑所在国家的国情和所处地区的民俗民风，还要重视消费者的一般消费习惯，入乡随俗。

3. 讲究经济实用原则

　　伴随社会文明程度的提高，现代消费者理智消费心理日益成熟。他们对社会经济行为的认同趋向于客观、求实，从而对商店的外观设计、外部装潢更多追求经济实用、美观大方。相反，过度奢华的外观会使消费者产生华而不实的印象，认为增加了他们的购物成本，从而产生抵触心理，对商店望而却步。

4. 保证环境便利消费原则

从消费心理角度讲，环境便利原则是指消费者对来商店购物的路线、交通，门前的治安，车辆的停放，行人的往来，门前的绿化、美化，店门及通道的流畅程度等外部环境的印象良好，从而使消费者愿意并会以最佳心态步入店门购物。购物环境方便、舒适已成为现代商店竞争力的核心元素，也是商店外观设计的必要关注点。

5. 保证安全消费原则

与商店外观设计相联系，保证安全消费原则是指商店要努力优化周边环境，保证社会治安良好，社会秩序稳定，使消费者的安全需要得到满足，没有担心丢失物品或担心出现其他不安全问题的后顾之忧。使消费者从心理上增加对商店的信任感和信誉感，以广泛地吸引客流。

(三)商店店外环境的设计思路

消费者在选择商店时，感性的因素很多，商店店外环境会直接影响消费者的消费决策。综合来看，店外环境的设计和控制应从以下几个方面考虑。

1. 科学地进行商店选址

商店选址就是指对店铺的地址进行论证和决策的过程。商店选址要考虑店铺设置的区域及区域的环境、交通等应达到的标准，还包括店铺周边的行业竞争状况和所处地区的基础设施建设，并进行潜在商业价值评估。店址选择要科学，因为这是一项长期投资，是影响企业经济效益的重要因素，也是企业制定经营目标和经营战略的重要依据。

(1) 确定商圈。商圈是指以店铺所在地点为中心，沿着一定的方向和距离扩展的有效范围，换言之，商圈是指商店吸引消费者的地域范围，即零售市场的空间领域。一般来说，商圈是以商店为中心的同心圆形，有中心销售范围(即基本商圈)、外围销售范围(即次级商圈)和辐射销售范围(即边缘商圈)3 个层次。其中，基本商圈是指接近商店并拥有高密度消费者群的区域，商店 50%～70%的顾客来自基本商圈；次级商圈的顾客占 15%～25%，其余的为边缘商圈的顾客。就销售额来说，基本商圈的顾客一般占 60%～70%的销售额，次级商圈一般产生 20%的销售额，边缘商圈属于顾客极少光顾的区域范围，仅占店铺日常销售额的10%～15%。

商圈确定需要考虑消费者对于不同类型商品的购物习惯，不同层次商圈内消费者的分布情况和客流量、客流状态、客流方向及本店的吸收量等，还要考虑商圈周围的交通状况、基础设施建设状况等要素的影响，并在此基础上研究消费者的一般需求特点和规律。

(2) 分析店址周边行业设置。店址选择与商店营业内容及潜在客户群息息相关，各行各业都有不同的特点和消费对象，黄金地段并不一定是唯一的选择。卖油、盐、酱、醋的小店开在居民区内生意要比开在闹市区好，文具用品商店，开在黄金地段不如开在文教区理想，所以，要根据不同的经营行业和项目确定最佳开业地点。

(3) 潜在商业价值的评估。潜在商业价值评估是指对拟选店址未来商业发展潜力的分析与评价。评价商店位置优劣时，既要分析现在的情况，也要对未来的商业价值进行评估，这是因为随着城市规划的变化，一些现在看好的商店位置，随着城市建设的发展可能会由热变冷；而一些以往不引人注目的地段，则可能在不久的将来变成繁华闹市。因此，商店选址时，应更重视潜在商业价值的评估。商业价值评估可从评估店址在城区规划中的商业价值，考核该区域人口增加的速度及购买力提高度的角度，看是否有商业集约效应等方面进行。

2. 设计独特的商店门面

商店的门面是一个商店的"脸孔"及构成商店形象的关键部分，门面的设计主要是商店建筑物外观的风格设计。它的设计风格对消费者最初主观地判断商店的新旧、优劣、大小等有很大影响。"好的建筑物是一首凝固的交响乐"，具有新颖独特风格的门面，带民族特色风格的门面，简洁明快风格的门面，古老庄重风格的门面，凡此种种都会给消费者留下不同的印象。商店的一种特殊装饰无疑会引人关注，而且以它崭新的面貌，像诱饵一样吸引许多人。被奇特的建筑吸引的人，总会进来瞧一眼，免不了要买些东西。

商店门面设计要保证商店建筑外观与商店经营风格相统一；建筑形体结构造型现代化、简约化；建筑外观设计与周边环境的协调统一；建筑外观装饰材料要具有时代气息以满足消费者对美观性及实用性的追求，此外还要考虑商店经营的具体商品，如经营日用工业品和生活用品的商店、金银首饰类贵重商品的商店、眼镜钟表文具等特色商店及农副产品、副食品、水产禽蛋类商店的门面都要有自己的特色。

3. 设计新颖个性的招牌

商店的招牌是商店的名称展示。简洁、独特、新颖、响亮、有层次、有气魄、有一定寓意的店名容易使消费者产生美好的联想，独特的设计和具有典型色彩的招牌会明显地对顾客心理产生引导作用。新颖个性的招牌设计能反映商店特色、突出重点，也会吸引顾客注意，引导顾客，引起消费者兴趣，强化记忆，并易于传播。

招牌的设置部位、制作规格及构图、色彩均应与商店建筑和周围环境相适应，力求鲜明醒目、能见度高。通常我国商店招牌命名方法有：以主营商品命名；与服务精神或经商格言相联系命名；与历史名人或民间传说相联系命名；与享受意境或美好愿望相联系命名；以激发消费者的兴趣或好奇心理方式命名或借用国外店名、地名方式命名。总之，商店招牌设计，应力求言简意赅、清新不俗、易读易记，赋予美感，使之具有较强的吸引力，促使消费者的思维活动，达到理想的心理要求。

4. 利用店外照明与色彩的造势

不管是条件反射还是刺激，视觉刺激对人的情绪刺激效果达到 80%以上。处在不同的光线环境中，人的情绪也会发生微妙而情不自禁的变化。在店外环境设计中要有效利用店外照明。商店外部灯光的使用应注意：①消费者对灯光色彩的心理反应。不同的色彩会给予消费者不同的心理感觉，紫色、玫瑰色使人感到华贵、高雅；绿色使人感到活力、青春气息；红色使人感到兴奋、激昂或焦躁不安；蓝色则使人感到温和、宁静；淡黄色使人感到明快、干净。同时，不同色彩还可以使人产生不同联想，如绿色的植物、火红的太阳、蓝色的大海和蔚蓝的天空。②霓虹灯的选择。霓虹灯的作用是以远眺为主的光源设计招徕顾客，因此应以刺激性较强的色彩为主，如红、绿、白等色彩，再配以动感，有助于满足简洁、明快、醒目的要求。③外部装饰灯的选择。外部装饰灯主要起渲染、烘托气氛的作用。可根据本店经营的内容设计多色造型灯，装饰在店面墙壁或招牌附近，但要注意与商店经营的特色一致。使消费者体会到和谐的美感，受到情绪感染，引发购物兴趣。④橱窗灯设计。橱窗灯的作用在于通过灯光映衬使橱窗内商品展示效果更为突出，引起消费者关注和青睐。因此，应注意灯光亮度和灯光色彩的搭配要与消费者心理相适应。灯色间对比度不宜过大，光线的运动、变换速度不宜过快和激烈，避免使消费者眼花缭乱，产生不适感。

5. 保证购物顺畅，构建周边环境

为便于消费者购物，商店外观设计要考虑出入口的数量、形式和宽度，以吸引消费者视线和方便进店为原则。同时要考虑道路类别，因为它直接影响消费行为；要思考顾客是否容易到达该商业区，保证交通顺畅。此外，还要保证商店有一定能见度和日照，因为商店的根本目的是吸引顾客消费，如果商店不容易被日照到或能见度差，就会影响到以后的经营效果。日照情况也非常关键，在南方持续高温天气时，许多消费者会选择在商场购物躲避日晒，商业街区东面门庭若市，而西面因为西晒的原因门可罗雀。但是在北方地区商业选址时，西南面的商业店铺会非常好，因为北方天气冷或凉的时间长，顾客更喜欢光顾西南面的商业店铺。总之，在一个地区内既要使商店本身超群出众，又要做到与周围建筑、景物等相得益彰。因为良好的商店环境有益于树立良好的商店形象，如果商店与环境不相协调，往往会令人觉得不伦不类，影响公众的消费心理。

二、商店橱窗设计

商店橱窗，是在商店沿街的窗户内设立的玻璃橱窗，是商店借以展示商品的窗口，是把所经营的重要商品，按照巧妙的构思设计，通过布景道具和装饰画面的背景衬托，并配合灯光、色彩和文字说明，排列成富有装饰性和整体感的货样群，进行商品介绍和商品宣传的综合性艺术形式。一个高水平的橱窗会有效地树立商店的良好形象。

(一)橱窗对消费者购买活动的影响

1. 引起顾客的兴趣和注意

精选经营的重要商品进行陈列,并根据消费者的兴趣和季节有所变化,把热门货或新推广的商品摆在橱窗显眼的位置上,不但能给消费者一个经营项目的整体形象,还能给消费者以新鲜感和亲切感,引起消费者对商店的注意。

2. 暗示消费者购买商品

橱窗的装饰艺术、民族风格和时代气息,不仅会使商品格外突出,引人注目,还会使商品的形象在消费者心中显得更美好,引起他们对事物的美好联想,获得精神上的满足,起到暗示消费者使用所展览商品的作用。比如,卖家居用品的商店,在橱窗中布置成起居室的样子,陈列一套格调一致的家具模型,再配上色彩协调的窗帘、地毯,形成一幅生动的立体画面。它向顾客暗示,购买这种商品和这样布置最好。引起消费者的购买欲望。

3. 增强购买信心

橱窗用实在的商品组成货样群,如实地介绍商品的效能、用途、使用和保管方法,直接或间接地反映商品的质量可靠、价格合理等特点,不但可以提高消费者选购商品的积极性,还可以带给他们货真价实的感觉,增强购买商品的信心,并付诸购买行动。

(二)消费者对橱窗设计的心理要求

如上所述,橱窗要起到宣传商品、指导消费、促进销售和宣传教育的作用,提高卖场形象,强化视觉效果。从心理学的知觉规律角度看,橱窗设计应考虑的消费心理要求有以下几点。

1. 要增强橱窗的刺激性

消费者只有注意到商品,产生种种联想,产生心灵上的某种沟通与共鸣,才会对商品产生购买兴趣。橱窗所传达出的内容,必须足够达到消费者的感觉阈限,在创造崭新视觉空间的同时,引起消费者的特别关注。

2. 应保证主题突出

在橱窗设计中,要突出主题,使消费者一目了然。因为知觉对象与知觉背景的差别越大,越容易被人清晰地感知。主次分明、整体和谐地统一于一体,才能达到众星捧月、突出主题的效果。

3. 应注意陈列商品的活动性

一般地说,运动的物体、反复出现的物体,容易引人关注。如夜空中的流星、闪光的霓虹灯广告、电影、十字路口的红绿灯等,都易被人知觉。

4. 应考虑人的知觉整体性

由于知觉的整体性，往往因为刺激物的不同组合，能对人的知觉造成很大的影响。如橱窗内陈列的商品实物、布置上的文字图画都不能太多、太零碎，否则会分散人的注意力。要保证从远处看，橱窗广告的整体形象感强，容易引起注意；近看则商品突出。

(三)橱窗策划的心理方法

商店橱窗的设计起着比店内导购员更为重要的作用，因为以其更为直接的展示效果，可以给消费者提供某种购物思路。橱窗设计和策划不管采用什么样的设计方法，都必须注意适应消费者的心理，满足消费者的各种心理要求。要发挥橱窗对消费者的心理影响功能，一般可采用下面的方法。

1. 要反映出经营商品的特色，适应消费者的选购心理

在商店里，商品是消费者最关心的视觉对象。大多数消费者看橱窗的目的，往往就是为了观赏、了解和评价橱窗的陈列商品，为选购商品收集有关资料，以便做出决定。因此，商店橱窗设计最重要的心理方法，就是要充分显示商品、突出商品，橱窗陈列的商品必须是本商店出售的，而且是最畅销的商品，应将这些商品清晰地显示给消费者，为其购物做参考。

【小案例 10-1】

别出心裁的橱窗设计

橱窗的布置是许多著名的大商店非常重视的一件大事，特别是珠宝商家。美国最有名的珠宝大公司"蒂非尼"，它坐落在纽约第五大道最繁华的路段，大门外两侧墙壁的面积，足足有 12 幅宽银幕大，而它的橱窗却仅仅只有一个手提公文箱那么大，里面只摆了一件首饰，毫无疑问，墙壁与橱窗颜色的对比、情调、比例及格局，都是经过艺术家精心设计的。一种神秘感油然而生，过往行人都要驻足探秘。据此名店不远还有一家叫"劳伦泰勒"的高档珠宝礼品店，更是争奇斗艳，它的橱窗在每年的圣诞节前一个多月就蒙上了彩布，艺术家按其一年一度的设计方案，在里面精心布置，一周左右当圣诞节购物高潮开始时，橱窗，在乐队的伴奏下，摄影师镁光灯的闪烁中，翘首期盼的观众的欢呼声里，帷幕徐徐拉开向人们展示，瞬间产生的轰动效果，是令人惊奇的，报纸、杂志的记者争相报道这一橱窗的艺术丰姿。这种充满精心设计、创意独特的橱窗，营造了一种令人感觉到高档、雅致的营销环境和购物氛围，并且已经在无形之中吸引了广大消费者的注意力，起到了最好的广告效果。

(资料来源：王官诚. 消费心理学[M]. 北京：电子工业出版社，2008)

思考题：你认为橱窗设计有什么广告效果？如何影响顾客的消费心理？

2. 塑造完美的整体形象，给消费者以艺术享受

在橱窗陈列中，商品是第一位的，但仅是孤立的商品及随意的堆砌罗列，也是难以吸引消费者的。因此要运用各种艺术手段，生动、巧妙地布置橱窗，以适应消费者的审美要求。橱窗的艺术构思要努力体现一种单纯凝练，新颖独特的艺术风格，橱窗的色彩要清新悦目、统一和谐。具有强烈艺术感染力的商店橱窗不仅可以装点市容、美化商店，而且可以使消费者从中得到美的享受。

3. 利用景物的寓意与联想，满足消费者的感情需要

寓意与联想可以运用部分象形形式，以某一环境、某一情节、某一物件、某一图形、某一人物的形态与情态，唤起消费者的种种联想，产生心灵上的某种沟通与共鸣，以表现商品的种种特性。

寓意与联想也可以用抽象几何道具通过平面的、立体的、色彩的表现来实现。生活中两种完全不同的物质，完全不同的形态和情形，由于其内在美的相同，也能引起人相同的心理共鸣。橱窗内的抽象形态同样能加强人对商品个性内涵的感受，不仅能创造出一种崭新的视觉空间，而且具有强烈的时代气息。

4. 适度运用夸张与幽默，满足消费者求新求异心理

合理的夸张将商品的特点和个性中美的因素明显夸大，能强调事物的实质，给人以新颖奇特的心理感受。通过贴切的幽默，风趣的情节，把某种需要肯定的事物，夸张到漫画式的程度，可以使之充满情趣，引人发笑，耐人寻味。幽默可以达到既出乎意料、又在情理之中的艺术效果。人是好奇的，新奇的东西对人的刺激性最大，因而最易吸引人的注意，商家以此可以发挥橱窗的促销作用。

第二节　商店内部环境与消费者行为

从消费者心理角度看，商场内部环境在整体购物环境中能起到主导作用。理想的内部环境会对消费者的感觉器官产生较强的刺激力，尽最大可能让顾客满意，还能吸引他们再一次光顾这个场所，让他们把满意的体会转告其他顾客，为这个商场传播美誉。商店的内部环境包括商店的内部设计及商品的陈列。

一、商店的内部设计

商店内部设计的目的是为顾客创造一个良好的购物环境，因此必须坚持以顾客为中心，努力去适应消费者消费心理的变化。

(一)商店内部设计的消费心理基础

1. 商店内部装饰要保证消费者整体视觉思维的平衡

经营者在设计商店内部装饰时，首先要研究的就是消费者的视觉思维，分析消费者的视觉识别。而影响消费者视觉判别的主要因素是店内装饰的风格和总体布局，据此从心理上产生对企业形象的认识。所以店内装饰是企业整体形象塑造的基础和前提，应确定总体化原则，即布局合理、时代感强、整洁美观、有利选购、方便客流、促进销售。按照总体原则对店容、货架、柜台、墙壁、地板、天花板等各部分的装饰统一布置，体现统一风格。只有这样才能对消费者产生较深刻的影响，并产生良好的第一视觉思维，使消费者对企业产生美好的印象。

2. 创造主题意境加深消费者记忆

商店内部设计中依据商品的特点确定一个主题，并围绕它形成店内装饰的独特风格，可以创造一种意境，易给消费者以深刻的感受和记忆。如在儿童动物玩具店中，设计师创造的主题是林中乐园，绒布动物在树上做出各种姿态，显得十分活泼可爱。这样的店铺装饰设计虽然朴素，但对小顾客的吸引力丝毫不弱。因此店内装饰一定要尽量突出主题，形成特色，避免片面追求完美而失去个性特征，使消费者感到乏味，购物兴趣锐减。

3. 店内设计的品位要得到消费者的心理认同

商店内部装饰设计包括照明、音响、色彩、空调等不仅要给消费者留下良好的视觉形象，而且一定要重视装饰的品位，注重消费者的心理感受。装饰过于豪华、刺激或标新立异，会使消费者感到过分奢侈，从而产生紧张、厌恶和反感心理。装饰太多也会使消费者产生混乱、无序、缺少格调的印象，由此感到心烦意乱而提前离开商店。所以店内装饰一定要重视提升品位，具有时代感，使消费者产生轻松自然的感受，满足现代消费者对商业文化的需求。

4. 商品货位布局要迎合消费者心理

在现代商业的经营活动中，商店货位的布局已不再单纯是商品货架、柜台的组合形式，它还发挥着吸引客流、引导消费，促进商店与消费者沟通并达成共识的作用。因此货位布局必须研究消费者的心理感受，力求使其适应消费者的意愿。对于关联性商品要使其连带性引发消费者的联想；对于替代性产品，要挖掘消费者具体要求；对于易唤起消费者兴趣冲动购买的商品，要思考消费者的心态。同时为方便消费者购物，应按商品的基本功能、主要用途分区，要尽量采用开放式货架，同时要具备方便顾客购物的各种配套设施。除上述要点外，还应考虑客流规律、客流量大小等因素对消费者心理的影响；合理布局货位；提高企业经营能力。

此外，在现代社会，消费潮流在不断地变化，所以商店应适时调整布局。国外有的商店每星期都要做一些调整，给顾客以常新的印象。为此一些可灵活使用的布局方式也大量出现。如某书店的天花板为网格形轨道，陈列架是从轨道上倒挂下来的钢丝架，它可以随意变换位置，店主调整起来非常便利。

5. 商店内部总体设计要安全

首先在建筑结构设计时，必须预留安全通道，以便在发生火灾、地震等危险时及时疏散顾客，保证他们的人身安全。在多层楼的商场中，一般除各种电梯外，必须设置步行的一组甚至多组楼梯，否则出现停电事故时顾客上下楼就会成为问题。除小商店外，大、中型商场都应有多处出入口，且出入口要比较宽敞。安全出口、安全通道的指示标志应十分醒目。其次是要保持良好的通风。商店内一般人员密度较大，如果不能保持良好通风，则会造成店内空气中含氧量下降、空气污浊，影响员工和顾客的身体健康，严重时还会导致呼吸道疾病。最后，内外装修必须采用无毒、阻燃的建筑材料，同时要配备符合消防安全规定的消防器材，并使之时刻处于有效状态。

(二)商店内部设计要素

1. 总体布局规划

总体布局是指营业环境内部空间的总体规划与安排。商店布局具有很多作用。就其战略角度来讲，一个精心设计的布局结合商品及过道的有效利用就会吸引顾客在整个商店活动，从而使他们与商店供应商品充分接触。

要明确布局设计的主要目的在于鼓励顾客走动，从而使其能够浏览到商店的所有商品。布局设计要便于顾客感觉并触摸产品。特别是对于服装零售商来说，布局还要适应季节性变化或更基本的再销售。而总体布局的原则是视觉流畅、空间感流畅、购物与消费方便、标识清楚明确、总体布局具有美感。良好的总体布局不仅方便顾客购物，减少麻烦，而且在视听等效果上可使人产生一定的美感享受，这是吸引回头顾客、保持顾客忠诚度的因素之一。

2. 内部通道设计

现代商业企业的通道设计也成为改善店内环境，为消费者提供一个舒适购物环境的一个重要因素。良好、高效的通道设计，要求能按照设计的自然走向，触及卖场的每一个角落，消灭死角和盲点，使顾客能接触尽可能多的商品，使入店时间和卖场空间得到最高效的利用。

合理的通道设计还可以起到诱导和刺激消费者购买的作用。消费者购买欲望和动机的产生，在很大程度上是在商场通道之间穿行时导致的。因此，在商场的通道设计方面，要注意柜台之间形成的通道应保持一定的距离，使消费者乐于进出商场，并能顺利地参观浏览商品，为消费者彼此之间无意识的信息传递创造条件，扩大消费者彼此之间的相互影响，增加商品对消费者的诱导机会。从而引起消费者的购买欲望，使其产生购买动机。

3. 内部建筑形式

(1) 商场大门。商场的大门是商场内部与外部的分界线，也是消费者进入商场的必经之路，对商场大门形式的确定，不仅应利于消费者进入，还要从内部装饰的角度考虑对消费者心理的影响。大的购物商场一般会采取店门半开放型，再配设橱窗，并根据季节和客流量的变化调节大门的开放度。这样既可以通过内部琳琅满目的商品陈列吸引消费者注意，并刺激其购买欲望；又可以将内外环境隔离开来，形成独立、高雅的购物气氛和购物环境。

(2) 建筑的使用功能和辅助设施。商场设计要保证有足够的通风和采光途径，避免消费者产生压抑感，可以在各层中央留有垂直空间，使消费者从每一层都能看到商场全貌。合理设计楼梯，在扩大客流量的同时，可以方便消费者上下行走。同时要为消费者提供非商品销售的服务性设施，如休息室、幼儿寄托室、小件寄存处等，不仅方便消费者购物，还可树立良好的企业形象。

4. 商店内部的装饰

理想的店内装饰，一方面，可以使消费者在观赏和选购商品的过程中，始终保持积极的情绪，在优雅、舒适和友善的环境气氛中，从容选择，顺利完成购买活动，并留下对商店的良好印象。另一方面，它也能使营销人员精神饱满、情绪稳定、态度热情，从而提高工作效率和服务质量。

店内装饰要适合消费者的心理要求，一般可采取以下方法。

(1) 科学配置照明诱导购买活动。商店内部的照明光线能影响顾客的行为，光线明亮不仅可以引导消费者进入卖场，还能衬托出商品的光鲜，刺激顾客的购买欲望；反之，若照明光线灰暗或过强将会给人一种压抑沉闷或是眩晕的感觉。因此商店内部的照明装饰必须合理才能营造出轻松明快的购物环境。科学地配置、调节商店照明度，是一种较为经济的促销手段。

(2) 合理利用颜色调配激发积极情绪。色彩是指商场内壁、天花板和地面的颜色。商场的色彩设计布局会影响顾客的购物心情。不同的色彩、色调会使顾客产生不同的心理感受。如红色，给人一种温暖、热烈的心理感受，营造出一种欢乐、吉祥的气氛，所以红色普遍用于传统节假日或是店庆的布置。再如象征生命的绿色，它会给人一种充满活力的感觉，在商场购物环境中适当添加一点儿绿色布置，能增加商场的花草、树木等自然气息。要利用颜色调配激发顾客潜在的消费欲望，同时还可以使顾客产生即时的视觉震撼。

(3) 着意创造环境提高商店声誉。环境与人的心理关系很密切。优美舒适的环境能够使人心情舒畅，提高效率。一般来说，良好环境的创造可以从温度、湿度、音响、气味和通风等几个方面入手。例如，在炎热的夏季，商场内除了保持空气清新之外，还应当装置制冷设备；在潮湿阴雨的季节，则应保持室内干燥和通风；在商店适当位置设休息处、洗手间、试鞋椅等,这样既可以消除顾客疲劳,方便顾客,又能使顾客相互影响,相互传递信息,从而有利于促进销售。

【小案例 10-2】

背景音乐与购买行为

在进行某些活动时,背景音乐是可以影响人的态度和行为的。虽然在许多零售商场中都开始播放背景音乐,但背景音乐对消费者的行为到底有怎样的影响?目前在这方面的基础研究比较少。美国学者 Lonald E. Mil Jiman 研究了音乐的一个方面——节拍,对超市顾客行为的影响。他进行了 3 种处理:没有音乐、慢节奏音乐和快节奏音乐。研究的基本假设是这 3 种状态将对以下 3 个方面产生不同的影响:一是超市顾客在商场内的流动速度;二是消费者的日购买总量;三是顾客离开超市后,表示对超市的背景音乐有印象的人数。

研究发现,背景音乐的节奏影响消费者行为。商场内顾客流动的速度在慢节奏音乐中最慢,而在快节奏音乐环境中则最快。而且,选择慢节奏音乐可以提高销售额,因为在慢节奏音乐环境中,消费者在商场内徘徊浏览的时间加长了,因而就有可能购买更多的商品。有趣的是,购物后的询问调查表明,很多消费者根本没有留意商场中所播放的音乐。可见,音乐很可能是在消费者没有意识到的情况下对消费者的购买行为产生影响的。

虽然用音乐来影响消费者的购买行为是可能的,但这种影响却是双向的。也就是说,音乐既可能对购买产生促进作用,也可能对购买产生阻碍、干扰作用。因为对有些商家来说,放慢消费者的流动速度,可以使消费者在商场内停留的时间延长,这样就有可能让消费者购买更多的商品。然而,在另外的情况下,却可能出现正好相反的情形,商家尽可能让消费者流动起来,把它作为提高销售额的方式。例如,饭店可能非常希望顾客流动加速,以使在最短的时间内使座位得到最大的利用。因此,饭店中的背景音乐如果节奏太慢的话,可能导致更低的座位倒手和更低的利润。但是,如果消费者更钟爱休闲放松的就餐气氛的话,慢节奏音乐也可能招徕更多的回头客。所以,在这里问题的关键是,音乐节奏的选择必须适合商业目标和特定的市场状况。

(资料来源:渤海大学消费者行为学精品课程支撑网站(http://www.bhu.edu.cn/news/jingpin/kecheng)2008)

思考题:超市、饭店、商场分别如何利用背景音乐?

5. POP 广告

POP 广告是指在各种营业现场设置的各种广告形式。POP 广告可以直接与顾客接触,使顾客一边选购,一边受到 POP 广告的冲击,这有助于唤起顾客潜意识中对商品品牌的认知记忆。因此 POP 广告起着刺激顾客回忆、唤醒过去形象的作用,可以快速缩短顾客与商品之间的距离。同时 POP 广告也是美化营业环境的一种手段。整洁的 POP 广告悬挂、漂亮精美的广告招贴等,都能给人以视觉和听觉上的愉快享受。POP 广告还是向顾客传递商品信息的工具，能在无形中起到推销员的作用。一部分顾客可以自己阅读 POP 广告中的内容，有利于减轻营销人员的工作强度。

现代商场服务更多地表现为综合性的服务。越来越多的消费者评价和购买商品时往往注重第一印象、综合感觉。商场气派、高雅、时尚、有现代感等抽象的、综合的感觉及所产生的情感、态度决定着消费者的购买决策。致使现代商场不仅要满足消费者购物方面的需要，还要满足其休闲、娱乐、学习、交际等精神和心理需要。这样现代商场的功能也由原来的实现商品交换，满足消费、促进生产等基本功能，日益向提高居民生活质量、宣扬新的生活方式、合理引导消费，不断满足新的消费需求等功能转变，向个性化、高层次化发展。这将使现代商场越来越贴近消费者，更适应市场经济发展的需要。

二、商品陈列

商品陈列是指柜台及货架上商品的摆放、搭配及整体表现形式，把具有促进销售机能的商品摆放在恰当的地方，目的是创造购买机会，以促进更多的销售业绩。因为商品陈列的艺术化、个性化、醒目化以及简洁的说明和丰富的感染力，会对消费者产生无形的影响。通过顾客购买行为调查，按照需求取向灵活配置商品布局比例，是目前最有效的方法。应根据消费者的心理特征讲求商品摆布艺术，使商品陈列做到醒目、便利、美观、实用。

(一)商品陈列的心理学原则

有效的商品陈列能够引起消费者的购买欲望，并促使其产生购买行为，商品陈列必须考虑消费者的心理效果，应遵循的消费心理原则有以下几个。

1. 增加吸引力原则

商品陈列时充分将商品集中堆放虽然可以凸显气势，但陈列的数量要适当，商品陈列过多或过少，过于整齐或者杂乱，都会给消费者以不良的心理感觉。商品陈列过少，消费者挑选的机会少；商品陈列过多，就会使货架显得拥挤杂乱，给消费者造成心理压力；商品陈列过于整齐、呆板，又使消费者感觉单调、乏味或认为那是陈列品，不敢问津。完成陈列工作后，可以故意拿掉几样商品，一来方便顾客取货，二来产生销售良好的迹象；对于促销产品可运用整堆不规则的陈列法，既可以节省陈列时间，又可以产生特价优惠的意味。

2. 易见易取原则

易见就是要使商品陈列容易使人看见。消费者走进商店后，一般都会无意识地环视陈列商品，对货架上的商品获得一个初步的印象。因此，商品的摆放，首先就应注意在高度方面与消费者进店后无意识的环视高度相适应。据瑞士塔乃尔教授研究发现，消费者进店后无意识地展望一般高度为 0.7~1.7 米，上下调节幅度为 1 米左右，同视线轴大约形成 30°

角上的物品最容易被人感受。因此，按照不同的视角、视线和距离，确定其合适的位置，尽量提高商品的能见度，使消费者对商品一览无余，易于感受商品形象。

3. 适应购买习惯原则

商场应有规律地陈列商品，分门别类或组合配套摆放商品，突出促销商品的位置，这样既适合消费者购买习惯，方便顾客选购，又能突出每种商品的特色。按照消费者的购买习惯，对于像香烟、糖果、肥皂等供求弹性不大，但人日常生活必需的功能性商品，要摆放在商店底层、主通道两旁、出入口附近等明显的位置，以便于速购；对于时装、家具等供求弹性较大、使用周期较长、挑选性强的商品应摆放在店里较宽敞、光线充足的位置或进行敞开式和半敞开式售货，以方便消费者选购；对于家电、工艺精品、古董文物等高档商品可摆放在商店里层或顶层较僻静处或设立专柜，环境布置还应结合商品特征，使之显示出高雅、名贵或独特氛围，更能满足消费者的某些心理需要。

4. 突出商品的价值和特点原则

商品陈列只有运用各种形式，充分展示商品的优点、性能、用途等个性特征，才能突出商品的美感和质感，增强对消费者的吸引力和说服力。如式样新颖的商品，要放在视觉最易感受的位置；新产品、名牌产品要以最大的展示方式，陈列在显要地段和醒目之处，并用灯光强调其色彩和造型，增强商品的吸引力；家具和床上用品，若按照使用状况陈列，给消费者亲切感和生活实感，则能刺激其购买欲望。此外，还要根据季节变化、消费趋向、传统节日等，不断调整、更新商品陈列的内容和形式，体现时代感，使消费者愿意经常光顾。

除了上述原则外，还应注意商店内的商品丰富饱满、陈列美观可见，总之商品摆布给消费者的心理影响是客观存在的，充分利用消费者的感觉器官，采取适合消费者购买心理的商品陈列形式，对促进实际购买行动和美化商店环境，有着很大的现实意义。

(二)商品陈列的方法

不同的零售业，因其经营特点、出售商品和服务对象的不同，在商品陈列上也表现出不同的形式。总的来说，针对顾客的消费心理，商品的陈列可采用以下方法。

1. 量感陈列法

量感陈列是指陈列的商品数量要充足，给消费者以丰满、丰富的印象。量感可以使消费者产生有充分挑选余地的心理感受，进而激发其购买欲望。这样，就要求合理确定库存、架存的关系，并及时补充架存商品。目前这种观念正在发生变化，从只强调商品的数量改变为注重陈列的技巧，从而使顾客在视觉上感到商品很多。所以，量感陈列一方面是指实际很多，另一方面则是指看起来很多。量感陈列一般适用于食品杂货，以亲切、丰满、价格低廉、易挑选等来吸引顾客。

2. 展示陈列法

展示陈列法是指商场为了强调特别推出的商品的魅力而采取的陈列方法，这种陈列方法一般适用于百货类和食品，虽然陈列成本较高，但能吸引顾客的注意和兴趣，营造店铺的气氛。常用的陈列场所有橱窗、店内陈列台、柜台、手不易够到的地方。体现展示陈列货品魅力的基本要点有：一是明确展示主题，要清楚向顾客展示什么或是诉求什么；二是注意构成手法，要求商品陈列的空间结构、色彩、照明相互有机配合；三是注意表现手法，采用一些独特的展示手法吸引顾客的注意力。

3. 重点陈列法

现代商店经营商品种类繁多，少则几千种，多则上万种，尤其是大型零售超市，不仅品类繁多，而且每个品类又有许多单品。要使全部商品都引人注目是不可能的，可以选择消费者大量需要的商品为陈列重点，同时附带陈列一些次要的、周转缓慢的商品或具有连带性的商品，使消费者在先对重点商品产生注意后，附带关注到大批次要产品或连带产品。也可以用一些篮子，把商品放在篮子里，陈列在相关商品的旁边进行销售，以达到促进销售的目的。重点陈列可以吸引顾客的眼光，但如在同一店铺同时采用太多重点陈列，将使顾客无所适从，找不到重点，反而得不偿失。

4. 裸露陈列法

好的商品摆放，应为消费者观察、触摸及选购提供最大便利。多数商品应采取裸露陈列，应允许消费者自由接触、选择、试穿试用、亲口品尝，以便减少心理疑虑，降低购买风险，坚定购买信心。

5. 背景陈列法

将待售商品布置在主题环境或背景中。这在卖点很强的节日中体现得尤为明显。如情人节将巧克力、玫瑰花、水晶制品等陈列在一起；圣诞节将松树、圣诞老人、各种小摆件摆放在同一卖场，效果都不错。

在实践中，上述方法经常可以灵活组合，综合运用。同时要适应环境的需求变化，不断调整，大胆创新，使静态的商品摆放充满生机和活力。

【小案例 10-3】

尿不湿与啤酒

我们在电子网站浏览信息时，网站会出现"购买此商品的顾客也同时购买……"和"购买此商品的顾客最终购买……"及"浏览本商品的顾客还浏览了……"，甚至"根据您的浏览历史向您推荐……"。

这里就是我们要提到的关联商品。

曾经在沃尔玛一家分店，发现每逢周末，啤酒和尿不湿会同比上涨，经过调用记录及现场分析发现，购买啤酒的多位已婚男性，购买尿不湿是其妻子嘱咐给孩子买的。由此，商场将两个毫不相干的商品发在了一起，并增添了一些下酒的小食，使营业额增加。

但是在传统的零售店，对于"购物篮"的分析却是可叹而不可求，我们一般是凭借导购的记忆予以推荐，做得比较好的就是调用 POSS 机的数据，分析购买人数、次数及其关联性。

对于一家门店，提升客单价，就是等于提升了营业额。

如何将商品的"暗恋关系"公开化，成为现今督导、陈列及市场人员应该研究的问题。

第一层面："购买此商品的顾客也同时购买……"这点可以很方便地从 POSS 系统中得到分析，店长应该每月，甚至每周、每日向店员训导这些数据，促使没有经验的店员具备关联推销的能力，提升客单价。同时将数据反馈给店督导和市场人员，以科学改变相关陈列和促销信息。

第二层面："购买此商品的顾客最终购买……"。这是促成成交的压迫性，不用你拿商品的好环来为难你的顾客，旁证是最好的品质。

第三那层面："浏览本商品的顾客还浏览了……"。这是一个合格导购员应该具备的观察和分析，通过顾客的浏览和触摸，分析消费者的需求，并有侧重的推荐，产生有效沟通。第四层面："根据您的浏览历史向您推荐……"，进一步分析消费需要，买单将迎刃而解。

留意身边的事甚至是网络的信息，您会发现，商机无处不在。

（资料来源：弯弯的直线的博客 http://blog.sina.com.cn/s/blog，2010-11-02）

思考题：

1. 尿不湿和啤酒陈列在一起的原因是什么？
2. 传统商家和电商如何挖掘消费者购物的关联数据以提升客单价和营业额？

第三节　网络环境与消费者行为

一、网络购物概述

(一)网络购物的发展

网络购物就是消费者通过网络实现购物的过程。消费者在键盘与鼠标的敲击中，就能够轻轻松松地完成购物过程。它的操作非常简单，只要有一台上网的计算机，在计算机上输入网上商店的网址，进入网上商店，依照上面的提示浏览并选定所需要的商品，就可填订单了。商家经过确认，会尽快将商品送货上门或邮寄到家。

近年来，网络技术发展得快，基础网络覆盖率逐渐提高。而计算机也日益成为大众消费品，宽带网普及千家万户，这些都为电子商务提供了硬件基础。软件方面，网络支付机制不断完善，安全方便的电子货币支付系统也渐渐步入实用阶段。电子商务的平台正在逐步完善，目前国内提供网络购物的网站有很多，大概可以分为3大类：B2B购物网站、B2C购物网站和C2C购物网站。这些网上购物模式给消费者提供了一种方便、安全、实惠的购物方式，互联网商务的发展壮大不断地为消费者营造出更好的网络经济环境。随着互联网的普及，网络购物的优点将变得更加突出，必然成为一种重要的购物形式。

(二)网络购物的商品种类

电子商务发展之初，网上购物的商品种类比较单一，主要是图书和音响产品。随着淘宝网的发展，C2C电子商务开始逐渐为网民所接受，网上购物的商品种类开始增加，扩展到包括服装、化妆品等，再到数码、电器、手机等电子商品。网络购物的商品种类按在网上畅销程度，依次可划分为以下几种。

1. 服装家居饰品

服装家居饰品已经成为网络购物消费者人数最多的商品，主要有以下原因：一是服装类商品的特点是追求时尚新颖，网络多样化的货源是网购服装的天然优势；二是服装类商品存在不易损坏、不易过期、体积小等特点，在物流上也占据天然的优势，对网络购物影响很大的物流问题，在服装上没有构成发展的瓶颈；三是服装类商品市场规模巨大。

2. 书籍音像制品

书籍音像制品是传统的网络购物商品，目前仍旧占据重要地位。如当当网、卓越网等曾经都是做图书和音像等产品。书籍音像制品属于标准化程度高的产品，消费者可以无须真实接触产品，而凭借网站对型号功能的客观介绍就可以对产品质量有一个认识。因而消费者在网上购买书籍、CD等搜索型商品时，可以通过各项指标来判断商品品质的好坏，相对来说更容易作出购买决策。

3. 化妆品及其他

化妆品及珠宝购买人数占据网络购物消费者的第三位。这一类商品体积较小，给物流造成的负担较小。另外，通信数码产品和虚拟充值点卡也是网购消费者青睐的商品。由于化妆品、珠宝、数码产品等属于体验型商品，其品质不容易被了解，消费者关于商品品质的信息不足，这就增加了购买的不确定性，相对于标准化产品而言，购买的可能性不大。

(三)网络购物的群体特征

消费革命的冲击，使传统消费观念、消费方式发生了翻天覆地的变化，因此网上消费人群不断壮大。网络购物的消费者群体有其鲜明的特征。

1. 年轻人居多

从网络购物消费者的年龄构成看，网络购物群体较一般网民更加年轻化。年龄多以18～35岁的年轻人为主。其中，25～35岁为主要消费人群，他们多属于"80后"和"90后"；15～24岁为潜在消费人群。年轻的网络消费群体，包括年轻白领族、大学生群体、现代企业员工，这个群体占据了网络购物消费者群体的半壁江山，他们对新事物感受力强、敏锐度高；很注重自我，头脑冷静，擅长理性分析，对新鲜事物有着孜孜不倦的追求，有充裕的上网时间。而年龄较小和较大的消费者群体参与网络购物的热情相对较为冷淡，所占的比例也比较小。

2. 男女比例基本均等

与普通网民中男性较多的特点有所不同，网络购物消费者中女性用户占据半边天。由于网络购物的时尚性、便捷性和娱乐性与女性的购物习惯相吻合，女性热衷购物的习惯在线上的延伸，使女性网民也逐渐成为网络购物的活跃人群。不仅如此，女性在网络购物用户中的比例也在逐步提高。2008年女性占网络购物网民的比例达到50.8%。也就是说，我国参与网络购物的消费者群体中男女比例几乎均等。

3. 大专以上教育程度

在经常参与网络购物的消费者群体中，高学历的人群参与网络购物的热情更高，网购消费者的学历水平远高于普通网民的平均学历水平。2008年资料统计显示，全国网民中大专及以上用户比例仅有36.2%，网购消费者中大专及以上用户比例已高达85%。从互联网发展情况看，全国大专及以上网络消费者规模是7600万人，其中大专及以上网购消费者的规模约为4000万人，网购发展潜力仍旧较大。尽管总体而言网购消费者学历较高，但城市经济发展水平不同，网购消费者学历高低程度存在一定差异。

4. 月收入较高

一般来讲，网购消费者的月收入水平高于全体网民平均水平。从消费者的月收入情况来看，以月薪2000元为分界线，中国网民月收入在2000元以上的用户比例为26%，高于2000元的消费者比例已超过半数。其中，家庭月收入2000～10000元的消费者为主要消费人群，家庭月收入1000～2000元的消费者为潜在消费人群。

5. 城市消费者最多

从网络购物消费者的城乡分布看，网络购物消费者主要集中在城市，有92.6%的人居住在城镇。与农村网民快速增长相比，网络购物在农村地区的渗透难度较大。农村地区网络使用率不高，网络使用时间较短，人均消费水平远低于城市。农村网民网络使用也更偏重

于娱乐化，网络购物等较为深度的应用在农村地区推广难度较大。

二、网络对消费者心理和行为的影响

网络购物的出现是对传统销售方式的巨大冲击，它必然极大地改变消费者的传统消费心理和购买行为。随着生活节奏的加快，越来越多的消费者希望能够简化购物环节，节约购物时间，甚至足不出户即可满足购物需求。

(一)网络环境下消费者的心理变化

互联网在全球飞速发展，人们可以通过网络，在任何时间、任何地点进行商品交易。面对电子商务这种特殊的消费形式，消费者的消费心理和消费行为变得更加复杂和微妙，将会影响企业的经营效果。

1. 追求时尚个性

现代社会新生事物不断涌现，消费者心理稳定性降低，与此相反，心理转换频率却大为增高，消费需要更加突出个性。同时，由于网络购物群体主要是35岁以下青年人，这类消费者富于激情，渴望变化，选购商品时特别重视商品的造型和款式的时尚程度，而且关注的不单是商品的实用价值，更重要的是显示与众不同，充分体现个体的自身价值。

2. 追求独立自主

网络消费者大多是青年人，为了追求时尚和彰显个性，往往在消费实践中非常有主见，会主动通过各种途径获取与商品有关的信息，并进行分析比较，具有较高的分析判断能力，而不易接受来自他人的提示、建议或广告宣传的诱导，较少受外界的影响。他们善于从实际出发，权衡商品的性能、品质及利弊，独立地做出购买决策。

3. 追求快捷方便

现代社会生活节奏加快，消费者在购物过程中讲求时间短、质量好和信誉高。传统的商品选择过程短则几分钟，长则几小时，再加上往返路途的时间，消耗了消费者大量的时间和精力，而网上购物弥补了这个缺陷。消费者在网上购物没有时间和空间的限制，查询和购物过程所需时间极短，程序简便、快捷，足不出户便可在全球范围选购商品。

4. 追求物美价廉

消费者普遍存在求廉心理，在其他条件大致相同的情况下，价格往往成为左右消费者购买决策的关键因素。对于一般商品，价格与需求量经常成反比，价格越低，销售量越大。

(二)网络环境下消费者行为的变化

电子商务通过网络将消费者带入全新的交易环境,消费者行为也随之发生改变。在电子商务环境中消费者行为的变化,主要体现在以下5个方面。

1. 获取信息更加快捷、方便

消费者为取得满意的消费结果,在购买决策之前,往往要进行信息的搜寻。在传统销售模式下,消费者主要通过个人来源、商业来源和大众来源等途径,广泛搜集有关产品购买和使用情况的信息,这不仅要耗费大量的时间和精力,而且还可能徒劳无益。在电子商务环境下,消费者可以采用更加便捷的方式——从网络上获取信息。消费者利用强大的搜索引擎,通过链接进入目标网站搜寻,几乎可以足不出户就能找到所需要的信息,实现"人在家中坐,货从网上来"。信息的共享性给消费者带来了极大的便利,不仅缩短了获取信息的时间,而且还增大了选择的空间。

2. 信息沟通可以直观互动

在传统的营销模式下,企业通常利用报纸、杂志、广播、电视等媒体向消费者传播信息,这种信息传播方式在实时性、传播范围等方面都存在一定的局限性,而且单向传播导致消费者对产品质量、功能、服务等方面并不真正了解,企业也不真正了解消费者需求。在电子商务环境下消费者有了新的信息传播渠道——网络。网络既不同于只进行文字传播的报纸,又不同于只进行音频传播的电台,也不同于只进行视频传播的电视,而是三者的有机统一,是一种多媒体的信息传播模式,它比任何一种方式都能更快、更直观、更有效地把信息传递给消费者,其传播效果是传统的传播工具所无法比拟的。

3. 足不出户实现在家购物

在传统营销模式下,消费者通常要进入购买场所选择商品。消费者为了找到自己所需的产品,不得不在多家商店中搜寻,既消耗了体力又浪费了时间。而电子商务在很大程度上方便了消费者。电子商务系统巨大的信息处理能力为消费者提供了多种便捷的选择的渠道。消费者只需坐在家里,从网上搜索、查看,便可以直接面对网络上所有商家提供的商品,进行全方位的比较和挑选,选择符合自己心意的商品,使需要得到最大限度的满足。

4. 个性化消费开始回归

在传统销售模式下,尽管许多企业为消费者提供了个性化产品和服务,但由于传统媒体的单向传播性,消费者的个性化需求不能及时向企业传递,消费者不能得到符合个性化需求的定制产品。在电子商务环境下,消费者不再被动地接受商家或厂家提供的商品,而是可以直接向企业表达自己的独特要求,甚至可以参与新产品的开发和研究,从而使消费者的个性化需求得以满足。

5. 购买逐渐趋于理性

在传统的营销模式下，消费者容易受购物现场气氛、营业场所的布置、商品的丰富程度和陈列方式、营销人员的服务态度和服务质量、他人的购买行为等因素的影响，产生冲动性购买行为。在电子商务中，消费者面对的是系统，是计算机屏幕，没有了嘈杂的环境和各种诱惑，消费者可以完全理性地购买。

(三)制约网络购物的心理因素

1. 对网上商店缺乏信任感

传统的购物方式表现为"眼看、手摸、耳听"，但是当消费者在网上购物时，看到的只是商品的图片和文字介绍，而图片文字和实物之间是有一定差异的，消费者在网上所购商品不一定完全符合他们的需求。同时，由于个别网上商店存在做假现象，在我国法律条文还不是十分健全的情况下，消费者的权益很容易受到侵害。

2. 对个人隐私和网上支付缺乏安全感

随着电子商务的发展，商家之间的竞争将会更加激烈，尤其是网上客户的争夺，现有的电子商务技术还不能很好地保障客户的隐私权，有时消费者缺乏安全感。另外，目前电子商务缺乏安全有效的网上支付手段和信用体系，在支付过程中消费者的个人资料和信用卡密码可能会被窃取和盗用，这些都会使网上消费者望而却步。

3. 对价格预期缺乏满足感

消费者普遍希望能够买到物美价廉的商品，他们认为网上商品的价格应该比商场的价格低 20%～30%。但是，目前网上商品价格的优惠还达不到消费者的心理预期。

4. 对低效配送缺乏保障感

消费者在网上购买了商品后，都希望能快速、方便地获得商品。但是，我国的物流配送体系还不够成熟和完善，商品在配送过程中存在周期较长、费用较高、准确率较低等问题，致使消费者在网上支付后有可能得不到商品，或者不能快速地得到商品。

三、网络购物环境设计的心理效应

网上购物环境设计是建立网上购物系统的第一步。由于网上购物是在虚拟空间条件下进行的，其购物环境与传统的店铺销售环境相比有很大区别。具体来说，网上购物的环境设计主要包括以下两个方面。

(一)网店外观设计的心理效应

网上商店的外部形象能否使消费者产生一种和谐与美的心理感受很重要。可以通过域名的选取和主页面的栏目制订、静动结合、色彩组合等要素实现网上商店外观设计的心理效应。

1. 域名的选取

给网店选择一个域名是开设一家网络商店面临的第一个首要问题。因为有了理想的域名，网店就能正式开通和营业。如果不愿意将网店淹没在一个大型的网络商城之中，就要以新颖、独特、奇异、艺术等思路选取域名，特别是网络实名的选取更需要结合商店经营内涵，充分刺激浏览者的好奇、从众、时髦等心理，引导其登录浏览商店。除此之外，还要尽量使用长度较短、易于记忆的域名，以适应浏览者懒惰的心理状态。当然，还可以采取多种措施对网上商店进行推广宣传，让更多的网民了解或登录网上商店。因为网上商店只有被浏览者知晓后才可能有销售发生，早期8848的成功也说明了这一点。

2. 网上商店的主页

正如传统商店的店面，网络商店的设计更加重要，它是吸引且留住网络购物者的关键。

(1) 主页栏目的制定应体现商店的外观风格，要弃旧图新、不断改进和完善栏目的制定方法及内容。新、奇、全的外观，能给人以追求时尚、善于发现、体贴周到的心理感受。

(2) 主页中图文结合，可以吸引消费者的注意力，并激发兴趣、增强艺术感染力，让消费者在美的享受中，加深对商品的视觉印象或增强广告效果，并能形成购买动机。但需注意静动结合要适当，过分地"静"会给人以僵硬、呆板的感觉；过分地"动"会给人以杂乱、无序的感受。

(3) 恰当地组合主页面中的色彩。不同色彩可引起不同的视觉感受，刺激视觉强度由高至低的颜色依次为红、橙、黄、绿、蓝、紫。注重色彩组合，会给人以许多新的、特别的心理感觉；同时色彩可使消费者形成某些特定的联想。要突出与众不同的特色，根据颜色有冷暖之分，结合季节选择反差色，如冬季用暖色的红、橙、黄，能使消费者产生温暖的感觉，以吸引消费者。但要注意色彩的浓度不宜过强，否则会使消费者眼花缭乱产生不舒适感受。而且色彩不要太多，否则会影响消费者浏览速度进而产生反感心理。

(二)网店内部环境的心理效应

网上商店的内部环境是成功经营的重要条件，而网站的规划布局、商品的陈列摆放、购物的顺序编制、商品的价格定位又是其组成要素。这些要素的心理效应更加重要，将关系到能否迎进新顾客、留住老顾客，会对扩大购物群、增加销售额、提高收益率产生巨大影响。因而要采取有效方式和手段充分发挥各种要素的心理效应。

1. 网站的规划布局

网站的规划布局是网店能否获得比较好的经营效果的关键因素之一。网站设计不是把所有内容都放置到网页中，而是要把网页内容进行合理的排版布局。这样，不仅可以提高页面的使用率、网站的利用率，而且能为顾客提供舒适愉快的购物环境，给浏览者赏心悦目的感觉，使顾客获得购物之外的精神上和心理上的满足，产生今后再次光顾的心理向往。

网站的规划布局没有统一模式，要以适应消费心理和行为方式作为一般的布局原理，并结合经营特色、商品特点，追求实用、合理、美观的规划布局。主要包括：使用长、宽合适的网页，如不使用横向滚动条、纵向不要超出 1.5 屏；规划好网页中各部分内容的大小及位置，如主要内容放置在页首的下部区域；明确内容是图片、文字、还是两者的结合。如尽量使用图文结合；选择适度的图片色彩，结合商品特点选择颜色及浓度；运用适当的字形及字号，如考虑艺术字；规划有效的页间链接，如链接数不要超过 4 层；提供实用、准确的网站导航支持，如每页均可返至主页等。

2. 商品陈列摆放

如同传统的商品销售一样，商品的陈列摆放是网上商店一项很重要的任务。消费者登录网上商店最关心的是商品，而商品目录表的排列是吸引消费者继续浏览商店的前提条件，商品搜索区域的排列又是消费者快速感知商品的必要条件。因而商品的陈列摆放必须适应消费者的选择心理和习惯心理，并努力满足其求新、求异、求快、求美的心理追求。对于商品品种较多的网上商店来说，目录表和搜索区域的排列可按分类分层陈列法，即先将商品分为方便、选购和贵重 3 大类制作目录，其次将每类再按厂家、品名、品牌、产地等分层制作搜索区域，然后通过搜索查找所需商品，实现快速的商品定位；对专卖店来说，可不设目录表，搜索区域的排列可按细分陈列法，即按商品自身的特点或特性排列搜索区域，如书店可按书名、作者、出版社、日期、价格等。另外，要特别重视搜索关键字智能化的处理及相应正确的提示信息，还要注意搜索所得商品的具体陈列问题。

3. 网络购物的业务流程

为了让消费者在网上感受到快捷、方便的购物体验，网上商店就必须细致、全面地规划设计购物的路线图，必须事事为消费者着想，将购物过程中各种可能出现的各种问题分析清楚，周到地提供解决方案，满足消费者轻松购物、愉快消费的心理体验。网络购物的顺序类似于传统商店的购物路线，其实质就是消费者在网上商店购物的业务流程，如图 10-1 所示。

图 10-1　网上商店购物的业务流程

规划设计网上购物顺序，可以参考自选商场购物过程编制，提供购物车(篮)随时装入所选商品，利用好似导购小姐的"购物演示"指导或引导购买；提供多种结算付款方式以适应更多消费者的购物习惯，并能够及时告知消费者购买的品种、数量及价格等信息；为消费者提供方便、快捷地搜寻相关商品的途径，适应消费者的挑选心理。

4. 商品的价格

商品价格的高低是消费者决定是否购买的重要依据，也是网店盈亏的考量指标。由于消费者在网上购物更容易实现"货比多家"，因而商品的价格定位就更加重要、更加困难。网店要采取心理价格定位策略，既要使商品价格尽量接近消费者心理标准，实现商品销售，又要使网店实现获利要求。这就要求从消费者角度出发，对商品功能评价做深入的研究，从中找到消费者愿意并可能接受的价格，为商品获得较高经济效益清除道路上的一个障碍。对于新产品定价应先采用逆向思维的高价心理法以满足消费者求新、求奇、追求时尚的心理，然后根据市场情况逐步过渡到正向思维的低价心理法以满足消费者求实、求廉的心理；对于一般商品的定价较难，高价易违背求廉心理，低价易产生次货心理，需采用多法综合的定价法以满足消费者心理定位的标准，即将习惯心理法、折价心理法、对比心理法和弹性心理法有机结合，并在保证获利的前提下探寻消费者能够认可的价格定位，此价格有可能不合理；另外，在运用心理定价时，要多采用小单位标价、零头定价、数字含义、错觉定价等定价技巧。

本 章 小 结

本章基于影响消费者行为的购物环境要素做了全面分析，从影响消费者店铺选择的外部环境到内部设计及橱窗设计等要素入手，结合每一个要素产生的心理效应，探索消费者的心理需求，构建让消费者满意的购物环境模式。

商店的外观是决定消费者商店选择的主要要素，完善的外观设计会给消费者留下深刻良好的第一印象。商店外观设计要综合考虑消费者的要求，基于消费者的求实、求便、求安全等心理，从商店形象、门面、招牌、照明与色彩等方面展开。橱窗是企业的一种好广告，也是装饰商店店面的重要方式，同时，对消费者行为也具有重要的影响作用，它可以激发消费者购买兴趣、促进购买欲望、增加购买信心。

商店内部环境要素会决定顾客是否愿意停留在本店，并持续关注本店。商店内部设计要从总体布局、通道设计、建筑设施及内部装饰和广告方面促动消费者思维、加深消费者记忆、得到消费者的心理认同。商品陈列要保证消费便利、突出商品、适应消费者购买习惯，可采取量感陈列、展示陈列、裸露陈列、重点陈列及背景陈列等方式。

随着网民对网络购物的接受度提高，第三方支付工具的飞速发展，如今网上购物市场的发展速度明显加快，数千家购物网站应运而生，满足了现代消费者求便、求廉、讲究速度、追求时尚的心理。但随之而来，由于支付方式、价格确定、商品配送等方面的不完善，也使许多消费者对网络购物望而却步。网络环境的设置已成为竞争的焦点，网络环境设置也需从外部环境和内部设置同时进行。网络外部环境设置要关注域名的选择和主页的设置，网络内部环境要合理规划网站布局、完善商品陈列、进行购物顺序编制、拟定合理价格，来保证优质的网络环境。

自 测 题

一、判断题(正确的打√，错误的打×)

1. 店址选择时应从节约第一的观点出发。　　　　　　　　　　　　　(　)
2. 现实中，大多数商店都采用自然光照明。　　　　　　　　　　　　(　)
3. 按照连带摆放法，化妆品应与梳刷商品摆放在一起。　　　　　　　(　)
4. 商店营业现场环境主要由店内气氛、营业现场布局和装饰照明构成。(　)
5. 经营者应掌握中心商圈区域内的消费者分布情况。　　　　　　　　(　)
6. 网上商店不需要考虑商品陈列。　　　　　　　　　　　　　　　　(　)
7. 网店域名选取越长越好。　　　　　　　　　　　　　　　　　　　(　)
8. 色彩是商店橱窗陈列的第一位。　　　　　　　　　　　　　　　　(　)

二、单项选择题

1. 下列因素中对经营者商店选择最为重要的是(　)。
   A. 观察同行　　　　B. 市场调查　　　　C. 店外环境　　　D. 人口密度
2. 为刺激顾客即兴购买，商场里应把易于随机购买的商品设置在(　)。
   A. 明显位置　　　　B. 楼梯位置　　　　C. 门口位置　　　D. 固定位置
3. 自选商场店面设计大多采取的方式是(　)。
   A. 大招牌、大店门、大橱窗　　　　　　B. 大招牌、小店门、大橱窗
   C. 小招牌、大店门、大橱窗　　　　　　D. 小招牌、小店门、大橱窗
4. 下列商品适合用展示陈列商品方法的是(　)。
   A. 蔬菜　　　　　　B. 塑料　　　　　　C. 农药　　　　　D. 衣服
5. 现实中，大多数商店都采用(　)。
   A. 自然光照明　　　B. 灯光照明　　　　C. 商品照明　　　D. 装饰照明
6. 下列不需要橱窗的店面是(　)。
   A. 农贸市场　　　　　　　　　　　　　B. 超级市场
   C. 专营商店　　　　　　　　　　　　　D. 经营多门类商品的大商店

7. 网店内部环境设计要素包括网站规划布局、商品陈列、价格制定及(　　)。

    A. 购物的顺序编制　　B. 域名　　　　　C. 主页　　　　　D. 支付方式确定

8. 北方地区商业选址，顾客更喜欢(　　)的店铺。

    A. 东南面　　　　　B. 西南面　　　　C. 东北面　　　　D. 西北面

三、多项选择题

1. 商业企业的店外环境因素通常包括(　　)。

    A. 店址　　　　　　　　B. 照明　　　　　　　C. 招牌

    D. 橱窗陈列　　　　　　E. 店内环境

2. 商圈可分为(　　)。

    A. 中心销售范围　　　　B. 外围销售范围　　　C. 辐射销售范围

    D. 区域销售范围　　　　E. 全部销售范围

3. 下列属于商店内部装饰要考虑的因素是(　　)。

    A. 照明　　　　　　　　B. 色彩　　　　　　　C. 音响

    D. 通风设施　　　　　　E. POP 广告

4. 商店建筑外观设计要受(　　)的制约。

    A. 经费　　　　　　　　B. 建筑材料　　　　　C. 地理位置

    D. 周围环境　　　　　　E. 建筑面积

5. 影响商店内气氛的因素包括(　　)。

    A. 色彩　　　　　　　　B. 光线　　　　　　　C. 空气

    D. 声音　　　　　　　　E. 招牌

6. 按照消费者的购买习惯，日常生活必需品应摆放在(　　)。

    A. 商店底层　　　　　　B. 主通道两旁　　　　C. 出入口附近

    D. 商店顶层　　　　　　E. 专柜

7. 商店内部环境的构成包括(　　)。

    A. 营业现场　　　　　　B. 辅助营业现场　　　C. 办公场所

    D. 员工生活休息场所　　E. 存车处

8. 网店商品陈列应满足消费者的(　　)心理追求。

    A. 求廉　　　　　　　　B. 求新　　　　　　　C. 求异

    D. 求快　　　　　　　　E. 求美

四、思考题

1. 影响消费者店铺选择的因素有哪些？对你有何启发？

2. 影响消费者商品选择的店内因素有哪些？营销实践中如何运用？

3. 简述店外形象设计的基本原则。

4. 商品陈列要把握的原则是什么？

5. 如何营造健康的网上购物环境？

6. 网络环境对消费者心理行为产生了什么影响？

7. 阐述网络环境的心理效应。

8. 制约消费者网络购物的心理因素是什么？

案　　例

新年的第一瓶"可口可乐"你想与谁分享

2009 年春节，"可口可乐"深入地了解到消费者在不平凡的 2008 年到 2009 年的情感交界，抓准了受众微妙的心态，倡导可口可乐积极乐观的品牌理念，推出"新年第一瓶可口可乐，你想与谁分享？"这个新年期间的整合营销概念，鼓励人们跨越过去，冀望未来，以感恩与分享的情愫，营造了 2009 年新年伊始的温情。

活动充分整合了目前国内年轻人热衷的大部分网络资源：社交型网站、视频网站及每日都不可离开的手机。利用了社交型网站、视频等途径，让数以万计的消费者了解了"新年第一瓶可口可乐"的特殊含义，并积极参加了分享活动，分享了自己的故事，自己想说的话。

除了使用在年节时最广为应用的短信拜年，还向 iCoke 会员发出"新年第一瓶可口可乐"新年祝福短信，同时也在 iCoke 平台上提供国内首次应用的全新手机交互体验，让拥有

智能手机的使用者,通过手机增强现实技术(Augmented Reality Code,简称 ARCode)的科技,用户收到电子贺卡时,只要将手机的摄像头对准荧幕上的贺卡,就能看见一瓶三维立体的可口可乐与环绕的"新年第一瓶可口可乐,我想与你分享"的动态画面浮现在手机屏幕上,并伴随着活动主题音乐,新技术的大胆运用给年轻消费者与众不同的超前品牌体验。

自活动开始,参与人数随着时间呈几何级数增长。超过 500 万的用户上传了自己的分享故事及照片,超过 300 万的 SNS 用户安装了定制的 API 参与分享活动,近 200 万的用户向自己心目中想分享的朋友发送了新年分享贺卡。同时,在论坛、视频网站和博客上,一时间充满"新年第一瓶可口可乐"的分享故事。除了惊人的数字外,消费者故事的感人程度、与照片视频制作的精致程度,均显示了该活动所创造的影响力及口碑,也证明了可口可乐在消费者情感诉求与网络趋势掌握方面的精准度。

(资料来源:2009 网络营销十大经典案例. 梅花网. http://www.meihua.info,2010-03-09)

案例讨论:

1. 可口可乐公司网络营销的目标群体有什么心理和行为特点?
2. 网络购物和传统消费方式相比有什么特点?
3. 电商时代,如何构建一个良好的网络购物环境?

第十一章　产品因素与消费者行为

【学习目标】

通过本章学习，读者应该深刻理解和掌握企业开发的新产品对消费者产生的影响；充分了解和把握产品命名和设计的心理原则和策略；理解包装设计的心理要求，掌握包装设计的心理策略；学会运用罗杰斯的新产品采用过程理论分析消费者接受新产品的过程、类型和行为特征；学习应用产品推广过程中的营销心理策略。

【导读案例】

F4 果汁产品时代的终结者？

2002 年 12 月，L 先生在 2001 年申报注册了饮料商标"F4"，便开始策划要大干一场，他明白"F4"这个商标的含金量，在近两年的时间里，随便翻开报纸就能看到相关"F4"字样的报道，"F4"几乎成了时尚的代名词，可谓家喻户晓。

然而饮料行业的进入成本不低，L 先生满怀希望地联系国内饮料生产企业，忙活了一个多月，却很失望：没做过饮料行业的不敢拿钱；饮料大企业(娃哈哈、汇源、康师傅等)的决策人一个没联系上；几个中、小饮料企业想合作，但都是只想捞一把就走，这样"F4"品牌在他们手中是很难做强的。

L 先生的一位朋友 Z 先生的加盟，改变了 L 先生最初的想法，既然不能找到好的合作伙伴，干脆自己做。他们想，只要有好的产品，市场推广得法，应该可以"四两拨千金"，Z 先生愿意一起创业，并力邀陈总投资。就这样，3 人小组成立了，以陈总的大发商贸公司一个项目部的名义运作。

两个职业经理人，一个食品批发商，投资不到 200 万元，只能以 OEM 方式操作，他们选择了一家在华中地区为 JLB 做加工的企业，现在面临的首要问题就是生产什么产品。经过讨论，3 人小组一致认为，F4 因剧情的演绎而走红，整个流行过程已经赋予了时尚、叛逆、青春的品牌内涵，被吸引的人群一是青少年，再就是充满梦想的女性，而这些目标客户常常消费的就是果汁。

恰逢其时，中央电视台举办"饮料行业高峰论坛"，在报名的时候，对方需要登记公司名称，L 先生便急中生智报了 F4 健康饮品的企业名称。论坛举行那天，陈总在会议厅签到，刚刚写完，几个女工作人员就开始问长问短，显得十分好奇，陈总很吃惊："你们知道我们企业？""F4 多有名啊，你们报名的时候我们就记得了"。会议一结束，陈总回到 W 市就决定成立"F4 健康饮品有限公司"。

公司成立了，产品品类定了，生产方式有了，下面就要解决品牌定位、包装策划、单品设计的问题了。

几番讨论下来，3人决定把F4的目标客户定位为8～18岁的青少年。选择这样的定位主要是考虑到青少年市场相对是个空白，而且有延伸的空间。

产品消费群锁定之后，就开始考虑赋予F4新的内容和品牌联想，这种联想一定要和"时尚、叛逆、青春"品牌策划的内涵一致，这样才能最大限度地节省传播费用。达到"水到渠成"的效果。最后3人在英文中找出Fire(火)、Flower(花)、Fly(飞翔)、Free(自由)4种元素。"花、火、自由、飞翔"这四大元素和目前F4本身的"时尚、叛逆、青春"的内涵浑然天成。这样品牌就有了内涵和可靠的表现形式，不会担心因流行人物的变数而可能带给品牌的影响。

接下来一步就是建立产品线。3人商议之后，决定生产4种单品，即橙汁(20%含量)、梨汁(20%含量)、苹果汁(20%含量)、橘子汁(20%含量)。之所以选择20%这个标准也是向康师傅偷艺，当初每日C上市就是20%的含量。4个单品，4种不同的颜色，4个活力四射的"花样男子"，可靠的产品质量，差异化的产品设计，吸引眼球LOGO "F4"，自己满意了，就等待市场的检验了。

产品5月下旬上市，在不到一年的时间里，做出较好业绩，创建了一个小区域的强势品牌，投资这个品牌的陈总万万没有想到，先注册商标再做成一个产品，原来也可以成就一个品牌。

(资料来源：席国庆. F4果汁产品时代的终结者?. 南风窗：新营销，2004(4))

阅读案例，思考下列问题：

1. 产品商标设计的心理原则是什么？
2. 分析"F4"饮料的目标消费群的心理和行为特征。
3. "F4"饮料的商标策略是什么？分析其优、劣势。

在营销活动中，产品的命名、商标、包装是区别各种产品的重要标志。它们与产品本身的特点融合在一起，作用于消费者的感官，刺激消费者的购买欲望，促进消费者产生购买行为，因此，研究产品的命名、商标、包装与消费心理是消费心理学的重要课题。

第一节　新产品与消费者行为

随着生产的发展和人们生活水平的不断提高，消费需求和消费结构发生了很大的变化。消费者越来越喜欢方便、健康、快捷的产品，消费选择更加多样化，产品生命周期日益缩短。这一方面给企业带来了威胁，使企业不得不尽快淘汰老产品，另一方面也给企业提供了开发新产品、适应市场变化的机会，明智的企业必须要在开发新产品上下功夫。

一、新产品对消费者行为的影响

现代市场上企业间的竞争日趋激烈，企业只有不断创新、开发新产品，才能满足消费者日益增长的物质和精神生活的需要，从而满足消费者的消费生理和心理。

(一)全新产品与消费者行为

全新产品是指应用新技术、新材料研制出的完全创新的产品。这种产品无论对企业还是对市场而言，都是全新的，其结构、功能、外观造型等都是前所未有的。如汽车、飞机、电话、电视等首次出现时都属于全新产品。全新产品的问世和推广使用，常会对消费者的消费观念、消费方式、消费心理等产生重大影响。例如，电脑的问世就给人类的生活带来了全新的变化。电脑作为一种新的大众传播介质和视听兼备的娱乐工具，无论在性能上还是用途上都优于其他同类功能的产品，所以一问世就受到广大消费者的欢迎，它不仅为人类提供了接收信息的最好方式，而且改变了人类到电影院看电影、到剧院听歌剧、到运动场欣赏体育比赛的消费行为，因为这一切都可以在家中的电脑前随时进行。总之，电脑已成为世界几十亿人接收信息和进行家庭娱乐的工具，也使社会生活发生了重大变化。

(二)换代产品与消费者行为

换代产品是在原有产品的基础上，采用或部分采用新技术、新材料、新工艺对原有产品进行某些方面的变革而成的新产品。例如，洗衣机从单缸洗衣机发展到双缸洗衣机再发展到全自动洗衣机，电视机从小黑白电视机发展到彩色电视机再发展到高清晰度的数码彩色电视机，都为消费者新增了产品的实际效用，而且给消费者带来新的利益和心理上的满足感，极大地影响了消费者的消费心理。

(三)改进产品与消费者行为

改进产品是对老产品的性能、结构、功能加以改良而成的新产品。如把一般玩具改为可以行走的电动玩具，电风扇的开关改成遥控的。这些与原产品没有本质上的区别，不致使老产品被淘汰，但却能适当延长产品的生命周期。由于只是改型变异品，所以这类新产品对消费者的观念、习惯和心理影响不大。但由于其在一定程度上满足了消费者求新、求异、求变的心理欲望，故很容易被消费者所接受，并在市场上推广开来。

二、新产品设计的心理要求及新产品设计策略

设计就是"计划"与"创意"的结合。就是通过构思创造出有关商品主体、容器、包装、广告画等所有物品的形状和颜色，并将上述内容用一个商品概念统一起来。现在几乎

所有的商品都讲究造型设计。设计可以提高新产品的魅力，增强消费者的购买心理。随着消费水平的不断提高，心理性动机表现得日益强烈，所以一种新产品能否在市场上畅销，全得益于其设计是否符合消费者当时的心理需求。

(一)便利化及其设计策略

现代人生活节奏加快，脑神经绷得很紧。为使自己在工作之余能得以放松，得到更多的休闲娱乐时间，希望家务劳动越简单越好、越少越好，他们在产品的使用上忌讳复杂，而要求操作、使用、搬运和保养维修的便利，这已成为消费者普遍存在的一种消费心理。为此，美国未来学家阿尔温·托夫勒预言：人与物的关系正变得越来越短暂，社会已进入"即用即弃"的时代。为顺应这一消费心理，新产品的设计要在追求便利上多做文章。像家庭餐桌上的纸巾、纸桌布、纸盘、纸杯、塑料刀叉，随身携带的湿纸巾、口喷、喷雾式化妆品、暖宝，穿戴用织袜、纸内衣、纸制晚礼服等一次性消费的产品层出不穷，就是顺应消费者便利心理而设计的。其中，婴儿纸尿布的问世就使千千万万个母亲从洗尿布的家务中解脱出来。

随着科技的进步和移动办公观念的普及，许多产品已经开发出小巧玲珑的便携式产品。便携式产品可流动使用，既方便了使用、保管、运输，又增加了设备使用率，如便携式电脑、便携式微型轿车、微型组合音响、手机等。

在"即用即弃"时代，企业一方面要顺应形势要求，本着"越简单越好"的宗旨去设计开发新产品，另一方面要意识到"即用即弃"时代是各种一次性用品大量消耗的时代，因此，企业应处理好"可持续发展"与"循环经济"的关系，重点研究这一时代消费者的非理性和理性消费行为。

(二)美观化及其设计策略

崇尚美是人的共性，而且亘古不变。消费者在购买商品时，不仅会追求商品的使用价值以满足自己的物质需要，而且还会追求商品的外在美以满足自己的精神需要。

随着消费者文化素质的提高，消费者在购买商品时必定更加关注商品的审美价值和装饰效果，注重商品的造型、色彩、图案等，希望所购商品既可以美化自我形象，又可以美化个人的生活环境等。因此，新产品在设计时要带给人美的心理享受。既要突出商品特征，又要整体协调一致；既要推陈出新、新颖独特，又要美观大方、布局和谐，这就是商品美。

商品美是一种具有精神感染力的美，主要由线条、形体、色彩、声响等因素构成，具体包括造型美、色彩美、声音美、艺术美等。在产品设计中应根据产品的性质、特点和不同消费对象的审美要求进行艺术设计，以给消费者美的感受。例如，目前儿童的服装以红与白、花与素相配，以色彩的高纯度和强对比制造欢快、热烈气氛，很受儿童和家长的欢迎；而成年女性服装则饰以各种造型各异且粗精相映的饰品，以增强美感，颇受女性青睐；

男性服装则追求明度强，具有很强视觉冲击力的色彩，如红与绿、黑与红相杂，以表现男性的热情、高贵。

　　当然，商品设计不能仅限于美的造型，还须与经济性和机能性有机地统一起来。设计的要点是将美、机能和技术这三要素有机地结合起来，设计成"看着美丽，用着方便而且实惠的商品"。例如，在设计轿车时，如将其造型与性能统一起来考虑，便会产生漂亮、优良的车型。同时还必须了解和分析消费者的审美趋势以及由文化、亚文化所形成的审美观，进而赋予商品时代特色、区域特色和美感。审美观是文化的更高层次，它与价值消费习俗、宗教信仰有着极为密切的联系。文化不同，这些基本内涵不同，自然审美观也有着极大的差异。审美观的区域差异性对产品的设计、制造乃至广告宣传的诉求、营销组合都有着普遍的影响。审美观的变化直接影响商品消费需求的变化，形成特定的商品流行现象和一定的变化规律。

(三)情趣化及其设计策略

　　情趣一词包含两个层面的含义，即情和趣。情是指情感、情调，趣是指趣味、乐趣。情感是多方面的，有喜悦、有悲伤、有喜爱、有讨厌等。而情趣是指情感中较为积极的一面，就如同一个人具有幽默和谐的性格。产品的情趣化设计，即是通过产品的设计来表现某种特定的情趣，使产品富有情感色彩，或者高雅含蓄，或者天真烂漫，或者幽默滑稽，或者纯朴自然。一件好的产品设计往往会让人在使用过程中感受舒适、愉悦，从而给日益紧张的现代生活带来更多的情趣。正如美国西北大学计算机和心理学教授唐纳德·诺曼(Donald Norman)所说："产品具有好的功能是重要的；产品让人易学会用也是重要的；但更重要的是，这个产品要能使人感到愉悦。"

　　造型、色彩、材质和功能是构成一件产品最基本的要素，这些要素就好比是产品的语言，产品也正是通过这种特殊的语言在与使用者进行交流，从而在使用者的心里形成完整的产品形象。产品设计时，可以运用可爱的产品形态、生动的色彩搭配、合理的材质运用、巧妙的使用方式，通过这些最直接的视觉和触觉预言系统营造出产品的情趣特征。目前在国内外市场上所出现的具有卡通形象特征的产品不胜枚举，在同类产品中它们独树一帜，分外抢眼。这种设计风尚首先见于日用小产品和小饰品设计，后来逐渐地扩展到各种电子产品、耐用家电产品的设计中。随着20世纪90年代以来网络技术和影视传媒的发展，卡通节目和漫画艺术越来越多地深入到消费者的文化生活之中，运用卡通形象的设计手法成了产品开发的新趋势。

(四)时尚化及其设计策略

　　时尚即流行，是指某种商品在社会上盛行一时的现象。时尚的产生是社会发展的必然，追求时尚也是一种普遍的社会消费行为，它反映了人渴望趋同从众、渴求变化和顺应时代的心理要求。一些善于观察和热衷时尚的消费者，率先尝试而成为消费时尚的带头人，经过他们的示范和传播，带动消费者模仿消费，形成消费潮流。社会潮流是反映多数人意愿的一种群众性、社会性的行为趋向。在一种新的社会潮流中，每个人都有向往、追求的意愿，产品设计者要在产品设计上务求追赶时代风貌，应注意了解当前流行中的一些心理因素，把握消费者的兴趣变化和消费动向，对时尚作出全面分析，依照社会新兴的道德风尚，结合民族传统习惯，设计出最新流行的、富有时代特色的时尚商品。如龙年带有各种龙的图案的商品就会流行开来。龙是中国人的图腾，对中国人有着非比寻常的意义，尤其是在龙年到来之际，各种龙饰、龙商标、带龙字的品牌就会大为流行，设计产品时应抓住这一流行趋势。设计商品时尚元素时必须使商品具有以下特点：商品设计需具有新原理、新构思、新造型；需采用新材料、新元件、新结构；同时具有新功能、新特点，符合新的社会潮流。

(五)非正规化及其设计策略

现代人开始抛弃千篇一律的生活方式，越来越崇尚随意自由，寻求自我，不想被束缚，并希望通过消费过程来发挥自己的创造潜力。例如，时装的休闲化、随意化、自由化，几乎想得出的、穿得出的都是时装。一个最典型的例子是牛仔裤的裤管可以一截为二，裤上可以有破洞，裤边上可以有顺线。鉴于消费者的这一消费心理，新产品在设计时不必拘泥于传统上的平衡、对称感，可以设计得不对称、不平衡，让消费者感到随意，自由就好。例如，现在许多女性喜穿宽松直筒式的裤装，半片长半片短或半片宽半片长的上装，强调的就是一种家常的、闲适的、不经意的打扮。非正规化可以有许多种体现方式，设计时要多开动脑筋，力求给消费者既随意又新奇的感觉，满足消费者追求恬适、新奇、新鲜的心理要求。同时要以满足消费者个性创造、自我展示为目标设计产品，应给产品使用增加施展个人才能的机会，留有启发个人想象力的空间。近年来，西方国家盛行 DIY 制作产品，并以连锁经营店的形式遍布各地。DIY 是"Do It Yourself"的英文缩写，DIY 就是自己动手，没有性别、年龄的区别，每个人都可以自己做，利用 DIY 做出来的物品自有一份自在与舒适。 DIY 产品公司通常有一系列相配合的资讯，如材料、工具等，另外，产品所附的说明书非常详尽，自己动手做的过程不会有任何困难，而 DIY 产品的配件在超市就可轻易购得，因此，DIY 产品就像是一般商品一样，随处可买。在中国，DIY 产品也很流行，如蛋糕DIY、电脑 DIY、音响 DIY 等。在国外，甚至建造房屋也可以 DIY，消费者可以在商店"按图索骥"，买好各种材料，然后通过自己组装完成。可见，DIY 已经成为人们时髦的休闲和消费方式。

(六)个性化及其设计策略

现时代是一个个性张扬的时代，消费者不仅能做出个性化的选择，个性化消费正日益成为消费的主流。他们希望通过具有独特个性的新产品来满足个人的个性心理需要。如有的消费者愿用设计精巧、新颖的商品来体现自己的聪明智慧和创新精神，有的消费者愿用价格昂贵、外观豪华来显示自己的高贵身份和显赫地位，如此种种。总之，消费者的个性不同，消费自然各色各样，产品设计要满足不同的个性需要。依据人的年龄和意识分类，可分为正统派、优雅派、自由派、现代派等。如老年人一般较为保守和正统，产品设计要求朴素、稳重。青年人则多崇尚自由和现代，产品设计要精巧、随意。如海尔提出了"您来设计我来实现"的新口号，由消费者向海尔提出自己对家电产品的需求模式，包括性能、款式、色彩、大小等，产品更具适应性，更有竞争力。

麦尔·休·高浦勒斯公司是当今美国最大的制鞋企业，在开发鞋类新产品方面，他们除了在产品价格、质量上下功夫外，还特别注重注入个性化设计。公司决策人员认为，在经济富足的美国，人们对鞋的要求不仅仅是廉价、高质量，而且追求表现个性要求的满足。企业唯有使鞋像演员一样具有不同的个性，不断以鲜明独特的形象去参加市场舞台的演出，才能促进销售。按照这种思路，公司开发设计出能激发人购买欲望，引起感情共鸣的鞋子，如"优雅型""野性型""沉稳型""轻盈型""老练型""年轻型"等新品种，并费尽心机地给鞋起了稀奇古怪的名字，如"笑""泪""袋鼠""愤怒""爱情""摇摆舞"等，引人思考，呼应心理，这种将鞋注入情感的点子，居然给高浦勒斯公司带来了持续的销售高潮和极为可观的盈利。

(七)回归自然及其设计策略

近年来，环境问题已成为全球关注的焦点。地球环境、资源环境、社会环境问题成为人们议论的主题。其中，地球环境问题尤为引人注目。由于温室效应、酸雨、沙漠化等越来越严重的污染，人们感到自己的生存空间越来越小，心理上寻求回归自然，追求阳光、海滩、绿色植被、清新的空气和纯净的大自然，同时追求能够给人以上感受的新产品。消费者的这一心理，要求新产品设计须重视环保、崇尚自然。比如，近几年女性时装的流行趋势就以无光泽的色调、看似平凡的造型和简单的款式强调对环保的重视而走俏于市场。无氟电冰箱的走俏也是人们对清洁空间追求的结果。

【小案例 11-1】

印尼创意藤椅设计 让生活回归自然

生活在城市里让人感到拥挤和喧嚣，这使我常常惊讶于雅加达的那些建筑、公寓和商场是怎么在一夜之间拔地而起的。正是在这种情况下，我开始怀念起 20 世纪 70 年代的雅加达生活，那时候雅加达还是一个绿色城市，到处都长着树木花草。

出于对过去生活的强烈向往，我想设计一款形状类似 70 年代的家具(图 11-1)。这就是"Doeloe 椅"产生的原因。

图 11-1　藤椅

藤条的独特之处还在于它具有极强的韧性，可以自由弯曲。但是，用藤条来制作家具是一件棘手的事。因为在制作过程中，正是藤条的弹性使得藤条本身需要不同的支撑，以保持家具的坚固和强韧。

当我在制作饼干凳的时候，意识到得先建立一个用藤条缠绕而成的模块。凳子的雏形由连续不断的藤条按照一定的规则捆绑而成，就像系鞋带一样。制作"饼干凳"的用意在于更好地显示藤条的韧性，即"既能伸展又能弯曲"。

(资料来源：居无忧网，http://designer.ju51.com，2010-11-30)

思考题：新产品设计要满足哪些心理要求？

第二节　产品命名与消费者行为

一、产品名称对消费者行为的影响

产品命名是借助恰当的语言文字，给不同特质的产品起一个与其自然属性或主要特性等相协调的特定名称。从心理学的观点来讲，产品名称不仅是消费者借以识别产品的主要标志之一，而且是引起消费者心理活动的一种特殊刺激物。一个好的产品命名，不但能使消费者易于了解产品的主要特点，易于记忆产品的形象，还会引发消费者的兴趣，刺激购买欲望。产品命名在消费者心理上产生的作用主要有以下几个方面。

(一)帮助消费者认知产品

产品名称能代表具体产品而起到信号作用，使消费者认知产品。按照心理学的原理，消费者对于产品的认识过程，是通过第一信号系统和第二信号系统的协调作用而完成的。第一信号就是商品实体(商品外观、形状色彩、声响、气味等)作用于人的感官，而使人对商品产生直接感受。第二信号则是借助语言文字把产品实体这种现实、具体的刺激物抽象、概括为符号(产品名称)作用于人脑，使人通过语言文字产生对具体产品的思维和认识。一个言简意赅、名实相符，易于了解产品特性的产品名称，往往能使消费者顾名思义，尽快认识和了解产品，促进购买行为的产生。

(二)诱发消费者情感

产品命名如何，会刺激消费者的心理活动，引发出喜悦、愉快、荣耀、赞赏等肯定的情感，或不满意、厌恶、疑虑、恐惧等否定的情感。积极的或肯定的情感，是消费者购买产品的增效剂，可以唤起消费者对产品的接纳心理和购买欲望。因此，产品的命名应该在考虑产品本身性质和特点的基础上，根据使用者和购买者的心理特点，尽可能符合其心理需求，或文雅别致，或朴实大方，或刚劲有力，或寓意深刻美好，或富于情趣等。以诱发消费者积极、美好的情感体验。

(三)启发消费者联想

如果产品名称寓意深远、风趣幽默、内涵丰富、富于情调、形象生动、清新脱俗，就能启发消费者对产品的丰富联想或想象，加深对产品性能的理解，有助于激发消费者的购买欲望和坚定购买信心。产品命名要发挥启发联想的功能，关键是要避免雷同和一般化，要做到独具特色、品位高雅、情趣健康。

(四)便于消费者记忆

简洁、形象、有趣的产品名称，有助于消费者对产品的记忆。根据人的记忆规律，产品的名称应力求简洁明快，能高度概括产品实体，最好在 5 个字之内。使消费者一看就懂，念起来顺口、好听，从而印象深刻；否则，文字太长或拗口，或用生僻、晦涩的字句，就会影响消费者对产品的认知、理解和记忆，销售必然会受到影响。

(五)保护消费者利益

商标一经国家的商标管理机构登记注册，即已取得专用权，并受到国家法律的保护，其他任何单位都不可私自使用，更不可仿造或假冒。商标的这种使用特权使企业及其产品与商标保持着固定的唯一性。一定的企业产品有一定的商标，不同企业同类产品有不同的商标。这就是商标的保护功能。一方面，它维护商品生产者、经营者的信誉，保护企业的利益；另一方面，引导消费者认牌购买，使消费者免受假冒产品之害，保护消费者的合法权益。

二、产品命名和设计的心理原则

遵循商品经济发展的规律,产品名称可以分为产品的自然名称(品名)、产品的商业名称(品牌)和产品的法律名称(商标)。产品的品名、品牌和商标如何命名对消费者的心理行为产生直接影响,由此决定了企业必须根据产品命名心理要求进行产品名称的设计,以进一步提高产品名称对消费者的吸引力,发挥产品名称对生产者所具有的功能。

产品名称设计具有很大的灵活性,它可以用文字、图形、记号、字母等要素单独或综合组成。产品名称设计的题材更是范围广泛,包罗万象。从消费心理学的角度,产品命名应符合以下原则。

(一)必须有鲜明的形象特征

心理学研究表明,人感知外部客观事物,60%靠视觉,视觉是人感知事物的最重要器官,而"形象化"则是刺激视觉最有效的手段,它不仅容易吸引人注意,而且人还可以不必依赖文字说明,就能理解产品名称的内涵,并留下深刻的印象。因此,在激烈竞争的商品市场上,作为美化产品、宣传产品的产品名称图案,必须具有与众不同、新颖别致的艺术形象。例如,美丽的凤凰、盛开的牡丹、飞翔的雄鹰等常被用作各种产品名称图案。日本的三菱牌商标是由 3 个菱形组成,不用依赖文字一看就知道是什么商标。雪花牌电冰箱的商标是一片晶莹剔透的雪花,它图案简洁,具有鲜明的象征意义,很好地起到了美化和宣传产品的作用。

(二)要做到简明、通俗和易记

产品名称作为一种宣传产品的手段,必须用简洁明快、单纯醒目、易记的文字和图案,才能起到准确、广泛而迅速传播的效果。目前,产品命名的简洁化在国际上已形成一种趋势。如美国著名的商标"百事可乐"在几十年里已经历了 5 次由繁到简的变革。又如"美加净"牙膏、洗发液,是把美丽、洁净组成一个名词,语句协调简洁,朗朗上口,它的英文标识"MAXAM"正读、倒读,其字母都一样,易懂易记,很受消费者的欢迎。

(三)要做到个性鲜明、独具特色

产品的命名和设计主要是为消费者识别产品特色服务的。消费者识别产品名称的一个重要目的,就是识别产品的生产经营企业,识别产品的特定品质。因此,产品命名和设计要避免雷同与一般化,要做到别出心裁、标新立异、独具特色,使之具有显著的差别性、专用性和提示性。要努力创造新颖巧妙的、有艺术魅力的产品名称和形象,在刹那间捕捉消费者的视觉,引起兴趣,使之流连忘返,并由此产生对产品的好感。例如,德国"奔驰"牌汽车的商标为一圆形图案,通过精巧设计,看上去恰似一个汽车的方向盘,高度浓缩了产品的含义及企业的形象，个性鲜明，给人以深刻的印象。

(四)要与产品本身的性质、特点和情调相谐调

符合产品性质、特点、情调的产品命名和设计，会给消费者一种舒适、愉快的感觉，引发消费者的美好联想，进而刺激购买欲望。例如，乐声牌音箱，其含义是能给人带来愉快、欢乐的音响效果，满足人艺术享受的心理；美能达照相机，其含义是照出来的相片能达到美的效果，满足人爱美的心理；反之，如果食品用不洁之物做商标，老年人的服饰用"孔雀"做商标，小孩用品用"古松"作商标，都会引起消费者的不快、反感，或者产生畏惧心理。

(五)要注意和尊重不同民族、种族、宗教、地域的风俗习惯

不同的国家、民族，由于文化不同，宗教信仰不同，生活方式、消费习惯会有很大差异。因此，产品命名和设计要充分了解产品主销国家的种族、制度、历史、文化等差别，有意识地采用当地喜好的吉利标志，避免采用对方忌讳或容易产生误会和反感的文字、符号、图案、颜色等。例如，"白象"在英语中是"大而无用的东西"，"五羊"有"不正经的男子"之义，"芳芳"(FANGFANG)是"毒蛇的毒牙"。如果不经考虑就把这些名称用在出口商品的命名和设计上，其译音或谐音就会使当地消费者产生极大误解，甚至使人望而生畏，不敢问津。再如，印度人忌讳新月，日本人认为荷花是不吉利的形象，瑞士人不喜欢猫头鹰，英国人不喜欢山羊，意大利人忌讳菊花，北非人忌狗。因此，主销这些地区的产品，命名和设计一定要忌用这些形象。

【小案例 11-2】

从"Legend"到"Lenovo"

20 世纪 50 年代末，毫无海外知名度可言的"东京通讯工业公司"决定改名，这意味着它 10 年来的品牌经营付诸东流。面对铺天盖地的质问与怀疑，创始人盛田昭夫平静地解释说："这样能使公司扩展到世界各地，因为旧的名字外国人不容易念出来，我们希望改变日本产品(在世界各地)品质低劣的形象。"这家公司就是现在的索尼，全世界见证了盛田昭夫的"说到做到"。

40 多年后，一家中国公司在做着类似的事情，将"Legend"换成了"Lenovo"，这就是联想。

Intel、Sony 等很多国外企业在取名的时候，都采取了自己"造词"的办法，并最终让这些"莫名其妙"的字母变得家喻户晓，而联想打算走同样的道路。

在造了 40 来个含义不同的词语后，Lenovo 脱颖而出。"读的时候重音应该在'no'上面"，联想集团高级副总裁兼首席财务官马雪征带着联想总裁室的全体成员一起读过新标

识，很顺口。总裁杨元庆在解读这个全新的字母组合时表示："'novo'是一个拉丁词根，代表'新意'，'le'取自原先的'Legend'，承继'传奇'之意，整个单词寓意为'创新的联想'"。

打江山时需要缔造"传奇"，想基业长青则要不断"创新"，从 Legend 到 Lenovo，在品牌标识更迭的过程中，柳传志对标识含义转换中的巧合特别满意。

(资料来源：张旭光. 联想的更换品牌标识策略. 北京晨报，2003-05-15)

思考题： 联想更换标识对联想发展有什么意义？

三、产品命名和设计的心理策略

在当今商品市场上，产品种类繁多，命名的方法和策略更趋复杂、繁多。无论采用何种策略都应特别注意消费者的心理要求，真正发挥产品命名的心理功能。

一般而言，产品命名可采用以下几种心理策略。

(一)根据产品的主要效用命名

这是一种直接反映产品主要性能与用途的命名方法，是产品命名最主要的方法。其心理意义在于帮助消费者迅速地了解和认识产品的功效，便于消费者望文生义，很快进入思维，加快认识产品的过程，并满足消费者对产品求实用、实效的心理需要。这种命名方法多用于日用工业品和药品的命名。例如，医药品里的白加黑感冒片、咳喘灵、牛黄降压丸等，日用工业品中的热得快、自行车、缝纫机等。

(二)根据产品的主要成分命名

这是一种直接反映产品主要成分的命名方法。这种命名方法，有助于提高产品的地位和身份，帮助消费者认识产品的特色和价值，增强产品在消费者心目中的名贵感和信任度，从而引起购买欲望。服装面料类、食品类、医药类等产品常用此法命名。例如，羊绒衫、真皮大衣、纯棉内衣；人参蜂王浆、参茸酒；珍珠粉、川贝枇杷糖浆等。

(三)根据产品出产地命名

这种方法是以产品最著名出产地命名，多用于较有名气的土特产品和名牌产品。这种命名方法的心理意义在于利用消费者对著名产地产品的依赖感，给消费者一种真材实料、品质优异、富有浓郁地方特色的感觉，由此引起各种有益的联想，激发购买欲望，如贵州茅台、北京烤鸭、山西陈醋、金华火腿、杭州西湖龙井茶等。

(四)以人名命名

这种方法是以历史或现代名人、民间传说人物或产品首创人的名字作为产品名称。其心理意义在于将特定的人物和特定的产品联系起来，能给消费者以传统产品、工艺精良、配方用料独特的感觉，能激发消费者仰慕、崇拜名人的心理和信赖感，如张小泉剪刀、东坡肉、狗不理包子、中山装、李宁服、福特牌汽车、羽西化妆品等。

(五)根据产品的制作方法或研制过程命名

这种方法多用于有独特制作工艺或有纪念意义的研制过程的产品命名。其心理意义在于使消费者了解到产品制作的主要方法或不寻常的创制过程，由此提高产品的威望，给消费者货真价实、精工细做、质量可靠、工艺独特的感觉，增加信任感。例如，"101生发精"的发明者经过101次试验获得成功，故而命名"101生发精"；北京白酒"二锅头"是经过二次换水，二次上锅蒸馏制成的，这种酿制方法，能使白酒浓香醇厚，故根据其制作过程命名为"二锅头"。

(六)根据产品的外观或色泽命名

这种方法主要描述和强调产品的外观和色彩，多用于食品、工艺品产品的命名。其心理意义在于突出产品的优美造型，引起消费者的形象思维，产生一种质感和美感，满足消费者的审美要求，从而在心目中留下鲜明的印象，如宝塔糖、动物饼干、琥珀花生、红菇等。

(七)根据外来语命名

这种命名方法多用于原产地在国外的进口产品的命名。其心理意义在于满足消费者求新、求异的心理需要，激发消费者的好奇心。如果产品名称寓意良好，还可丰富联想、产生兴趣、促进购买，如阿司匹林、维他命、威士忌、夹克衫、尼龙、三明治、可口可乐、比萨饼、冰淇淋等。此类命名有时是为了克服外来语翻译困难而沿用外来词的。

(八)根据美好寓意命名

这种命名方法是利用吉祥物或褒义词作为产品名称。其心理意义在于激发消费者的积极情感、产生美好想象，增加对产品的喜爱和渴望，如福临门食用油、老头乐、长命锁、长寿糕、永久车等均可迎合人们图吉利、长寿、顺意的心理。

除了上述几种主要的命名方法外，还有一些其他的命名形式，如以数字、传说、典故等命名。总之，产品命名要讲究艺术、掌握语言技巧，既要反映产品的特性，又需有强烈的感染力和诱惑力，以激发消费者积极的情感体验，产生需求欲望，促进产品销售。

第三节　产品包装与消费者行为

一、产品包装对消费者行为的影响

古时候，楚国有位珠宝商人要到郑国去做买卖，他将宝石置于一个精心雕刻、玲珑剔透的木盒中，木盒用香料熏染，发出幽幽香味，木盒外表还镶嵌翡翠，闪着莹莹光亮。他这样做不仅是为了便于收藏和携带，也是为了提高宝石身价，赚笔大钱。郑国有个富人看到这个华丽的珠宝盒爱不释手、不惜花重金买下。当他发现盒内还有一块不太引人注目的"小石头"——那块价格昂贵的宝石，便拿出来交还给珠宝商而留下了装宝石的盒子。"买椟还珠"的故事，从一个侧面说明古代楚国人已意识到包装对顾客选购产品的巨大心理影响。据一些西方国家学者对消费者购买行为的研究表明，有60%的人选购产品时，是受包装装潢的吸引而购买的。

产品包装泛指一切用于包裹、盛装、束缚和保护产品的容器或包扎物，是产品构成要素的一个组成部分。"马要金鞍，佛要金装"，这句话形象地道出了产品包装在人们眼中的形象与价值。

(一)帮助消费者识别商品

在种类繁多、琳琅满目的现代商品市场上，包装已成为产品差异化的基础之一。一个设计精良、具有独特个性、能反映产品品质或企业特点的产品包装，可以有效地帮助消费者辨认产品，增强记忆，便于对产品的比较选择。同时，包装上有关产品构成成分、使用方法、注意事项等，能够帮助和指导消费者正确使用产品，也可以使消费者通过产品包装了解产品的产地、厂家、规格、容量等，使消费者通过包装迅速识别产品。因此，产品包装被誉为"无声的推销员"。

(二)为消费者提供便利

产品从生产到最终销售往往要经过运输、储存等各个环节。在这一过程中，产品包装则起保护产品的作用，使产品在整个运输和搬运过程中不易被损坏、散失、变质、挥发和溢出；安全可靠的包装，有利于产品的长期储存，可以有效地延长产品的使用寿命。当消费者购买到产品后，产品包装使消费者便于携带和使用。例如，罐头饮料采用拉环式开启包装，食品调料采用喷雾式包装，对一些日常生活用品采用提包式、折叠式、旋钮式等包装形式，都给消费者带来使用上、携带上的方便。此外，在包装上附印使用保管方法和注意事项，会给消费者带来使用上的安全性和便利性。

(三)吸引消费者注意

包装造型、图案、色彩及整体的综合协调，能给消费者以美的享受，吸引消费者注意，引起兴趣，促使消费者购买。因而，包装设计应充分调动装饰艺术的表现手法，应力求以美观大方的造型、生动别致的图案、鲜明宜人的色调，给人以健康向上的艺术美感。某些精巧美观的双重用途包装，不仅有艺术吸引力，而且包装本身也可作装饰品，具有陈列和欣赏价值。特别是礼品包装，外形新颖、大方、美观、有较强的艺术性，能增强产品的美感和名贵感。

(四)引发消费者联想

优美的产品包装不仅使人可从直观上区别产品的性质和用途，而且能使消费者产生丰富的想象和美好的联想。例如，一个设计成功的食品包装，能够引起消费者强烈的食欲。礼品和结婚用品用红色包装物，会使人联想到吉祥、喜庆和热烈。一些高档产品用淡雅的色调，非同凡响，既提高了产品的价值，也提高了购买者的身价，使购买者得到一种特殊的满足感。

二、包装设计的心理原则

(一)包装设计必须有实在的价值

包装的设计必须能够满足消费者的核心需求，也就是必须有实在的价值。虽然对于同质量的商品，包装较精美的比起包装较普通的更能引起消费者的购买欲望。但若过度强调包装的作用，以致包装超过商品对长远的商品销售是绝对不利的。如某牌子的禽蛋，包装搞得像奢侈品，有消费者开玩笑说，这东西买回去都舍不得吃，那盒子也舍不得扔，干脆不买了。由此可见，包装的过度奢华如果缺乏有品质的产品支撑，往往会被当作是噱头，最终落个华而不实、无人喝彩的结果。

【小案例 11-3】

正珠豆奶产品形象设计

以理性加感性的方式生动表现"营养概念"。营养是豆奶消费的主要动机之一，人们都了解豆奶是有营养的，但要问到豆奶到底有什么营养时，绝大多数人可能只知道蛋白质，而其他含量高且对人体健康有着重要作用的营养成分，如异黄酮、卵磷脂、维生素、铁、皂苷、钙、双歧因子等往往不被常人所知。豆奶的营养价值也就被简化成以含蛋白质为主的产品概念存储于人的大脑中，在这种情况下正珠有必要对豆奶的营养诉求提出新的产品概念，以塑造正珠豆奶新的产品形象。营养是以微粒或元素的形式存在于食品之中，虽然它有益于人的身体健康，但它却是人们看不到摸不着的。营养给人的印象往往都是些抽象而没有生命力的文字。我们为正珠豆奶提出的"营养看得见"的诉求策略，正是将人们容易忽视的产品细节特征放大，使之产生戏剧化的效果，在引起顾客注意的同时，还能强化正珠豆奶是"营养最全面的豆奶"的产品特征。用卡通的形式来生动表现营养，既活泼又有很好的亲和力，是非常适合豆奶的产品特点的，于是，我们把8种营养成分设计成8个小卡通，巧妙地表现了产品特点。并以卡通形式来表现的营养成分出现在包装上，使"营养看得见"戏剧化地实现，见图11-2。

图11-2　正珠豆奶包装

卡通表现手法是符合目标消费群体(少年儿童)的审美要求的，而通过对豆奶营养的宣传又满足了另一目标消费群体(少年儿童的家长)对食品的要求。

(资料来源：包装成功案例——如何让产品价值得到升华，http://info.printing.hc360.com，2009-04-09)

思考题： 食品包装设计应符合消费者哪些心理要求？

(二)包装设计应有助于增强求信心理

在产品上突出了厂名、商标，有助于减轻购买者对产品质量的怀疑心理。特别是有一定知名度的企业，这样做对产品和企业的宣传可谓一举两得。美国百威公司的银冰啤酒的包装上有一个企鹅和厂牌图案组成的品质标志，只有当啤酒冷藏温度最适宜的时候，活泼的小企鹅才会显示出来，向消费者保证货真价实，风味最佳，以满足他们的求信心理。

(三)包装设计应符合审美要求

在现代商品市场上，在不同类型、五花八门的商品堆积的货架里，要使某一商品首先跳入消费者的视线，吸引他们走到商品的面前，进而引起他们的购买欲望，就得精心探索包装形式美的规律，就必须从包装的造型、色彩、文字、图案、包装材料等方面下功夫。商品的包装设计是装饰艺术的结晶。企业加强包装设计的形式美，也就是取得销售成功的关键。

大凡是世界名酒，其包装都十分考究。从瓶到盒都焕发着艺术的光彩——这是一种优雅且成功的包装促销。

(四)包装设计要注重便利性

一款包装的自重、包装的易打开程度、包装携带的便利性等，都会影响消费者所做出的购买决定。消费者所期望的包装往往暗含消费便利性于其中，以前的很多塑料包装要想打开必须借助牙齿或者剪刀，而现在多数此类包装都有个小口，轻轻一扯便可以打开消费，这就是考虑到了需求的便利性。

(五)包装设计要注重环保性

如今的包装虽然是企业行为，但切实存在着潮流现象，如环保包装的悄然流行就不可以等闲视之。环保包装最直接地反映了企业对消费者的关注程度，这样的企业容易得到消费者的认同。如直销的安利产品，基本都采用环保再生包装，这样的包装不但可以保护生态环境，而且也可以最大限度地保护产品质量不发生改变。

三、产品包装的心理策略

现代企业要想使设计出的产品包装得到消费者的喜爱，需要掌握多方面的知识，不仅需要物理、化学知识，而且需要心理学、美学、社会学及市场营销学等多方面的知识。特别是要掌握消费者的心理要求，针对消费者的购买动机与需要、行为方式与特点进行包装设计。

(一)按照消费者的消费习惯设计包装

消费习惯是人在长期社会生活中形成的习惯性消费行为。习惯一旦形成，就根深蒂固，不会轻易改变。因此，按消费习惯设计产品包装，是一种十分重要的心理策略。主要有下面几种。

1. 惯用包装

这是指某类产品长期沿用的、特有的包装。它遵从消费者的传统心理要求，符合消费者的固有观念，便于他们识别和记忆产品。例如，各种酒类的包装多用透明的高颈玻璃瓶，而罐头往往采用透明的圆柱形的广口玻璃瓶，鱼类罐头包装大多设计成扁身椭圆形或长方形。一些名、优、土、特产品的包装已经在消费者心目中树立起固定的形象，也不应该轻易改变。

2. 分量包装

这是为适应消费者的消费习惯或生理特点以及不同规模家庭的消费产品量的要求而设

计的包装。例如，瑞士出口到美国的雀巢速溶咖啡，为适应美国家庭主妇每周购物一次或每日购物一次的习惯，设计了大号包装(可供一周饮用量)和4盎司、2盎司的小包装(可供一日用量)，方便了不同生活习惯的消费者使用，满足了多层次需要，对促销起到很大作用。随着小家庭的增加，人们生活水平的提高，分量包装已成为一种趋势。对于某些日用品、食品、药品都可根据消费者消费的一次量、一餐量或一日量等进行分量不同的包装设计。

3. 配套包装

配套包装也称集聚包装，是将用途相同而种类不同的若干件有关联的产品组合成套包装。如此包装不仅便于消费者购买与使用，还能给产品增加新鲜感和名贵感，有利于新产品的推销，如文化用品、节日礼品、儿童玩具、化妆品、茶具、风味食品等都可采用配套包装。

4. 系列包装

系列包装也称类似包装。企业将其所生产的各种产品，在包装外形上采用相同的图案、近似的色彩、共同的特征，以使消费者容易识别产品的生产者或经营者，缩短对产品的认识过程，增强信任感。特别是新产品上市时，能利用企业的信誉消除消费者对新产品的不信任感。一般名牌产品多采用这种策略。例如，松下电器公司的系列产品，都采用类似的包装材料、图案和色彩，使消费者产生一见如故之感；上海威士德糖果食品公司采用名人系列、水浒肖像系列的糖果纸包装，取得了很好的促销效果。

(二)按照消费者的消费水平设计包装

消费者由于经济收入、生活方式及消费习惯、民族风尚的差异，对产品包装具有不同的要求。有的追求豪华高贵，有的喜欢朴实大方；有的注重包装的艺术情趣，有的要求实用实惠等。根据消费者的不同心理要求，可采用以下策略。

1. 等级包装

等级包装即按照产品的价值，分等级进行包装。它一般按照产品的高、中、低档设计包装形式，采用与其价值相匹配的包装材料与包装装潢，这样可以满足不同消费者的不同消费需求。对于高档产品，一般多采用上等包装材料，如各种楠木、檀木、樟木、绫、绢、织锦缎等，高级瓷器便是如此包装。图案设计或古朴典雅、或高贵华丽，制作精美、讲究。对于中档产品，往往采用比较现代化的包装材料，如塑料、尼龙、铝箔等，设计图案、色彩具有强烈的时代感，做工也比较精细。对于低档产品，一般使用玻璃、铁皮、木板及纸板等廉价的包装材料，图案设计或朴素大方，或艳丽浓重，给人经济实惠、物美价廉之感，以方便普通消费者选购。

2. 特殊包装

特殊包装是为适应消费者的某些特殊需要，对价格昂贵或稀有产品设计的有较高欣赏价值的专门包装。一些艺术珍品、珠宝首饰、稀有药材、古董文物等贵重物品，配以构思巧妙独特、材料上乘名贵、制作精细别致的包装，往往会受到某些消费者的特别青睐。消费者在购买这些产品时总持有一种"身价心理"，华贵高雅的包装装潢也将以无声的语言显示消费者的经济实力与地位。

3. 复用包装

复用包装也称双重用途包装，指非一次性的，可以反复使用的包装。如市场上常见的漂亮的饼干盒、糖盒、茶叶盒，还有些包装容器设计成杯、瓶、碗、提包等式样，当产品用完后，这些包装还可用作生活用品或工艺品。复用包装对消费者有很大吸引力，许多消费者正是由于受到精美的包装吸引，或者想得到该包装可作其他用途而最终决定将产品买回。这类包装设计，要注意其适用性、耐用性和艺术性，装潢设计和材料的选择应独具匠心。事实上，某些具有收藏价值或展示功能的艺术包装，还能起到长期的广告宣传作用。

4. 礼品包装

为适应消费者社交和参加社会活动的需要，一些礼品应采用装饰华丽、富有情调的产品包装。如节日礼品、祝寿礼品、婚庆礼品等，此类包装应具有喜庆色彩、美好情调，装饰要华丽、雅致，有的配有各色丝带、漂亮装饰纸、蝴蝶结等，非常引人注目，即使价格较高，消费者也乐于接受。

5. 简易包装

这是一种成本低廉、构造简易的包装。其特点是经济实用、便利卫生，主要是为了降低产品销售成本，适应消费者讲求实惠的要求而设计。如小件日用杂品，蔬菜、水果、食盐及一般调味品的包装，主要应注重实用性，可采用塑料薄膜、纸袋之类廉价包装物，以降低成本，满足消费者实惠、求廉心理。

(三)按照消费者的性别、年龄设计包装

消费者由于性别和年龄的不同，在生理上和心理上都有差异，因而对产品包装会有不同的要求。为此，在包装设计方面，应考虑消费者的年龄、性别特点。属于这方面的包装策略有下面几种。

1. 男性化包装

这是以表现男性特征，符合男性消费者心理要求的包装。其特点是体现刚劲、庄重、力量等男性气质，并在科学性和实用性上下功夫。例如，电动剃须刀、香烟、酒、西服、

鞋帽等主要由男性消费的产品，其包装要突出男性特点，外包装画面要粗犷、大气，以迎合男士心理。

2. 女性化包装

这是以表现女性特征，符合女性一般心理要求的包装。为适应女性消费者细腻、温柔、纤秀等心理特点，其包装设计要求多采用柔和的线条，别致丰富的色调，精巧的造型，强调女性魅力，并突出艺术性、情感性和流行性，以激发女性消费者的兴趣。

3. 老年用品包装

老年用品应按照老年人的心理特点进行包装设计，一般要求庄重、朴实、大方，便于携带和使用，并具有一定的传统性和实用性。如老年人消费的保健用品、药品、食品，其图案设计要简洁明快，包装上的说明文字要清晰、字体要大，尽量照顾老年人的生理特点，符合老年人的求实心理与习惯心理。

4. 中、青年用品包装

中、青年消费者一般对新事物反应敏锐、心境变化快，喜欢有新意、新奇、知识性和趣味性强的事物。因此产品包装设计应力求反映时代特点，展现时尚与实用相结合、知识与情感相结合及突出个性的包装风格。

5. 少儿用品包装

少儿消费者具有追求新奇、生动、知识、模仿的心理需求，因而其产品包装宜生动形象、色彩鲜艳，具有一定的知识性和趣味性。例如，不少儿童食品、儿童玩具、少儿学习用品的包装都制作成各种有趣动物、卡通人物的形状，或者在包装上用少儿喜欢的童话、寓言故事中的人物等进行装潢，有些儿童用品包装设计构思新颖、有趣，都能引起少儿消费者的兴趣和喜爱。

(四)利用错觉现象设计产品包装

错觉是人对外界事物的不正确知觉。这就是错觉现象。例如，两个容量相同的果酱包装，扁形的看起来比圆柱形的大些、多些；两罐同等分量的饼干，包装图案字体粗大的看起来比图案字体纤细的要大些、多些。在现实生活中产生错觉的现象很多，所以错觉表现为多种形式。有线条、图形的错觉，颜色错觉，运动错觉等。如当浮云掠过月亮时，人们会产生月亮在快速移动的错觉；霓虹灯的一明一灭，会产生广告图像在运动的错觉等。

错觉现象在产品包装设计上的运用由来已久。如古老的酒瓶，底部有覆杯的凹陷，使人看起来觉得酒的容量比实际分量多。近年来，国内外运用错觉现象进行包装设计，已经十分普遍和广泛。如两个荧光屏一样大小的电视机，没有装饰边的看起来比装饰边粗大的荧光屏大。此外，利用颜色错觉进行包装设计也是灵活多样。如黑色、红色、橙色给人以重的感觉，绿色、蓝色给人以轻的感觉，如果笨重的物体采用浅色包装，会使人觉得轻巧。分量轻的产品，采用浓重颜色的包装，会使人觉得庄重。据说，国外有一家工厂，产品原来是装在涂成黑色的包装箱里，工人搬起来觉得十分吃力。后来，他们把产品包装箱改涂为浅绿色，结果工效有明显提高。其实箱内的产品一点也没有减轻。

由于对颜色的错觉能左右人对产品的看法。因此，应根据产品的用途和本身颜色，设计包装颜色。如药品适用以白色为主的文字图案，表示干净、卫生、疗效可靠。食品适合用红、黄和橙色，表示色香、味美、加工精细，而不适用黑色和蓝色，否则会影响食欲。化妆品宜用中间色，如米黄、宝石绿、海水蓝、乳白、粉红等，表示高雅、质量上乘。而服装类产品的包装，应尽量采用流行色。

第四节　产品推广与消费者行为

一、产品推广中的消费者行为

在整个产品的市场推广过程中，由于消费者个人性格、文化背景、受教育程度和社会地位等的不同，他们对产品接受的心理活动常有较大的不一致，从而导致消费者对产品接受的快慢程度不同。

美国学者罗杰斯(E. M. Rogers)研究发现，在产品投入市场后，某些消费者会率先购买，而另一些人则需一段时间才能决定是否购买，还有一些人直至一种产品将要衰落时才会尝试购买。罗杰斯依据消费者接受产品快慢的差异，把产品采用者分为创新采用者、早期采用者、早期大众、晚期大众及落后采用者 5 种类型，如图 11-3 所示。

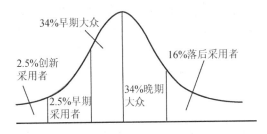

图 11-3　消费者购买新产品时期

(一)创新采用者

任何新产品都是由少数勇敢的最先采用者事先使用的，这部分采用者在整个潜在采用者中所占的比例极小，只有 2.5%。这部分消费者的个性特征是：自信心强，极富冒险精神；一般经济条件较好，收入水平、社会地位和受教育程度较高，争强好胜的心理对其购买行为影响很大。这类消费者以年轻人居多，他们交际广泛且信息灵通，购物积极，主动性强。

为了加速新产品的推广，企业营销人员应把促销手段和传播工具集中于这部分消费者身上，如果他们使用了新产品以后感觉效果良好，凭借着他们的争强、夸耀、好动心理，就会大肆宣传甚至宣扬，可以对后面的使用者产生巨大的影响。

(二)早期采用者

早期采用者占全部采用者的 13.5%。他们大都是对新事物敏感，愿意跟上社会消费潮流的人。这些人思想活跃，喜欢评论，且在群体中的威信较高，受到周围朋友的拥护和爱戴，为此他们更注意从广告中了解新产品信息，从而使自己成为舆论领袖。他们常有求新和追赶时髦的心理，对新产品态度积极，再加上较好的经济条件，常在新产品的介绍期和成长期就开始采用新产品，并对后面的采用者产生很大的影响，对新产品推广起着决定性的作用。

(三)早期大众

这部分消费者约占全体潜在消费者的 34%。他们个性沉稳、谨慎、服从性强，做事往往喜欢深思熟虑、决断性弱，因而决策时间较长，往往受过一定的教育，有较好的工作环境和固定收入。从众、同步心理对其购买行为影响较大，购物时喜欢模仿他人。由于这部分消费者在整个消费群体中所占比例达到 34%，而且他们的消费行为会直接影响到晚期大众，研究这部分消费者的消费心理和消费习惯，对于加速新产品的推广有着十分重要的意义。

(四)晚期大众

这部分消费者也占总体消费者的 34%。他们个性多疑，遇事常采取畏缩不前的态度，受教育程度和收入状况相对较差、社交活动较少、信息不灵，求实、仿效心理对其购买行为影响较大，从不主动接受或采用新产品，直到多数人采用且反映良好时才会行动。但由于这部分消费者所占比例较大，对他们的消费心理研究不可缺少，只能加强。

(五)落后采用者

这部分采用者多为时代的落伍者，占总体消费者的 16%。他们个性保守、传统习惯较重、思维方式僵化，其社会地位和收入水平也最低。他们只有在新产品已经广泛普及、已不新潮时，才予以接受。

尽管罗杰斯的这种划分并非精确，如接受新产品较晚的情况就很复杂。有些人确是因循守旧，对新产品常采取抗拒心理，但也有些人是由于信息不灵而知之较迟，造成延缓购买的后果，还有的人有购买意愿但经济条件不允许或干脆没有购买需要。但这种划分对研究新产品的推广过程有着十分重要的意义。其最主要的贡献是新产品能否打开市场，并在市场上推广开，主要取决于前两种人即创新采用者和早期采用者的态度。创新采用者和早期采用者对采用新产品有较大的积极性，只要他们认可，并带头予以消费某种新产品，其他人就会效仿和跟进，进而产生消费的示范效应。因此，企业在推广新产品的过程中，无论是广告宣传，还是人员推销，都要把新产品的宣传目标盯在这两部分人身上，信息传递渠道亦应选择与文化素质较高者密切相关的电视、报纸、专业杂志，同时大力做好有关群体的公关工作，可免费提供样品或给予各种优惠，促使其试用，并利用他们的经验和评价去吸引较晚的消费者。

二、产品推广过程中的营销心理策略

产品从引入市场到被市场淘汰的过程，也是消费者从接受该产品到放弃该产品的过程。企业在制定市场营销策略时，应根据消费者在产品生命周期不同阶段的状况和心理反应来进行。

(一)引入期的特点和营销对策

引入期指新产品刚引入市场，这时由于产量和生产工艺及技术方面的问题，产品成本高，售价也高。但新产品本身所具有的优于原产品的新特点，无疑对消费者具有一定的吸引力。所以，总有一部分喜欢标新立异的人在求新、求奇、趋美等心理作用下，开始带头消费新产品，成为新消费潮流的先驱。然而，更多的情况则是大多数消费者由于对新产品还很陌生，更不了解新产品的结构、性能、用途及优点，不愿承担购买风险，从而不同程度地表现出疑虑和冷淡的心态。也有的是由于不愿很快改变旧有的消费习惯或是受经济条件的制约，对新产品也采取观望态度。

这一时期的营销心理对策应主要放在积极做好新产品的宣传工作上。具体可采用以下宣传策略。

(1) 通过广告大力宣传新产品的功能、特性、用途、优点、价格并告知消费者购买地点，使消费者接收广告信息后对新产品有个较为全面的认识，培养消费者的购买兴趣。

(2) 企业可将新产品摆放在商店或经销点引人注目的位置上，并在柜台前进行演示，以加快消费者对新产品特点及使用方法的了解。

(3) 向顾客赠送或让顾客试用新产品，以期利用他们试用后的良好反应和效果影响更多的消费者购买，这时的价格策略也应以高价为主。"物以稀为贵"，产品刚上市量还不大，而且在新产品一上市就准备予以消费的顾客一般经济地位较高，喜欢追求时髦、高档、名贵的商品，价格高一点符合这些消费者的消费心理。

(二)成长期的特点和营销对策

产品到了成长期，由于质量渐趋稳定甚至有一定提高，使销量迅猛增加，由此进一步扩大了产品的知名度。产品知名度的提高使越来越多的消费者认识了新产品，而最早购买者对产品的承认和肯定，更能激发潜在购买者的兴趣和欲望。但消费者期望质量进一步提高，价格进一步稳定和下降，所以仍不免持等待和观望态度。

这时的营销心理策略仍要放在广告宣传上，以进一步提高消费者对商品的认知能力，消除顾客的疑虑。这时的广告宣传重点与初期不同，除仍要对产品加以说明、解释和指导外，重点应放在树立产品形象、创造名牌产品上，以便维系老顾客，吸引新顾客，使产品形象深入顾客心中。

在价格策略上，由于产品已形成批量生产，成本下降，可以考虑在适当的时机采取降价策略，以激发那些对价格比较敏感的消费者产生购买动机和采取购买行动。

(三)成熟期的特点和营销对策

产品到了成熟期，市场已经饱和，大多数潜在的消费者已经试用过这种产品，未来的购买只受重复需求和人口增长的影响。消费者的购买心理表现在对商品的功能、造型、颜色、价格、售后服务、零配件供应等方面的选择性增强，对产品质量的要求更高、更严，并主要消费那些在市场上已有相当名望和声誉的名优产品及外观漂亮、改进更新状况良好、价格也公道的商品。

这一时期营销策略的力度应放在挖掘市场深度和拓展市场广度上。一是以产品自身的改变，如提高产品的耐久性、可靠性、安全性，增加产品的功能来满足顾客的不同需要，并可将产品从低档上升为高档，为消费者提供新的利益；二是寻求新的细分市场，采用适应新市场消费者心理特点的广告宣传形式和内容，发掘新的市场和新的消费方式，拓展市场广度。在价格策略上，可通过特价、折扣定价、延期付款等心理定价法来降价让利，吸引老顾客，争取新顾客。

(四)衰退期的特点和营销策略

产品到了衰退期，许多企业看到无利可图就会纷纷退出市场，此时虽然竞争力度减弱，但市场需求和范围也在不断缩小，产品销售量急剧下降，企业的利润很低甚至为零，企业已形成的生产能力与市场销售量下降的矛盾十分突出。这时的许多消费者尽管看到老产品质量可靠、技术完善、价格合理的特点，但仍阻挡不住他们消费兴趣的转移。许多消费者期待的是老产品能降价处理，新产品尽快出现。

这一时期的营销策略，一是利用产品质优价廉的优势去吸引那些经济收入不高，注重产品效用而不注重形式的保守购买者；二是安排一个日程表，按计划逐步减产，使有关的资金有计划地转移，替代性新产品的产量逐步扩大，诱导消费者的兴趣和习惯逐步改变。

本 章 小 结

产品是消费者一切心理与行为活动的基础。本章主要介绍了新产品、产品命名、产品包装、产品生命周期等诸因素对消费者行为的影响及企业有针对性的营销心理对策。

现在，消费者越来越喜欢方便、健康、快捷的产品，企业必须适应市场的变化，在开发新产品上下功夫。企业开发的新产品不同，对消费者行为的影响不同。全新产品开发，可以对消费者的消费观念、消费方式、消费心理等产生重大影响。换代新产品能为消费者新增产品的实际效用，而且给消费者带来新的利益和心理上的满足感，极大地影响消费者的消费心理。改良新产品在一定程度上能满足消费者求新、求异、求变的心理欲望，故很容易被消费者所接受。

新产品设计主要通过构思创造出有关商品主体、容器、包装、广告画等所有物品的形状和颜色，并将上述这些用一个商品概念统一起来。它可以提高新产品的魅力，增强消费者的购买心理。而新产品设计必须符合消费者当时的心理需求，如便利化、美观化、情趣化、时尚化、非正规化、个性化及回归自然的心理要求。

开发出来的新产品必须命名，一个好的产品命名，不但能使消费者易于了解产品的主要特点，易于记忆产品的形象，还会引发消费者的兴趣，诱发情感，启发联想，便于记忆，进而刺激购买欲望。命名要鲜明独特，简明、易懂、易记，要反映产品的本质，要尊重宗教文化。命名可以根据产品的效用、主要成分、出产地、人名、做工方法、外观、寓意等来命名。

"马要金鞍，佛要金装"。漂亮的包装能帮助消费者识别商品，为消费者提供方便、吸引注意、启发联想等，在遵循一定的包装原则下，企业可以按照消费习惯、消费水平、性别年龄来设计包装，合理利用错觉在包装中的作用。

新产品推广过程中，依据消费者接受产品快慢的差异，把产品采用者分为创新采用者、早期采用者、早期大众、晚期大众及落后采用者 5 种类型。根据产品的生命周期阶段的特点，产品推广策略可以包括引入期的心理策略、成长期的心理策略、成熟期的心理策略和衰退期的心理策略。

自 测 题

一、判断题(正确的打 √，错误的打 ×)

1. 产品的寿命周期理论说明任何产品都有退出市场的一天。   ( )

2. 处于导入期的产品，营销重点是启发和巩固消费者的偏好，这时往往采用差异营

销策略。　　　　　　　　　　　　　　　　　　　　　　　　　　　　　　　　（　　）

3. 不可将"名牌"和"高档"混为一谈。　　　　　　　　　　　　　　　　（　　）

4. 无论何种形式的新产品，其新的特点都要得到消费者的认可，即消费者认为能够给自身带来新的利益或新的心理满足，否则就不能称之为新产品。　　　　　（　　）

5. 早期购买者也希望在一般人之前购买新产品，但却是在经过创新购买者认可后才购买，从而成为"赶时髦者"。　　　　　　　　　　　　　　　　　　　　　（　　）

6. 消费者对新产品的理解和使用的难易程度直接会影响新产品的推广。　（　　）

7. 新产品与老产品相比的相对优点，能否准确明了地为消费者感知，也会直接影响到新产品的推广。　　　　　　　　　　　　　　　　　　　　　　　　　（　　）

8. 有一款法国香水命名为 Christiandior(毒药)，是为了满足激发联想这一产品命名的心理要求。　　　　　　　　　　　　　　　　　　　　　　　　　　　　　（　　）

二、单项选择题

1. 某化妆品公司把各种护肤品包装在一起，既方便顾客购买与使用，又有利于产品销售，该公司使用的是(　　)。

　　A. 配套包装策略　　　　　　　　　　B. 附赠品包装策略
　　C. 复用包装策略　　　　　　　　　　D. 等级包装策略

2. 消费者对产品已熟悉，消费习惯也逐步形成，销售量迅速增长，表示产品已进入产品生命周期的(　　)。

　　A. 导入期　　　　　B. 成长期　　　　　C. 成熟期　　　　D. 衰退期

3. 现在许多女性喜欢穿宽松直筒式的裤装，半片长半片短或半片宽半片长的上装，强调的就是一种家常的、闲适的、不经意的打扮。这属于消费者对新产品设计的(　　)心理要求。

　　A. 美观化　　　　　B. 情趣化　　　　　C. 时尚化
　　D. 非正规化　　　　E. 回归自然

4. 在原有产品基础上，采用新技术或新材料，使产品性能有了重大突破或将原单一性能发展成多种性能及用途的产品，称为(　　)。

　　A. 全新新产品　　　　　　　　　　　B. 换代新产品
　　C. 改进新产品　　　　　　　　　　　D. 仿制新产品

5. 影响新产品扩散的因素有(　　)。

　　A. 相对优越性　　　B. 技术复杂性　　　C. 产品可试用性　　　D. 信息传递

6. (　　)的问世和推广使用，常会对消费者的消费观念、消费方式、消费心理等产生重大影响。

　　A. 全新新产品　　　　B. 换代新产品　　　C. 改进新产品　　　D. 仿制新产品

7. "衣领净"是根据商品的(　　)来命名的。

A. 效用　　　　　　B. 产地　　　　　　C. 人名　　　　　　D. 主要成分

8. 美国学者罗杰斯研究发现，一些人在新产品将要衰落时才会尝试购买。这些落伍者占到总体消费者的(　　)。

A. 2.5%　　　　　　B. 15%　　　　　　C. 16%

D. 20%　　　　　　E. 34%

三、多项选择题

1. 产品命名对消费者行为的影响主要有(　　)几个方面。

A. 认识产品　　　　　B. 诱发情感　　　　　C. 启发联想

D. 便于记忆　　　　　E. 保护消费者利益

2. 按照消费者消费水平设计包装的策略有(　　)。

A. 简易包装　　　　　B. 特殊包装　　　　　C. 复用包装

D. 特殊包装　　　　　E. 分量包装

3. 罗杰斯依据消费者接受产品快慢的差异，把产品采用者分为(　　)。

A. 创新采用者　　　　B. 早期采用者　　　　C. 早期大众

D. 晚期大众　　　　　E. 公众

4. 满足消费者基本需要的新产品设计心理策略有(　　)。

A. 便利化策略　　　　B. 性能提高策略　　　　C. 回归自然策略

D. 个性化策略　　　　E. 非正规化策略

5. 为了发挥商标应有的感召力，在商标设计中必须注意的心理要求有(　　)。

A. 个性鲜明　　　　　　　　　　　　　B. 文字简练

C. 具有时代气息　　　　　　　　　　　D. 避免禁忌

6. 按照消费者的消费习惯设计包装的策略有(　　)。

A. 惯用包装　　　　　B. 分量包装　　　　　C. 等级包装

D. 配套包装　　　　　E. 系列包装

7. 产品生命周期主要分为 4 个阶段，即(　　)。

A. 萌芽期　　　　　　B. 引入期　　　　　　C. 成长期

D. 成熟期　　　　　　E. 衰退期　　　　　　F. 潜伏期

8. 按照消费者的消费水平设计包装，策略有(　　)。

A. 简易包装　　　　　B. 分量包装　　　　　C. 复用包装

D. 等级包装　　　　　E. 礼品包装　　　　　F. 配套包装

G. 特殊包装

四、思考题

1. 产品命名的心理功能是什么?

2. 产品命名的方法有哪几种?

3. 什么是商标? 它有哪些心理功能?

4. 商标设计应遵循什么原则?

5. 产品包装的心理功能是什么? 包装设计中应运用哪些心理策略?

6. 举例说明在购买活动中产品包装的错觉现象。

7. 简述新产品的类型及对消费者行为的影响。

8. 对新产品的采纳者如何分类? 新产品推广中的心理营销策略是什么?

案 例

娃哈哈 HELLO-C 产品上市

现如今, 女人最注重容颜、身材, 在"美"这个问题上, 她们不断探索美容瘦身的秘诀和偏方, 甚至不惜代价、一掷百万, 由此不少"美容瘦身"产品和秘方方兴未艾。不少年轻女性经常在家用蜂蜜把洗净切好的柠檬薄片浸泡起来, 放在冰箱中储存, 让蜂蜜和柠檬充分融合, 每天早上用干净的勺子取出一片柠檬直接泡水喝。或者将柠檬洗净、切片后放入杯中, 再取约 2 茶匙蜂蜜, 然后慢慢注入温水, 搅拌均匀, 有时还加入冰块, 让口味更加清爽。而这种柠檬加上蜂蜜的营养果汁, 一直是被女性们看作"美容瘦身的秘诀"。

因此, 娃哈哈 HELLO-C 精选富含维生素 C 的柠檬, 并特别添加蜂蜜调理, 营养更易吸收。再加上柠檬带来的天然果酸, 融合蜂蜜的甜蜜, 给人入口酸、回味甜的美妙享受。不但符合白领女性的生活理念, 更是在带来口福的同时又带来健康。更为重要的是, 娃哈哈 HELLO-C 相对于练瑜伽、买护肤品等健身、美容方法, 省时、省事、更省钱, 给人一种轻轻松松就把美丽肌肤喝出来的感觉。

娃哈哈 HELLO-C 的营养和功效主要是由柠檬和蜂蜜这两种成分发挥出来。柠檬是一种营养和药用价值都极高的水果, 含有维生素 B1、维生素 B2、维生素 C 等多种营养成分, 此外, 还含有丰富的有机酸、柠檬酸及高度碱性, 具有很强的抗氧化作用, 对促进肌肤的新陈代谢、延缓衰老及抑制色素沉着等都十分有效。不仅如此, 柠檬还具有生津止渴、和胃降逆、化痰止咳的功效。富含各类维生素能增强血管弹性和韧性, 具有抗菌消炎、增强人体免疫力等多种功效, 可预防和治疗高血压、心肌梗死及高血糖等疾病。蜂蜜是一种天然的营养品, 它包含可以燃烧人体能量的优质糖分、维生素及矿物质等。蜂蜜具有优良的杀菌效果与解毒效果，蜂蜜可促进消化吸收，增进食欲，镇静安眠，提高机体抵抗力，对促进婴幼儿的生长发育有着积极作用。它有助于把体内积聚的废物排出体外，使全身的新陈代谢功能得到改善，使得那些由于不能很好地消耗而在体内积聚下来的多余脂肪作为能量而得到燃烧，并且将糖分转变成能量，很快地消除疲劳。

　　一般的果汁饮品大多使用果葡糖浆、阿斯巴甜、AK糖安赛蜜、三氯蔗糖或是纽甜等香精香料作为甜味剂。而娃哈哈HELLO-C则采取天然蜂蜜来提升饮料的口感，使饮料清甜香滑。在各种功能性饮料中，娃哈哈HELLO-C是一款少有的具有抑制食欲、排毒美白、淡化色斑功效的柠檬汁饮品。

(资料来源：1. 周锡冰. 娃哈哈营销革命[M]. 深圳：海天出版社，2008；

2. 罗建幸. 宗庆后与娃哈哈：一个中国著名企业的深度研究[M]. 北京：机械工业出版社，2008；

3. 钱卫清. 生死之战——达能娃哈哈国际商战内幕[M]. 北京：北京出版社，2009)

案例讨论：

1. 娃哈哈企业开发HELLO-C产品的意义是什么？

2. 娃哈哈HELLO-C产品上市后，影响它市场扩散的因素有哪些？

3. 娃哈哈HELLO-C产品上市后，最早采用的消费者具有哪些心理和行为特征？

第十二章 价格因素与消费者行为

【学习目标】

通过本章学习，应了解消费者的产品价格的心理功能；掌握消费者的价格心理表现；价格变动对消费者行为的影响；掌握产品定价的心理策略及产品价格调整的心理策略。

【导读案例】

联邦快递掀价格战 国内快递业现危机

联邦快递公司于 2007 年 6 月才正式宣布进入中国快递服务市场，而一年的时间里，其针对中国国内市场已经有过 4 次大规模降价，平均每个快件的价格较最初降低了 100 元左右。

最大幅度的降价发生在今年 6 月。降价后，联邦快递公司的"次早达"服务，上海到北京 1 千克起价只要 21.6 元，"次日达"为 18 元，与最初资费相比降价幅度超过 70%。北京至周边省份、沈阳到大连、济南至青岛等城际间线路的派送费用仅为 9.6 元，远低于国内快递企业的首重价格，并直逼国内快递企业的成本线。

而仅在一年前，联邦快递此类产品的报价都在百元以上。据悉，原本计划 8 月 1 日进行的第四轮降价，因 6 月降价激起市场强烈反应，故以"暗折"方式进行。

联邦快递公司的多轮降价行为正发生在油价、劳动力等各项成本均不断上涨，以及宏观经济不景气的背景下。

民营快递企业顺丰公司副总裁黄伟在接受中国经济时报记者采访时说："原本公司打算涨价，可现在我们只好硬撑着。"

今年以来，大部分物流企业都出现亏损，有的甚至已经难以为继。顺丰公司出现了 15 年以来的第一次亏损，上半年亏损达 2000 万元。倒闭的不仅是中小公司，一些年营业额达数亿元的快递公司，如知名的上海一统快递，也突然倒闭。还有一些知名快递公司，不得不寻找投资，而对其表现出明显兴趣都是外资投入。

对于价格调整，联邦快递公司的官方说法是：一年前公布的价格是可以提供折扣的，而新的价格是没有折扣的，所以很难将全新简化且不含折扣的价格与此前公布的价格进行比较。

然而这种说法难以服众。有国内快递企业指称：联邦快递公司目前的降价行为已经是不计成本，其真实目的是依据其资金、技术上的雄厚实力，吃掉中国企业，迅速占领中国市场。

就联邦快递公司中国国内快递每月的运营成本，有业内人士根据快递行业的市场基本情况进行了估算：其每月的运营成本大致为 5000 万元，每年约为 6 亿元，而按联邦快递 2008

财年公布的数字，其国内快件业务实际收入仅为1.35亿元。

联邦快递通过租用奥凯航空公司的3架全货航飞机运送快件，每架飞机每小时最少5万元成本，以一天8小时计算，其每月仅这一项成本就高达3600万元。另外，每吨8000多元的燃油费，使联邦快递公司每个月需要增加300多万元燃油补偿。再加上其他费用，联邦快递每个省际快件成本应在80元左右。

"联邦快递在9.6元的基础上再打7折，这表明它是背水一战，既然已经亏损了，索性就用更低价更快地逼死竞争对手，抢夺市场。"一位快递行业资深人士对记者分析说："洋快递在挤掉国内快递企业之后，极有可能采取提价策略，再把损失夺回来。"

（资料来源：张帆. 联邦快递掀价格战 国内快递业现危机[J]. 中国经济时报，2008-08-26）

阅读案例，思考下列问题：

1. 价格战利大于弊还是弊大于利？谁是价格战中的获利者？
2. 联邦快递为什么迷恋价格战？
3. 联邦快递连续4次降价促销，有无考虑消费者的心理和行为反应？

价格是商品价值的货币表现形式。商品价格的高低，直接关系着买卖双方的切身利益，也直接影响着消费者对某些商品是否愿意购买及购买数量的多少。所以，商品价格是影响消费者购买心理最敏感的因素。本章将讨论商品价格对消费心理及行为产生的影响，研究商品定价的消费心理策略及商品调价的消费心理策略等内容。

第一节　商品价格与消费者行为的关系

在商品的经销活动中，经常会出现这样的情况：同一价格，有些消费者认为可以接受，有些消费者却感到难以接受；一种在理论上合理的价格，消费者心理上不一定能够接受；一种在理论上不合理的价格，消费者心理上却能够接受。这主要是由于许多消费者对于商品价值和品质的认识过程的快慢不同、知觉程度的深浅不同，再加上经济条件和消费能力的差别，对商品价格就产生了不同的心理反应。可见，商品价格是具有某些心理功能的，并在一定程度上影响着消费者的购买动机和购买行为。

一、价格是消费者衡量商品价值和品质的直接标准

商品价格是价值的货币表现，价格以价值为中心上下波动。商品价值凝聚了生产过程和流通过程中活劳动和物化劳动的耗费。从理论上讲，消费者在选购商品时应以商品价值为尺度来判断是否购买。然而，由于供求关系的作用，交换价值与商品价值量之间存在着一致与偏离的关系，因此，价格的表现价值职能并不意味着商品价格与商品价值是简单的等同。在市场商品供求平衡的条件下，价格表现商品的价值量；否则，就不能完全表现商

品的价值量。市场供求关系的变化，可以引起价格与价值的偏离，同样是价格表价职能的正常现象。

现实生活中，消费者不可能具体了解每种商品的定价工作情况，而是习惯于根据经验把价格与价值及商品质量联系在一起，视价格为价值大小的标志，为商品质量的尺度。消费者普遍认为"一分钱，一分货""好货不便宜，便宜没好货"。尽管有些消费者具备一定的营销学知识，会对价格的合理性进行分析，但是以价格水平来衡量商品价值大小与质量高低，仍然是大多数消费者奉行的价格心理准则。

消费者为什么常以价格来衡量商品呢？原因有以下两点。

(1) 信息不对称。在市场经济活动中，在相互对应的经济个体之间的信息呈不均匀、不对称的分布状态，由于各类人员对有关信息的了解是有差异的，掌握信息比较充分的人，往往处于比较有利的地位，而信息贫乏的人员，则处于比较不利的地位。一般而言，卖家比买家拥有更多关于交易物品的信息，但相反的情况也可能存在。前者例子可见于二手车的买卖，卖主对其卖出的车辆比买方了解。后者例子如医疗保险，买方通常拥有更多信息。在消费活动中，消费者往往是信息缺乏的群体，在没有途径获得更多信息时，为了减少或消除信息缺乏给购买决策带来的负面影响，反而增强了用价格衡量商品价值的心理反应。

(2) 非行家购买。实际生活中，消费者对大多数生活消费品的购买都属于非行家购买。因为在技术不断涌现、经济快速发展的时代，新产品层出不穷，技术含量越来越多，商品内在质量越来越高，消费者单凭积累的购物经验很难判断商品价值和商品品质。由此，消费者越来越多地依赖商品价格作为评价商品价值和品质的主要标准，尤其是在耐用消费品、不动产和高新技术产品中表现更为明显。

二、价格是消费者社会地位和经济收入的象征

快速发展和发达的社会，人的消费行为越来越具有符号象征性。消费者借助某些物品、价格、品牌、购物场所等这些能进行消费表达和传递某种意义的载体，以彰显消费者的地位、身份、个性、品位、情趣和认同。当代一则著名的广告词一语点破符号消费的奥秘："我买什么则我是什么。"这些认同决定了"我"在进行消费时，哪些是符合"我"的社会地位、身份、角色认同及哪些是不符合的。

随着社会经济与文化的发展，象征性消费越来越受到消费者重视和经营者的关注。由于象征性消费更能体验消费者自我与其价值取向，它对反映某个时期或某类群体的文化特色具有重要意义。商品价格本来是商品价值的货币表现，其作用在于促进商品的交换。但在某种情况下，还具有显示消费者社会地位高低的社会价值的作用。消费者在购买活动中，通过联想往往把购买商品的价格同个人的愿望、情感、人格特点联系起来，让价格成为反映其经济实力、社会地位、文化水平、生活情趣和艺术修养的工具，以满足个人心理上的某种要求或欲望。

自我比拟的功能主要表现在 3 个方面。

(1) 社会地位的比拟。如有些消费者热衷于追求高档、名牌商品，对廉价、处理商品不屑一顾，还认为到小店或地摊购买商品，有失身份，希望通过商品价格来显示自己的高贵身份。

(2) 文化修养的比拟。如有些消费者对于音乐，既不爱好也无专长，却千方百计地买一架价值昂贵的钢琴，作为家庭的摆设，希望通过商品价格来显示自己的情操风雅。

(3) 气质、性格、能力等方面的比拟。如有些消费者对于书法和绘画并无研究，却要花上一大笔钱买几幅名人字画挂在家中，以拥有名人字画而自豪，并希望以此来显示自己的文化修养。需要注意的是，消费者的这种价格比拟有时与实际情况相符，有时可能与实际情况相差甚远，是受社会风气影响的结果。

三、价格帮助消费者进行经济效果衡量和比较

价格对消费者来讲，有计量其经济活动效果和比较其购买商品时得失的功能。对消费者来说，其计量和比较的具体功能表现为以下几个方面。

(一)帮助消费者核算经济收入和消费支出

消费者在购买商品时，不能不考虑该种商品价格和自己经济收入之间的关系，特别是可自由支配的那部分经济收入。如果商品价格昂贵，远远超过他的支付能力，消费者只好放弃购买；如果商品的价格与目标顾客的支付能力基本吻合，则这种交易成功的把握就大得多。20 世纪 80 年代初期，日本生产的黑白电视机之所以畅销我国，除了质量好之外，其制定的销售价格正好与我国当时中等以上经济收入家庭的支付能力相一致，这不能不是一个重要因素。

(二)帮助评估商品价格与商品品质

在日用消费品市场上，绝大多数消费者并不去估量商品的价值量，或者无法估量商品的价值量(即值多少钱)。他们往往是通过比较商品价格与商品品质之间的关系来决定是否购买。通过纵向比较或横向比较，如果他们认为商品品质非常好，虽然价格高一些，消费者也愿意购买。当然，这种品质不但包括商品的理化功能(如食品中的营养成分、绒毛制品中天然绒毛的长度和保暖性能等)，也包括商品的文化品位(如商品品牌的知名度、商品由哪些销售渠道经销等)。在市场上，名烟、名酒和名牌服装的价格远远高于普通烟、酒、服装的价格，但仍拥有众多的消费者，这不能不说是这种心理功能的作用。

(三)帮助分析商品比价

商品比价，是指同一市场上和同一时间内，一种商品与另一种商品的价格比例关系。

顾客在购买商品,特别是购买在使用上可以相互代替的日用工业品和农副产品时,如电风扇和空调、收录机与组合音响、普通服装与高档服装、国产工业品与进口工业品等,他们往往要反复分析这些商品价格和使用价值之间的关系,权衡得失之后才决定是否购买。我国工农业商品交换中存在着较大的剪刀差,农民在购买工业品时,已日益认识到农业劳动与工业劳动相交换的不平等,出现出售农产品和购买工业品的心理障碍,这不但不利于轻工产品向广大农村市场的渗透,而且延缓了农村自然经济、半自然经济向商品经济转化的进程,不能不引起我们的高度重视。

四、价格调节消费者的商品需求

商品价格对消费需求有巨大的影响,因此,价格变动可以调节消费需求,既可以刺激需求又可以抑制需求。一般来说,消费需求的变动方向与价格变动方向相反,即在其他条件不变的情况下,商品价格上涨,消费需求量减少;商品价格下跌,消费需求量增多。但是,价格对需求的调节作用还会受需求价格弹性、消费者的需求强度和价格心理预期的制约。

不同种类的商品,需求价格弹性是不同的。需求价格弹性,简称为价格弹性或需求弹性,是指需求量对价格变动的反应程度,是需求量变化的百分比除以价格变化的百分比。需求量变化率是对商品自身价格变化率反应程度的一种度量,等于需求变化率除以价格变化率。例如,鸡蛋的价格上涨了10%,使鸡蛋的销量减少了5%,需求价格弹性就是5%除以10%,即0.5。

一般说来,生活必需品弹性比较小,商品价格影响商品需求量变化的幅度比较小;非生活必需品的弹性比较大,商品价格影响商品需求量变化的幅度比较大。消费者对某种商品的需求越强烈、越迫切,对价格的变动越敏感,价格的调节作用也越突出。对于心理需求较弱的商品,结果则相反。如果消费者对商品价格变动的心理预期能持续较长时期,就会采取相反做法。例如,当某种商品价格上涨时,消费者出于购买的紧张心理,认为价格可能还会继续上涨,反而刺激购买行为;而某种商品价格下跌时,消费者出于购买的期待心理,认为价格可能还会继续下跌,反而抑制购买行为。所以,在采用价格策略调整供求关系时,既要考虑一般规律,也要考虑在一定的经济条件和消费者心理状态影响下,这种规律性倾向的变异。

第二节　消费者对价格的心理反应

在认识了商品价格与消费者心理行为的关系后,还应该了解消费者对所购商品价格的一种意识反应。所谓消费者的价格心理,是指消费者对价格认识的心理反应。由于人的认识能力和水平不同,思想方法和角度不同,个性与气质不同,对同一种社会现象如价格也会产生各种不同的反应。比如，当按照价值决定价格的原理制定所销商品的价格时，有的顾客会认为这是货真价实的，但有时他们却又怀疑它的真实性；市场上往往出现这种现象，在供求情况并没有多大变化的前提下，当你背离价值，高价出售商品时，顾客却争相购买，而压低价格后却无人问津。这就是消费者价格心理作用的结果。这种价格心理在不停地左右着消费者的购买行为，对企业的市场营销产生巨大的影响。所以，一个企业要想搞好市场营销，必须认真研究广大消费者对商品价格的心理反应，据以制定科学有效的价格策略。

消费者价格心理的具体类别是很多的，如预期心理、观望心理、攀比心理、比较心理、炫耀心理、跟随心理等。这里分析的是消费者价格心理的一些基本特征。

一、对价格的习惯性心理

消费者在长期消费实践中往往对商品价格形成一种习惯性心理。习惯性心理是指消费者根据以往的购买经验和对某些商品价格的反复感知，来决定是否购买的一种心理定式。特别是一些需要经常购买的生活消费品，在顾客头脑中留下了深刻的印象，更容易形成习惯性价格心理。基于这种习惯性的价格心理会在消费者心中形成对某种商品价格水平的认可，一般会有上、下限标准。如果价格超过上限，消费者会认为价格太高而拒绝购买；如果价格超过下限，消费者会对商品质量产生怀疑，不敢购买。习惯价格是消费者长期经验的总结，一旦形成则不易改变。企业在定价工作中应注意适应和利用这种心理特征，不可轻易制定超出习惯价格范围的商品价格。如果商品价格恰好居于购买者的习惯价格水平，一定会博得他们的信赖和认同。

一些购买频率较大的日用商品，由于消费者长期、频繁地购买和消费，哪个商品需要支付多少金额，在消费者的头脑已形成一种习惯性，消费者对这种商品的价格习惯了，就易于接受，就认为是正确的、合理的价格。所以，对一些已经形成习惯价格的商品，一般应采用稳定价格、提高生产效率、薄利多销的策略去经营，如果确定需要变动价格，也应事先进行广泛详尽的宣传，对价格调整的必要性做出准确的解释。

二、对价格的敏感性心理

敏感性心理是指消费者对商品价格变动在心理上的反应程度和速度。衡量价格敏感性的一个最常用指标是消费者的需求价格弹性，即对价格的反应程度。价格弹性可用购买量变化的百分率与价格变化的百分率之比来测量。如果购买量减少的百分率大于价格上升的百分率，则需求是富于弹性的；如果购买量减少的百分率小于价格上升的百分率，则需求是缺乏弹性的。如果需求是富于弹性的，说明商品的价格变化不大，而购买量却会产生很大的变化，即消费者对价格反应比较敏感；如果需求缺乏弹性，说明商品价格变动后，购买量却不会产生很大变化，即消费者对价格反应不敏感。

用需求价格弹性的理论来解释，消费者对价格变动的敏感心理是因人而异、因商品而异的，由于商品价格的升降直接关系到消费者的生活水平，所以低收入阶层的消费者对价格变化更为敏感。价格变动的敏感性还取决于消费者对商品的需要程度。一般来说，像粮食、蔬菜、肉类等生活必需品的需要程度高于名烟、名酒、化妆品等奢侈品，因而消费者对日常生活消费品价格变化的敏感程度会远远大于享受型消费品。

同时，消费者对许多产品往往不注意它们的精确价格，因而，在许多情况下，可能存在一个可接受的价格范围。如果产品属于这个范围，价格就可能不被作为一个尺度，然而，若价格超出可接受范围的上限或下限，价格就变得很重要，同时有问题的产品将被拒绝。在市场购买活动中，常会看到这种现象，一位消费者，当他购买蔬菜时，每斤贵了几毛钱乃至几分钱，往往愤愤不平；而当他购买高级家具时，所付出的价钱比一般家具多花几十元乃至几百元，却并不在意。这种现象的产生，就是人在心理上对于不同种类商品的价格敏感性不同的缘故。人在长期购买活动中，对于不同种类商品逐步形成了高低不同的价格标准。这种想象中的价格标准，影响着人对不同种类商品价格的敏感性。

三、对价格的感受性心理

价格感受性是指消费者对商品价格及其变动的感知强弱程度。它表现为消费者对通过某种形式的比较所显现的差距，对其形成的刺激的一种感知。价格的高与低、昂贵与便宜都是相对的。一般来说，消费者对价格高低的认知不完全基于某种商品价格是否超出或低于他们心中的价格尺度，还基于与同类商品的价格进行比较，以及购物现场的不同类商品的价格比较来认识。比较结果的差异大小，形成了消费者对价格高低的不同感受。这种感受会直接影响消费者的价格判断。所以，消费者对商品价格高低的印象是通过 3 种途径获得的：①通过与市场同类商品价格比较；②通过商品本身的外观、重量、包装、使用特点、使用说明进行比较；③通过与同一售货现场内的不同类商品的价格比较。

消费者的感觉和判断往往出现错觉，从而对商品价格高低的识别和判断也出现错误，这被称为价格错觉。造成他们产生错觉的主要因素有：①商品出售过程的环境、气氛和购买时的气氛，还有商品本身的外观、包装、功能等因素；②消费者对商品需求的迫切程度。价格错觉大都是在知觉对象的客观条件有了一定变化下产生的，其中受背景刺激因素的影响较大。也就是说，往往由于周围陪衬的各种商品价格不同，而引起消费者对某一商品价格高低的感受不同。例如，某一商品的单价为 30 元，分别摆在两个不同组合的柜台里。甲柜台上多数商品的价格低于 30 元，是偏向于低价格的系列；乙柜台上多数商品价格高于 30元，是偏向于高价格的系列。本来，同一价格的商品摆在不同的柜台中，其价格知觉应该是一样的。但在这种情况下，由于受背景刺激因素的影响，在甲柜台它的价格就显得高；而在乙柜台它的价格就显得低。所以，一般情况下把它放在甲柜台中就会滞销，而摆在乙柜台就会畅销。但有时也会出现相反的情况，这都是价格错觉的缘故。

【小案例 12-1】

"5 折狂欢"背后的消费心理

"价格差异感受性"是指人们会把商品的价格和自己的"内部参考价格"做比较，比较结果显示等于或低于内部参考价格才倾向于购买。研究者发现一个很有趣的结果：更深的折扣能提高初次购物顾客的后续购买率，但会减少老顾客的后续购买。大家可以思考一下为什么会这样？这是因为，对于初次购物者来说，打折后的价格和内部参考价格相比的确更低了；而对于老顾客来说，其内部参考价格很可能已经变成了上次购物的实际价格(折后价)，也就是说，内部参考价格降低了，那么此时的打折就没什么新奇的，自然就无法吸引老顾客了。所以，淘宝的 5 折促销如此火爆的可能原因之一就是吸引到了很多一年才来一次淘宝购物的消费者。"促销预期"也是影响购买行为的重要因素。有研究表明，在面对一个促销商品时，若消费者预期与下一次同等程度的促销时间间隔很长，则会评价当前促销更具吸引力，更易于做出购买决策。这就是为什么淘宝网的决策者们一年才做一次"5 折狂欢"，如果几个月一次，半年一次，对消费者的吸引力说不定打折更狠。为什么"5 折"有如此巨大的魔力呢？换言之，在相同的价格情况下，贴上"5 折"标签的商品和贴上"买一赠一"的商品哪个更受欢迎？研究者曾经有过不同的意见，而事实上，这个问题和商品的分类特征、原价等很多因素有关。例如，越不容易存储的商品，直接打折的效果越好；越容易存储的商品，赠送的相对效果越好。

（资料来源：心理学之家，http://www.psybook.com，2011-11-27）

思考题：解释消费者产生价格差异感受性的原因。

四、对价格的倾向性心理

这是指消费者对商品价格比较、判断时的一种倾向性心理特征。商品一般都有高、中、低档之分，而不同类型的消费者出自不同的价格心理，对商品的档次、质量和商标的选择，也会产生不同的倾向性。有些消费者倾向于选购高价商品，在价格心理上，总认为各类商品的质量不同，而质量又是与价格密切关联的，名牌商标更是质量高的具体标志。因此，在选购商品的过程中，便具有明显的倾向性，愿意购买高价、高质的名牌商品。相反，有些消费者倾向于选购低价商品，他们在价值心理上，则认为价格并不能完全表示质量，在每类商品中各个档次之间的差别也不会很大，商标的社会意义更不必多加考虑，只要能够买到经济、实惠的商品，便感到满意。国内市场上，某些廉价品、削价品很有销路，就是这个缘故。

消费者对商品价格的倾向性有 3 种主要表现。

1. 对于同一种商品的价格倾向性不同

消费者对于同一种商品，或者对于同一类的几种商品，如果已经确知其质量是相当的，那么在选购时就会倾向于价格低廉的那一种。这在农副产品市场和日用小商品市场比较多见。在某种特殊条件下，有时消费者也会有只求价廉而不求质量的倾向。

2. 对于不同类别的商品，消费者的价格倾向性不同

对于经常消费的日用品，消费者进行价格比较时通常倾向于认为较低的价格为合理价格。对于耐用消费品或高档商品，消费者通常会倾向于认为高价为合理价格，至少不会过分计较价格的高低。对于时令性商品或一次性消费的商品，消费者也往往倾向于选择低价，而且重价不重质。

3. 不同消费者的价格倾向也不同

价格倾向因消费者特性的不同而各异。普通消费者比较倾向于低价，而收入水平高或社会地位高的消费者则倾向于高价。倾向性价格心理的具体表现是比较复杂的。高价炫耀心理就是这种倾向的表现。由于消费者的经济地位和收入不同，往往使部分消费者对不同商品价值形成不同的自我意识比拟，用高价商品炫耀自我价值。例如，有的消费者热衷于购买高档名牌产品，对非名牌和低档品则不屑一顾。

五、对价格的逆反性心理

在一般情况下，当某种商品价格下跌时，会刺激消费者对该种商品的购买，增加商品的需求量；当某种商品价格上涨时，会限制消费者对该种商品的购买，从而减少商品需求量。然而，在市场买卖活动中，也会出现与上述相反的情况：当某种商品价格下跌时，消费者反而减少购买，持币待购；当某种商品价格上涨时，反而会增加购买甚至抢购。

价格逆反心理往往同消费者的价格与价值品质的权衡心理分不开，即认为价高则质高，所以有些商品价格定得越高越有利于销售，如一些文物、古玩、字画、电器、豪华用具、首饰、高级汽车、工艺品等，价格特别高时却争得了买主，价格定低了，买者反而不予光顾。

同时，价格逆反性心理也会受某种特殊因素的影响，如市场商品供应短缺引起的心理恐慌，对物价上涨或下降的心理预期，对企业降价销售行为的不信任等，这些因素都会引起消费者对价格变动的逆反性心理，导致发生"买涨不买落""越涨价越抢购""越降价越不买"的反常行为。价格在诸多消费刺激因素中具有敏感度高、反应性强、作用效果明显的特点。价格涨落会直接激发或抑制消费者的购买欲望，两者的变动方向通常呈反向高度相关。

第三节 产品定价的心理策略

每一件产品都能满足消费者某一方面的需求，其价值与消费者的心理感受有着很大的关系。消费者对某类商品的购买，主要是从自身的特殊爱好方面的心理需求出发，求得合意、舒适和专用。此时，商品的价格再高，对他来说也无所谓。这就为心理定价策略的运用提供了基础，使企业在定价时可以利用消费者心理因素，有意识地将产品价格定得高些或低些，以满足消费者生理和心理、物质和精神等多方面需求，通过消费者对企业产品的偏爱或忠诚，扩大市场销售，获得最大效益。所以，从实际出发，根据不同的商品类别、不同的市场环境和不同的购买对象心理特点，在产品定价时采用灵活的心理策略，往往能取得事半功倍的效果。产品定价的心理策略，概括起来主要有以下几种。

一、新产品的心理定价策略

在企业制定新产品营销策略时，新产品定价是最困难的环节。新产品定价的难点在于无法确定消费者对于新产品的理解价值。如果价格定高了，难以被消费者接受，影响新产品顺利进入市场；如果价格定低了，则会影响企业效益。常见的新产品定价策略，有 3 种截然不同的形式，即撇脂定价策略、渗透定价策略和满意定价策略。

(一)撇脂定价策略

撇脂定价，又称高价法，这种定价是利用消费者求新、求奇的心理来引导消费者行为的方法，即在新产品进入市场初期，以较高的价格出售，等到出现竞争或市场销路减缩时，再逐步降低价格。这种先高后低的价格，就好像从鲜奶中撇取奶油，从多到少，从厚到薄。因而，又称为"取脂"定价法。

英特尔公司是撇脂定价法的最初使用者。当英特尔公司开发出一种计算机芯片时，如果该芯片明显优于竞争芯片，那么英特尔公司就会设定它能够设定的最高价格。当销售量下降时，或者当受到竞争对手开发出类似芯片的威胁时，英特尔公司就会降低芯片价格，以便吸引对价格敏感的新顾客层。

1. 撇脂定价的优点

(1) 利用高价厚利的做法，能使企业在新产品上市之初，迅速收回投资，减少投资风险。

(2) 在新产品上市之初，企业通过制定较高的价格，以提高产品身份，创造高价、优质、名牌的形象，满足消费者求新、求奇的心理。

(3) 采取先高后低的价格制定法，不仅能使企业拥有较大的调价余地，而且还可以通过逐步降价从现有的目标市场上吸引潜在需求者，甚至可以争取到低收入阶层和对价格比较敏感的顾客。

(4) 在新产品入市之初，利用高价格可以限制需求的过快增长，缓解产品供不应求的状况，有利于企业逐步扩大生产规模，使之与需求状况相适应。

2. 撇脂定价的缺点

(1) 新产品价格过高不利于市场开拓、增加销量，也不利于占领和稳定市场，容易导致新产品入市失败。

(2) 高价厚利利润空间大，会导致竞争者的大量涌入，使仿制品、替代品迅速出现，从而迫使价格急剧下降。

(3) 价格远远高于价值，在某种程度上损害了消费者利益，容易招致公众的反对和消费者抵制，甚至会被当作暴利来加以取缔。

从根本上看，撇脂定价是一种追求短期利润最大化的定价策略，若处置不当，则会影响企业的长期发展。因此，在实践中，特别是在消费者日益成熟、购买行为日趋理性的今天，采用这一定价策略必须谨慎。

3. 撇脂定价的适用条件

从市场营销实践看，在以下条件下企业可以采用这种定价策略。

(1) 市场有足够的购买者，他们的需求缺乏弹性，即使把价格定得很高，市场需求也不会大量减少。高价使需求减少一些，因而产量减少一些，单位成本增加一些，但这不至于抵消高价所带来的利益。

(2) 暂时没有竞争对手推出同样产品，本企业的产品具有明显的差别化优势，如受专利保护的产品。

(3) 当有竞争对手加入时，本企业有能力转换定价方法，通过提高性价比来提高竞争力。

(4) 本企业的品牌在市场上有传统的影响力。

在上述条件具备的情况下，企业就应该采用撇脂定价的方法。撇脂定价法是某些企业和某些行业普遍、长期使用的定价法。以行业而言，那些竞争较弱的行业、或者行业正处于启动期的时候，普遍使用撇脂定价法。如彩色电视机行业、PC行业、汽车行业，尤其是中、高级汽车较多采取撇脂定价法。就企业而言，品牌往往是撇脂定价的最重要的前提条件，思科公司网络产品的利润率达到85%，就是依靠思科在行业内近乎垄断性的领导地位，所以采用撇脂定价法就很成功。

总的来说，撇脂定价策略提供了一种思路，即价格先高后低的思路，如果应用得当，可以为企业带来丰厚的利润。但它应用的前提是产品必须能吸引消费者，也就是产品要有新意。一般而言，对于全新产品、受专利保护的产品、需求价格弹性小的产品、流行产品、未来市场形势难以测定的产品等，均可以采用撇脂定价策略。20世纪90年代，中国电信推出的电话初装费就是采用撇脂定价策略取得了成功。

(二)渗透定价策略

渗透定价是一种"自来水哲学"。它适应广大消费者对商品和价格的选择、比较、求实等心理。在新产品上市之初，为了给人以价廉物美的印象，以扩大销售，有意将价格定得低一些。等产品打开了销路，在市场上和消费者心目中站稳了脚跟，再逐步将价格提高到一定的水平。例如，戴尔采用市场渗透定价法，通过低成本的邮购渠道销售高质量的计算机产品，因此它的销售量直线上升。高销售量导致更低的成本，而这又反过来使折扣商能够保持低价。

1. 渗透定价的优、缺点

(1) 低价可以使产品迅速为市场所接受，并借助大批量销售来降低成本，获得长期稳定的市场地位。这种定价法可以迅速占领和扩大市场，而且占领市场的时间可以相对延长。

(2) 微利可以阻止竞争对手的进入，减缓竞争，获得一定的市场优势。

但是，投资回收期较长，见效慢，风险大。采用渗透定价的企业无疑只能获取微利，降低企业优质产品的形象，这是渗透定价的薄弱处。

2. 渗透定价的适用条件

(1) 新产品的价格需求弹性大，目标市场对价格极敏感，一个相对较低的价格能刺激更多的市场需求。

(2) 产品打开市场后，通过大量生产可以促使制造和销售成本大幅度下降，从而进一步做到薄利多销。

(3) 低价打开市场后，企业在产品和成本方面建立了优势，能有效排斥竞争者的介入，长期控制市场。

这种定价方法一般适用于选择性不大、消费量多、短时间内可以打开销路的商品。

(三)满意定价策略

满意定价又称均匀定价。这种定价策略介于撇脂定价策略与渗透定价策略之间，又称平价销售策略。即在新产品刚进入市场的阶段，将价格定在介于高价和低价之间，力求使买卖双方均感满意。

1. 满意定价的优点

(1) 产品能较快为市场接受且不会引起竞争对手的对抗。

(2) 可以适当延长产品的生命周期。

(3) 有利于企业树立信誉，稳步调价并使顾客满意。

2. 满意定价的缺点

与撇脂定价或渗透定价相比，满意定价缺乏主动进攻性，因此正确执行它并非容易。满意定价并不意味着所定价格与竞争者的价格一样或者接近，原则上它可以是市场上最高或最低的价格。与撇脂价格和渗透价格类似，满意价格也由参考产品的经济价值所决定。当大多数潜在的购买者认为产品的价值与价格相当时，纵使价格很高也属满意价格。

3. 满意定价的适用条件

当不存在适合于撇脂定价或渗透定价的条件时，一般应采取满意定价法。例如，当产品被市场看作极其普通的产品，没有哪一个消费者愿意为此支付高价，企业可能无法采用撇脂定价法；同样，当产品刚刚进入市场，消费者在购买之前无法确定产品的质量，会认为低价代表低质量，它也无法采用渗透定价法。当消费者对价值极其敏感，不能采取撇脂定价，同时竞争者对市场份额极其敏感，不能采用渗透定价的时候，一般采用满意定价策略。这种定价策略适用于那些生活日用品和技术要求不高的新产品。

二、产品销售过程中的心理定价策略

心理定价是根据消费者不同的消费心理而制定相应的产品价格，以引导和刺激购买的价格策略。常用的心理定价策略有尾数定价策略、习惯定价策略、声望定价策略、招徕定价策略、折扣定价策略和分档定价策略等。

(一)尾数定价策略

尾数定价又称零数定价、奇数定价、非整数定价，指企业利用消费者求廉的心理，制定非整数价格，而且常常以零数做尾数。由于各地消费者的风俗习惯和价值观念不同，不同的国家或地区在运用此法时又有差别。例如，日本人喜欢"8"字，认为"8"字代表吉祥如意；美国人中意奇数，在心理上认为奇数比偶数少，所以，零售价定为49美分的商品，销售量不但会远远超过50美分的，而且也会比48美分的多；我国有些地区的人讨厌"13"，而另一些地区的人则不讨厌"13"，却讨厌"14"，把"14"叫作大"13"等。

这种定价法是一种典型的心理定价策略，目的在于利用消费者对商品价格的感知差异所造成的错觉来刺激购买。使用尾数定价，可以使价格在消费者心中产生3种特殊的效应：价格便宜、定价精确、合乎心意。一般适应于日常消费品等价格低廉的产品。

(二)习惯定价策略

习惯定价策略是指根据消费市场长期形成的习惯性价格定价的策略。有些商品，消费者在长期的消费中，已在头脑中形成了一个参考价格水准，逐步形成一定程度的稳定性，消费者对此形成了购买习惯，为买卖双方所能接受，这种价格就称为习惯价格。降价易引起消费者对品质的怀疑，涨价则可能受到消费者的抵制。企业定价时常常要迎合消费者的这种习惯心理。

采用习惯定价策略的明显好处：一是给消费者以价格合理的感觉；二是给消费者以价格稳定的印象。这样，就易于为消费者所接受。如果价格确属偏低，给经销带来困难，首先还是应从改善经营管理入手，努力拓展市场，实行薄利多销；其次才是采取办法调整价格，如提高商品的质量与功能、改变型号、更换商标与包装等，给商品以新的形象，然后用新的价格代替旧的价格，逐步形成消费者新的价格习惯。

(三)声望定价策略

声望定价策略指根据产品在顾客心目中的声望、信任度和社会地位来确定价格的一种定价策略。如果企业经过多年的努力后，在消费者心目中树立了良好的信誉和优秀的企业形象，消费者就会产生信任感，企业便可利用这个优势，将商品价格定得略高于同行的同种商品，消费者不会因此而减少购买，反而认为这是应该的、合理的。例如，一些名牌产品，企业往往利用消费者仰慕名牌的心理而制定大大高于其他同类产品的价格，例如国际著名的欧米茄手表，在我国市场上的销售价从一万元到几十万元不等。再如，现在不少高级名牌产品和稀缺产品，如豪华轿车、高档手表、名牌时装等，在消费者心目中享有极高的声望价值。购买这些产品的人，往往注意力不在于产品，而最关心的是产品能否显示其身份和地位，价格越高心理满足的程度也就越大。

声望定价的目的，一是可以满足某些顾客的特殊欲望，如地位、身份、财富、名望和自我形象，二是可以通过高价显示名贵、优质。声望定价策略适用于一些知名度高、具有较大的市场影响、深受市场欢迎的产品，一般企业或一般商品则不能采用，那样会给人一种质次价高的感觉。

(四)招徕定价策略

招徕定价又称特价商品定价，是一种有意将少数商品降价以招徕顾客的定价方式。商品的价格定得低于市价，一般都能引起消费者的注意，这是适合消费者求廉心理的。例如，日本创意药房在将一瓶200元的补药以80元超低价出售时，每天都有大批人涌进店中抢购，按说如此下去肯定赔本，但财务账目显示出盈余逐月骤增，其原因就在于没有人来店里只买一种药。人们看到补药便宜，就会联想到其他药也一定便宜，促成了盲目的购买行动。这一定价策略常为综合性百货商店、超级市场、甚至高档商品的专卖店所采用。采用招徕定价策略时，必须注意以下几点。

(1) 降价的商品应是消费者常用的，最好是适合每一个家庭应用的物品，否则没有吸引力。

(2) 实行招徕定价的商品，品种要足够多，以使顾客有较多的选购机会。

(3) 降价商品的降价幅度要足够大，一般应接近成本价或者低于成本价。只有这样才能引起消费者的注意和兴趣，才能激起消费者的购买动机。

(4) 降价品的数量要适当，若太多则商店亏损太大，若太少又容易引起消费者的反感。

(5) 降价品应与因伤残而削价的商品明显区别开来。

(五)折扣定价策略

折扣定价策略是通过降低一部分商品的价格以争取顾客的策略。在制定折扣价格时，针对消费者"便宜没好货"的心理，利用"货币错觉"，重在营造让消费者"花低价买高价商品"的购买心理。折扣定价在现实生活中应用十分广泛，主要有以下几种方式。

1. 数量折扣策略

数量折扣策略就是根据代理商、中间商或顾客购买货物的数量多少，分别给予不同折扣，购买数量越大，折扣越多。其实质是将销售费用节约额的一部分，以价格折扣方式分享给买方。其目的是鼓励和吸引顾客长期、大量或集中向本企业购买商品。数量折扣可以分为累计数量折扣和非累计数量折扣两种形式。累计数量折扣规定顾客在一定时间内，购买商品若达到一定数量或金额，则按其总量给予一定折扣，其目的是鼓励顾客经常向本企业购买，成为可信赖的长期客户。一次性数量折扣规定一次购买某种产品达到一定数量或购买多种产品达到一定金额，则给予折扣优惠，其目的是鼓励顾客大批量购买，促进产品多销、快销。累计数量折扣和非累计数量折扣两种方式，可单独使用，也可结合使用。

【小案例 12-2】

家乐福的定价策略

家乐福在北京一开业首先采用了低价策略，其目标市场为工薪阶层、购买频率较高的家庭日用品上，因而吸引了大量的顾客前来购买，并且通过这些顾客口碑传播，使家乐福迅速提高了知名度。据调查，目前家乐福的知名度高达90%，远远领先于其他几家超市。

家乐福是靠低价策略打开市场的，同样其市场在一定程度上靠不断的低价来维持。家乐福始终有10%左右的低价商品，然而这10%的商品却带动了其他90%的正常价格商品的销售。这些低价商品又主要以低利润、购买频率高、购买量大的日用化妆品和食品饮料为主，一般的低价商品比正常价格低10%~20%。这也正迎合了消费者的敏感价格心理，消费者在买一大件商品时多花几元、十几元也不会太在乎，而却会因为几分钱与小贩讨价还价，通过这些低价商品的诱惑，使消费者对家乐福更是情有独钟。

家乐福在店庆和一些节日活动期间还会采用一些特价策略。例如，在店庆期间，一辆永久牌自行车仅售396元，而进价则为392元，最后与厂家结算时平均每辆车的利润仅0.5元。一种迷你衣柜进价159元，售价却只有149元。一种休闲沙发床正常售价779元，此时也仅售599元。这些特价商品，强烈刺激了顾客的购买欲，使店庆期间几天的销售额每天都超过了400万元。

(资料来源：1. 叶生洪等.市场营销经典案例与解读.上海：暨南大学出版社，2006

2. 周芳.第一财经日报，2009-06-16

3. 中华管理学习网，http://www.100guanli.com，2010-05-20)

思考题：家乐福采用了哪种定价策略？如何从数万种商品中甄选出促销品种？极富竞争力的促销价格又是如何制定出来的？

2. 现金折扣策略

现金折扣策略又称付款期限折扣策略，是对在规定的时间内提前付款或用现金付款者所给予的一种价格折扣，其目的是鼓励顾客尽早付款，加速资金周转，降低销售费用，减少财务风险。采用现金折扣一般应考虑3个因素：折扣比例；给予折扣的时间限制；付清全部货款的期限。在西方国家，典型的付款期限折扣表示为"3/20，Net60"。其含义是在成交后20天内付款，买者可以得到3%的折扣，超过20天，在60天内付款不予折扣，超过60天付款要加付利息。企业在运用这种手段时要考虑商品是否有足够的需求弹性，保证通过需求量的增加使企业获得足够利润。此外，由于我国的许多企业和消费者对现金折扣还不熟悉，运用这种手段的企业必须结合宣传手段，使买者更清楚自己将得到的好处。

3. 季节性折扣策略

季节性折扣策略是指生产季节性商品的企业，在销售淡季给予购买者的一种折扣优待。季节性折扣的目的是鼓励购买者提早进货或淡季采购，以减轻企业仓储压力，合理安排生产，做到淡季不淡，充分发挥生产力。季节性折扣实质上是季节差价的一种具体应用。例如，啤酒生产厂家对在冬季进货的商业单位给予大幅度让利，羽绒服生产企业则为夏季购买其产品的客户提供折扣。季节性折扣比例的确定，应考虑成本、储存费用、基价和资金利息等因素。季节性折扣有利于减轻库存，加速商品流通，迅速收回资金，促进企业均衡生产，充分挖掘生产和销售潜力，避免因季节需求变化所带来的市场风险。

4. 推广让价策略

推广让价是生产企业对中间商积极开展促销活动所给予的一种补偿或降价优惠，又称推广津贴。中间商分布广，影响面大，熟悉当地市场状况，因此企业常常借助他们开展各种促销活动，比如，当中间商为企业产品提供了包括刊登地方性广告、设置样品陈列窗等在内的各种促销活动条件时，生产企业应给予中间商一定数额的资助或补偿。又如，对于进入成熟期的消费者，开展以旧换新业务，将旧货折算成一定的价格，在新产品的价格中扣除，顾客只支付余额，以刺激消费需求，促进产品的更新换代，扩大新一代产品的销售。这也是一种津贴的形式。

(六)分档定价策略

分档定价策略，主要是把品种繁多、价格差异不大的产品，划分为若干档次，分别标以不同的价格，给消费者以档次不同的感觉，引导消费者购买自己认为质优价廉档次的商品。其实，商品之间的差异是很小的，只是价格有些差异罢了，但消费者却认为有较大差异。例如，某服装店对某型号女装制定 3 种价格：260 元、340 元、410 元，在消费者心目中形成低、中、高 3 个档次，人们在购买时就会根据自己的消费水平选择不同档次的服装。如果定成一个价格，效果反而不好。一般情况下，如果相邻两种型号的商品价格相差大，消费者多半会买便宜的；如果价格相差较小，消费者倾向于买好的。

在制定分档定价策略时应注意两点：一是档次划分要适当，既不能过多，又不能太少；二是档次之间的价格差异既不能过大，也不能太小，以使消费者感觉到档次的差异，吸引和刺激消费者购买，达到增加收益的效果。

第四节　调整商品价格的心理策略

价格调整是产品销售过程中经常出现的事情，调价的原因十分复杂，除了商品生产者、销售者本身的原因以外，还要受市场供求变化，商品本身的价值变动、成本变动，货币价格与货币流通量变动及国际市场价格波动等因素的影响。价格永远是消费者关心的一个焦点，价格变动会对消费者心理活动产生重要影响。

一、价格调整与消费者的心理行为反应

商品价格是消费者购买活动中最重要、最敏感的因素。商品价格的变动必然影响到消费者的切身利益，引起消费者心理行为方面的反应。一般情况下，商品价格下降，意味着消费者实际收入水平增加，在某种程度上提高了他们在市场上购买更多商品的能力，促使他们更多地购买这种降价商品，同时也会使一些消费者用余下的货币去购买别的商品。同样，商品价格上涨，意味着消费者实际收入的减少，购买能力的下降，消费者可能会减少对这种商品的购买，或者购买其他价格较低的商品，或者对其他的商品也减少购买。这正是经济学中需求规律在现实生活中的反映。

(一)降低商品价格时消费者的心理行为反应

从消费者行为学的角度来看，由于受主观条件、个性心理特征及对商品价格理解程度

的影响和限制，消费者很难对商品价格的调整变化做出正确的理解和判断。所以，当一些商品调低价格后，本来应该刺激消费者的购买动机，促使他们大量购买和重复购买，结果却发现有相当一部分消费者做出了相反的反应，购买不但没有增加，反而减少。这种心理行为主要表现在以下几个方面。

1. 质量等级心理

消费者购物时，首先强调商品必须具备某些功能和实用价值，希望价实相符。如果企业采取降价措施，消费者就会认为商品降价是由于这些商品自身品质下降所造成的。

2. 趋时从众心理

消费者趋时从众心理的核心是不甘落后或"胜过他人"，他们对社会风气和周围环境非常敏感，总想跟着潮流走。企业降低某一商品的价格，消费者就会认为凡是降价的商品都是销售过程中的冷背商品，是过时货，是人们不愿要的商品。

3. 趋时求新心理

趋时求新心理是消费者以追求超时和新颖为主要目的的心理动机，如果企业降低某一产品的价格，消费者就会认为商品降价是因为企业即将推出替代这些老产品的新产品，才使这些老产品降价抛售。

4. 持币待购心理

认为这类商品降价的幅度还不够，还将继续降价，期望这类商品的价格更为低廉时再买。例如，虽然众多汽车厂商纷纷降低车价，试图刺激消费，但消费者并不"买账"，市场反应平淡；相反，降价进一步坚定了消费者持币待购的心理，他们期待汽车更大面积降价的愿望更加强烈。于是，车市似乎进入"持币待购—降价—持币待购"的恶性循环。

(二)提高商品价格时消费者的心理行为反应

当一些商品的价格调高时，本来应该抑制一些消费者的购买欲望，减少购买这些商品的数量，结果却发现一些消费者反而积极购买。他们的心理行为主要表现在以下几个方面。

1. 储备心理

消费者主要出于储备商品的价值或使用价值的目的而产生这一类动机。第一种表现形式：消费者购买金银首饰、名贵工艺品、名贵保值的收藏品，进行保值储备。第二种表现形式：在市场出现不正常的现象、求大于供的矛盾激化、社会动乱的时候，消费者可能进行储备以应付市场上的矛盾和社会上的动乱。消费者认为这类商品提价，说明销售状况好，一定是受人欢迎的商品，可能要形成时尚，我也应该尽早购买，以防到时买不到。

2. 节俭心理

具有这种心理的人，以经济收入较低者居多，也有经济收入高而节俭成为习惯的人，他们精打细算，尽量少花钱。如果企业提高某种商品价格，消费者就会认为提价的商品还将会继续提价，要尽早买，以防需要时再买支付更多的钱。

3. 保值心理

消费者认为商品提价是因为商品本身品质提高和功能增加，是具备了特殊的使用价值或者该商品可以以物保值，购买后肯定不会吃亏。2004 年以来商品房价格一路攀升，消费者购买热情不减，消费者的心理助推是重要原因之一。

可见，商品价格的调整和变化，所引起的消费者价格心理的反应是十分复杂的，但总体表现为"买涨不买落"。

二、企业调整价格的心理策略

在调整商品价格时，企业除了要考虑产品成本、市场供求状况、国家有关政策等客观因素之外，一定还要注意对消费者心理活动的研究，使调整后的价格尽可能适应和满足消费者的心理要求，使促销作用得以更好地发挥。根据消费者对商品降价和提价的心理反应，企业可以采取相应的降价和提价策略。

(一)商品降价的心理策略

从一般意义上讲，降价是受消费者欢迎的，因为它迎合了消费者的求实、求廉心理。每一个消费者都希望能以有限的收入买到更多的消费品，即使一部分收入较高或很高的人，也希望以自己的现有财产获得更多、更高的享受。但从心理学的角度，还必须同时看到"买涨不买落"这一现实。那么，如何解决"降价促销"与"降价抑销"这一对矛盾，并最大限度地发挥促销作用，抑制"抑销"这一副作用呢？不妨采取以下心理策略。

1. 降价幅度要适宜

消费者并不关心商品降低价格出于何种原因，而只是关心降低价格后的商品与自己心目中的价格标准是否接近，因此企业降低价格的幅度必须吻合消费者的心理感觉阈限。消费行为学研究表明，并不是任何刺激都可以引起人的感觉，刺激物必须达到一定的量，感觉才能产生。对于降价商品，消费者最为关心的就是它的降价幅度。如果降价幅度过小，就不能引起消费者的注意和兴趣，尤其是一些错过供应季节或式样过时的商品和保管不当而使品质下降的商品，降价幅度过小，消费者就会不屑一顾。实践经验表明，降价幅度不是越大就越好，降价幅度可以因商品对象而异。一般来讲，当商品的价格降低 10%～30%时，消费者都会感到这些商品还存在使用价值，不会冒很大的购买风险。如果降价幅度超过 50%，消费者就会对降价商品的质量产生疑虑，丧失购买信心。

2. 降价不宜连续进行

虽然降低价格能够刺激购买力，但连续降价会引起消费者购买欲望的减退。因为消费者本来就对降价商品有一定的顾虑心理，如果短期内连续降价，就会使消费者的顾虑心理加重，不信任感加强。较为理想的办法是一次刺激，并刺激得恰到好处，然后让价格稳定较长一段时间，这样销售量才会回升。同时，也能让消费者从一定程度上产生"机会难得"这一心理效应，从而珍惜机会，提前购买或多买。

3. 降价时机选择要精确

近年来，无论是大城市还是中小城市，从大百货公司到小专卖店，都在纷纷采用各种各样的降价办法来招徕顾客，甚至一年四季都在变着花样降价促销，诸如直接降价、打折销售、节日优惠、最低价销售、厂价销售、赔本销售以及十点利、八点利、五点利销售等。

其结果，这样的价格就变成了习惯价格，已很难起到促销的作用。因此，选择合适的降价时机，会大大刺激消费者的购买欲望，反之，就达不到预期效果。降价时机应根据商品和企业的具体情况而定，一般认为，对于时尚和新潮商品，进入模仿阶段后期就应降价；对于季节性商品，应在换季时降价；对于一般商品，进入成熟期的后期就应降价；根据我国近年来出现的"假日经济"现象，节、假日可实行降价优惠；店庆也可作为较好的降价时机。应当注意的是，商品降价不能过于频繁，否则会造成消费者对降价不切实际的心理预期，或者对商品的正常价格产生不信任感。

【小案例 12-3】

北京现代伊兰特——降价，找准时机

北京现代的伊兰特选择在 2004 年 9 月初降价，时机的选择不早不晚。如果在 8 月降价，有可能引发其他厂商降价跟进，不仅自己降价的效果难以体现，而且加快了价格这个"魔鬼螺旋"的转速，于己、于人、于整个行业都不利；而如果是在 9 月中旬或者下旬降价，则自己降价的效果要差好几成，因为一位"准消费者"从知道降价消息到真正去买车，一般会有 3～10 天的时间，选择在 9 月初降价能促使更多的人在当月去买车。

北京现代这么有把握，是基于对国内汽车市场的理解和深入把握。按照往年的惯例和经验，国内汽车厂商照例会把每年的 9、10 月视为"金九银十"，指望在这两个月多卖车，于是会集中在 8 月向经销商大幅度压货。一般说来，在每年 8 月底、最晚在 9 月初，汽车厂家就会把高于月均销量 50%～80% 的车子压到经销商手中，或者购车合同已经签订。

降价时机不能只选择自己的市场份额足够高了才降价，同时更要考虑遏制新的竞争车型成长。如爱丽舍，现在回头看该车型去年 4 月份的第一次降价行为就是动手太晚了，如果爱丽舍在 2003 年 9～12 月降价，将非常具有竞争力，凯越和伊兰特可能就不会成长这么

快。而如果等到新车型成长起来、消费者认可之后再去降价拼抢，这时就很难遏制新车型的增长势头了。

与降价时机相关的一个重要问题是：降价周期如何把握？如果降价周期太短，容易打击消费者的信心，反而造成新一轮的持币待购；如果降价周期太长，产品销量有可能受到更大的抑制，等于是把市场拱手让给了竞争对手，而且容易错失降价的最好时机。这些都是厂商在以后继续运用价格策略时要深入研究的。

(资料来源：新华信旗下网站，http://www.motorlink，2008-08-01)

思考题：选择降价销售一般要考虑哪些因素？汽车降价时机如何选择？

(二)商品提价的心理策略

一般来讲，商品提价对广大消费者的经济利益总是不利的，因为商品价格上涨意味着购买同一商品需要支出更多的货币，所以，消费者心理上自然对商品提价有一种不愉快的反应。因此，企业就应该尽量避免提价，非提价不可，则可以考虑以下心理策略。

1. 提价要小幅度多次提价

提价幅度小，不超出消费者的感觉阈限，引起的心理反应就轻。分几次提价比一次大幅提价效果更好。它循序渐进，同时也可利用"比值比质"心理，刺激消费者的需求。

2. 准确把握商品提价时机

为保证提价策略的顺利实施，提价时机可选择以下几种情况：商品在市场上处于优势地位；产品进入成长期；季节性商品达到销售旺季；一般商品在销售淡季；竞争对手提价等。另外，当相关商品，特别是同类商品纷纷降价时，也是提价的好时机，它往往通过顾客的"逆反心理"和"比值比质"等心理而奏效。为了使消费者接受上涨价格，企业应针对不同情况，采取相应的心理策略。

(1) 对那些因外部原因而造成的商品提价，企业要努力改善经营管理，降低费用开支，在此基础上降低提价的幅度。

(2) 对由于国家为合理配置资源、保护环境而造成原材料提高价格致使商品提价，要做适当的宣传解释。

(3) 企业在提高商品销售价格时，也可以采用这样的心理策略，即不改变销售价格，减少商品容量或数量，或采用新设计包装而适当提价，而原有商品价格不变。

(4) 在提高某种商品销售价格的同时，适当降低其他商品的价格，使社会公众感觉到价格变动的相关性，从而理解价格变动的总趋势。

(5) 在价格变动的同时，努力搞好多方位的服务，如改善销售环境、提高服务质量、增加服务项目，热情周到地为消费者服务，以获得消费者的理解。

综上所述，消费者对价格的心理反应是纷繁多样的。在市场营销活动中，应针对不同商品、不同消费者群体的实际情况，在明确消费者心理变化的趋势下，采取切实可行的定价和调价策略，以保证企业营销活动的成功。

本 章 小 结

价格是与企业利润水平密切相关的因素，是企业市场营销组合中最灵活的因素，也是影响消费者行为的重要因素之一。

首先，介绍了商品价格的心理功能。商品价格是具有某些心理功能的，并在一定程度上影响着消费者的购买动机和购买行为。在消费活动中，价格是消费者衡量商品价值和品质的直接标准，是消费者地位和收入的象征，可以帮助消费者进行经济效果衡量，更是消费者商品需求的调节器。

其次，介绍了消费者的价格心理反应。通常，消费者对所购商品的价格都有一种心理反应。所以，一个企业要想搞好市场营销，必须认真研究广大消费者对商品价格的心理反应，据以制定科学、有效的价格策略。消费者的价格心理，是指消费者对价格认识的心理反应。消费者价格心理的具体类别是很多的，如预期心理、观望心理、攀比心理、比较心理、炫耀心理和跟随心理等。这里分析的是消费者价格心理的一些基本特征。

再次，介绍了企业定价的心理策略。消费者对某类商品的购买，主要是从自身特殊爱好方面的心理需求出发，求得合意、舒适和专用。企业在产品定价时采用灵活的心理策略，往往能取得事半功倍的效果。产品定价的心理策略，概括起来主要有新产品的心理定价策略、产品销售过程中的心理定价策略。新产品的心理定价策略有 3 种，即撇脂定价、渗透定价和满意定价；产品销售过程中的心理定价策略有尾数定价、习惯定价、声望定价、招徕定价、折扣定价和分档定价。

最后，介绍了企业调价的心理策略。价格永远是消费者关心的一个焦点，价格变动对消费者心理活动会产生重要影响。价格调整必须考虑消费者的心理反应，企业调整价格不仅要掌握调价幅度，还要把握调价时机。

自 测 题

一、判断题(正确的打 √，错误的打 ×)

1. 一般地，价格弹性较小的产品如日常生活用品，消费者的价格敏感性就低。

（　　）

2. 撇脂定价一般是用于日常生活消费品或者技术含量不高的产品。　　　（　　）

3. 在市场环境下，供求关系对产品定价有着最直接的影响。 （　　）
4. 渗透定价法对减少竞争压力，树立本企业形象具有得天独厚的作用。 （　　）
5. 价格判断同时具有主观性和客观性。 （　　）
6. 由于消费者所处社会地位、经济收入、文化水平、个性心理特征的差异，不同类型的消费者在购买商品时会表现出不同的价格倾向。 （　　）
7. 消费者会通过同一售货场中不同商品的价格来判断某种商品价格的高低。 （　　）
8. 商品降价往往是商品质量差、技术落伍而导致的。 （　　）

二、单项选择题

1. 在多种商品经营的企业中，有时对某些商品定价很低，从而带动其他商品的销售，这种定价方法是(　　)。

    A. 分级定价策略　　　　　　　　B. 声望定价策略

    C. 招徕定价策略　　　　　　　　D. 习惯性定价策略

2. 在定价时，一般尾数取"8"而忌"4"，主要是考虑到消费者对数字的(　　)心理。

    A. 联想　　　　　　B. 感知　　　　　　C. 想象　　　　　　D. 记忆

3. 消费者对某种商品的心理需求越强烈，该商品价格的调节作用越(　　)。

    A. 强　　　　　　B. 弱　　　　　　C. 真实　　　　　　D. 隐蔽

4. 消费者的习惯性价格心理是(　　)。

    A. 周期性的　　　　B. 阶段性的　　　　C. 不易改变的　　　　D. 不可改变的

5. 采取渗透定价策略的目的，是为了(　　)。

    A. 尽快地收回成本　　　　　　　B. 突出产品的优点

    C. 迅速地打开销路　　　　　　　D. 获取巨额利润

6. 当企业的产品需求富有弹性时，最适宜采用的定价方法是(　　)。

    A. 撇指定价法　　　　　　　　　B. 渗透定价法

    C. 尾数定价法　　　　　　　　　D. 整数定价法

7. "茅台""五粮液"酒的价格往往远高于同类产品，这采用的是(　　)。

    A. 撇指定价法　　　　　　　　　B. 渗透定价法

    C. 声望定价法　　　　　　　　　D. 整数定价法

8. 为了鼓励顾客一次性大量购买，常采用的折扣价格策略是(　　)。

    A. 累计数量折扣　　　　　　　　B. 非累计数量折扣

    C. 推广折让　　　　　　　　　　D. 现金折扣

三、多项选择题

1. 企业常用的折扣定价策略有(　　)。

    A. 时段折扣价格　　　　　　　　B. 季节折扣价格

C. 衰退期折扣价格   D. 数量折扣价格

E. 现金折扣价格

2. 消费者价格心理的基本特征有(　　)。

A. 习惯性心理特征   B. 敏感性心理特征

C. 主观性心理特征   D. 客观性心理特征

E. 倾向性心理特征

3. 消费者对广告的记忆过程可以分为(　　)几个基本环节。

A. 识记   B. 保持   C. 再认

D. 回忆   E. 识别

4. 迎合消费者求廉心理的定价策略是(　　)。

A. 整数定价   B. 尾数定价   C. 招徕定价

D. 习惯定价   E. 取脂定价

5. 为了鼓励顾客重复购买,常采用的折扣价格策略是(　　)。

A. 累计数量折扣   B. 非累计数量折扣

C. 推广折让   D. 现金折扣   E. 功能折扣

6. 针对消费者的求廉心理,有意降低某些商品价格以吸引大批顾客购买企业商品是(　　)。

A. 渗透定价法   B. 打折定价法

C. 招徕性定价法   D. 撇脂定价法   E. 尾数定价法

7. 当一些商品的价格调高时,本来应该抑制一些消费者的购买欲望,减少购买这些商品的数量,结果却发现一些消费者反而积极购买。他们的心理主要表现在(　　)。

A. 保值心理   B. 节俭心理   C. 储蓄心理   D. 求新心理

8. 产品销售过程中的心理定价策略主要有(　　)。

A. 尾数定价   B. 习惯定价   C. 折扣定价   D. 分档定价

E. 招徕定价   F. 顾客价格歧视

四、思考题

1. 价格调整时,如何注重消费者对商品价格的心理反应?

2. 试分析3种新产品定价策略的利弊。

3. 简述商品定价的心理策略。

4. 心理定价策略有无客观依据?

5. 企业调价的心理策略有哪些?举例说明。

6. 怎样理解定价技巧中的心理因素?

7. 如何理解消费行为中的价格心理?

8. 采用招徕定价策略时要注意什么问题?

案　例

沃尔玛高调"降价"意欲何为?

继 2008 年年底高调宣布大幅降价以后,自今年 2 月 18 日起,沃尔玛联手好又多(实际上沃尔玛已经控股好又多)宣布全国 100 多家门店全面启动"省钱直降"大型促销活动,且大部分商品折扣达 20%;部分商品降幅达到 50%。对此,媒体有各种猜测。

有媒体认为这是沃尔玛对竞争对手的回击。沃尔玛联手好又多对前几天宣布"1 元地摊价"的家乐福的强力回击。其实,去年年底高调宣布大幅降价后,在今年 1 月 26 日至 2 月 9 日,沃尔玛已经在中国所有门店展开近百种有关民生的商品以 8.8 元统一价促销的活动,折扣幅度达到 20%～30%。而家乐福则从 2 月 13～26 日在华南区各店进行"1 元商品"促销的活动。

也有媒体认为沃尔玛降价是应对金融危机的战略举措。沃尔玛正在通过其 117 家商场 3 轮大规模的促销,来表明其应对经济危机的决心。"天天平价"的低价销售策略使沃尔玛得以跻身于世界零售商第一名,但受金融危机的影响,包括沃尔玛在内的一批零售商业绩低于券商预期。沃尔玛公布的销售数据显示,截至 1 月 2 日的过去 5 周,沃尔玛国际业务受累国际汇率,只取得 107.06 亿美元的业绩,同比去年下降 10.4%。中国在零售方面的消费是最直接也是最强劲的,中国通过各种渠道扩大内需、刺激消费的政策和沃尔玛的需求吻合,沃尔玛在中国看到了希望。这场全球范围的降价促销活动从沃尔玛的大本营美国开始,与其说是沃尔玛拉动业绩增长的一个策略,倒不如说是沃尔玛应对经济危机的一种手段。

还有业内人士从行业及价值链角度来看待:小零售商和小品牌供货商将被挤出市场。并分析说,在 2009 年"很有可能一批有一定规模的超市企业资金流断裂破产。"

从降价的实际效果来看,应该是"雷声大,雨点小"或者没有体现什么效果;从降价的商品价格和未降价之前的商品价格比较,消费者反应不是很明显;特别是和主要对手比较,更加显示不出特别的优势。

那么,沃尔玛高调降价意欲何为?笔者认为:沃尔玛高调宣布"降价"的背后是要达成以下几个目的。

目的一:强化"天天平价"的品牌形象。

"天天平价"是沃尔玛的生存之本和品牌形象。"天天平价"的低价销售策略也使沃尔玛得以跻身于世界零售商第一名。沃尔玛在中国走的道路实际上和在美国市场是不同的,在美国是真正的"平价策略";而在中国大陆并不是真正的"平价",难道你去沃尔玛买东西的时候没有感觉到那里的很多东西并不是那么"平价"?!但经过多年在中国大陆市场的历练,特别是在控股了好又多之后,沃尔玛终于可以调整自己的策略,也就是它更擅长的"平价"策略。

这次借助金融危机的影响，适时推出这样一道"大幅降价"的套餐，从品牌形象的塑造而言，太成功了，终于将沃尔玛以前在大陆市场名不副实的"平价"拉回到了正常的轨道。

目的二：做中国市场的老大。

在中国市场，沃尔玛收购好又多之后，销售额、店面数等指标上终于超越了家乐福，它要获得主动权和话语权，压抑在心中多年的郁闷终于可以喷薄而出了。那就是沃尔玛不但在美国是老大，在中国也是，它要高调宣布它的回归。

目的三：应对金融危机和抗击家乐福的竞争。

最后才是应对金融危机和抗击家乐福的竞争。在中国有沃尔玛的一个宿敌——家乐福。这个"敌人"自从进入中国大陆市场以后就一直横亘在沃尔玛的前面，使其欲进不能。其中一个重要原因就是家乐福频繁利用促销手段，家乐福几乎每个周末都会举行各种主题的促销活动；其次是家乐福对中国政策的合理解读和采用供应商直供模式；再有就是沃尔玛在中国大陆的物流配送能力和网店数量都不具备优势。

现在，这一切几乎都改变了，因此，沃尔玛高调宣布"降价"。在笔者看来，与其说是"降价"，还不如说是沃尔玛在高调宣布自己的回归！

(资料来源：蒋军来. 沃尔玛高调"降价"意欲何为？.
中国营销传播网，http://www.emkt.com.Cn，2009-02-19)

案例讨论：

1. 沃尔玛的定价策略有何特点？

2. 沃尔玛高调降价考虑的因素有哪些？

3. 从案例中可以得到哪些营销启示？

第十三章　广告因素与消费者行为

【学习目标】

通过本章学习，读者应深刻理解和掌握消费者接受广告信息的心理特点和心理轨迹；充分了解广告对消费者行为的影响；理解掌握广告的心理定位策略、创意心理策略、媒体心理策略和诉求心理策略；把握广告心理效果的测定内容和方法。

【导读案例】

侧记安踏广告主题演变

追溯安踏品牌的成功，都会将孔令辉的代言作为开端。1999 年，安踏聘请乒乓球运动员孔令辉为形象代言人，2000 年，孔令辉夺得悉尼奥运会乒乓球男子单项世界冠军。孔令辉以冠军的、青春健康的形象出现在中央电视台体育频道，喊出"我选择，我喜欢"这句广告语，把安踏品牌推向一个前所未有的高度。

"我选择，我喜欢" 共 6 字，清新简单，朗朗上口。从词面上分析，是对广告受众群体宣导一种自我做主的个性生活观念，文字颇似当年流行的一句话，"走自己的路，让别人去说吧"。"我选择，我喜欢"也可以理解为：因为喜欢，所以选择，或者因为选择，所以喜欢，符合年轻一代的消费主张。

时间推移至 2005 年，"我选择，我喜欢"这则广告语伴随安踏经历了创品牌到立品牌关键的 5 年。这时候，国际 4A 广告 JWT(智威汤逊)广告公司走入安踏的视线。经过层层比稿，JWT 成为安踏公司的广告合作伙伴，JWT 肩负着重塑安踏品牌形象的重任。通过对耐克的"Just do It"、阿迪达斯的"Impossible is Nothing"广告语分析，JWT 和安踏公司一致认为，安踏作为民族体育用品品牌，身上应该展现的是中国民族的勤奋自强、拼搏进取、永不服输的民族精神，同时应该展现安踏人通过艰苦奋斗，敢拼敢赢，把安踏公司由小做到大、由弱做到强这种源自草根，敢于向命运挑战的精神，于是，时年 5 月，"Keep Moving 永不止步"被 JWT 公司提炼出来。

2006 年 9 月，安踏推出"让世界的不公平在你的面前低头"的主题广告。画面采用近乎黑白的浓烈色调，展现一群出身平凡的运动员拼搏进取的经历，辅以占据字幕大小约 1/3 大的美工字："你没有他的天赋；世界，不公平？但你有梦想的权利。让心跳成为你的宣言；让疤痕成为你的勋章；让世界的不公平在你面前低头。"形成很强的视觉冲击力，而"We are the Champions"激昂的催人上进的背景音乐，更引起很多年轻人的共鸣。这则广告的成功，树立起安踏品牌的全新理念——永不止步。这则广告亦开中国运动品牌音乐营销的先河；这则广告也成为当年最催人奋发的广告。

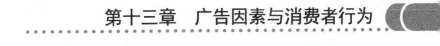

不久后，2007 年 5 月，安踏又推出第二则广告"这些都不是我的，但总会是我的"，第二则草根系列励志广告，诠释了永不止步的全新品牌理念。

2008 年 8 月，安踏推出"加油，中国"主题广告，采用近乎"让世界的不公平在你的面前低头"的画面手法，"挫折，难以抵挡？挑战，不可战胜？中国人要争口气节！用汗水，唤醒我们的勇气！用坚强，铸造我们的骨气！加油 中国！" 辅以汪峰的《我爱你中国》的背景音乐，展现了不屈不挠、拼搏进取的体育精神，亦与安踏的永不止步的品牌理念高度契合。这则广告，唤起的是每名观众的爱国心，同时把民族责任感与安踏品牌有机地连接在一起，这则广告亦成为网上点击率很高的公益广告。

（资料来源：马岗. 侧记安踏广告主题演变. 中国广告人网，http://www.chinaadren.com，2009-07-27）

阅读案例，回答下列问题：

1. 安踏广告制作过程中反映了哪些中国消费者行为特点？
2. 如何衡量安踏广告的心理特点？
3. 安踏广告中哪些内容属于感性诉求？

兵法有言，攻心为上。广告作为一种经济行为，研究的是如何通过广而告之来促销产品，而广告的受众是人，是普普通通、平平凡凡有着七情六欲的消费者。广告作为产品与消费者之间的桥梁，要打动消费者、激起他们的购买动机，必须讲究艺术，迎合消费者的心理特点，把握他们的心理变化规律，采用各种心理战术引起消费者的关注。只有这样，广告才能使消费者对商品有所向往，观念有所改变，最后促使购买行为的发生。

第一节　广告与消费者行为

消费者群体是一个时代性很强的群体，随着社会的发展而不断发生变化，现代消费者的生活模式、心理环境已悄无声息地发生了巨变，他们的消费心理更加复杂，消费行为也更加多样化。这种变化在相当大的程度上决定着广告宣传的有效性。广告活动最基本的功能就是传播信息，只有当广告受众将广告信息译成对他们有意义的内容时，广告交流才算开始，广告的作用和价值才可能实现。

一、消费者接受广告信息的一般心理特征

信息化时代，广告正以"铺天盖地"之势涌现，每一个人每天都面临数量繁多、品种多样的广告宣传。在这种情况下，要想知道企业设计什么样的广告，才能使广告具有独创性、新颖性，以吸引消费者注意，就必须了解消费者接受广告信息的心理特点。

(一)参与广告信息意义建构的心理

美国心理学家马斯洛关于人的需求层次理论就很好地揭示了消费者的这一心理特征。随着社会生活水平的日益提高,当消费者的生理需求、安全需求基本上得到满足,就会进一步产生满足自己的社会归属感、被人尊重、自我价值体现的需求,这些精神层面的需求渴望将体现在社会的方方面面。消费者在接受广告信息时,必然厌恶那些赤裸裸的吆喝式广告,讨厌别人任意剥夺他们参与建构文本意义的权力,而努力彰显自己作为有思想、有学问、有个性、有品位的人独立存在的意义。参与信息意义建构的心理实际是消费者希望被人尊重、希望体现自我价值的心理折射。现代广告要迎合这一心理,其广告创意就必须给现代受众留下驰骋思维、发挥想象、产生联想的余地,让现代受众在信息意义的自我建构中完成心与心的沟通。

(二)广告信息应有益自我的心理

现代社会进入信息爆炸时代,仅广告信息就无处不在,无孔不入,令人生厌,又挥之不去。面对这些汹涌而来的广告信息,消费者的精神开始疲惫,情绪开始变坏,他们下意识地开始抗拒广告信息,致使广告效果日益下降。针对这种情形,企业必须把握消费者对广告信息的需求心理——广告信息应有益自我。广告信息的有益性表现为以下 3 个方面。

1. 广告信息能认同自我

心理学研究表明,消费者并不是不加区别地对待任何传播内容,他们更倾向于"选择"那些与自己的既有立场、态度一致或接近的内容加以接受;这种选择性接受行为更容易在强化他们原有态度方面起作用,而不是导致它的改变。为此,广告制作者必须从消费者所认同的情感文化源、价值观、世界观中汲取创作的源泉,找到与消费者知觉定势具有一致性的内容作为诉求的主题,才能真正达到拨动受众心弦的目的。

2. 广告信息能愉悦自我

喜、怒、哀、乐是人最基本的情绪反应,而愉悦是乐的一种具体表现。心理学研究表明,任何人都喜欢积极的情感,如快乐、喜悦、振奋、沉着……尽量避免消极的情感,如痛苦、悲哀、消沉、惊慌……追求愉悦、娱乐是人每时每刻都在实践着的一种人类生理机能,广告的制作应迎合和满足人的这种愉悦心理,力求在愉悦状态中给人以人情味的熏陶。例如,新飞电冰箱的广告:"春季给您带来沉醉,夏季给您带来欣慰,秋季给您带来甜美,冬季给您带来回味"。它以排比句手法陈述了产品在春、夏、秋、冬四季带给人的不同的愉悦感受和联想,把人引到一个清新爽美的意境中,使人欣然认同。

3. 广告信息能丰富自我

现代社会虽已进入信息化时代，但却是一个信息发达、知识贫乏的时代。信息海量化常使信息接受者茫然不知所措，同时也让传播者伤透了脑筋。消费者要求广告信息能丰富自我的心理特征，可用卡茨的态度知识功能理论加以阐释。卡茨认为，人为了认识和理解自身周围环境所存在和发生的各种事物，必须掌握、获取各种知识、经验、信息，并对其加工、整理，使其具有某种意义与各种事物发生联系，然后将有关认识和理解纳入自己的态度结构中，从而持有某种新的态度，以便寻找到那些认识周围世界的种种途径。现代社会知识更新换代的步伐呈几何级数增长速度，科技的日新月异使得新产品的功能更加全面化、自动化，此时，信息丰富的广告无疑成为消费者了解周围世界的桥梁。

二、消费者接受广告的心理轨迹

心理学研究发现，人从接触广告到采取购买行动一般都有一个心理过程。美国广告人E.S 刘易斯提出了具有代表性的消费心理模式，它总结了消费者在购买商品前的心理过程。消费者先是注意商品及其广告，对某种商品感兴趣，并产生出一种需求，最后是记忆及采取购买行动。英语为"Attention(注意)—Interest(兴趣)—Desire(消费欲望)—Memory(记忆)—Action(行动)"，简称为 AIDMA 法则，如图 13-1 所示。

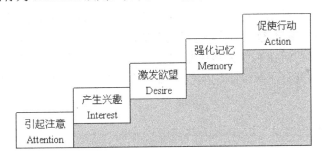

图 13-1　AIDMA 法则

在营销行业和广告界，AIDMA 法则经常被用来解释消费心理过程。消费心理最先是由广告刺激引起的，广告主要通过语言文字或实物刺激人的感觉，引起消费者的即刻注意和兴趣，进而把即刻注意转化为持续注意，传送并且储存在人的脑海中，形成记忆，并参与以后的消费决策过程。同时，由于注意，会触发人的某种情感，引起联想和想象，诱发人强烈的购买动机，消费者在条件成熟的情况下，便把这一购买动机付诸行动。所以，广告信息的传递，首先要通过消费者的视觉器官和听觉器官，引发一系列的心理活动，促使购买行为发生。

(一)引起注意

注意是心理活动时对一定事物的指向和集中。有了这种指向和集中，人才能抛开周围的其他事物而清晰地反映一定的事物。注意是消费者对广告作用反应的心理活动过程的第一个环节，若不能引起消费者的注意，以下几个环节就无从产生。因此，广告界流行这样一句话："如果你的广告能引起人们的注意，则推销商品的任务已成功了一半"。这说明增强广告的吸引力，对于引起消费者的注意至关重要。

(二)产生兴趣

"兴趣"是消费者对于客观事物特殊的认识倾向。特殊的认识倾向是指在认识过程中带有稳定的指向、趋向、偏好，并能持续较长的时间。一般来说，消费者对于某种事物产生兴趣时，总是有喜欢、高兴、满意等情感相伴随。所以，营销者应善于察觉消费者对广告的认识倾向，观察他们对哪些广告发生兴趣或不感兴趣，对哪些广告存在着积极兴趣或消极兴趣，以便在以后的营销工作中，通过引导与鼓励消费者的积极兴趣，克服与改造消费者的消极兴趣，创造良好的社会消费风气。

(三)激发欲望

当人意识到缺乏某种东西时会产生一种渴望的想法，这种客观需求的反应就是需要，也是通常所称的"顾客购买欲""顾客购买欲"是指消费者购买商品或劳务的动机、愿望和要求，它是使消费者的潜在购买力转化为现实购买力的必要条件。对营销者来说关键就在于抓住消费者的心，充分了解顾客的购买欲望，才能在广告策略上掌握主动权，从而激发顾客的购买欲望。

(四)强化记忆

记忆是人脑过去感知过的事物的反映，是人对经历过的事物和感受由记到忆的一种心理活动过程。消费者对广告信息的记忆是认识、判断和评价商品和服务的重要条件。如果一则广告不能给消费者留下记忆，就不能使消费者的心理活动成为统一的过程，广告的效果就不理想。因此，在广告设计中有意识地增强消费者的记忆是非常重要的。

(五)促使行动

从引起注意到付诸购买的整个传播过程，广告都应该围绕如何触动消费者的心弦，如何增强消费者的购买决心作文章，并且善于营造稀缺感和物有所值的感觉，促使消费者增加购买信心，采取购买行动。真正使消费者"心动不如行动，赶快来买吧"。

三、广告对消费者行为的影响

20 世纪以来，世界上一些发达国家的消费者已逐步形成对广告的依赖性。这是因为广告可以不断地向广大消费者提供许多有关生活的信息，为消费者进行消费活动创造便利，从而丰富了消费者的生活，增长了消费者的知识，开阔了消费者的视野。

(一)广告可以唤起消费者的购物需求

广告的连续出现，就是对消费者的消费兴趣与物质欲求进行不断的刺激，从而引起消费者的购买欲望，进而促成其购买行为。广告刺激消费者的需求，包括 3 个方面的内容。

1. 刺激初级需求

在产品刚上市时，着重介绍新产品的特点和用途，从而激发消费者的初级需求欲望，使之认为拥有这种新的"高档"消费品是一种荣耀，因而产生购买欲望，进而促进购买行为，实现对产品的购买和消费。同时，广告应尽可能地对消费者进行不断的信息刺激，使产品成为消费者生活中必不可少的东西。

2. 刺激选择性需求

在市场上已有众多产品时，企业通过广告不断地宣传和突出自己不同于其他品牌同类产品的优异之处，从而刺激消费者产生"既然要买，就要买最好"的购物心理，刺激消费者产生对本产品的购买欲望，进而促成其产生认牌购物的消费行为。

3. 创造时尚需求

广告在指导和刺激消费方面，往往还有创造流行商品和促成时尚的作用。许多流行性商品的出现和流行，无不与广告宣传中对特定社会阶层(如少男少女们)提出有针对性的广告诉求，使目标市场中的消费者产生一致的购买行为有关。

(二)广告可以向消费者传授知识

现代广告五花八门，有很大一部分是宣传新发明、新创造的产品，它必须花相当长的时间去详细讲授和介绍这些新发明和新创造的原理和产品的工作机制，介绍产品的特性、用途和使用方法，从而通过广告简洁地把有关新发明、新创造的知识传授给大众。同时，也在给消费者传授着各种各样有关生活、工作的新知识。因此，经常注意广告的人，尤其是注意有关新产品介绍广告的人，可以获得许多新知识，了解许多新的发明和创造，从而增长知识、扩大视野、活跃思维。

(三)广告可以为消费者提供选购指导

广告直接影响着消费者的资料(信息)收集活动,为他们提供有关的商品信息,并为其选购商品提供指导。广告能为广大消费者介绍各种能够丰富其生活、改善其生活环境和生活条件、提高其生活水平所需的生活用品的信息,如名称、规格、性能、用途等,并指导消费者如何利用这些产品去改善自己的生活。消费者根据自己的实际情况和实际需要,可以选择适合于自己生活的日用消费品和耐用消费品,从而使自己的生活条件有所改善、生活水平有所提高,为自己的家庭生活或日常工作提供方便。

第二节　广告心理策略

现代市场已从销售时代进入营销时代,营销手段也从 4P's 发展为 4C's。4P's 是销售时代的产物,企业只关心如何将产品卖出去,并不关心与消费者进行沟通,其广告体现的是强制说明。进入营销组合理论时代后,4C's 营销的中心任务是关注顾客的需求和期望(Customer)、顾客费用(Cost)、顾客购买的方便性(Convenience)、顾客与企业的沟通(Communication)。4C's 营销组合理论强调的服务,是以顾客为中心的销售理念,其目的是求得顾客在情感上的认同。广告心理策略就是应用和把握消费者的心理,并在广告媒体上表现适合广告目标对象心理的销售行为。

一、广告定位的心理策略

商业广告定位理论,是 20 世纪 70 年代美国广告专家大卫·奥格威(David Ogilvy)首先提出的。他认为:"任何一个广告都应该是对品牌的长远投资。"并指出:"广告活动的结果,不在于怎样规划广告,而在于把广告中的商品放在什么位置上。"对大卫·奥格威的理论进行总结,可以将商业广告的心理定位认为是在广告受众的认识上产生的某种认识度。

广告是市场营销的工具,决定广告定位的因素主要是产品的特色和消费者的结构类型及购买心理,所以,广告定位的心理策略必然围绕两个内容,一是人,二是产品,只有人的心理定位准确、产品定位合理才能最终达到商业广告的有效性。广告产品定位实例,如表 13-1 所示。

表 13-1　广告产品定位实例

广告功能定位	广告形象定位	广告价值定位
每天只用 0.1 度电 (新飞冰箱)	全球电热水器专家 (阿里斯顿电热水器)	钻石恒久远,一颗永流传 (戴俪尔)

续表

广告功能定位	广告形象定位	广告价值定位
不闪的才是最好的 (海信电视)	李宁一切皆有可能 (李宁牌运动、休闲服)	中国人喝自己的可乐 (非常可乐)

(一)广告产品定位策略

1. 功能定位

功能定位法就是在商业广告宣传中突出产品的特异功效。使该产品与同类产品有明显区别，以增强产品在市场上的竞争优势。

绝大多数消费者都十分重视商品的功效。因此，对消费者而言，没有功效的产品，是不会使之形成购买动机的。功能定位策略在突出商品功效的同时，应以其与同类产品之间的差异作为定位的重要依据。产品的功能可能很多，但其中某一点最突出的功效是目标市场潜在顾客的需求，那么这种产品功效的定位也就起到它的作用了。

商业广告功能定位是一种最普遍的商业广告定位形式。它具有产品功效定位最直接、最明显的市场竞争优势，最具煽动性，收效大，成就也大。

2. 形象定位

形象定位法就是在广告中建立产品形象与目标顾客形象的相互联系。以使产品成为某一消费群体或社会职业的代言品牌。

这种定位法大多以消费者的收入、年龄、性别、社会地位为依据，因此广告带有一定的主观性。广告形象定位更加突出广告的意境。

3. 价值定位

广告的价值定位，以产品固有价值与内涵价值两部分组成。固有价值是产品的物质价值层面，以商品本身价值作为诉求内容，向受众传递一种信息；内涵价值是产品广告传递的观念价值，以力求影响受众的认识、习惯，最终改变广告受众的行为。广告价值定位的固有价值与内涵价值是有联系的，固有价值决定或影响内涵价值。

(二)广告心理定位策略

通常在广告设计中考虑较多的是消费群体心理、流行心理、受众接受广告的心理过程等。这些心理定位的应用在实际销售中往往能取得一定的效果。

1. 群体心理定位

群体心理是指某个团体或某个阶层的共同心理，包括信念、印象、经验、欲求、态度、兴趣、需求等。群体心理具有一定的从众性。从众心理是指在社会群体的压力下，公众放弃个人意见而采取与大多数人一致的行为。通常所说的"随大流"就是一种十分典型的从众现象。此外，与公众心理相关联，公众还存在着感染心理效应。

利用公众的从众心理、感染心理进行广告策划，有利于扩大广告宣传的影响范围，提高广告的影响效果。

(1) 在广告作品中营造理想化的生活模式。

(2) 在商品推介和策划商务性演示活动中，重点征服某一部分公众，刻意建立一支乐意消费商品的群体，使其他公众有一个顺从的基本榜样和感染源。

(3) 开展多种形式的宣传活动和促销活动，广泛吸引注意力，扩大消费公众活动规模和影响范围，为公众产生从众心理和感染心理创造基本队伍。

群体心理适合日用生活品的广告运用，而高档耐用的消费品，则需要更深层次的、作用于受众理智的理性诉求，经过说明道理，激发受众有意识的行为，促成购买行动。

2. 流行心理定位

流行(Fashion)就是以某种目的开始的社会行动，促使社会上一部分人在一定时期内能促使行动的心理共鸣。流行主要表现为产品的流行、语言的流行和行为的流行3种。

流行的主导因素包括倡导者、创作者、接受者，辅助因素包括接受的范围、流行内容的寿命、周期、诱因等多种因素。广告在引导流行方面起着倡导和诱因的作用。广告运用流行心理，可以激发消费者对某种产品的追求，促进产品的大量销售。同时树立产品的形象，以达到品牌效应。

(三)广告观念定位策略

观念定位是突出商品的意义、改变消费者的习惯心理、树立新的商品观念的广告策略。具体有两种方法。

1. 逆向定位

逆向定位是借助于有名气的竞争对手的声誉来引起消费者对自己的关注、同情和支持，以便在市场竞争中占有一席之地的广告观念定位策略。大多数企业的商品定位都以突出产品优异性能的正向定位为方向，但逆向定位则反其道而行之，在广告中突出市场上名气响亮的产品或企业的优越性，并表示自己的产品不如它好，甘居其下，但准备迎头赶上；或通过承认自己产品的不足之处，来突出产品的优越之处。这是利用消费者同情弱者和信任诚实的心理，故意突出自己的不足之处，以引起同情和信任的手法。

2. 是非定位

是非定位是从观念上人为地把商品市场加以区分的定位策略。最有名的例子是美国的七喜(7UP)汽水。其在广告宣传中运用是非定位策略，把饮料分为可乐型和非可乐型两大类，从而突破可口可乐和百事可乐垄断饮料市场的局面，使企业获得空前成功。广告观念定位策略是可以根据企业的营销策略、商品差别化、市场细分化、产品生命周期阶段等状况，确定广告最有利的诉求位置的一种有效策略。该策略的应用水平，直接影响着广告效果。

二、广告创意的心理策略

广告的本质是传播，广告的灵魂是创意。研究广告创意中的心理学原理是广告心理学的一部分。广告心理学作为心理学的一个分支，是应用性很强的一门学科。广告创意成功的关键是找到正确地在广告中运用心理学原理的方法。要研究广告创意中的心理学原理，首先需要了解什么才是广告创意。"创意"(Idea)是指有创造性的独特理念。对广告设计而言，广告创意是指表现广告主题独创性的意念或新颖的构想。

【小案例 13-1】

Globus 超市广告

图 13-2 是国外一家名为 Globus 超市的系列平面广告。它以黑白色为广告色调，突出了一种神秘的感觉。广告的主体内容只是水果而已，不过 3 张图分别用水果拼凑出了类似于女性臀部、乳房及大腿的形象，十分地诱人且具有创意，如图 13-2 所示。

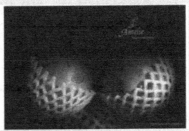

图 13-2　广告图片

这个超市的系列广告就是充分运用了广告心理学中思维联想规律和需求理论的一个例子。水果本来并不是能够吸引消费者眼球的商品。但是通过广告设计者的构思，将特定的水果摆放在合适的位置，加上摄影角度和光线的配合，消费者在初看广告之后极易产生联想，联想到女性的一些身体部位。同时，由于性的需求是人类最基本的需求之一，所以消费者尤其是男性消费者，便会对广告产生注意，最终达到了广告的宣传效果。

(资料来源: 丁家永. 广告心理学原理在广告创意中的应用. 梅花网，http://www.meihua.info，2011-02-10)

思考题:

1. 影响消费者注意的因素有哪些?

2. 广告引起消费者注意的策略是什么?

(一)引起消费者注意的广告创意策略

引起消费者的注意是广告心理策略中的重要问题，是广告产生效应的首要环节。消费者只有对商品有所了解，才能和其他同类产品进行比较，才能对该产品产生认同。引起消费者注意的广告创意策略主要有以下几种。

1. 增大刺激物的强度，提高刺激物之间的对比关系

增大广告中刺激物的强度和提高刺激物之间的对比关系，可以调动消费者的注意功能，使之对广告内容保持注意。广告的刺激物越强烈，消费者越能感受到它的存在，越能在记忆中保持该产品的形象。因此，有些广告采用了鲜明的色彩和强烈的光线，有些广告的画面新奇独特，有些广告音响特殊等，都是为借助强烈的刺激引起消费者的注意，激发消费者对该产品的兴趣。恒利集团的感冒药"康必得"广告就以"康必得，得必康"创出牌子。广告中刺激物之间的对比也会加深消费者对该产品的印象，使消费者注意到该产品的存在。如高露洁牙膏的广告就是用两颗牙齿进行对比，用了此牙膏的牙齿坚硬，而另一颗未用此牙膏的牙齿则很脆弱。这样消费者就会对这种品牌牙膏加深了解和记忆。

2. 使刺激物运动变化

运动的物体更容易使人集中注意力。具有动态变化的广告比静态广告更为有效。灯光跳跃变幻的霓虹灯广告就比静止的广告更引人注意。电视广告可以充分发挥其他媒体不可比拟的自身特长，利用形象、色彩、声音的无穷变化吸引消费者。而在报纸上，广告连续刊登并且内容有计划地变动也可使静态广告产生动态的连续性，就像电视连续剧一样系统而有关联地变化。如果在广告中增加一些动的画面，消费者会对它更加注意。如"立白"洗衣粉的广告，著名喜剧演员陈佩斯在那儿亲自实践，并道出立白的优点，这比直接评说更深刻。

3. 刺激物应新奇独特

广告中刺激物的新奇独特、形象生动也会引起消费者的注意，使消费者产生联想，进而产生购买动机。人往往对新奇的东西更感兴趣，对生动形象的东西记忆更深刻。

如果广告新奇独特、形象生动，广告效果会更好。例如，旭日升冰茶的广告，人物跃动，罐中的饮料喷薄而出，画面生动形象，给人留下深刻的印象。再如，美国绿箭口香糖的早期广告，采用销售人员上街分发的方式，以至消费者对它的魅力无可抗拒。

(二)增强消费者记忆的广告创意策略

广告是一种推销形式，其作用是引导、刺激消费者去购买商品，即使消费者接受了广告，基于种种原因可能并不会立即付诸行动。事实上消费者很容易在短时期内把注意过的信息忘掉。因此，广告仅引起消费者注意是不够的，还需要消费者对其加深记忆。记忆是对过去经验的印象，包括形象记忆、语言记忆、情感记忆等。一般来说，易于记忆的广告常具有以下特点。

(1) 信息量较小，内容简单，主题突出，构图简洁明快。

(2) 形象生动具体，神形兼备。

(3) 色彩鲜艳，对比强烈，富有个性。

(4) 具有一定的娱乐性、趣味性和知识性。

(5) 播出频率高，具有系列性、连续性。

(6) 注意率高，给人印象深刻。

(7) 广告信息与消费者生活密切相关。

简而言之，就是具有简单、具体、动态、有趣、反复、理解、注意和需求的特点。其中反复更是增强记忆非常重要的手段，它能强化广告信息，促进记忆，使消费者在反复提醒中不知不觉地认可、接纳商品信息，并深深印入脑海中。广告内容能否被记住，决定了广告的传播效果和最终的经济效益。因此广告要充分利用其记忆功能，有目的、有计划地提醒消费者，引导消费，使广告内容在消费者实际购买商品时能瞬间跃入脑海，从而起到指导选购的作用。

所以，产品的广告词应尽量简单明快、朗朗上口，这样可以减轻消费者的记忆负担，他们就容易记住。例如，"今年过节不收礼，收礼只收脑白金""柔柔的，滑滑的，那种感觉就是清逸""露露一到，众口不再难调"等，这些脍炙人口的广告语，短小精悍，简明扼要，使人很容易记住产品，并对它有所了解，为下一步购买做好铺垫。

(三)激发消费者积极情感的广告创意策略

广告之所以能产生良好的效果，还有一个重要的因素，就是广告的言语和画面能给人一种美的享受，给人一种赏心悦目的感觉，一种亢奋的心情，一种对美好生活向往的心态，从而激起人的积极情感。情感是人对客观事物是否符合需要、愿望和观点而产生的体验。消费者在收看广告时并不是无动于衷的，对广告刺激总是抱有一定的态度，并产生一定的情感体验。积极的情感体验有利于使消费者产生购买欲望，进而促进购买行为的发生。因此，优秀的广告在设计时，无论内容、形式、结构、画面、声音、色彩等，都十分讲究，必须尽量满足消费者的审美要求，以唤起人心底的亲情，给人带来愉快的体验。这样消费者就会对产品产生亲切感，从心里接受该产品。例如，补血口服液的电视广告，画面精美，一群老年人在海滩旅行，他们精神抖擞，喜笑颜开。这很容易使人产生对美好生活、健康身体的向往，唤起消费者美的情感，产生心理共鸣，产生"一旦拥有，别无所求"的情感。

【小案例 13-2】

药品广告该怎么做

美国摄影师 Tom Hussey 用一面镜子折射出了现实的人生(见图 13-3)，他拍摄的这些作品名为"A Mirrored Memory"(镜中回忆)，为诺华制药(Novartis)旗下一款治疗老年痴呆症药物的一组广告创意，试图通过药物和心理治疗的手段帮助患有老年痴呆症的患者重建他们年轻时的形象。Tom Hussey 选择了一系列具有代表性的职业形象，如教师、护士、消防员、士兵等来拍摄这一系列作品。

Tom Hussey 拍出了珍藏在每个人心底，只有自己看得见的那些影像。镜子中所折射出的内容各不相同，有的是错觉，有的是回忆，有的是惆怅，有的是自欺，还有的是愿望……终有一天我们也会老去，留下萎靡的躯壳，但是在心底，总是记得最美好的时光，回首自己的青春，无论是沧桑还是辉煌，那都是一些值得回味的美好记忆。

图 13-3　镜中回忆

(资料来源：梅花网，http://www.meihua.info，2011-03-31)

思考题：广告创意如何才能增强消费者的记忆？

三、广告诉求的心理策略

广告诉求心理策略是广告人设计广告时应考虑的重要内容，即采取什么样的方式能够最准确、最清晰地表达广告人的意图，它是影响广告心理效果的重要因素。

(一)广告诉求的形式

诉求是指诉以愿望和需要，以博得受众的关心和共鸣，最终达到诱导受众购物的目的。广告诉求是指广告制作者有意识地运用各种策略，激发潜在的消费者针对产品进一步收集信息，形成或改变对该产品的态度和认知，并最终产生购买行为。

根据诉求点的不同，广告主要分为理性诉求广告和感性诉求广告。

1. 理性诉求广告

理性诉求广告采取理性的说服方法，有理有据地直接论证产品的特性和长处，让消费者自己判断。理性诉求强调以直接的方式表达非人性化的产品逻辑，着重于产品的功能性与功利性的诱导及说服，解决消费者的问题，带给消费者最大利益，或进行产品间的功能比较。

一则广告中至少包括以下 14 种有关产品属性中的一个，那么就可视该广告为理性诉求广告。这 14 种产品属性包括价格、质量、性能、成分、购买时间和地点、特价销售、方便性、健康和营养、包装、市场份额、产品安全特点、独立研究、公司研究及新产品概念。

2. 感性诉求广告

感性诉求广告主要指广告采取感性的说服方法，向消费者诉之以情，使其对所广告的产品产生有利于该产品的情感与态度。感性诉求强调广告人性化，引导消费者产生强烈的感情，着重于建立强劲的品牌形象和产生温馨的感觉等。

目前，对应用于情感诉求广告中的情感类型的认识尚处于不统一阶段，因此，没有研究者能够确定出一个依据情感因素的划分标准。但无论广告中是否包括产品事实性信息，只要包括以下情感诉求方式主张中的任意一项，此广告便为情感诉求广告。情感主张有幽默、亲热、恐怖、地位、声望、性感、愤怒和担忧。

(二)感性诉求的广告心理策略

在市场经济竞争日趋激烈的今天，广告制作者都希望广告宣传能发挥作用，说服、诱导更多的消费者光顾商场，购买商品。在制作广告时，可以充分挖掘与消费行为相关的多种情感与情绪。有了情感的介入，就能够打动人、感动人，使人在情感的体验中不知不觉地接受广告。

1. 抓住消费者的情感需要

感性诉求要从消费者的心理需要出发，紧紧围绕消费者的情感需要提出诉求，才能产生巨大的感染力和影响力。需要是情感产生的直接基础，若消费者没有类似的需要，任何刺激也无法激发起他的这种情感，在情感广告中，广告刺激必须以消费者的需要为中介才能发挥作用。广告要想打动消费者，必须针对消费者的需要提出诉求，同时，将产品与消费者的需要紧密联系，使消费者一出现类似需要就联想到该产品，这样才能取得良好的促销效果。情感诉求正是广告产品能够满足消费者的某种需要，以达到使消费者产生共鸣的目的。

2. 增加产品的心理附加值

人类的需要具有多重性，既有物质需要，也有精神需要，并且这两类需要常处于交融状态。一方面，物质需要的满足可以带来精神上的愉悦，另一方面，精神上的满足又可以强化物质需要的满足，甚至会代替物质需要的满足。从这种意义上说，产品的质量是基础，附加值是超值。作为物质形态的产品或服务，本来并不具备心理附加值的功能，但适当的广告宣传，会给产品人为地赋予这种附加值，甚至使该产品成为某种意义或形象的象征——购买这类商品时可以获得双重的满足，一是物质上的，一是精神上的，这对于有条件购买该产品的消费者会产生极大的吸引力。例如，"派克钢笔"是身份的象征，"金利来"代表的是成功男人的形象，而"万宝路"则是独立、自由、粗犷、豪放的男子汉的象征。

【小案例 13-3】

《小 V 日记》中的情感诉求

曾经一段名为"听小 V 独白，和你的小 V 说话"的唯美视频在各大视频网站传播开来，引起了广告圈内人士和网友的广泛关注。

"我不属于你的外表，我爱在你的深处，我们形影不离，却似远隔千里。在你眼里，我是如此简单，又是如此复杂；我是你的魅力之源，也是你的罪恶之渊；我有时让你骄傲，有时让你难堪；有时温柔可爱，有时野性难驯；就这样，我们一起经历人生的欢乐与痛楚，我是你的小 V，给我多一份爱，你就多一份幸福快乐。"在这段两分钟的"听小 V 独白，和你的小 V 说话"的视频里，一位时尚的都市女性和她的小 V 实现了真正的对话。在视频最后，除了达克宁的品牌标识之外，一本《小 V 日记》也出现在观众面前，引起更多女性想继续了解下去的欲望。

原来，《小 V 日记》是一本关于如何护理和保养女性私密部位的书，书被做成了精美的别册，里面包含了 30 篇文字优美的日记。书中的小 V 以第一人称出现，在日记中讲述它在各种情境下的感受。巧妙的是，这些非常贴合女性心理的文字，一方面隐含了女性对私密部位的护理常识，另一方面也将妇科达克宁的产品功能植入其中。

接下来的事情就变得十分有趣！达克宁将一款药品转化成了一本精美的别册，由此，后续的传播重心也就从枯燥的药品转移到别册身上，从而开辟了药品宣传从功能诉求向情感诉求的转变。

(资料来源：熊莉. 医药营销新聚点：从功能诉求向情感诉求转变. 成功营销，2011-11-07)

思考题：感性诉求广告相对于理性诉求广告有何优势？

3. 利用暗示，倡导流行

消费者的购买动机是多种多样的，有时购买者并不一定是使用者，许多产品是用来馈赠亲友的，通过馈赠礼品，表达某种情感，如果某产品正好符合这种愿望，他们就会主动去购买，而较少考虑产品的质量、功效等具体属性。当厂商通过广告传播把购买这种产品变为一种时尚或风气后，消费者就会被这种时尚所牵引，去购买这种产品。例如，"脑白金"广告被称为一种广告现象，"今年过节不收礼，收礼只收脑白金"的广告语被高频度播放后，几乎妇孺皆知，但该广告并没有引起消费者的积极情感，甚至引起很多消费者的反感，2002年被评为中国十大恶俗广告之首。

(三)理性诉求的广告心理策略

理性诉求通过真实、准确地传达企业、产品、服务的功能性利益，为诉求对象(消费者)提供分析判断的信息，或明确提出观点并进行论证，促使消费者经过思考，理智地做出判断。理性诉求可以以多种方式传达具体信息，进行观念说服。从心理学角度看，理性诉求广告欲达到预期的最佳效果，需遵循下列策略。

1. 提供购买理由

理性购买者常常要找到一些合理的理由，才能作出购买决定。所以，广告必须把合乎情理的购买理由提供给消费者。例如，中国人一向以节俭为美德。而雅戈尔西服作为中国名牌西服，其价格是一般西服价格的几倍，一般工薪阶层向往名牌，但下决心购买确实有一个痛苦的过程。雅戈尔针对消费者的这一心理，适时提出"男人应该享受"这一宣传主题，为这些很想购买又舍不得花钱的消费者提供了一个恰当的理由。

2. 拟定说服的重点文字

广告不可能很长，除了费用的因素外，消费者也不可能花很多的时间与精力去研究某则广告。因此，无论从哪个角度来看，都有必要拟定一个十分明确的说服重点。重点的确定应当是几个重要因素的有机交融。这些因素是：消费者的心理特点；消费者的需求状况；产品的优点与特点。总之，一则广告不具备这几个因素不行，这几个因素若处于分离状态也不行。当这几个因素同时出现并聚集在同一焦点上时，广告将出现震撼人心的说服力。

3. 论据比论点、论证更重要

不可否认，消费者对厂商有一种天然的怀疑与抗拒心理。因此，厂商的说辞再动人、再有道理，他们也不见得真正相信。"王婆卖瓜自卖自夸"这一心理定式无时无刻不在起作用。他们更想看到也更愿相信的是论据，强有力的论据。有鉴于此，在理性诉求广告中，提供论据比漂亮的说辞更重要也更省力。

在广告中出现的论据可分为两大类：一类是人；另一类是物。相比较而言，以物作为论据比以人作为论据的诉求更具说服力，因为人的证言不管怎么说终究是隔了一层，而物的论据则具有更高的直接性，以物作为论据的形式有实物演示、实验数据、图表等。所有这些演示、数据、图表所反映的内容都必须是真实的、经得起重复实验的。如果消费者所购买的商品与广告中表现的情况相距甚远，厂商的形象将会破坏殆尽，甚至还会带来法律上的纷争。

4. 运用双向信息交流，增加可信度

在说服过程中，尤其是在带有浓厚商业性色彩的广告宣传中，可信度一直是困扰着说服者的一个问题。明明自己绝无假话虚言，可消费者就是不相信或半信半疑。解决这一矛盾的可行方式就是提供双向信息，即在大力宣扬产品优点的同时，也说出产品的一些不足之处。一则广告说："这种汽车的内把手太偏后了一点，用起来不顺手，但除此之外，其他地方都很好。"细加分析，这则广告的成功就是由于采用了欲擒故纵的手法。并非任何宣传说服都是以提供双向信息为佳。在广告宣传中，企业应遵守这样的准则：新产品及新广告出现之初，可采取双向信息的方式，以打消消费者的怀疑并建立起信赖感。当消费者已经接受了广告的说服宣传，或者是基本上接受了广告宣传，这时就可以运用单向信息对消费者已经建立起来的观点予以强化。

四、广告媒体的心理策略

(一)广告媒体的分类和特点

广告媒体是现代企业用来传递商品信息与获取用户信息的工具、渠道、载体、中介或技术手段。广告媒体可以分成很多类。根据受众规模的不同，可以把传统媒体分为大众传播媒体和小众传播媒体两大类。随着科学技术的进步，新媒体崛起后成为传播广告信息的一支生力军，通常把它们归为另一类，即新媒体。

广告媒体的种类很多，各有其长处和局限性，主要涉及广告媒体的物质性能、社会影响力和心理特征。广告媒体的心理特征主要是指广告媒体所刊登或播放的内容对消费者的吸引力。媒体的心理特征有消息性、保存性、依赖性和表现力等。

1. 大众传播媒体的心理特点

受众面广的大众传播媒体主要是指报纸、杂志、广播、电视、电影等媒体。特别是前四种，是广告传播活动中经常运用的媒体，通常被称为四大广告媒体。各种媒体都有其心理特征，现代企业之所以较多地利用报纸、电视、杂志、广播作为传播广告信息的手段，是同这些媒体的心理特点有关的，如表 13-2 所示。

表 13-2　四大广告媒体的心理特点比较

媒体种类	宣传覆盖面	传播速度	保存性	灵活性	宣传内容	制作费用	宣传效果
报纸	广泛	快	较好	好	全面	较低	一般
杂志	较窄	慢	好	差	全面	彩色高、黑白低	较好
广播	广泛	快	差	很好	较全	低廉	较好
电视	广泛	快	差	很好	较全	很高	深刻

2. 小众媒体的心理特点

相对于大众传播媒体，还有很多用来传播广告信息的媒体，传播范围小，受众群体也小，所以称为小众传播媒体。下面介绍 POP 广告、直接邮寄广告、交通广告、户外广告的心理特征。

1) 销售点广告(POP 广告)

POP 广告(Point of Purchase Advertising)，是指售点广告或购物场所广告。凡在商店、建筑物内外以及提供有关商品信息、服务、指示、引导的标志，如店内挂悬物，橱窗和柜台的设计、陈列，在店内外设立能表示产品特征的立体物，或散发单张的海报等，都属于 POP 广告。

POP 广告的心理特点有：①直接性，POP 广告设在消费者购置货物的时点上，是商品与消费者接触从而决定是否购买的时点；②视觉性强，利用销售场所的三维空间关系以及整个色调、光线、照明等环境状况，因视觉效果极佳，所以能促使消费者更加注意，从而引起冲动而购买；③系列性，多种类型 POP 媒体同时应用，利用多种表现手段，可使广告趋于系列性，从而使广告设计收到整体连贯的效果。

2) 直邮广告

直邮广告是直接进入消费者的家庭和工作场所及通过个人之间的信息沟通，表明比较具体的求购信息的广告形式的总称。其中，邮寄广告(Direct Mail Advertise，DM 广告)是最早开展也是最主要的形式。

随着我国邮电事业的大力发展，直邮广告剧增，已经成为一种主要的广告媒体。直接邮寄广告具有以下心理特征：①针对性，针对一些人的特殊需要直接邮去广告说明；②亲切感，消费者收到直邮广告，会在心中产生一种"有人惦记我"的感情，这种感情有利于激发消费者的购买欲望；③灵活性，直邮广告在形式和方法上都有较大的灵活性，没有篇幅、版面、时间、内容、字数的限制，精美直邮广告还可被长久保留。

3) 交通广告

利用公共交通工具，如飞机、火车、汽车、城铁、地铁、轮船等车厢内外和车站等流动媒体所做的广告，就是交通广告。交通广告因价格低廉，流动性强，且有着较好的传播效果，所以很受企业的欢迎。

交通广告的心理特点有：①展示时间长，会吸引广大乘客或行人的无意注意；②重复性高，一般车厢广告可连续做数月或一年时间，上下班的人容易看了再看；③阅读对象多而广泛，有利于提高商品知名度。但不足的是：传播对象的针对性不强；交通广告因交通工具和线路等的限制，广告接触面有一定的局限性。

4) 户外广告

户外广告指设置在室外的广告，一般包括招贴广告、霓虹灯广告、路牌广告等。英文为"Out Door"，简称 OD 广告。

户外广告种类很多，特点也不一样。从总体上看，其心理特征有：有效时间长，艺术感染力强，能吸引公众的注意；将电光和色彩结合起来，广告文字极为简练，易为人所记忆；户外广告特别是高大建筑物上的巨幅霓虹灯广告，以及闹市显眼地段的路牌广告，最易提高企业或产品在消费者心目中的地位；读者广泛，影响面较为广泛。户外广告的制作越来越精美，欣赏价值较高，还可美化环境。例如，霓虹灯广告，以它多变的造型，瑰丽的色彩，构成华丽的夜景，成为城市的亮点和美化城市的手段。

3. 新媒体的心理特点

近些年出现了一些新的传播媒体，主要有有线电视、卫星电视、互联网等。

1) 有线电视(CATV)

有线电视大约出现于 20 世纪 40 年代末，逐步发展成为一种综合信息网，具有双向传输功能，能够提供多种服务，如图文电视、电子报纸、电视购物、电视节目点播等，甚至可以与互联网连接。我国从 20 世纪 70 年代开始发展有线电视，现在已成为用户接收电视节目的主要手段。相应建立起来的有线电视台，服务性、娱乐性节目内容比较丰富，有较高的收视率。

2) 卫星电视(STTV)

卫星电视是运用卫星上的转发器，把地面传送的电视信号向预定地区播送的方式。卫星电视覆盖面积大、传送环节少、受地形影响小、稳定可靠、接收电视节目更加便利和清晰。

3) 互联网(Internet)

互联网作为 20 世纪 90 年代以后诞生的新型媒体，集网络媒体和传统媒体的诸多优势于一体，是跨媒体的数字化媒体。

其显著的心理特点是：①及时性强。近几年来，随着滚动快讯、网络图文直播、音频直播和视频直播的出现，网络新闻的即时性可以精确到分钟；②互动性强。互动性是网络媒体的特性和优势。网络论坛、讨论区、留言板、聊天室、电子邮件、ICQ 及 MSN 等即时通信软件等提供了现代企业与客户信息互动的便利条件；③跨时空传播。"网络传播无国界"，网络传播空间理论上没有国家和地区的限制。同样，世界上任何一个具备上网条件的地方，均可轻松浏览全球网站。

(二)广告媒体组合策略

如前所述，广告媒体的种类很多，且各有其优缺点。现代企业运用媒体组合策略，不仅能提高广告的接触率和重复率，扩大认知，增进理解，而且在心理上能给消费者造成声势，留下深刻印象，增强广告效果。

1. 广告媒体组合要考虑的心理因素

运用多种媒体推出广告时，要善于筹划，深入分析媒体组合所产生的效果，并对之进行优化，使组合的媒体能够发挥整体效应。因此，要注意 3 个方面的问题。

1) 要能覆盖所有的目标消费者

组合使用的媒体，其传播覆盖面应该把大多数目标消费者纳入广告影响的范围之内，使组合媒体能有效地触及广告的目标对象。但也要注意，组合媒体覆盖的范围过多地大于目标市场的消费者，也会造成资源浪费。

2) 要能增强组合媒体的影响力

从心理学角度分析，媒体的影响力主要体现在组合媒体针对目标消费者进行说服的深度，即媒体在说服力方面的效果。组合后的媒体，其影响力会有重合。重合的重点，应是企业的重点目标消费者，这样才能增加广告的说服效果。如果媒体影响力重合在非重点目标消费者，甚至是非目标对象，就会造成广告经费的浪费。

3) 要能实现整合营销传播效果

企业要实现营销目标，也要运用营销策略，进行多种营销策略手段的组合。广告的媒体组合要与营销策略组合保持一致，要满足整合营销传播的要求，还要注意与企业公共关系战略相互配合。善于运用各种媒体，发挥整体效用，争取最佳的传播效果。

2. 广告媒体组合形式

媒体组合就是在对各类媒体进行分析评估的基础上，根据市场状况、受众心理、媒体传播特点及广告预算等，选择多种媒体并进行有机组合，在同一时期内，发布内容基本一致的广告。媒体组合可以在同类媒体中进行，也可以在不同的媒体中进行；可以把自用媒体和租用媒体结合起来，也可以以租用媒体为主进行组合。

1) 同类媒体组合

把属于同一类型的不同媒体组合起来使用，刊登或播放同一广告，就是同类媒体的组合运用。具体组合形式有：①报纸与杂志的搭配，可以用报纸广告做强力推销，而用杂志广告来稳定市场，或以报纸广告固定市场，以杂志广告拓宽市场；②电视与广播搭配，可以使城市和乡村的消费者都接收到广告信息。

2) 不同类型的媒体组合

这是经常采用的一种方案，如将报纸与电视组合，将报纸与广播、电视组合等。这种组合，不仅能扩大接触的范围，而且可以有效地调动目标对象的感官。具体组合形式有：①报纸与广播搭配，可以使不同文化程度的消费者都能够接收到广告信息；②报纸与电视的搭配运用，可以在报纸广告对商品进行了详细解释之后再以电视开展广告攻势，产生强力推销的效果；③报纸或电视与直邮广告搭配，以直邮广告为先导，做试探性宣传，然后以报纸或电视开展强力推销活动，也可以取得比较显著的成效。

3) 租用媒体和自用媒体组合。

把需要购买的大众传播媒体与企业自用的促销媒体进行组合，如通过报纸、电视发布广告，同时还利用企业自备的销售点广告相配合。具体组合形式有：①报纸或电视与售点广告搭配，常常有利于提醒消费者购买已经有了感知信息的商品；②直邮广告和售点广告或招贴广告的配合，在对某一特定地区进行广告宣传时，能够起到巩固和发展市场的作用。

第三节　广告心理效果测定

作为一种经济行为，任何一项广告活动都要投入一定的物力、财力和人力，并使其"产出"，即广告效果最大化。随着市场竞争的加剧及广告主对广告的科学认识越来越成熟，广告效果的测定也越来越受到重视，其测定方法也不断走向科学和成熟。广告效果的评估已经成为广告策划的重要内容之一。

一、广告心理效果的测定维度

(一)广告效果的含义

广告效果是广告活动或广告作品对消费者所产生的影响。狭义的广告效果指的是广告取得的经济效果，即广告达到既定目标的程度，就是通常所包括的传播效果和销售效果。从广义上说，广告效果还包含了心理效果和社会效果。广告心理效果是广告对受众心理认知、情感和意志的影响程度，是广告的传播功能、经济功能、教育功能、社会功能等的集中体现。广告的社会效果是广告对社会道德、文化教育、伦理、环境的影响。良好的社会效果也能给企业带来良好的经济效益。

(二)广告心理效果测定的维度

广告的心理效果主要表现为消费者对广告产生的心理反响，如注意、印象、关心、追忆、诉求、行动等心理反应。广告心理效果的测定，主要是判定广告对目标市场的消费者引起的心理效应的大小，包括对商品信息的注意、兴趣、情绪、记忆、理解、动机、行动等心理活动反应。由于广告的心理效应是抽象的、潜在的影响效果，往往不能直接通过市场上商品的销售量测定出来，而是用广告的收看率、收听率、商品知名度、注意度及记忆度等来测定的。测定的主要维度一般有以下几个指标。

(1) 注意度。主要了解消费者是否接触到广告，广告作品的吸引力如何。

(2) 知名度。主要了解消费者中有多少人知道商品的品牌和品质。

(3) 理解度。主要了解消费者对广告作品内容的理解程度，广告主题是否明确。

(4) 记忆度。主要了解消费者对广告印象的深刻程度，能否追忆广告内容。如商品的品牌、特性、企业名称、商标等。

(5) 购买动机。主要了解消费者购买商品是随意购买还是受广告影响才购买。

(6) 视听率。主要了解广告接触到多少消费者。

二、广告心理效果测定的方法

一个有效的广告作品是能够产生心理效果的作品，即能够影响消费者心理变化，引导消费者态度朝着既定的广告目标转变。因此，对广告作品应进行广告主题、创意、文案、表现手法等方面内容的测试，根据消费者的意见选择、修改广告作品，也可发现更好的创作广告作品的构想。广告心理效果测定可以根据时间的不同，分为事前测定和事后测定两种。

(一)事前测定法

事前测定是广告作品未正式传播之前的预测，目的在于收集消费者对广告作品的反应，以便修正广告作品，或从多个广告作品中选出较好的广告样本，故又叫预审法。事前测定，可以有计划地邀请若干有代表性的消费者，来判断广告作品的心理效果，也可以在小区域范围内预报广告，定期收集心理效果，在修正广告作品之后，再向大范围区域做正式的广告传播。这种实地预审法，适用于费用很大的广告活动，以免造成经济损失。

1. 广告评分法

广告评分法是将意见评定法进行量化处理，最后以统计方法进行测评。先列出对广告作品的评价项目，制定表格，请目标对象打分，以确定广告作品的实际效果。

广告评分法的具体做法是抽查或邀请一定范围、一定人数的视听者或有关专家来评价广告内容。评分时将广告内容分为吸引力、可读性、认知性、亲热度、引起行动等项目，每项的最高分是 20 分。然后按表 13-3 所示的方式评定。

表 13-3　广告评分法

评价项目	评价依据				评分百分比
吸引力	吸引注意力的程度(指视觉形象与听觉形象)				15%
	对潜在需求者的推动力				5%
可读性	是否了解广告的全部内容				10%
认知性	对广告信息焦点的认识程度				10%
亲热度	对广告的兴趣感				10%
	由广告引起的实现需求愿望的迫切感				10%
引起行动	由广告引起的立即购买行为				20%
	由广告唤起的潜在购买准备				20%
优劣分数线	最佳	优等	中等	下等	最差
	100~80	80~60	60~40	40~20	20~0

2. 组织测试法

组织测试法一种是对广告作品的各个创作阶段进行测评,在不同的阶段严格选择合适的测评人员,对广告作品创作进行测评。例如,选择能够代表消费者态度的专家或直接选择目标对象。另一种是将同一商品制作多份广告原稿,请目标对象做出选择,测定哪一种广告作品的效果引人注意,印象最深。如测试签字笔的广告,即以学生和机关工作人员为对象。测试的过程是先将同一商品的多种广告样本交给被测试者看,并作以下一些询问:

"请问您觉得哪一幅广告最有趣味?"

"您最喜欢哪一幅广告?为什么?"

"您认为这幅广告是诉求什么的?"

这种询问方式,可以测试出哪一幅广告最有吸引力、广告的意图是否正确等。也可以将一组广告样本交给被试者反复看,然后让其回忆所见过的广告印象,任他对每一则广告的特点做出说明。这种方法对于比较表现方式不同的广告传播能力的大小也有一定的作用。

3. 实验室法

实验室法是以心理上的反应来测量广告的潜在效应,目前正在研究和试用的方法大体有两种。

一是根据人的脑电波变化,来判断是否对广告上宣传的商品感兴趣。这种测试仪器主要由脑电波记录器、程序分析仪和瞬间显示器 3 大部件组成。当看广告的人对所宣传的商品或广告本身的设计感兴趣时,就会刺激他的大脑,使其兴奋。这时显示器荧光屏上会出现快速的β电波；相反，就会出现慢速的α电波。二是按照人的瞳孔的放大或缩小，来判断对广告的反应。借助眼睛照相机测试仪器，实验中就会发现：当人看到有兴趣的东西时，瞳孔就会放大。使用时，把这种仪器安置在广告媒体上，它就能自动地把观看广告者的瞳孔变化情况用数字记录下来，并以图像的形式再显示到荧光屏上。这种方法我国目前尚未正式采用。据载，国外不少广告公司已相继成立了利用电子技术来测试广告心理的机构。这类方法有科学的一面，也有缺点，如测试仪不能分辨消费者对广告是喜是憎，而一些令人厌恶的广告同样会使人冲动而放大瞳孔。

(二)事后测定法

事后测定是广告作品正式向大众传播后，进行总结性地收集广告心理效果，以便为下一阶段的广告活动制定决策，故又称为复审法。事后测定是以广告播出后的实际消费者为对象所收集的心理效应。事后测定的方法有以下几个。

1. 回忆测验

具体做法是找出一些接触到广告的消费者，请他们回想在接触的广告中，哪些广告曾引起他们的注意，其结果怎样。如"您看过×××这种标题的广告吗？""那是什么药品广告，您知道吗？""哪些广告给您深刻印象？为什么？"等。

这种测验最好是定期、有计划地进行，如在广告发布 3 个月后进行一次测验，对了解广告被人注意和印象存留的程度有一定作用。

2. 认知测验

这种方法是请某一媒体的接受者(如杂志的读者)，回答一些有关问题，如"请问您看过这个广告吗？"被提问者可按看过、读过一部分、概略地读过、未读过等几种方式来回答。提问者如按这几种答复方式来统计百分比，可算出覆盖率。认知测验一般可运用下列公式进行测算：

(1)　$注意率 = \dfrac{b+c}{a} \times 100\%$

式中，a——阅读杂志的人数；

　　　b——似乎看过杂志广告的人数；

　　　c——确实看过杂志广告的人数。

(2)　$阅读率 = \dfrac{c_1 + c_2 + c_3}{a} \times 100\%$

式中，c_1——看过杂志广告的图片、标题，但详细内容未看；

　　　c_2——只阅读过一部分内容；

　　　c_3——内容都详细阅读过；

　　　a——阅读杂志的总人数。

(3) 视听率 $=\dfrac{b}{a}\times100\%$

式中，b——广告节目视听户数；

a——电视机(收音机)所有户数。

(4) 认知率 $=\dfrac{b}{a}\times100\%$

式中，a——广告节目视听户数；

b——认知广告名称人数。

事后测定和事前测定的方法相比较，其局限较小，能收集到更多资料。这是因为事后测定的方法简单易行，结果也比较准确。但不论事前测定还是事后测定，统计数字都难免有虚假的成分，这是应予注意的。

本 章 小 结

企业在促销产品时，广告是使用最广、对消费者行为影响最大的促销工具。成功的广告宣传必然是对有关消费者行为学原理的自觉或不自觉的应用，作为广告从业人员，必须了解广告宣传中的行为学规律，对广告活动与消费者之间的相互关系、相互影响的实质做深入的探讨。广告心理学就是探索广告活动与消费者相互作用过程中产生的心理学现象及其存在的心理规律的科学。

本章首先分析了消费者接受广告信息的一般心理特点和心理轨迹，然后阐明了广告以什么方式影响消费者行为；其次，主要从广告定位、广告创意、广告诉求和广告媒体 4 个方面，介绍了企业的广告心理策略。最后，对广告心理效果测定的心理内容和一般方法进行阐述，使读者从量化的角度了解广告的心理效果。

广告心理策略是广告人组织、策划和实施的，广告作品是广告人制作设计出来的。广告人策划的广告活动、设计的广告作品，目的是要对消费者的思想、情感、观念和行为产生影响。但是，消费者受广告的影响及其程度因广告活动不同而异。作为广告人，在广告设计中要有效地把握一切可以控制的因素，使广告效果更接近自己的期望；作为一般的广告受众，可以避免盲目被动地接受或简单地回避广告，而成为清醒的广告欣赏者和评判者。

自 测 题

一、判断题(正确的打√，错误的打×)

1. 有人说，户外广告是最后的大众介质。 （ ）

2. 逆向定位是从观念上人为地把产品市场加以区分的定位策略。 ( )

3. 报纸广告具有传播迅速、覆盖面广、注意度好的特点。 ( )

4. 狭义的广告效果指的是广告取得的心理效果。 ( )

5. 为了避免造成经济上的损失，广告心理效果的事前测定适用于一切广告活动。

( )

6. 广告媒体必须是在同类媒体中进行组合，不同媒体进行组合会降低宣传效果。

( )

7. 在营销行业和广告界，AIDMA法则经常被用来解释消费心理过程。 ( )

8. 广告定位的心理策略必然围绕两个内容，一是人，二是产品，只有人的心理定位准确、产品定位合理才能最终达到商业广告的有效性。 ( )

二、单项选择题

1. ( )是直接介质中最重要的形式。

   A. 邮购广告　　　 B. 非邮寄直接广告　　 C. 直邮广告　　　 D. 户外广告

2. 最接近消费者，具有直接促进购买作用的现场广告是( )。

   A. 橱窗广告　　　 B. 商店广告　　　 C. 展销广告　　　 D. 直邮广告

3. 价值定位属于( )。

   A. 广告产品定位　　　　　　　　　 B. 广告心理定位

   C. 广告观念定位

4. 广告对消费者行为的影响主要体现在( )。

   A. 吸引消费者的注意　　　　　　　 B. 激发消费者的购买欲望

   C. 改变消费者的态度　　　　　　　 D. 提供商品知识

5. 在定价时，一般尾数取"8"而忌"4"，主要是考虑到消费者对数字的( )心理。

   A. 联想　　　　 B. 感知　　　　　 C. 想象　　　　 D. 记忆

6. 比较适宜于消费者的求名、求方便的定价策略是( )。

   A. 反向定价策略　　　　　　　　　 B. 组合定价策略

   C. 尾数定价策略　　　　　　　　　 D. 整数定价策略

7. 广告信息寿命较短、很难做资料保存的广告媒体是( )。

   A. 报纸　　　　 B. 杂志　　　　　 C. 广播　　　　 D. 电视

8. 广告的基本功能是( )。

   A. 消费　　　　 B. 促销　　　　　 C. 沟通　　　　 D. 传播

三、多项选择题

1. 4大媒体广告之外的其他广告包括( )。

   A. 户外广告　　　　　　　　　　　 B. 交通工具广告

C. 销售现场广告　　　　　　　　　　　D. 纪念品广告

2. 作为一种内在的、不易把握的广告心理效果，一般可以采取事前测定法和事后测定法得到有关的数据是(　　)。

　　A. 到达效果　　　　　　　　　　　　B. 认知效果

　　C. 心理变化效果　　　　　　　　　　D. 促进购买效果

3. 消费者对广告的记忆过程可以分为(　　)几个基本环节。

　　A. 识记　　　　　B. 保持　　　　　C. 再认

　　D. 回忆　　　　　E. 识别

4. 广告媒体对消费者心理的影响力取决于(　　)。

　　A. 媒体的可信度　　　　　　　　　　B. 信息传播范围

　　C. 信息传播频率　　　　　　　　　　D. 以上都不是

5. 广告心理效果的事前测定的主要方法有(　　)。

　　A. 广告评分法　　　　　　　　　　　B. 组织测试法

　　C. 实验室法　　　　　　　　　　　　D. 回忆测验法

6. 相对于大众传播媒体，还有很多用来传播广告信息的媒体，传播范围小些，受众群体少些，所以称为小众传播媒体。小众媒体主要有(　　)。

　　A. POP 广告　　　　　　　　　　　　B. 直接邮寄广告

　　C. 交通广告　　　　　　　　　　　　D. 户外广告

7. 广告的心理效果测定的主要维度一般有(　　)。

　　A. 注意度　　　　　　　　　　　　　B. 理解度

　　C. 知名度　　　　　　　　　　　　　D. 记忆率

　　E. 购买动机　　　　　　　　　　　　F. 视听率

8. 一般来说，易于记忆的广告常具的特点有(　　)。

　　A. 信息量较小，内容简单，主题突出，构图简洁明快；

　　B. 形象生动具体，神形兼备；

　　C. 色彩鲜艳，对比强烈，富有个性；

　　D. 具有一定的娱乐性、趣味性和知识性；

　　E. 广告信息与消费者生活密切相关。

四、思考题

1. 广告对消费者行为的影响是什么？

2. 你怎样认识广告媒体的心理特点？

3. 感性广告运用了哪些心理策略？

4. 广告创意的心理策略有哪些？

5. 测定广告心理效果的方法有哪些？

6.　小众媒体有哪些心理特点？
7.　广告观念定位策略有哪些？请举例说明。
8.　广告心理定位策略有哪些？请举例说明。

案　　例

伊利优酸乳 "三角恋情" 的平面广告

2006 年，伊利优酸乳请来 "神仙姐姐" 刘亦菲和 "篮球王子" 易建联为新广告宣传，在该广告片中他们陷入了一场 "三角恋情" 中。"篮球王子" 易建联和 "神仙姐姐" 刘亦菲出演一对情侣，因为另一名喜欢阿联的女孩的介入而使得刘亦菲产生了一些误会。

故事情节梗概：易建联因为赶着去参加一个篮球赛而误撞了一名手拿地图和伊利优酸乳的女孩，同时撞坏了女孩的小提琴，还撞飞了女孩的伊利优酸乳，阿联把 "从天而降" 的伊利优酸乳还给女孩，并博得了女孩的好感。阿联载女孩赶到篮球场，刘亦菲看见迟到的阿联很是生气，就拿球砸向他，但是当看见女孩那熟悉的面孔时甚是欣喜。巧的是，她们原来就认识。在更衣室里，阿联递给女孩一瓶伊利优酸乳，并把修好的小提琴给女孩，女孩欣喜地抱住阿联。不巧的是，这一幕被刘亦菲看见了，于是产生了误会。刘亦菲请阿联和女孩一定要去看她的演出。刘亦菲自信地喝着伊利优酸乳说着 "这场输了，还有下一场啊"。演出前，刘亦菲正在认真排练，阿联递给她一瓶伊利优酸乳。女孩在演出场外徘徊，但是没有进去，只是发了一条短信 "我们三个永远都是好朋友"。在天桥上，女孩分别递给他们一瓶伊利优酸乳，"我要走了"，3 个人同时喝着伊利优酸乳。刘亦菲和阿联目送着女孩的离开……友谊常在。

广告中多次出现了伊利优酸乳的 "身影"。第一次，当阿联撞倒女孩，并捡到撞飞了的伊利优酸乳还给女孩，并博得了女孩的好感，这时的伊利优酸乳表达的情感是友情的开始。第二次，阿联送给女孩一瓶新的伊利优酸乳，又把修好的小提琴还给女孩，这时的伊利优酸乳表达的情感是道歉，而女孩的欣然接受表达的情感是原谅和既往不咎。第三次，刘亦菲独自一人喝着伊利优酸乳，并说着 "这场输了还有下一场"，这时的伊利优酸乳表达的情感是爱情的坚定，同时也是为自己加油打气、增加自信。第四次，阿联递给正在排练的刘亦菲一瓶伊利优酸乳，这时的伊利优酸乳表达的情感是一种对对方的鼓励与支持。第五次，在天桥上，女孩给刘亦菲和阿联每人一瓶伊利优酸乳，3 人同时喝着优酸乳，这时的伊利优酸乳表达的情感是友情，是永恒的，不要因为误会而放弃友情。由此看来，伊利优酸乳在注重品质和创新的同时，对自己的消费目标也很明确，因此很有针对性地更加注重消费群体的特性，根据消费群体的特点推出一系列情感广告。

（资料来源：广告人的 BLOG，http://blog.sina.com.cn/ad070421，2009-05-19）

案例讨论:

1. 一则广告是成功还是失败,应从哪些方面衡量?

2. 伊利优酸乳的目标消费群体有什么心理特点?

3. 为何要选刘亦菲、易建联做广告?又为什么要以"三角恋情"为广告背景?

参 考 文 献

[1] 迈克尔·R.所罗门. 消费者行为学[M]. 卢泰宏，译. 北京：电子工业出版社，2010

[2] 德尔·L.霍金斯. 消费者行为学[M]. 符国群，吴振阳，等，译. 北京：机械工业出版社，2011

[3] 韦恩·D.霍伊尔. 消费者行为学[M]. 刘伟，译. 北京：中国市场出版社，2008

[4] 罗格·D.布莱克韦尔. 消费者行为学[M]. 吴振阳，等，译. 北京：机械工业出版社，2009

[5] 亨利·阿塞尔. 消费者行为和营销策略[M]. 韩德昌，等，译. 北京：机械工业出版社，2000

[6] 利昂·G.希夫曼. 消费者行为学[M]. 江林，译. 北京：中国人民大学出版社，2007

[7] 杰格迪什·N.谢斯等. 消费者行为学管理视角[M]. 罗立彬，译. 北京：机械工业出版社，2004

[8] 符国群. 消费者行为学[M]. 北京：高等教育出版社，2011

[9] 李东进. 消费者行为学[M]. 北京：机械工业出版社，2007

[10] 卢泰宏. 消费者行为学[M]. 北京：高等教育出版社，2005

[11] 张理. 消费者行为学[M]. 北京：清华大学出版社，2008

[12] 申纲领. 消费心理学[M]. 北京：电子工业出版社，2010

[13] 邰苧，张香兰等. 消费心理理论与实务[M]. 北京：中央广播电视大学出版社，2011

[14] 龚振，张香兰等. 消费者行为学[M]. 广州：广东教育出版社，2011

[15] 王官诚. 消费心理学[M]. 北京：电子工业出版社，2008

[16] 李晓霞，刘剑等. 消费心理学[M]. 北京：清华大学出版社，2006

[17] 江林. 消费者心理与行为[M]. 北京：中国人民大学出版社，2002

[18] 王曼，白玉苓，王智勇. 消费者行为学[M]. 北京：机械工业出版社，2007

[19] 徐萍. 消费心理学教程[M]. 上海：上海财经大学出版社，2001

[20] 戈登·福克赛尔等. 市场营销中的消费者心理学[M]. 北京：机械工业出版社，2001

[21] 荣晓华. 消费者行为学[M]. 大连：东北财经大学出版社，2006

[22] John C. Mowen and Michael S. Minor. 消费者行为学简明教程(英文版)[M]. 北京：清华大学出版社，2004

[23] 郭国庆. 市场营销学通论[M]. 北京：中国人民大学出版社，2000

[24] 郭国庆. 营销管理(第二版)[M]. 北京：高等教育出版社，2010

[25] 龚振，荣晓华，刘志超. 消费者行为学[M]. 大连：东北财经大学出版社，2005

[26] 江林. 消费者行为学[M]. 北京：首都经济贸易大学出版社，2010